瑜伽文库
YOGA LIBRARY

正念 · 解读

瑜伽文库
YOGA LIBRARY

正念 · 解读

A Brief History of Yoga
Philosophy and Practice

瑜伽思想简史

朱彩红 / 编著

四川人民出版社

图书在版编目（CIP）数据

瑜伽思想简史 / 朱彩红编著. -- 成都：四川人民
出版社, 2024.5
　ISBN 978-7-220-13625-2

　Ⅰ.①瑜… Ⅱ.①朱… Ⅲ.①瑜伽派—哲学思想
Ⅳ.①B351

中国国家版本馆CIP数据核字（2024）第068945号

YUJIA SIXIANG JIANSHI

瑜伽思想简史

朱彩红　编著

出 版 人	黄立新
责任编辑	蒋科兰　张新伟
封面设计	李其飞
版式设计	戴雨虹
责任校对	吴　玥
责任印制	周　奇
出版发行	四川人民出版社（成都三色路238号）
网　　址	http://www.scpph.com
E-mail	scrmcbs@sina.com
新浪微博	@四川人民出版社
微信公众号	四川人民出版社
发行部业务电话	（028）86361653　86361656
防盗版举报电话	（028）86361653
照　　排	四川胜翔数码印务设计有限公司
印　　刷	成都蜀通印务有限责任公司
成品尺寸	146mm×208mm
印　　张	13.75
字　　数	340千
版　　次	2024年5月第1版
印　　次	2024年5月第1次印刷
书　　号	ISBN 978-7-220-13625-2
定　　价	58.00元

"瑜伽文库"总序

　　古人云：观乎天文，以察时变；观乎人文，以化成天下。人之为人，要旨即在切入此间天人之化机，助成参赞化育之奇功。在恒道中悟变道，在变道中参常则，"人"与"天"相资为用，时时损益且鼎革之。此诚"文化"演变之大义。

　　中华文明源远流长，含摄深广，在悠悠之历史长河中，不断摄入其他文明的诸多资源，并将其融会贯通，从而返本开新、发闳扬光。古有印度佛教文明传入，并实现了中国化，成为中华文明之整体的一个有机部分。近代以降，西学东渐，一俟传入，也同样熔铸为中华文明之一部，唯其过程尚在持续之中。尤其是20世纪初，马克思主义传入中国，并迅速实现中国化，推动了中国社会的巨大变革……

　　任何一种文化的传入，最基础的工作都是该文化的经典文本的传入。因为不同的文化往往基于不同的语言，故文本的传入就意味着文本的翻译。没有文本的翻译，文化的传入就难以为继，无法真正兑现为精神之力。佛教在中国扎根，需要很多因缘，而持续近千年的佛经翻译无疑具有特别重要的意义。没有佛经的翻译，佛教在中国的传播几乎不可想象。

　　随着中国经济、文化的发展，随着中国全面参与到人类共同体之中，中国越来越需要了解其他文化，需要一种与时俱进的文化心量与文化态度——一种开放的，并同时具有历史、现实、未来三个面向的态度。

　　公元前8世纪至公元前2世纪，在地球不同区域都出现过人类智慧的大爆发，这一时期通常被称为"轴心时代"（Axial Age）。这一时期形成的文明影响了之后人类社会2000余年，并继续影响着我们生活的方方面面。随着人文主义、新技术的发展，随着全球化的推进，人们开始意识到我们正进入"第二轴心时代"。但对于我们是否已经完全进入这样一个新的时代，学者们尚持不同的观点。英国著名思想家凯伦·阿姆斯特朗（Karen Armstrong）认为，我们正进入第二轴心时代，但我们还没有形成第二轴心时代的价值观，我们还依赖着第一轴心时代的精神遗产。全球化给我们带来诸多便利，但也带来很多矛盾和张力，甚至冲突。这些冲突一时难以化解。因此，我们须要在新的历史境遇下重新审视轴心文明丰富的精神遗产。此一行动，必是富有意义的，也是刻不容缓的。

我们深信：第一，中国的轴心文明，是地球上曾经出现的全球范围的轴心文明的一个有机组成部分；第二，历史上的轴心文明相对独立，缺乏足够的互动与交融；第三，在全球化背景下不同文明之间的互动与融合必会加强和加深；第四，第二轴心时代文明不可能凭空出现，须以历史的继承和发展为前提。诸文明的互动和交融是发展的动力，而发展的结果将构成第二轴心时代文明的重要资源与有机组成部分。

简言之，由于我们尚处在第二轴心文明的萌发期和创造期，一切都还显得幽暗和不确定。我们应该主动地为新文明的发展提供自己的劳作，贡献自己的理解。考虑到我们自身的特点，我们认为，极有必要继续引进和吸收印度正统的瑜伽文化和吠檀多典籍，并努力使之与中国固有的传统文化及尚在涌动之中的中国当代文化互勘互鉴乃至接轨，努力让古老的印度文化服务于中国当代的新文化建设，并最终服务于人类第二轴心时代文明之发展。此所谓"同归而殊途，一致而百虑"。基于这样朴素的认识，我们希望在这些方面做一些翻译、注释和研究工作，出版瑜伽文化和吠檀多典籍就是其中的一部分。这就是我们组织出版这套"瑜伽文库"的初衷。

由于历史与个体经验皆有不足，我们只能在实践中不断累积行动智慧，慢慢推进这项工作。所以，我们希望得到社会各界和各方朋友的支持，并期待与各界朋友有不同形式的合作与互动。

"瑜伽文库"编委会

2013年5月

"瑜伽文库"再序

  经过多年努力，"瑜伽文库"已粗具体系化规模，涵盖了瑜伽文化、瑜伽哲学、瑜伽心理、瑜伽实践、瑜伽疗愈、阿育吠陀瑜伽乃至瑜伽故事等，既包含古老的原初瑜伽经典，又包含古老瑜伽智慧的当代阐释和演绎。瑜伽，这一生命管理术，正滋养着当下的瑜伽人。

  时间如梭，一切仿佛昨日，然一切又有大不同。自有"瑜伽文库"起，十余年来，无论是个人，还是环境、社会，抑或整个世界，都经历了而且正在经历着深刻且影响深远的变化。在这个进程中，压力是人们普遍的感受。压力来自个人，来自家庭，来自社会。伴随着压力的，是无措、无力、无奈，是被巨大的不确定性包裹着的透支的身体和孤悬浮寄的灵魂。

  不确定性，是我们这个世界的普遍特征，而我们却总渴望着确定性。在这尘世间，种种能量所建构起来的一切，都是变动不居的。一切的名相都是暂时的、有限的。我们须要适应不确定性。与不确定性为友，是我们唯一的处世之道。

  期盼，是我们每个人的自然心理。我们期盼身体康健、工作稳定、家庭和睦，期盼良善地安身立命，期盼世界和平。

  责任，是我们每个人都须要面对、须要承担的。责任就是我们的存在感：责任越大，存在感越强；逃避责任或害怕责任，则让我们的存在感萎缩。我们须要直面自身在世上的存在，勇敢地承担我们的责任。

  自由，是我们每个人真正渴望的。我们追求自由——从最简单的身体自由，到日常生活中的种种功能性自由，到内心获得安住的终极存在的自由。自由即无限，自由即永恒。

身份，是我们每个人都期望确定的。我们的心在哪里，我们的身份就在哪里。心在流动，身份在转变。我们渴望恒久的身份，为的是尘世中的安宁。

人是生成的。每个个体好了，社会才会好，世界才会好。个体要想好，身心安宁是前提。身心安宁，首先需要一个健康的身体。身体是我们在这世上存在的唯一载体，唯有它让我们生活的种种可能性得以实现。

身心安宁，意味着有抗压的心理能量，有和压力共处的能力，有面对不确定的勇气和胆识，有对自身、对未来、对世界的期盼，有对生活的真正信心、对宇宙的真正信心、对人之为人的真正信心。有了安宁的身心，才能履行我们的责任——不仅是个体的责任，还有家庭的责任、社会的责任、自然和世界的责任。我们要有一种宇宙性的信心来承担我们的责任。在一切的流动、流变中，"瑜伽文库"带来的信息，可以为承担这种种的责任提供深度的根基和勇气，以及实践的尊严。

"瑜伽文库"有其自身的愿景，希望为中国文化做出时代性的持续贡献。"瑜伽文库"探索生命的意义，提供生命实践的路径，奠定生命自由的基石，许诺生命圆满的可能。"瑜伽文库"敬畏文本，敬畏语言，敬畏思想，敬畏精神。在人类从后轴心时代转向新轴心时代的伟大进程中，"瑜伽文库"为人的身心安宁和精神成长提供帮助。

人是永恒的主题。"瑜伽文库"并不脱离或者试图摆脱人的身份。人是什么？在宏阔的大地上，在无限的宇宙中，人的处境是什么？"瑜伽文库"又不仅仅是身份的信息。透过她的智慧原音，我们坦然接受人的身份，却又自豪并勇敢地超越人的身份。我们立足大地，我们又不只属于大地；我们是宇宙的，我们又是超越宇宙的。

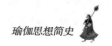

　　时代在变迁，生命在成长。走出当下困境的关键，不在于选择，而在于参与，在于主动地担当。在这个特别的时代，我们见证一切的发生，参与世界的永恒游戏。

　　人的经验是生动活泼的。存在浮现，进入生命，开创奋斗，达成丰富，获得成熟，登上顶峰，承受时间，生命圆满——于这一切之中领略存在的不可思议和无限可能。

　　"瑜伽文库"书写的是活泼泼的人。愿你打开窗！愿你见证！愿你奉献热情！愿你喜乐！愿你丰富而真诚的经验成就你！

"瑜伽文库"编委会

2020年7月

推荐序

当代意义上的瑜伽在中国大陆发展的历史还相对短暂，大家所能阅读到的瑜伽典籍还比较有限。然而，值得注意的是，在过去十余年中，国内有一批学者、瑜伽探索者在孜孜不倦地翻译、注释和撰写瑜伽作品，已经积累了不少瑜伽典籍。商务印书馆、四川人民出版社、海南出版社、中国青年出版社、浙江大学出版社等都出版了不少瑜伽典籍。

在诸多的瑜伽出版物中，我们需要有瑜伽原典、瑜伽理论、瑜伽历史、瑜伽流派、瑜伽实践等多个维度的内容。有人认为，瑜伽就是一套体位和调息，这是一种误解。历史上，瑜伽首先应该被理解为一种哲学。古代印度有六个正统的哲学流派，其中一派为瑜伽派。所以，要理解瑜伽，必须了解瑜伽哲学。

我们要了解某个瑜伽系统，就需要有该系统的典籍。例如要了解哈达瑜伽，你就应该了解哈达瑜伽的经典，如《哈达瑜伽之光》《格兰达本集》。如果要了解虔信瑜伽（奉爱瑜伽），你就应该了解《爱的瑜伽：〈拿拉达虔信经〉》《薄伽梵歌》《薄伽梵往世书》。如果要了解智慧瑜伽，你就应该了解《智慧瑜伽：商羯罗的〈自我知识〉》《智慧瑜伽之光：商羯罗〈分辨宝鬘〉》《至上瑜伽：瓦希斯塔瑜伽》。

在诸多的典籍中，我们也需要对整个瑜伽文化系统有一个大致的理解，而达至这一目标的最佳方式是阅读一部通俗易懂的瑜伽简史。从翻译的方面来说，国内已经有一部瑜伽历史方面的大作，就是

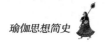

由德国瑜伽思想史家格奥尔格·福伊尔施泰因著，闻风、朱彩红、黄祺杰译的《瑜伽之书》。这部著作规模宏大，专业性强，非普通读者能适应阅读。瑜伽界急需一部由国内学者撰写的瑜伽历史方面的著作。然而，这一工作并非普通学者或瑜伽爱好者所能胜任。这要求作者有很强的学术功底，需要对瑜伽有整体的驾驭能力，需要有很强的外语功底以便通过外语了解更多、更真实的史料和素材。还有，需要作者有足够强大的哲学功底。

非常幸运的是，朱彩红博士就是这样一位具备上述条件的优秀学者。彩红博士长期从事哲学研究，参与了大量西方学术著作之翻译。后来，彩红博士对印度哲学发生强烈的兴趣，并翻译了多部瑜伽作品，如《〈瑜伽经〉讲什么》《意识瑜伽》《观念的力量》《〈数论颂〉译注》《帕坦伽利〈瑜伽经〉之光》《瑜伽与冥想的秘密》《辨喜传》。由彩红博士来完成一部瑜伽历史方面的著作最合适不过了。

《瑜伽思想简史》是国内第一部瑜伽历史的著作。它以时间为轴，系统介绍了瑜伽的起源，吠陀时代、奥义书时代、古典瑜伽时期、后古典时期的瑜伽，对各种形态的瑜伽，如智慧瑜伽、数论瑜伽、虔信瑜伽、哈达瑜伽等提供了基于经典的论述。值得肯定的是，作者对瑜伽在当代的发展也提供了自己的观察，使得作品具有了"中国特色"。

浙江大学教授，"瑜伽文库"主编

王志成

2023年8月29日

目　录

第一章
瑜伽的基础

第一节　瑜伽是什么?

一、超越的冲动

瑜伽是印度人用来达成"超越"的理论与方法的总和,在现代已扩展到了全世界。

从"我是谁"的意识萌生,人就有摆脱生存束缚、超越自我意识与自我人格的冲动。

超越的冲动是人的本性,人对信仰的追求由此衍生,人对科学、技术、哲学、神学、艺术的渴望也由此发轫。[①]

这是德国瑜伽思想史家格奥尔格·福伊尔施泰因（Georg Feuerstein）的巨著《瑜伽之书》[②]（*The Yoga Tradition*）的开篇。他将瑜伽的产生归因于"超越的冲动"。《圣经》里巴别塔的故事,古

---

① ［德］格奥尔格·福伊尔施泰因著,闻风、朱彩红、黄祺杰译:《瑜伽之书》,海南出版社,2016年。

② ［德］格奥尔格·福伊尔施泰因著,闻风、朱彩红、黄祺杰译:《瑜伽之书》,海南出版社,2016年,第21、22页。

埃及人建造金字塔，中国古代皇帝寻找长生不老药，现代科学研究如何利用AI实现"自我不死"，都是超越的冲动的鲜明表达形式，瑜伽则是属于印度人的表达形式。事实上，对超越的追求在任何地方都没有像在印度那样，变成一种如此明显的共享的文化动机。[①]类似的，日本印度哲学研究权威木村泰贤在《梵我思辨》中借用叔本华的"生命意志"（Wille zum Leben）的无限扩展来说明瑜伽产生的原因：

　　生存之意志以及扩展之意志是一切生命行动之中枢，此乃上自人类下至蝼蚁一贯不变之现象。在意志活动方面，一般动物大多是本能的、盲目的，但人类随着理性的发展，是朝向意识的目的方面前进。意志遂有二重，亦即一方面显现为与动物无异的肉体的自我保存或种族保存等现象的欲动，另一方面显现为憧憬无限生存、无限扩展的自我超越……前者姑且称为现实生命之要求，后者称为绝对生命之要求……若基于此等观察而探寻瑜伽的宗教意义，则可了知其不外乎是将上面的理论予以具体化……瑜伽之主要，在于以全部意志摆脱暂有的欲望，而跃入绝对的生命。[②]

　　引文不仅揭示了瑜伽的内在驱力是人与生俱来的"超越自己"的扩展之意志，而且表明了此种超越的终极目标——跃入绝对的生命。"绝对的生命"指什么？印度思想用不同的词来表述：三摩地、觉悟、解脱、独存、合一、涅槃、圆满、自由、无限、不朽、梵知，等等。

　　印度人发现，"绝对的生命"要靠精神去实现，因为人的身体是有限的，受制于时空，而精神是无限的。瑜伽是要让无限的精神在有

_____

① ［德］格奥尔格·福伊尔施泰因著，闻风、朱彩红、黄祺杰译：《瑜伽之书》，海南出版社，2016年，第319页。

② ［日］木村泰贤著，释依观译：《梵我思辨》，台湾商务印书馆，2016年，第182—184页。引文略有改动。

限的身体和条件下达成最终的超越。基于此，印度当代瑜伽成就者斯瓦米·巴伽南达（Swami Bhajanananda）简洁地说："瑜伽是人的意识从低层次向高层次的转化。"[①]

今天，瑜伽已经成为全人类的财富。瑜伽传统提供了形形色色的超越之法，供不同的人选择和实践，这些方法的效力已被前人反复印证过。总而言之，瑜伽传统延绵几千年，至今仍是一个鲜活的传统。

二、当我说瑜伽时，我在说什么？

提到"瑜伽"一词，我们脑中立刻浮现的画面是：一群人穿着舒适贴身的运动服，整齐安静地坐在一个布置得简洁雅致的教室里，按照教练的指令摆出各种或优美或有力的体式，有时，这种身体操练会加上一点调息、唱诵或默想。这幅画面消散之后，我们才会想到瑜伽远远不止如此。

前面说过，瑜伽是实现超越的方法，即从现实生命跃入绝对生命，或从低层次意识转化为高层次意识。这似乎和上述的熟悉画面所代表的今日瑜伽的典型形态并不一致。思及于此，我们不禁感到纳闷，心里自问：当我说瑜伽时，我是否知道自己在说什么？把诸如体式和调息称为"瑜伽"是否正确？如果是，那为什么不把柔术和功夫称为瑜伽？今日瑜伽的这种形态和实现超越有什么关系？瑜伽在历史上还有哪些形态……这些问题要求我们更具体地理解瑜伽。

1. 瑜伽的词源

瑜伽是什么？这个话题不容易说清，好比问生物学家生命是什么，问哲学家哲学是什么，问心理学家意识是什么。我们或许要沿着它走很长一段路，回过头来，我们才能有所领悟。稳妥的第一步可能

① ［印］斯瓦米·巴伽南达著，朱彩红译：《瑜伽与冥想的秘密》，四川人民出版社，2021年，第75页。

是学会正确地使用"瑜伽"（yoga）一词，为此，我们先来解释这个词本身的含义和用法。古印度文法学家帕尼尼（Panini）就"瑜伽"一词给出了两个词源。

第一个词源是yuj，即samadhau，意思是"专注"。《瑜伽经》的作者帕坦伽利（Patanjali）只在这个意义上使用"瑜伽"一词，因此，该书的主旨可以简单地理解为瑜伽要通过专注来达成。

第二个词源是yujir，即yoge，意思是"联结"。正是在联结的意义上，"瑜伽"一词在吠檀多文献，尤其是《薄伽梵歌》里使用。该词和印欧语系中的其他语言，比如英语中的yoke（以及德语中的jah、拉丁语中的jugum、希腊语中的zygon）有关。Yoke的意思是"轭"，就是牛车上用来联结牛的脖子和车身的部件，瑜伽联结的则是个体灵魂和至上灵魂。[1]

2. 瑜伽一词的用法

弄清了瑜伽的两个词源意味着"专注"和"联结"，接下来的问题是，在具体的谈论中，瑜伽一词是如何被使用的？通常有如下四种用法。

第一，指古印度六大正统哲学流派之一——瑜伽派。[2]该派的根本经典是帕坦伽利的《瑜伽经》，对应的体系称为古典瑜伽。在英文中，当Yoga的首字母大写时，通常指瑜伽派。

第二，指目标本身。比如《瑜伽经》1.2和1.3告诉我们："瑜伽是约束心的波动。（一旦约束了心的波动，）见者就安住在其自身的

---

[1] 瑜伽的两个词源参见［印］斯瓦米·巴伽南达著，朱彩红译：《瑜伽与冥想的秘密》，四川人民出版社，2021年，第65页。

[2] 古印度六大正统哲学流派为：前弥曼差派，后弥曼差派（即吠檀多派），数论派，瑜伽派，正理派，胜论派。这六派称为"六知"，其根本经典可参见姚卫群的《古印度六派哲学经典》或《印度古代宗教哲学文献选编》。

本性中。"①由此可知，帕坦伽利说的瑜伽指三摩地，因为只有在三摩地中，心的波动才得到了约束，见者得以安住。事实上，福伊尔施泰因认为，对三摩地的关注是所有瑜伽分支和派别的共同之处，也就是说，三摩地是从现实生命跃入绝对生命的大门。

第三，指用来达到目标的过程、训练、方法、道路。在此意义上，瑜伽师们发展出了体式、调息、冥想、唱诵等瑜伽修习方法，也是在此意义上，瑜伽被分为行动瑜伽、智慧瑜伽、虔信瑜伽、胜王瑜伽等。

第四，在词源学意义上使用瑜伽一词。前面谈到瑜伽一词有两个词源，相应地有两种含义，其中，"专注"的含义适用于瑜伽派的思想或古典瑜伽体系，"联结"的含义则适用于吠檀多文献中的瑜伽，也适用于前古典瑜伽和后古典瑜伽。据此，我们可以说主要有两大瑜伽传统——帕坦伽利的瑜伽和吠檀多的瑜伽。

除了上述四种用法，瑜伽一词的使用也可延伸至那些直接或间接地受到印度源头启示的传统，比如我们可以谈论日本瑜伽（禅宗）和中国瑜伽（禅宗），但不能把基督教的祈祷和默想称为基督教瑜伽，也不能把柔术和功夫称为瑜伽。总的来说，瑜伽涉及一个庞大的整体，包括灵性价值、态度、戒律和技巧，它是过去至少5000年里在印度发展起来的，我们可以视之为古印度文明的基础。

3. 瑜伽的定义

作为一个绵延几千年的复杂传统，瑜伽难以定义，因为该传统并不是同质的，而是包含林林总总、令人眼花缭乱的要素、路线和子传统，它们有时甚至相互矛盾。对此，福伊尔施泰因说："瑜伽是一种异常多面的现象，就其本身而论很难定义，因为我们能想到的每一定

---

① ［古印度］帕坦伽利著，王志成译注：《〈瑜伽经〉直译精解》，四川人民出版社，2019年，第2、7页。

义都存在疏漏。"①那么，是否根本不可能对瑜伽进行定义呢？似乎也不尽然。

有两条定义瑜伽的思路。第一条思路在于寻找各个瑜伽派别和分支的共同之处。前面谈到，福伊尔施泰因认为这个共同之处就是三摩地，在巴伽南达看来，瑜伽一言以蔽之就是人的意识从低层次向高层次的转化。二者的定义都着眼于不同的瑜伽形态所要达成的共同的终极目标——"绝对生命"，也就是生命的圆满。

第二条定义瑜伽的思路在于绕开具体内容上的差异，着眼于瑜伽的结构。印度学者岚吉（Ranjay Kumar）在其著作《〈瑜伽经〉讲什么》中正是依据这条思路来定义瑜伽的：

> 瑜伽是印度特有的一个传统，由不同的套路构成；它是编纂好的和／或系统化的观念、方法和技巧，它们根本上是为了在修习者那里引发一种意识转变；它以一套或多或少正式的设定由导师传给一个或多个弟子。②

然而，就目前国内外瑜伽文化的发展状况而言，上述定义似乎未必完全适用。不可否认，瑜伽作为印度的古老传统，在当代经历了巨大的变化，其中一个重要的原因是，人们修习瑜伽的动机发生了变化。根据《中国瑜伽业发展报告（2016—2017）》的问卷调查，国人练习瑜伽的动机排名分别是：兴趣爱好、减压养心、健美修身、消除病痛、作为职业方向之一、社交方式。在练习者的性别上，女性仍然占绝对比例。虽然这份调查的样本较小（680人），但我们有理由认为它较为真实地反映了国内瑜伽练习者的状况，绝大多数人没有把

---

① ［德］格奥尔格·福伊尔施泰因著，闻风、朱彩红、黄祺杰译：《瑜伽之书》，海南出版社，2016年，第3页。

② ［印］岚吉著，朱彩红译：《〈瑜伽经〉讲什么》，四川人民出版社，2018年，第66页。

"绝对生命"或"意识转变"作为练习瑜伽的目的。这一点同样适用于国外的状况，据调查，30年来国际瑜伽研究的关键词有：实验、运动、生活质量、冥想、抑郁、替代医学、压力、焦虑、身体活动等，其中没有"觉悟、解脱、自由"之类的字眼；研究人员根据各类数据得出的结论是："当前人们进行瑜伽锻炼的目的主要是为了减少压力，缓解抑郁和焦虑情绪，增强平衡能力与骨骼肌肉力量，促进健康，提高生活质量。"[1]就此，巴伽南达曾在一次演讲中对意大利听众说："你们的目的在于心意平静、身体健康。这是人们在现代普及瑜伽的首要目标。今天的生活充满压力和劳累，这是一种复杂的生活。人们都在寻求某种外物、某种慰藉、平静、快乐等，尤其是寻求安全。对不安全的恐惧今日无处不在。因此，古鲁们已经走向前台。人们追求成功的生活，不得不面对生活中的问题，并且需要健康。"[2]

所以，就现阶段而言，现代瑜伽指向的，不是传统的解脱或意识转变，而是身心健康、美好生活。在此背景下，中国瑜伽学者王志成把"解脱"重新解释为"活得健康、明白、喜乐"，把瑜伽视为广义上的生命管理学。这一定位一方面从身、心、灵三个层面提出了要求，涉及一种更加综合的瑜伽观；另一方面尝试将瑜伽去宗教化、去彼岸化，让瑜伽服务于现实世界的日常生活，解决人们的问题，唯有如此，瑜伽传统才能保持其生命力。

在此需要指出，"超越"的目标可以依据身、心、灵的要求进行分层，相应的，瑜伽的目标有两类：一是局部的或阶段性的目标，二是终极目标。或许对于绝大多数人而言，第一类目标是可以在此生

---

① 张永建、徐华锋、朱泰余主编：《中国瑜伽业发展报告（2016—2017）》，社会科学文献出版社，2017年，第170—171页。

② 见2015年3月15日至17日，斯瓦米·巴伽南达在罗摩克里希那传道会维韦卡南达大学贝鲁尔校区向一群对瑜伽感兴趣的意大利人做的演讲，收录于《瑜伽与冥想的秘密》，第12页。

实现的，第二类目标则看似遥遥无期，难以轻易实现。我们认为，对这两类目标的追求都是善的，都是瑜伽之用，但同时，我们不应该忘记，瑜伽的修习要指向终极目标，无论终极目标何时实现甚或能否实现，它都是"北极星"。我们甚至需要拿出"明知不可为而为之"的信心、勇气和力量。否则，从长远来看，瑜伽恐将失其本性，瑜伽传统恐将失其生命。

当代瑜伽大师艾扬格（B. K. S. Iyanger）强调："在我的修习中，我尝试在有限的身体中探求无限。"①他向我们表明，认识瑜伽、善用瑜伽也是每一个真正的瑜伽修习者应有的担当。

三、瑜伽的分类与综合

当我们试图谈论瑜伽的分类时，马上就会听到这样的反对意见：瑜伽要么只有一种，要么有无数种。比如，岚吉争论道："存在的不是瑜伽的多种类型，而是瑜伽的多个'方面'，修习者依赖自己的能力和兴趣选择自己的道路。"②他的意思是"条条大路通罗马"——瑜伽作为最终目标只有一种，作为法门，由于修习者本身的不同，有多少修习者就有多少瑜伽。

尽管如此，我们仍然可以谈论瑜伽的类型，只不过需要理解一个要点：瑜伽的不同类型之间并没有清晰的界限，它们不是彼此分离的，而是彼此交融的，我们对瑜伽进行分类，总是依据某个角度，而且往往是为了解释或研究的方便。明确了这一点，才能开始谈论瑜伽的类型。

---

① ［印］艾扬格著，王东旭译：《瑜伽经的核心》，海南出版社，2017年，"自序"第X页。

② ［印］岚吉著，朱彩红译：《〈瑜伽经〉讲什么》，四川人民出版社，2018年，第52页。

1. 从词源角度划分

上一节谈到，从"瑜伽"一词的词源角度，可以把瑜伽分为两大传统：帕坦伽利瑜伽和吠檀多瑜伽。

在帕坦伽利瑜伽中，瑜伽的最终目标是"分离"——原质（prakriti）与原人（purusha）的分离，被称为"独存"。

这是因为帕坦伽利瑜伽的哲学基础是二元论的数论哲学，终极实在有两个不可通约的范畴——原质和原人。数论哲学认为，原人是我们的真实本性或真我，但由于我们缺乏分辨智，错误地将自身认同于原质，导致了原人与原质的结合，以及由此而来的种种苦。瑜伽的目标在于使人认识真我（"见者安住于其自身的本性中"，《瑜伽经》1.3），这要通过原质与原人的分离，也就是原人的"独存"来实现。

在吠檀多瑜伽中，瑜伽的最终目标是"联结"或"合一"——阿特曼（个体灵魂）与梵（宇宙灵魂）的合一。吠檀多瑜伽的基础是不二论的哲学，终极实在是梵，阿特曼与梵是同质的。阿特曼是我们内部的真我，然而它被无明（avidya，灵性无知）或摩耶（maya，幻）层层遮蔽。瑜伽的目标在于去除遮蔽，让阿特曼之江河归入梵之大海。

巴伽南达告诉我们，在帕坦伽利瑜伽和吠檀多瑜伽这两极之间，另有两个瑜伽流派——哈达瑜伽和密教瑜伽，二者都是能量瑜伽，利用潜伏在人身上的巨大能量——昆达里尼（kundalini，蛇能）来达成解脱的终极目标。实际上，我们也可以把二者统称为广义上的密教瑜伽，因为哈达瑜伽是基于印度中世纪密教运动的背景产生的。从哲学基础来看，密教瑜伽应该归入吠檀多瑜伽传统。巴伽南达用下表说明了这些瑜伽流派之间的关系[①]：

---

① 下表见［印］斯瓦米·巴伽南达著，朱彩红译：《瑜伽与冥想的秘密》，四川人民出版社，2021年，第66页。

瑜伽			
帕坦伽利的瑜伽	能量（昆达里尼）瑜伽		吠檀多的瑜伽
	哈达瑜伽	密教瑜伽	
屏息，冥想（dhyana）；目标是原人和原质的分离。	纳达传承（Nath Sampradaya）	智慧瑜伽；真言瑜伽；胜王瑜伽；拉雅瑜伽	冥想（upasana）；目标是个体灵魂与宇宙灵魂的合一。智慧瑜伽；虔信瑜伽；行动瑜伽

表1　三大瑜伽传统的关系

2. 从心理官能角度划分

众所周知，人有三大心理官能：知（理性）、情（情感）、意（意志）。在印度灵性中，这些官能被称为"力量"或"能量"（shakti，萨克缇），分为三种：智慧力（jnana shakti）、意志力（iccha shakti）、行动力（kriya shakti）。从这个角度，我们把瑜伽分为智慧瑜伽、虔信瑜伽、胜王瑜伽、行动瑜伽，智慧瑜伽主要发展智慧力，虔信瑜伽和胜王瑜伽主要发展意志力，行动瑜伽主要发展行动力。

此外，印度古人认为，人的自我由五鞘构成：粗身鞘、能量鞘、心意鞘、智性鞘、喜乐鞘。粗略地说，行动瑜伽与身体层面相连，对应粗身鞘和能量鞘；胜王瑜伽与精神层面相连，对应心意鞘；智慧瑜伽和虔信瑜伽则分别对应智性鞘和喜乐鞘。接下来我们先大致说明这四种瑜伽的主要特征，再讨论它们的综合。

（1）智慧瑜伽：不是这，不是这

这里的"智慧"（Jnana）不是通常说的"知识"，而是一种"灵知"，即解脱性或觉悟性的知识或直觉，能够引领我们找到整个存在背后的太阳。古希腊哲学家柏拉图有个"洞穴比喻"，讲的就是找到太阳的故事：

有一群人世世代代居住在一个黑暗的洞穴中。洞穴中有一个长长的通道与外部世界相连，这个通道阻止外界的任何阳光进入洞内。这群人自出生时就被铁链锁在洞穴中，他们的手、脚还有脖子都被紧紧锁住，只能面对洞穴的墙壁，不能回头，不能环顾。因此他们看不到他人，甚至也看不到自己身体的任何部分，只能整天朝着一个方向看去，就是洞穴的墙壁。这些人如囚徒一般，在他们身后，有一把明火，在火和囚徒之间，有一堵矮墙，墙后有人举着各种各样的雕像走来走去。囚徒看到的就是火光将这些移动的雕像投在墙壁上的影子。因为这些囚徒动弹不得，所以他们以为眼前晃动的影像就是真实的事物，是全部的现实，并用不同的名称来称呼它们。

但突然有一天，一个囚徒很偶然地挣脱了枷锁，他移动脚步，回过头来猛然看到一堆火和一些雕像，炫目的光亮使他感到刺眼的痛楚，他这才意识到那些照在墙壁上的影子并不是真正的物体，而只是火造成的投影。他继续向前踏步，不顾刺目的疼痛，走过火堆，走向洞口。走出洞口时，囚徒猛然发现了一个崭新的、靓丽的、更加真实的世界。因为长时间在黑暗的洞穴里待着，他的眼睛承受不住太阳发射的强烈的光。他不得不先往地下看，看水中倒影，看月亮，最后再直视太阳。

无论在古希腊还是在印度，古典意义上的知识指的都是这样的灵知，找到太阳就是跃入绝对生命。智慧瑜伽起初似乎指数论的内省分辨之道，后来指吠檀多的道路，福伊尔施泰因说："智慧瑜伽实际上等同于印度不

图1　柏拉图的"洞穴比喻"

二论吠檀多的灵性道路。"①据此，简单地说，智慧瑜伽就是通过分辨（neti, neti，即"不是这，不是这"）来认识真我的道路。

这里的"分辨"采用的基本上是否定进路，就像挣脱枷锁的囚徒否定火光投射在墙上的影子为真实的事物。否定的主要目的在于实现意识的扩展，摧毁无明、获得智慧。这种方法我们并不陌生，它也常见于佛经中，比如《弥兰陀王问经》就记载了一个"不是这，不是这"的故事。弥兰陀王就是古希腊国王米南德一世，他向自己敬重的那先比丘的提问以及后者的回答表明了分辨如何实现意识的扩展，通往智慧——

有一天，弥兰陀王向那先比丘道："眼睛是你吗？"那先比丘笑笑，回答道："不是！"弥兰陀王再问："耳朵是你吗？"那先比丘再回答道："不是！""鼻子是你吗？""不是！""舌头是你吗？""不是！""那么，真正的你只有身体了？""不，身体只是假合的存在。""那么，'意'是真正的你？""也不是！"弥兰陀王最后问道："既然眼耳鼻舌身意都不是你，那么你在哪里？"那先比丘微微一笑，反问道："窗子是房子吗？"弥兰陀王一愣，勉强回答："不是！""门是房子吗？""不是！""砖、瓦是房子吗？""不是！""那么，床椅、梁柱才是房子吗？""也不是！"那先比丘悠然一笑道："既然窗、门、砖、瓦、梁柱、床椅都不是房子，也不能代表这个房子，那么，房子在哪里？"弥兰陀王恍然大悟！

智慧瑜伽大师商羯罗（Shankara）在《自我知识》中说："在经典的陈述'不是这，不是这'的帮助下，通过伟大的吠陀圣句（即"意识是梵；你是那；我是梵；这个阿特曼是梵"），所有的乌帕

---

① ［德］格奥尔格·福伊尔施泰因著，闻风、朱彩红、黄祺杰译：《瑜伽之书》，海南出版社，2016年，第33页。

蒂（即限制性条件）失效，从而认识到个体灵魂和宇宙灵魂的同一性。"①这里的关键环节在于认知的一种跳跃，从心意层面跃入更高级的直觉层面（从心意鞘进入智性鞘），即从借助具体事物进行的理智分辨达到对自我的直觉。在这个方面，我们熟悉的禅宗大师似乎是帮助弟子实现跳跃的高手。铃木大拙曾说：

禅往往显现在街边那些最不起眼的平凡人的生活中，它使人在平实的生活里见到了生命的真谛。禅有系统地训练心去看这些事物，它使人从日常每一时每一刻的作息中见到了最深的奥秘；它拓展了人的胸怀，让心在每一个脉动之间去迎接永恒的时间及无垠的空间；它使我们活在世间犹如漫步于伊甸园。然而这些灵性上的功业不是依教条而达成的，我们必须直观到隐藏于内心的真相，才能有所成就。②

智慧瑜伽对修习者的智性水平或智慧力有一定的要求，这条路上有三个要素必不可少：解脱心或认识真我之心、分辨以及弃绝。商羯罗在《梵经注》中指出了一条修习智慧瑜伽的三重道路：聆听或接受神圣教导；思考其含义；沉思真理，也就是真我。在智慧之路的终点，"阿特曼，知识的太阳，从心中冉冉升起，摧毁无明的黑暗"。③

（2）虔信瑜伽：见到神，见到真我

如果说在智慧瑜伽中，终极实在被认为是非人格的绝对者——梵，那么在虔信瑜伽中，终极实在被设想为至上人格——神。虔信者

① ［印］商羯罗著，［印］斯瓦米·尼哈拉南达英译，王志成汉译并释论：《智慧瑜伽：商羯罗的〈自我知识〉》，四川人民出版社，2015年，第116页。

② 梁兆康著，胡因梦、张欣云译：《耶稣也说禅》，上海社会科学出版社，2018年，第43页。

③ ［印］商羯罗著，［印］斯瓦米·尼哈拉南达英译，王志成汉译并释论：《智慧瑜伽：商羯罗的〈自我知识〉》，四川人民出版社，2015年，第191页。

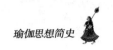

寻求与神的交流或结合。

依据《薄伽梵往世书》的描述，《虔信经》[①]的作者拿拉达（Narada）向毗耶娑仙人自述道：

最后，我来到森林深处寻求独处，在一个安静的地方独坐于一棵树下，在神的爱中忘却了整个世界，我冥想神。随着我的内在视觉逐渐清晰，我看见仁慈的爱之神端坐于我内心的圣殿中。我被难以言传的喜悦所淹没，我再也无法想象自己独立于神——我发现了我与神的结合。但这种状态持续的时间不长，我又发现自己身处感官世界中。天啊！当我万般急切地寻求再次达到那种喜乐状态时，却发现已无能为力……[②]

在虔信者那里，神就是一切。然而，这条路对我们中国人而言是很难走的，或许可以说，在我们的文化中，虔信维度没有像在印度和西方那样，稳定而强健地发展起来，并成为整个精神传统的重要组成部分。比如，在《论语》中，可以读到这样的句子：樊迟问知，子曰："务民之义，敬鬼神而远之，可谓知矣"（雍也22）；季路问事鬼神，子曰："未能事人，焉能事鬼？""敢问死？"曰："未知生，焉知死？"（先进12）。鉴于这种状况，我们依据拿拉达的《虔信经》，从虔信的三个构成要素出发，对虔信之道先做出最基本的说明。[③]

虔信的第一个要素是虔信对象，通常被统称为"神"。"神"这个词也许构成了我们理解虔信瑜伽的一个巨大障碍，因为我们对神有

① ［印］斯瓦米·帕拉瓦南达著，王志成、富瑜译：《虔信瑜伽》，四川人民出版社，2014年，拿拉达的《虔信经》中译本，新版更名为《爱的瑜伽》。

② ［印］斯瓦米·帕拉瓦南达著，王志成、富瑜译：《虔信瑜伽》，四川人民出版社，2014年，第6—7页。

③ 关于虔信瑜伽的详细讨论，见本书第九章"虔信运动与巴克蒂精神"。

先入为主的看法：神是某个外在的、有限的、人格化的、具有某些特征的崇拜对象，"拜神"常和"迷信"联系在一起。毫无疑问，虔信瑜伽不乏可被归入"迷信""精神催眠"或"宗教狂热"范畴的现实表达形式，但这些并不是虔信瑜伽的健康面。我们始终应当记住：虔信对象与"真我"关系密切，最终我们崇拜的无非是你我的本性，也是万物的本性。

在《虔信经》里，拿拉达用中性的不定代词"这"（This）来称呼虔信对象，而没有用"神"一词。为什么呢？一方面是因为在虔信瑜伽中，虔信对象被认为离我们很近，比最近的事物还要近。这是何意？据说现代瑜伽大师斯瓦米·辨喜（Swami Vivekananda）当年带着一个问题四处寻师——"你见过神吗？"直至室利·罗摩克里希那（Sri Ramakrishna）告诉他：我的孩子，我看神，比看站在我面前的你更加真切。可见，"近"指的不是物理距离，而是精神距离。另一方面，拿拉达避免定义神是因为定义意味着限制，而神是无限的，再者，当人体验神的时候，是无法说出口的，故而神又是不可言喻的。用"这"来称呼切近、无限而又不可言喻的终极实在，或许是个更好的办法。

前面谈到智慧瑜伽的修习者把终极实在当作非人格的，而虔信者把终极实在当作人格的，换言之，有人说神有形，有人说神无形，有人说神有属性，有人说神无属性，这是否矛盾？谁对谁错？对此，罗摩克里希那说：神是无限的，对神的表达也是无限的——

人类关于有形式和无形式的概念都不能用来把握那超越的存在。所以认为神是无形式的与认为神具有某种形式，都同样是错误的，而对此的一切争论与我们的崇拜和灵性实践没有任何关系。我们可以用任何适合我们的方式或形式去崇拜神。为了在普通虔信者的心中培养对神的爱，有些圣徒和圣人赋予那不可思议、遍及一切和不可言喻的主以一个名字、一种形式和一段描述。为了崇拜和培育虔信的目的，一个名字和一种形式是绝对必要的。[①]

这段引文一方面说神是超越的，超越一切概念和表述，另一方面说虔信者们所信仰和崇拜的神具有形态。关于神的形态，根据罗摩克里希那的进一步解释，通过虔信者强烈的爱，终极实在（神）会以具有人格和形体的形态，将自己显现在虔信者面前，好比水在寒冷时结冰，有了形态。不过，在进入最高三摩地的人面前，神的形态和外貌都将消失，这样的人认识到，他所虔信的，是自己的本性、他人的本性、万物的本性——至此，虔信就变成了"至上虔信"，而普通虔信者处于"预备虔信"的阶段，在该阶段，人与神仍然是分离的，神仍然是未知的他者。

在"预备虔信"阶段，人们往往选择某个人格神来崇拜。那么，这种选择有没有依据呢？《虔信经》说："根据虔信者的灵性趋势或倾向，他所崇拜的神有各种理想形式。"[②]换言之，第一，不必拘泥于形式，去争论不同形式的对错问题；第二，能够和你"接通"的，就可以是你崇拜的形式——择神（或本尊）。但从严格意义上说，虔信者的择神是与他本人最契合的神的形态，在师门传承中，通常由古鲁替弟子选择，因为古鲁被认为比弟子本人更了解弟子。

虔信的第二个要素是崇拜活动。崇拜活动形式多样，主要有两类：仪式崇拜，即供奉鲜花、水果、水、香、灯等；精神崇拜，即在想象中供奉供品和唱诵神的圣名、曼陀罗（真言）等。仪式崇拜对于心意专注很有帮助，拿拉达的《虔信经》总结了仪式崇拜的四个环节：首先想象你与神或梵的合一；然后把你的择神冥想为居于你内心圣殿中的神，据说这样，神就会从你心中走出来，站在你的面前，你

---

① ［印］毗耶娑著，［美］罗摩南达·普拉萨德英译并注释，王志成、灵海汉译：《薄伽梵歌》，四川人民出版社，2015年，第159页。

② ［印］斯瓦米·帕拉瓦南达著，王志成、富瑜译：《虔信瑜伽》，四川人民出版社，2014年，第25页。

就会把那个图像或形象想象为活生生的神；在向神供奉供品时，念及每一件供品中都有同一个神；在结束崇拜仪式前，要做一些唱诵（圣名或曼陀罗）。需要注意的是，仪式崇拜必须结合冥想——冥想你与神的合一。

虔信的第三个要素是崇拜者。有什么样的人抱着什么样的动机去信神呢？在《薄伽梵歌》中，罗摩克里希那指出了四类崇拜者：悲观厌世之人在无法脱离苦难时，热切地转向神；欲望未能实现之人在无法找到其他实现方式时，转向神；追求知识者质疑世界的面貌是否真实，是否有超越世界的东西存在，因而转向神；灵性分辨者意识到唯有神是真实的。罗摩克里希那也将虔信者分为三类：最高类型的虔信者随处见到神，他们认为多样化的宇宙只不过是神的众多形式，或神以多种面目的显现；中间类型的虔信者在自己内心的圣殿中见到神，知道神是自己的主宰和目击者；最低类型的虔信者仰望天空说"神在天上"。

与智慧之道相比，虔信之道对修习者的要求相对较低，因为每一个人都具备爱的能力，只要有意愿了解神，就可以修习虔信瑜伽。随着修习的深入，虔信者的心意逐渐专注于神并得到净化，在此过程中，虔信者与神的关系可能以多种形态逐渐深入。然而我们始终不能忘记，虔信瑜伽所说的"神"在预备虔信阶段固然是作为他者的形形色色的对象，但神最终不是他者，而就是你、我和万物的真实本性。这里涉及一个从"非我"到"我"的回归过程，西方哲学家称之为异逻辑思维。

在虔信之道上，虔信者与神之间的爱的关系看上去主要是一种情感作用，因为我们通常把爱归为一种情感。但实际上，爱更多地涉及意志，因为虔信瑜伽的终极目标是人神联结，而爱是通过意志产生的联结力量。印度人对爱的理解十分宽广，他们认为一切联结的力量都是爱，所以万有引力也是一种爱，而分离的力量就是恨。从这个角度，我们就能理解但丁何以在《神曲》中说"爱转动太阳和群星"。

（3）胜王瑜伽：进入三摩地

胜王瑜伽的字面意思是"王的瑜伽"，有学者认为这是个相对较晚的新造词语，16世纪才开始流行起来。关于胜王瑜伽具体指什么，存在着一些分歧，我们在此采用一般的说法，认为它指帕坦伽利的瑜伽体系，其根本经典是《瑜伽经》。在辨喜那里，胜王瑜伽则是密教瑜伽的一个部分。据说，帕坦伽利的瑜伽传统在12世纪终结，其师承在13世纪或14世纪中断。[①]大约100年前，斯瓦米·哈瑞哈拉南达·阿冉雅（Swami Hariharananda Aranya）[②]重新恢复了该传统。

胜王瑜伽是通过控制心的波动进入三摩地，从而得解脱的道路，要求修习者具备坚定的意志力和强大的专注力。帕坦伽利的《瑜伽经》谈到了三条解脱道路：修习与不执，克利亚瑜伽，八支瑜伽。我们将在本书第六章"古典瑜伽与数论哲学"中具体阐述。

（4）行动瑜伽：通过日常行动得解脱

行动瑜伽成为独立的解脱道路，在很大程度上归功于现代瑜伽大师辨喜的教导。在瑜伽传统中，《薄伽梵歌》对行动之道的阐述造就了行动瑜伽的灵魂。

我们首先需要弄清行动瑜伽所说的"行动"（karma，也译成羯磨或业）是什么。简而言之，套用巴伽南达的说法，行动指人的活动，具有道德意蕴。[③]所以，机器的运作或公牛的劳动不是我们在此说的行动。人生在世，无人能够避免行动，《薄伽梵歌》说："即使不参与行动，并不能摆脱行动，即使弃绝一切，也不能获得成功，因

---

① 参见［印］斯瓦米·巴伽南达著，朱彩红译：《瑜伽与冥想的秘密》，四川人民出版社，2021年，第4页。

② 斯瓦米·哈瑞哈拉南达·阿冉雅（1869—1947）是印度莫图布尔Kapil Math的创建者，他对帕坦伽利《瑜伽经》的注释 *Yoga Philosophy of Patanjali with Bhasvati* 被认为是关于《瑜伽经》最真实可信的著作之一。

③ ［印］斯瓦米·辨喜著，闻中译：《行动瑜伽》，商务印书馆，2017年，第6页。

为世上无论哪个人，甚至没有一刹那不行动，由于原质产生的性质，所有的人都不得不行动"，"从事必要的行动！行动总比不行动好；如果你拒绝行动，恐怕生命都难维持"。①

印度哲学认为，行动产生三种作用：

外部作用，即在外部世界产生结果；

内部作用，即在心中留下或好或坏的潜在印迹；

不可见的宇宙作用，以储存潜在业力的形式呈现，而被储存的潜在业力会在适当的时候结出果报，决定一个人的生活境遇。②

众所周知，善行造善业、结善果，恶行造恶业、结恶果。"行动瑜伽的目的之一，就是借着善行，增进我们心中的善业"③，也就是说，行动可以净化心意，这一点是印度大多数瑜伽师同意的说法，在他们那里，行动瑜伽的目的和功能也仅止于此。然而，辨喜认为，行动瑜伽能够独立地、直接地导致灵性解脱，他告诉我们："不要远离世界机器之轮，不妨栖身其中，习得行动的秘密。通过在其中从事恰当的行动，也有可能从中解脱，即通过这架机器本身而找到出路。"④

那么，如何通过行动瑜伽得解脱？《薄伽梵歌》和辨喜的行动瑜伽表明，有两种从事行动瑜伽的方法：第一，为了行动而行动；第二，以行动为崇拜。

我们知道，印度是种姓制的社会，人的劳动和人本身具有高下优劣之分。辨喜和佛陀一样反对种姓制度，也反对劳动贵贱说。在他那

---

①　［印］毗耶娑著，黄宝生译：《薄伽梵歌》，商务印书馆，2010年，第32—33页。

②　［印］斯瓦米·巴伽南达著，朱彩红译：《瑜伽与冥想的秘密》，四川人民出版社，2021年，第95—96页。

③　［印］斯瓦米·辨喜著，闻中译：《行动瑜伽》，商务印书馆，2017年，第7页。

④　［印］斯瓦米·辨喜著，闻中译：《行动瑜伽》，商务印书馆，2017年，第8页。

里，履行职责没有贵贱之分，所有的职责都是高贵的，更准确地说，"判断每一个人的尺度，并不在于他履行的是何种职责，而在于他履行职责的态度和方式"①。辨喜有两个判断行动的标准：无私、不执。这两个标准也可以表述为"行动而不执着于结果"，或者"为了行动而行动"。《薄伽梵歌》说："无知者行动而执着，婆罗多后裔阿周那啊！为了维持这个世界，智者行动而不执着。"②

在此基础上，《薄伽梵歌》和辨喜都更进一步，提出把所有行动作为崇拜，把行动结果献给神，这是行动瑜伽和虔信瑜伽的结合。《薄伽梵歌》说："他从事一切行动，永远以我为依托，凭我的恩惠，达到永恒不灭的境界。全心全意崇拜我，把一切行动献给我，努力修习瑜伽智慧，你就永远思念我吧！"③因此，行动瑜伽师认为，神才是真正的行动者，而人是神的工具。

必须说明，在辨喜这个现代行动瑜伽师那里，"以行动为崇拜"还有一层重要含义：服务人，当如服务神。他有个广为人知的说法——"叫花子神"，指把穷苦人当成神来侍奉。这是他给予印度的现代福音："他使得整个印度那些受压迫的穷苦大众成为一切服务行动的重点和目标。"④行动瑜伽能够把日常工作和生活变成道场，直接而有效地转变生命的态度，无需任何特殊的外在条件，是一条十分适合现代人的瑜伽道路。

① ［印］斯瓦米·辨喜著，闻中译：《行动瑜伽》，商务印书馆，2017年，第9页。
② ［印］毗耶娑著，黄宝生译：《薄伽梵歌》，商务印书馆，2010年，第37页。
③ ［印］毗耶娑著，黄宝生译：《薄伽梵歌》，商务印书馆，2010年，第159页。
④ ［印］斯瓦米·辨喜著，闻中译，《行动瑜伽》，商务印书馆，2017年，第11页。

（5）其他瑜伽

除了上面谈到的智慧瑜伽、虔信瑜伽、胜王瑜伽和行动瑜伽，比较重要和常见的还有哈达瑜伽（Hatha Yoga）。"哈达"的意思是"日月"，相当于中国人说的"阴阳"，意味着身心中的两大原则的结合。它的基础是对人的身体（主要是精身）这个小宇宙的能量的认知和操纵。前面提到，哈达瑜伽在中世纪密教运动的背景中产生，由纳达派瑜伽士在大约6世纪普及开来，也有说是10世纪之后。人们认为哈达瑜伽的创立者是鱼帝尊者（Matsyendra）和牧牛尊者（Gorakhnath），师徒二人将哈达瑜伽传给了普通人，也就是穷人。哈达瑜伽的终极目标为此时此地在金刚身中获得解脱或觉悟，这意味着身体的完美和灵性的圆满是并行不悖的。哈达瑜伽的具体内容在本书第八章"身体瑜伽"中阐述。

除了哈达瑜伽，常见的还有真言瑜伽、拉雅瑜伽等，在此不做具体说明。另外，目前流行的一些瑜伽形式，比如阴瑜伽、流瑜伽、热瑜伽、空中瑜伽、阿育吠陀瑜伽等，其本身不是独立的瑜伽道路，并不导向瑜伽的终极目标，而只是强调瑜伽的某些要素和功能。

3. 诸瑜伽的综合

对瑜伽类型的讨论应该包括瑜伽的综合，但实际上，在瑜伽思想史上的大部分时间里，导师们对诸瑜伽的综合持的是反对态度。据说，在中世纪，绝大多数吠檀多导师反对"综合"的观念，几乎每位导师都宣称唯独自己的观点是正确的，觉悟真理只有一条道路，那就是他自己的道路。何以如此？巴伽南达认为主要原因在于"单义论"：传统上，人们相信全部经典只有一个共同目的或意图，只传授唯一的教导。

诸瑜伽的综合在前现代的第一次成功尝试见于《薄伽梵歌》，该书综合了数论和瑜伽，综合了智慧、虔信和行动。在现代，诸瑜伽的综合始于19世纪的瑜伽师罗摩克里希那，"当室利·罗摩克里希那带着伟大的普世和谐福音出现时，整个印度教突然发生了转向。根据他的观点，只要怀着强烈的渴望真诚地践行，那么所有的灵性道路——不仅包括瑜伽，而且包括其他灵性道路——都将通往终极生活目标"①。这种综合观被其弟子辨喜继承。事实上，罗摩克里希那强调的是诸瑜伽的和谐，而辨喜强调的则是诸瑜伽的综合，后者更多地从心理学的立场出发，尝试通过诸瑜伽的综合重新整合人的三大心理官能——智慧力、意志力和行动力，造就圆满之人。辨喜理想中的圆满之人是这三种力得到充分发展的人："愿神让所有人的心中充满哲学、神秘主义和情感的力量，以及行动的力量！这就是我理想中的圆满之人。只有这些力量中的一种或两种人，在我看来是不均衡的……"②

罗摩克里希那和辨喜发展出来的诸瑜伽和谐的原则是：虽然终极实在唯一，但觉悟道路不同，这些道路称为瑜伽；每一种瑜伽如果真诚地修习，都能直接而独立地导向最终的觉悟；这些瑜伽彼此并不矛盾，而是互补的；然而，诸瑜伽的综合是修习瑜伽的最佳方式。

这四条原则构成他们的"综合瑜伽"学说。在他们奠定的基础上，把"综合瑜伽"变成一个理论体系的是现代印度"三圣"之一的圣哲室利·阿罗频多（Sri Aurobindo），他从意识演化的角度，创建了整体瑜伽（Integral Yoga）③，是瑜伽传统在现代的集大成者，被福伊尔施泰因誉为"综合瑜伽之父"。

此外，就瑜伽的资料、理论和修习方法的汇集而言，瑜伽的综合也体现在帕坦伽利的《瑜伽经》和密教传统中，甚至早就体现在奥义书中。瑜伽的历程将向我们展现这种广义上的综合。

---

① ［印］斯瓦米·巴伽南达著，朱彩红译：《瑜伽与冥想的秘密》，四川人民出版社，2021年，第149—150页。

② Swami Vivekananda, *Complete Works of Swami Vivekananda, vol.2* (Calcutta: Advaita Ashrama, 1972), p. 388.

③ 阿罗频多的综合瑜伽详见本书第十章第三节。

四、瑜伽"三宝"

佛教有三宝：佛、法、僧。我们借用"三宝"的说法，在此提出瑜伽三宝。传统的瑜伽三宝是导师、弟子、入门。

传统上，瑜伽是秘传，有着追溯到吠陀时代的师门体系。理想中的导师当然是解脱者或觉悟者，他们已经达成了瑜伽修习的终极目标。但现实中，这样的导师很难遇到，修习者可以找到的是种类不同、成就不同的导师。在印度，有各种各样的导师，比如古鲁（guru）、阿查亚（acarya，也译成阿阇梨）、邬波陀耶（upadhyaya）、王师（raja-guru）、路迦古鲁（loka-guru）等，他们承担特定的教学角色和灵性身份。比如，阿查亚把圣线佩戴在所有"二次生"者身上，也教授学生适切的行为规范或道法，邬波陀耶收费教授神圣知识的一部分，王师是王室之师，路迦古鲁则是众生之师。除此之外，克什米尔湿婆派导师斯瓦米·拉克什曼殊（Swami Lakshmanjoo）告诉我们，还有看不见的古鲁，在配得上的弟子心中秘密地进行教导活动。

师徒之间的交往有严格的形式，那些三心二意地辗转于不同导师之间的弟子被称为"圣地之鸦"。导师传授给弟子特定的知识和教导，但最重要的是"心法"。值得注意的是，假古鲁的问题似乎自古以来就是瑜伽修习的重大障碍。《库拉阿那瓦怛特罗》告诫我们："有许许多多的古鲁，他们抢走弟子的财富，但是，移除弟子之苦的古鲁是罕见的。"[1]其实，"抢走财富"或许不算是假古鲁造成的最严重的问题，真正的麻烦在于，错误的引导可导致弟子的一系列身心问题，包括偏头痛、精神分裂症等。

就弟子而言，最重要的是具备特定的资质。此外，弟子必须对

---

[1] 转引自［德］格奥尔格·福伊尔施泰因著，闻风、朱彩红、黄祺杰译：《瑜伽之书》，海南出版社，2016年，第12页。

导师及其传承敞开，"弟子必须变得像个空容器，等着被导师传递的礼物充满"①。这让我们想起泰戈尔在《吉檀迦利》中的诗句："这脆薄的杯盏，你一次次地清空，又一次次地斟以新鲜的生命。"②福伊尔施泰因说，一个不合适的容器可能是污秽的（充满了情感和精神的混乱）、打翻的（即难以接受教导）或者渗漏的（留不住传来的智慧），导师被告诫不要把宝贵的教导浪费在不合适的容器上。基督教中也有类似的告诫："不要把你们的珍珠丢在猪前，恐怕它践踏了珍珠，转过来咬你们。"

导师不轻易收徒的另一个重要原因是灵性生活具有危险性：

灵性生活要求毛虫变蝴蝶般的绚丽重生，需要内在的巨大牺牲，并非所有的追求者都能完成蜕变过程。有些追求者甚至在途中迷失，被精神错乱或不治之症压垮。由于灵性之路好比剃刀的刀口，所以负责的导师不会接受毫无准备的人做弟子，导师会应用某种胜任标准来衡量。然而，导师可能会决定接受准备不足的追求者，如果察觉到某种灵性潜能的话，但是这样的弟子要先被给予通俗的教育，直到他通过大量的服务和研习使个人弱点得到净化为止。③

《瑜伽经》（1.22）根据修习的热情与强度，把修习者分为四个层次：弱的、中等的、强的、极强的。不同层次达成目标的时间不同，据说对于极强的修习者，目标近在咫尺。

"入门"一词在我们听来并不陌生，传统类型的教育或多或少

---

① ［德］格奥尔格·福伊尔施泰因著，闻风、朱彩红、黄祺杰译：《瑜伽之书》，海南出版社，2016年，第18页。

② ［印］泰戈尔著，闻中译：《吉檀迦利》，广西师范大学出版社，2018年，第30页。

③ ［德］格奥尔格·福伊尔施泰因著，闻风、朱彩红、黄祺杰译：《瑜伽之书》，海南出版社，2016年，第15页。

要求入门。就瑜伽教育的入门而言，在根本上，入门是一种灵性传递的形式。导师向新入门者传递的是什么呢？可以说是能量，入门涉及"能量下降"（shakti-pata）。这被认为是一个经验事实：一股强大的能量之流降入身体，通常从头顶或四肢开始，往下移动，进入骨盆区域（人体七个脉轮中的底轮），有时进入下肢，这往往会在不同的弟子身上引发不同的身心反应。就入门者的主观体验而言，他仿佛进入了存在的神秘维度——

他发现，表面上的物质宇宙，包括他自己的身体，是个广阔的心——灵能量之洋。换言之，入门者开始理解并体验到现代量子物理学的数学模型背后的那个实相。入门者的身心和宇宙将自身展现为不可名状的光与能量的形态，充满了超意识。[①]

入门的形式各种各样，《库拉阿那瓦怛特罗》记载了七种入门，借助的分别是仪式、字母表、卡拉（一种精微的能量）、触摸、念诵真言、注视和意念。真正的入门能在导师与弟子之间创造一种特殊的联结——灵性联结。通过入门，弟子进入导师所在的传承，获得新的身份。

在传统的瑜伽教导中，入门是必不可少的。为什么？邱阳·创巴仁波切解释道：

如果没有入门，那么我们实现灵性的种种尝试将以一个庞大的灵性集合告终，而不能达到真正的舍己。我们一直在收集不同的行为模式，不同的言谈、着装和思维方式。这一切只是一个我们试图加诸自身的集合。真正的入门，是通过舍己而来的。我们向如其所是的境况

---

① ［德］格奥尔格·福伊尔施泰因著，闻风、朱彩红、黄祺杰译：《瑜伽之书》，海南出版社，2016年，第18页。

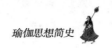

敞开自身，然后，我们与导师进行真正的交流。无论如何，在敞开的状态中，古鲁就在那里，与我们同在；如果我们敞开自身，愿意放弃我们的集合，入门就发生了。①

导师、弟子、入门是瑜伽"三宝"。瑜伽不同于一神论宗教，没有相对统一的体系。在复杂的历史进程中，不同的瑜伽修习形态犹如个体生命一般生生灭灭，而瑜伽"三宝"让瑜伽传统得以延续至今。

在我们的时代，随着交流技术、教育水平和生活形式的革新与发展，瑜伽资源已经变成了全人类的财富，相应的，导师、弟子和入门的概念也在发生着改变。在今天，至少初级的瑜伽教育相对容易获得，通常不需要借助传统的师门形式。然而，这也意味着初学者需要更多的能力去分辨和选择合格的教育途径。在此，我们认为，正统的师门传承仍然十分重要，尤其是对高级瑜伽教育而言；而关于师门传承，最重要的是觉悟之师的存在，因为觉悟之师乃是活的教导，相比之下，经典只是火焰燃烧之后的灰烬。

本节从静态的角度说明了瑜伽是什么。但这样的说明是十分粗陋的，经不起仔细推敲，因为瑜伽是个延绵数千年的异常复杂的传统，这期间，种种瑜伽形态经历着产生和消失，演变和交织，根本无法用横向的说明来触及。所以，我们还需从动态的、历史的角度呈现瑜伽传统在不同时期的典型样貌，这是本书后面章节的内容。

---

① 转引自［德］格奥尔格·福伊尔施泰因著，闻风、朱彩红、黄祺杰译：《瑜伽之书》，海南出版社，2016年，第17页。

第二节　瑜伽文化源头

一、印度河文明与雅利安人

作为印度文明的产物，瑜伽的源头隐没在印度文明的源头。关于印度文明的起源，我们无法给出准确的描述，它至今依然是个谜。人们对它有着种种猜测，这些猜测基于神话学、语言学、文献学、考古学、天文逆推等所提供的证据，加上不乏离奇的想象。

迄今为止的研究显示，印度文明有着双重源头：印度河文明和吠陀文明。印度河文明是一颗失落的明珠，在漫长的岁月里完全不为人知，直到20世纪20年代，英国和印度的考古学家意外地发掘出了哈拉帕城市遗址，印度河文明才重见天日。1924年9月，《伦敦新闻画报》刊登了印度考古调查局局长约翰·马歇尔（John Marshall）的一篇文章，文章的开头激动人心：

考古学家们极少能够获得像海因里希·谢里曼在梯林斯和迈锡尼古城或者奥莱尔·斯坦因在新疆沙漠中的那种机会，可以偶然间发现一个被世界遗忘已久的文明的遗迹。看上去，此时此刻，在印度河平原上，我们就站在新发现的门槛上。[①]

根据安德鲁·鲁滨逊（Andrew Robinson）在《众神降临之前：在沉默中重现的印度河文明》一书中的介绍，考古学家们已经鉴别出1000余个定居点，它们来自印度河文明的不同时期，分布在今天的印度和巴基斯坦，覆盖了南亚次大陆80万平方公里的土地，原始居住人

---

① 转引自［英］安德鲁·鲁滨逊著，周佳译：《众神降临之前：在沉默中重现的印度河文明》，中国社会科学出版社，2021年，第24页。原著出版于2015年。

口约100万，是同时代分布范围最广泛的城市文明。迄今为止的发掘成果表明，摩亨佐-达罗和哈拉帕是两座最大的城市，历史最久远的遗址则是梅赫尔格尔，从公元前7000年至公元前4500年一直有居民，直到公元前2600年才被荒废。学界为印度河文明划定了三个分期：早期为公元前3500年前后，成熟期为公元前2600年至公元前1900年，晚期为公元前1900年至公元前1000年。其地理范围分为四个部分：西部的山区和山麓地区，北部蔓延的山脉，东部边境地区和塔尔沙漠以及印度半岛区域。[①]

就我们当前的讨论而言，一个不可回避的问题是：印度河文明和雅利安人的吠陀文明与印度文明是什么关系？对此，学界主要有如下三种观点。

1. 雅利安人入侵说

雅利安人入侵说（以下简称入侵）是学界早期的流行说法。雅利安人是什么人，又是怎么来到印度的？

总的说来，开发印度大文明的，应是雅利安人种，甚至可以说印度文明初期，完全是由雅利安民族一手开拓而成……依据学者所推断，此民族原先是在中亚的某一地区过着团体生活。公元前三四千年以前，此民族分成二路迁徙。西向的，进入欧洲，成为现今大部分欧洲人的祖先；而东向的，则成为波斯人（伊朗人种）、印度人（雅利安人种）。东向的人往东南方向前进，越过兴都库斯山，穿越喀布尔河谷，亦即开伯尔山隘，来到阿富汗的哈拉夫瓦提河与五河中的维达斯达河之间，曾有短暂的逗留。在此地区，族人一分为二，其中一方西向，南转入伊朗高原，开拓出所谓的波斯文明，成为伊朗人种；另一方则继续朝向东南前进，到达五河流域，以此地作为舞台而开拓其

---

① 本段参见［英］安德鲁·鲁滨逊著，周佳译：《众神降临之前：在沉默中重现的印度河文明》，中国社会科学出版社，2021年，第4—5、16页。

文明，此即印度雅利安人种。如是，印度雅利安人种在进入旁遮普之前，其历程中，有所谓印度欧洲共住时代（略称印欧时代）与印度伊朗共住时代（略称印伊时代）等二期时间。①

这幅迁徙宏图设定了雅利安人是欧洲人、波斯人和印度人的共同祖先。尽管被指责为殖民理论，但它绝非凭空捏造出来，而是有着比较语言学、比较神话学、人类学、考古学等的证据。

在印度河文明发现之后，入侵说曾经主宰了人们对印度河文明衰落的推论，数十年内，考古学家都认为，印度河文明消亡的罪魁祸首是来自西北方的雅利安游牧民族对印度河文明发起的猛烈的武装入侵。直到20世纪70年代，学者们利用碳-14测年法对印度河城市衰落的时期进行了新的测定，重新对外族入侵的可能考古证据进行了调查研究，并通过对《梨俱吠陀》不加偏见的细致研究找到了能够有力反驳雅利安人入侵印度河城市这一观点的文献证据，才最终引发了对该观点的强烈质疑。鲁滨逊断言，时至今日，学者们已经完全摒弃了雅利安人集中征伐印度河文明的观点。②《印度史》的作者赫尔曼·库尔克（Hermann Kulke）和迪特玛尔·罗特蒙特（Dietmar Rothermund）也肯定："这个吠陀民族（雅利安人）并没能在一次大征服的闪电战中横扫整个印度平原，他们只是十分缓慢地扩展他们的地盘。"③

2. 雅利安人本土说

雅利安人本土说（以下简称本土说）与入侵说相反，认为雅利安

① ［日］高楠顺次郎、［日］木村泰贤著，释依观译：《印度哲学宗教史》，台湾商务印书馆，2017年，第6—7页。

② 参见［英］安德鲁·鲁滨逊著，周佳译：《众神降临之前：在沉默中重现的印度河文明》，中国社会科学出版社，2021年，第170页。

③ ［德］赫尔曼·库尔克、［德］迪特玛尔·罗特蒙特著，王立新、周红江译：《印度史》，中国青年出版社，2013年，第43页。

029

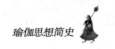

人就是印度本土人。

本土说经历了不同的演变阶段。[①]20世纪三四十年代，印度正在争取从英国的殖民统治下独立，此时，印度河文明的第一位发掘者约翰·马歇尔在1931年的言论开启了用印度河文明的发现鼓舞印度民族自尊心的思潮，他说："印度河文明先民的宗教……带有鲜明的印度特点，甚至很难与现存的印度教区分开来。"当时的印度民族主义领袖贾瓦哈拉尔·尼赫鲁（后来成为印度独立后的总理）曾说，摩亨佐–达罗和哈拉帕让人们无时无刻不想起现存的传统和习俗——流行的宗教仪式、手工业，甚至服饰潮流——这实在令人惊讶。在这一阶段，印度河文明只是在主观感受上被认定为与现存的印度教传统和习俗具有连续性，这是能令人接受的。但自此之后，特别是从20世纪80年代开始，印度的印度教民族主义者"出于政治目的，罔顾考古学和语言学的证据，把推论推得太远"，热衷于将印度河文明归为印度文明未经外界污染的"本源"。他们认为印度河文明创造了吠陀文献的语言——梵文，创造了印度教的前身，因而印度的民族身份从未断绝，其源头就是印度河文明，可以追溯到5000年前。

在西方和中国，也有印度宗教与文化研究者仅仅基于学术考量认为雅利安人是印度本土人。《瑜伽之书》的作者福伊尔施泰因就是其中之一，他认定已经发掘的遗址"表现出了印度河–萨拉斯瓦蒂河文明与后来的印度教之间在象征上和文化主旨上的显著连续性"[②]。他写了《寻找文明的摇篮》（*In Search of the Cradle of the Civilization*）一书，以大量的证据和细节反驳雅利安人入侵说，力证雅利安人本土说。

① 以下关于本土说的演变参见［英］安德鲁·鲁滨逊著，周佳译：《众神降临之前：在沉默中重现的印度河文明》，中国社会科学出版社，2021年，第10—16页。

② ［德］格奥尔格·福伊尔施泰因著，闻风、朱彩红、黄祺杰译：《瑜伽之书》，海南出版社，2017年，第100页。

还有人认为"雅利安人"不是一个人种的名称。中国学者徐达斯在《上帝的基因》一书中说雅利安人"并非来自欧亚草原的某个游牧部落,而是从远古时就生活在印度次大陆的原住民,是他们编撰了吠陀诸经"[①]。他从雅利安(Aryan)一词的两个词源arya和ar入手,认为该词"指向一种生活与为人的标准,或理想范式;它与文化价值观相联系,意指在这种文化价值观指引下生活,或能保持这种文化价值观的人,就像理想的人或文明人",或者"有事神者的意思"。[②]美国吠陀学者大卫·弗劳利(David Flawley)也认为"雅利安"是一个与梵文词"室利"(Sri)同义的尊称,可与英文词Sir等同。总而言之,徐达斯等人认为雅利安的概念超越了任何躯体、地域、种族的限制,仅仅与文明理念和文化价值观相关,意味着一种非常高级的价值体系,该价值体系更关注精神取向和文化传承。

本土说代表着一部分人的观点,迄今为止仍是一种无法被推翻的假设,但也无法被证明。

3. 雅利安人迁徙说

另一种看似较为折中和谨慎的观点认为,雅利安人是迁徙进入印度河地区的移民。《众神降临之前》的作者鲁滨逊,《印度史》的作者赫尔曼·库尔克和迪特玛尔·罗特蒙特以及《印度佛教史》的作者戈耶尔(S. R. Goyal)等人都支持迁徙说。

鲁滨逊认为移民在印度河文明的衰落期从中亚进入:"看上去,解答移民这个问题的关键应当在中亚。这片区域……现在被称为'巴克特里亚-马尔吉亚纳古文明体'(简称BMAC),持续年代为公元前2400至前1500年……直到印度河文明成熟期末期,才有证据表明该

---

① 徐达斯著:《上帝的基因》,重庆出版社,2008年,第22页。
② 对雅利安一词的词源分析见徐达斯著:《上帝的基因》,重庆出版社,2008年,第22页。

文明体有移民迁往印度河地区"①。

根据《印度史》的记载："在印度河文明的盛衰浮沉之后，公元前2000年目睹了南亚次大陆早期历史上的另一个重大历史事件：一个在他们的圣诗中自称为'雅利安'的半游牧民族经由阿富汗的山口进入了西北平原……雅利安人是分批迁入的……很快就被融合进了印度河文明。"②

研究者帕尔波拉（Asko Parpola）也相信，公元前1900年左右，一波早期移民进入俾路支、信德和拉贾斯坦，在接下来的几百年中，还有其他移民，其中就包括创作了《梨俱吠陀》的民族。这些民族在迁徙过程中征服了一个颇有敌意的民族，即《梨俱吠陀》中的"达萨"。他提出，"达萨"与印度河城市没有关系，而是早前来到印度河流域的移民，其领地的建筑风格源于BMAC。③

上述内容表明，分批迁移进入印度的雅利安人本身"不可能是一个紧密的群体，涌入印度的雅利安人十分可能属于不同的文化传统"④。他们中有的可能接受了印度河流域人民的物质文化，却不接受其宗教，有的可能与印度河城市文明发生了融合，而《梨俱吠陀》的雅利安人则完全拒绝采纳城市生活方式。

这些雅利安移民有没有像入侵说认为的那样，导致了印度河文明的衰落？这仍然是难以确定的。鲁滨逊推测，印度河文明的衰落更多地归因于复杂的自然环境因素和人为因素，包括疾病、地震、贸易减少以及地质运动引起的印度河河道的改变与萨拉斯瓦蒂河的干涸等，

① ［英］安德鲁·鲁滨逊著，周佳译：《众神降临之前：在沉默中重现的印度河文明》，中国社会科学出版社，2021年，第183—184页。

② ［德］赫尔曼·库尔克、［德］迪特玛尔·罗特蒙特著，王立新、周红江译：《印度史》，中国青年出版社，2013年，第37—39页。

③ 本段参见［英］安德鲁·鲁滨逊著，周佳译：《众神降临之前：在沉默中重现的印度河文明》，中国社会科学出版社，2021年，第184页。

④ ［印］S. R. 戈耶尔著，黄宝生译：《印度佛教史》，中国社会科学出版社，2020年，第33页。

移民只是可能的因素之一。《印度史》也认为，多学科研究产生的结论是，印度河文明的衰落是由开始于公元前两千纪初期的环境条件的巨大变化以及社会–经济因素造成的。

无论如何，雅利安人迁徙说表明，印度河文明与雅利安人的吠陀文明是两种不同的文明，二者并无共同的源头。就它们在印度这片土地上出现的顺序而言，印度河文明早于吠陀文明，不过二者在文化上并非没有任何共同之处。基于此，传统印度教的起源最有可能既存在于印度河文明中，也存在于吠陀文明中。吠陀文明独立发展形成，与印度河文明的差异相当大。但在公元前两千纪，就是印度河文明衰落、印度–雅利安人迁徙的时期，这两种完全不相关的文明的习俗、仪式和神话可能发生了混杂与融合，形成了传统印度教的基础，现代的印度教无疑是从传统印度教发展而来的。[①]

需要强调的是，上述三种有关雅利安人来源的观点只是假说，它们涉及印度河文明与吠陀文明的关系是断裂的（入侵说）、连续的（本土说），还是融合的（迁徙说）。就本书的关注而言，它们也涉及传统印度教的源头主要是吠陀文明这个单一源头（入侵说），还是印度河文明与吠陀文明的双重源头（本土说和迁徙说）。由于入侵说在很大程度上已被抛弃，我们至少可以认为印度河文明和传统印度教的某些重要元素之间存在着连续性，再者，印度河文明和瑜伽传统之间的连续性也不能否认——这就涉及瑜伽的源头问题，我们接下来讨论。

二、"兽主"或者萨满？

1. 宗教的连续与非连续

印度河文明与印度教之间存在着什么样的关联？恰克拉巴蒂

---

① ［英］安德鲁·鲁滨逊著，周佳译：《众神降临之前：在沉默中重现的印度河文明》，中国社会科学出版社，2021年，第242页。

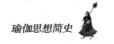
（Dilip Chakrabarti）评论道：

不是说印度河文明时期就存在着现代形式的印度教，而是说印度教信仰体系中的某些主要元素已经出现在已有的印度河文明发现中了。在印度河文明中，有可能追溯出其后印度宗教的部分主要元素，特别是在信仰崇拜方面，例如女神崇拜、对树的崇拜以及对某些动物的崇拜，等等。①

有关宗教方面的连续性，依据现有的考古资料可以举出一些例子。②然而我们应该记住，在印度河文明的文字被破译之前，各种解读离事实还很远，而文字的破译就现状来看困难重重，如果不是缺乏希望的话。

有人认为摩亨佐–达罗的大浴池本质上是宗教建筑，但也不乏别的推测。印度河文明遗址中尚未发现神庙，但学者们认为这不能证明当时的人们没有宗教，也没有建造神庙。有关宗教性建筑，唯一比较明显的是火祭坛，在数个遗址都有发现。然而，并非所有专家都同意这些火坑是祭祀用的，即便真的用于祭祀，也并不意味着它们具有与吠陀宗教的火祭坛相同的含义，因为许多宗教中都有火祭。

另一类被认为可能属于宗教物品的是小型陶像和雕像。摩亨佐–达罗出土了大量石制小物件，大致是圆柱形，小部分有个尖顶，有人认为它们是湿婆的"林伽"，也有人认为它们仅仅是棋子。梅赫尔格尔、摩亨佐–达罗出土了一些女性小陶像，有研究者认为可能带有宗教崇拜的含义。另外，在印度河遗址还发现了许多女性外阴形状的石

---

① ［英］安德鲁·鲁滨逊著，周佳译：《众神降临之前：在沉默中重现的印度河文明》，中国社会科学出版社，2021年，第232页。

② 以下种种有关"连续性"和"非连续性"的例子参见［英］安德鲁·鲁滨逊著，周佳译：《众神降临之前：在沉默中重现的印度河文明》，中国社会科学出版社，2021年，第150—167、232—235页。

头，《印度通史》的作者斯坦利·沃尔波特（Stanley Wolpert）就此评论道："这强化了以下假设：母神崇拜是印度河文明的宗教生活中的一个重要因素，就像它曾在印度历史上所表现的一样。"[①]

在宗教方面最引人入胜的是印度河文明的印章。这些印章的有些图案据说"看上去只可能是神灵的存在"，其中宗教含义最明显的印章有三个，我们暂且称之为"兽主印章""独角兽印章"和"菩提神印章"。"兽主印章"被马歇尔命名为"历史上著名的湿婆的原型"，鲁滨逊对它做了细致的描述：这是一个男性形象，上半身竖直，以一个非常明显的瑜伽体式端坐于一个类似王座的东西上，双腿折叠对放于身下，足尖朝下（"束角式"）。他有三张脸，一张直视正前方，其余两张分别向左右两侧看去。他头戴一个夸张的三尖形头冠，其中两"尖"应该是弯曲的水牛角，胳膊上戴着镯子。人像看上去有勃起的阴茎。身周排布四种野兽，两两分列一旁，一边是一头犀牛和一头水牛，一边是一头大象和一头老虎，都栩栩如生。他头冠的

图2 摩亨佐-达罗的大浴池

图3 摩亨佐-达罗的青铜"舞女"塑像

① ［美］斯坦利·沃尔波特著，李建欣、张锦冬译：《印度通史》，东方出版中心有限公司，2020年，第15页。

上方刻着几个印度河文字。

这不能不让人联想到作为瑜伽师之主和兽（指未觉悟的灵魂）之主的湿婆。但历史学家巴沙姆（A. L. Basham）反驳道："这个史前神灵与湿婆间的任何持续性关联都是很薄弱的。"还有许多学者提出了严厉的反驳，例如，有学者认为：这个神灵有四张脸，其中一张向后看，所以没有表现出来，每张脸正好对应一种动物，这样一来，这个神灵就不是湿婆了，而是更像梵天。这个神灵上竖的"林伽"并不明显，这处细节有可能只是他的腰带结的一部分。他所呈现的瑜伽姿势在其他很多印度河印章上也出现了，看上去更可能来自相邻伊朗地区的可追溯到公元前三千纪初期的原始埃兰艺术。他身周的四种动物是野生的（水牛可能例外），但湿婆并不保护野生动物。湿婆的坐骑是公牛南迪，不是水牛，而这个戴着水牛角的神有可能与印度教的"牛魔"摩西沙有关……

图4 兽主印章

第二个"独角兽印章"吸引人的地方在于独角兽图案前方的物件。一般动物印章图案的前方会出现饲喂槽，但这个独角兽的前方是一个陌生的物件，类似的实物在考古发掘中从未发现。大部分学者认为这应该是一件仪式用具，尽管该仪式的性质很不确定，也有人说这是个祭品台、香炉或用来滤制苏摩汁的过滤装置。

第三个被称为"菩提神印章"上刻画了一幅场景，以宗教方式解读，看上去像是画面中的神灵站在一棵菩提树中央，其背后有一条长发辫，手臂上戴着许多镯子，头上戴着一个有角的冠，可能是位女神，因为印度的树神（药叉女）

通常是女性。在这个神灵身前，一个同样戴着有角冠的祈愿者跪在地上，其身后立着一头长着人脸的捻角山羊，眼睛炯炯有神，大大的角弯弯绕绕，角上方刻着几个印度河字符。在这个场景下方，即印章底部，七个人物形象排成一列，看上去像是那个神灵的人类侍从，也留着长辫子，胳膊上戴着镯子，不过冠饰是单根羽毛状的，有人称她们为"七个女祭司"。该印章最吸引人的地方是祈愿者脚边的一个小物件，有人经过研究说是个被割下来的人头，所以该印章表现了人祭，但也有人说是供品或香案。

除了这些印章，不得不提的有趣例子还有"卐"字符，它在印度河印章和字符中反复出现，左旋和右旋的形态都有。我们现在并不清楚它在印度河文明中的含义，但在今天的印度次大陆上，该字符的用途十分广泛，在宗教仪轨和世俗生活中皆可见到。

戈耶尔断言："印度河流域宗教从未完全灭绝，这种宗教的许多特征在后来的吠陀时代以及此后时代的印度宗教传统中得到再现。"[1]他尝试从以下五个方面说明此种宗教上的连续性：

第一，印度河流域宗教对印度宗教中的偶像崇拜做出了贡献，诸如采用林伽和女阴崇拜形式对神祇进行崇拜；

第二，女神几乎不是吠陀宗教的产物，她们作为重要神祇出现在《往世书》中，也应该被认为是印度河流域宗教影响的结果；

第三，印度河流域宗教对大神的概念做出了贡献，比如兽主印章影响了后来的湿婆神概念的衍化；

第四，印度河流域人民的瑜伽知识极具意义，是对印度教的主要贡献之一，在某种程度上，至少是间接地，奥义书、佛教和耆那教思辨的源头可以追溯到印度河文明时期；

第五，印度河文明为印度文化提供了两方面的证据——入世法和

---

① ［印］S. R. 戈耶尔著，黄宝生译：《印度佛教史》，中国社会科学出版社，2020年，第8页。

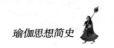

出世法，前者体现在代表繁衍的女神崇拜中，后者体现在以"兽主"崇拜为代表的出世瑜伽中。

尽管基于宗教连续性的解读十分受欢迎，但我们还是要记住，目前没有确凿的证据能证明印度河宗教的存在。

鲁滨逊甚至质疑：印度河文字尚未获得破译，宗教诠释自然地填补了学术理解中的一些巨大空白，但这真的明智吗？

这种质疑或许是公正的，因为尽管上述种种例子展现了印度河文明与传统印度教之间的某种连续性，但非连续性的例子更多，比如：

尽管印度河城市对河流、水以及可能的"仪式洁净"多有关注，但印度教中十分重要的、与降雨和河流有关的特殊仪式却没有在印度河印章的图像里出现；

印度河印章上没有后来的印度教绘画和雕塑中经常出现的猴子、眼镜蛇等的形象；

印章图像和现有的考古发现都证实，在印度河文明时期，公牛而非印度教奉为至宝的母牛是神圣的动物，印章上多次出现公牛，但从未出现过母牛的图案；

从印度河火祭坛中发现的母牛遗骨判断，当时母牛很明显是祭品；

人死后，印度河文明基本上进行土葬而不是火葬，这又和印度教的经典习俗有明显的矛盾。

不过，我们依然可以说印度河文明和吠陀文明一样，是印度教的源头，尽管不一定要像印度学家路易·勒努（Louis Renou）那样推论传统印度教中的一些非吠陀元素可以追溯到印度河文明时期。我们注意到：当圣雄甘地及其秘书于1938年造访旁遮普北部的塔克西拉遗址，塔克西拉考古博物馆的导引员向甘地介绍一对沉甸甸的银脚镯时，根据秘书的记录，"甘地先生深深地叹了一口气，说道：'与我妈妈曾经戴过的一模一样。'"①

2. "兽主"是个瑜伽师?

在当前的情况下，我们无从谈论印度河文明的瑜伽，就连印度河文明的遗迹中和瑜伽有关的要素也难以确定。或许要等到印度河文明的文字被破译，情况才能有所改变。目前看似比较明显的瑜伽要素有"兽主印章"和其他印章上的瑜伽坐姿和冥想状态，以及向神灵的祈祷。但《瑜伽之根》一书的编者詹姆斯·梅林森（James Mallinson）和马克·辛格顿（Mark Singleton）认为："'原湿婆'印章（即兽主印章）尽管广为人知，但没有为一种古老的瑜伽文化的存在提供决定性的证据。"②如果"独角兽印章"上的物件是苏摩汁过滤器，"兽主印章"上的"瑜伽师"真的在冥想，那么他们肯定掌握了改变意识状态的某些外在和内在技巧。另外，在一些器具的铭文上发现了重复出现的成组字符，不知道这和咒语及其念诵有没有关系。

然而，无论如何，很难想象一个长期和平而繁荣的古代文明没有瑜伽所承载的灵性要素的滋养，而在人类历史的漫长时间里，灵性要素是和宗教结合在一起的。既然学者们倾向于认为印度河文明是印度教的源头之一，那么我们也可以把瑜伽的源头追溯到印度河文明，这至少能得到一些学者的支持，比如，戈耶尔认为瑜伽及其代表的出世法来源于印度河文明，这在前面谈到过，另外，福伊尔施泰因显然也是这么认为的，并由此把前吠陀时代的瑜伽之上限设定为公元前6500年，那是他认为的梅赫尔格尔城出现的稳妥时间。

---

① 转引自［英］安德鲁·鲁滨逊著，周佳译：《众神降临之前：在沉默中重现的印度河文明》，中国社会科学出版社，2021年，第249页。

② James Mallinson, Mark Singleton translated and edited, *Roots of Yoga* (Penguin Classics, 2017) , " Introduction" p. XIII.

3. 瑜伽起源于萨满教?

抛开印度的地域限制，从古老的宗教中寻找瑜伽的起源，这是另一条可行的思路。有学者遵循这条思路提出，瑜伽起源于萨满教。这是有关瑜伽起源的另一种有趣的观点，看似比瑜伽起源于印度河文明更耐人寻味，当然二者并不矛盾，因为相较于印度河文明萨满教更为古老，况且瑜伽和萨满教的关联是就心理精神技巧而言的。

萨满教被追溯到大约公元前2500年，但福伊尔施泰因认为它可能还要古老得多。宗教史学家米尔恰·伊利亚德（Mircea Eliade）认为萨满教起源于西伯利亚，"严格意义上的萨满教主要指西伯利亚和中亚的一种宗教现象"①。但也有人认为萨满教是在不同的文化中独立产生的，因为萨满被用来泛指"那些在所有'原始'社会中发现的拥有巫术-宗教能力的人"②。

萨满教是什么？福伊尔施泰因的定义简明扼要："萨满教是一门神圣的技艺，它改变人的意识，以使人进入不同寻常的意识领域，根据人们的经验，在这些意识领域中居住着神灵。"③换言之，他宽泛地认为，萨满教本质上是通灵术。相应的，他把萨满描述为灵界的老练穿行者，也就是通灵师。伊利亚德对萨满角色的描述更为丰富，"萨满既是术士也是巫医，所以人们相信他既可以像医生一样给人们治病，也可以像原始或现代的术士一样创造苦行僧般的奇迹。除此之外，他还是神的信使，也可能是牧师、玄想者甚至诗人"。④我

① ［美］米尔恰·伊利亚德著，段满福译：《萨满教：古老的入迷术》，社会科学文献出版社，2018年，第2页。

② ［美］米尔恰·伊利亚德著，段满福译：《萨满教：古老的入迷术》，社会科学文献出版社，2018年，第1页。

③ ［德］格奥尔格·福伊尔施泰因著，闻风、朱彩红、黄祺杰译：《瑜伽之书》，海南出版社，2017年，第95页。

④ ［美］米尔恰·伊利亚德著，段满福译：《萨满教》，社会科学文献出版社，2018年，第1页。

们发现，萨满的这些角色同样被印度的瑜伽师和苦行者所承担。萨满最重要的作用似乎是"通灵"，其目的何在？如何操作？"在大多数情况下，通过聆听单击的单调鼓声或其他打击乐器，或者通过作用于精神的物质（比如蛤蟆菌），萨满的知觉场获得一种彻底的转换。他们这样做是为了与灵界交流。他们的目的不是白白地满足好奇心，不如说，他们希望取回对他们的共同体之身心安康至关重要的力量与信息。"①如果把"单调鼓声"换成"曼陀罗"，把"蛤蟆菌"换成"苏摩汁"，就很容易让我们联想到印度教的某些修习。

难怪有些学者提出，瑜伽直接源于萨满教，比如，在迈克尔·哈纳（Michael Harner）对古代历史的重构中，瑜伽传统是这样发展出来的：在东方的早期城邦时代，萨满受到官方宗教代表的压制，为了避免被发现，他们不得不停止大声击鼓，取而代之，他们制定了安静的方法来改变意识，于是，发生了从萨满教到瑜伽的转变。②尽管哈纳的假设难以令人信服，但"改变意识"这个核心要素的确是萨满教和瑜伽的共同之处，二者的差别在于改变意识所用的手段和技巧，以及改变意识的最终目的。福伊尔施泰因认为，萨满教传统的衰落很有可能和如下事实关系更为密切——城邦的兴起和萨满所服务的部落群体的崩溃，在意识上，这种崩溃可以理解为朝向一种更加个体化的自我意识的转变，而这种转变意味着一种全新的意识结构③的出现。

我们不能证明瑜伽直接起源于萨满教，但瑜伽确实包含了萨满教

---

①　［德］格奥尔格·福伊尔施泰因著，闻风、朱彩红、黄祺杰译：《瑜伽之书》，海南出版社，2017年，第95页。

②　转引自［德］格奥尔格·福伊尔施泰因著，闻风、朱彩红、黄祺杰译：《瑜伽之书》，海南出版社，2017年，第96页。

③　这种全新的意识结构被瑞士文化哲学家让·盖伯赛称为"精神意识"，属于人类已经经历过的第四种意识结构，参见J. Gebser, *The Ever-Present Origin,* (Athens, Ohio: Ohio University Press, 1986)，《瑜伽之书》第94—95页的简介，以及本书第十章第五节中的说明。

的一些重要要素。①根据伊利亚德的概括，萨满教最重要的要素为：

入会仪式（由新入会者象征性的肢解、死亡与重生构成，这意味着他降入了阴间或升入了天堂）；

萨满以医治者和灵魂向导的角色进行"出神之旅"的能力；

"控制火"（萨满触摸烧红的烙铁，在燃烧的炭上行走等而不受伤）；

"巫术飞行"（萨满化为兽形的隐身能力）。

这四个要素同样存在于瑜伽传统之中：

传统上，瑜伽需要入门，入门的整个过程受到逐步超越私我人格这一理念的支配，这对应萨满教以"绳棍"的形式进行的"肢解"；

瑜伽师的出神的内省和神秘的上升对应萨满的神游，瑜伽师的教导功能对应萨满的灵魂向导角色；

萨满对火的控制类似于瑜伽师对"内在之火"的控制，比如拙火瑜伽能让修习者赤身坐在皑皑白雪中数小时；

萨满教的许多力量在瑜伽中也得到了承认，并被称为"悉地"，包括隐身能力。

除此之外，瑜伽最著名的技巧之一——以某种瑜伽体式盘腿而坐——有其萨满教的前身；瑜伽师的觉悟状态和萨满的通灵状态一样，代表着完全背离常规意识和现实，都具有深刻的转变作用；萨满在通灵状态中接触的精微的存在领域也为瑜伽师所熟悉，等等。

就心理精神技巧而言，萨满教和瑜伽的相似性是不言而喻的，二者都属于人的存在的某个古老的维度——在意识中寻求超越，正如伊利亚德在谈到"巫术飞行"时做出的评论："从类型学上讲，所有这些行为都有一种相同的结构：每种行为在自身的层面上都表明超越世

---

① 以下关于瑜伽和萨满教的相似和差异的描述参见［德］格奥尔格·福伊尔施泰因著，闻风、朱彩红、黄祺杰译：《瑜伽之书》，海南出版社，2017年，第96—98页。

俗世界，到达天神、上帝和绝对世界的一种特定方式。"①

但我们也可以明显感受到瑜伽和萨满教的差异，毕竟二者属于不同的意识结构。萨满教归于人类意识发展史中更加古老而幽暗的时期，它对超越的表达方式更加初级、直接和外在化，关注的是在瑜伽师看来局部的、外在的目标，其终极目标在于世俗利益。从意识结构的角度来看，在萨满教所属的意识结构中，自我意识并不强烈。然而，"认识你自己"可谓瑜伽的核心，瑜伽师的终极目标在于超越萨满所探究的精微的存在层面，认识超维度的绝对的终极实在，它也是你、我和万物的真实本性——"真我"。比起认识真我，"悉地"和通灵是无足轻重的。所以，瑜伽师的首要关切是觉悟真我，而不是共同体的现世利益。终极目标上的差异决定了瑜伽和萨满教本质上的差异。

第三节　瑜伽思想史断代说法

一、印度的国土与文明

1. 印度国土的三个三角形

印度国土的形状通常被视为三角形，但日本学者高楠顺次郎和木村泰贤认为，视之为不等边四角形似乎较为适切。其西北方是与阿富汗和巴基斯坦接壤的斯雷伊曼山，东北方是喜马拉雅山，西南面临阿拉伯海，东南面临孟加拉湾。该四边形的四条边不是山就是海，这使它成了一片天然与世隔绝的土地。在了解印度文明时，这是必须注意的状况，因为"此乃发生于其中的文明在诸多方面得以保存其特色的

---

① ［美］米尔恰·伊利亚德著，段满福译：《萨满教》，社会科学文献出版社，2018年，第409页。

理由之一”①。

德国印度学家保罗·多伊森（Paul Deussen）依据文明史的观点，将印度的不等边四角形国土划分为三个部分：

> 首先以注入阿拉伯海的印度河之河口为起点，拉一直线至注入孟加拉湾的恒河河口，此一直线是不等边四角形的对角线，将南北切出两个三角形。亦即北方是印度斯坦平原，南方是德干高原之科摩林角。其上方的三角形以兴都库什山为顶点，由此向其底边拉一垂线，其线贯穿马鲁斯塔拉沙漠，形成东西两个三角形，亦即由此区隔出西方的五河流域与东方的恒河平原。结果全印度可分成三个三角形：第一，以西方印度河为中心的五河流域；第二，东南的恒河平原；第三，湿迪亚山以南的半岛地区。此实是印度文明发展之三大中心地，兴起于五河流域的文明东渐，移入恒河平原后，达于全盛期，最后从半岛地区传入锡兰。②

上述三个“三角形”的气候和风貌各异。第一个三角形“五河流域”河川众多，土地肥沃，气候温和宜人，适合农牧。这是印度河文明的展开之地，其优越的生存条件使得鲁滨逊推测印度河文明的居民“不知饥馑为何物”。

第二个三角形“恒河平原”与五河流域很不同，由于纬度更低，稍稍进入热带，故而较为炎热，除了东北边境的雪山之外，可谓地势广阔，沃野千里，适合农作，但水灾旱灾比较常见，风景方面稍嫌单调无味。许多学者认为，在宗教修行方面，印度先民之所以产生退隐山林幽栖与喜好静坐沉思之风习，多半是受此气候风土影响。恒河在

---

① ［日］高楠顺次郎、［日］木村泰贤著，释依观译：《印度哲学宗教史》，台湾商务印书馆，2017年，第2页。

② 转引自［日］高楠顺次郎、［日］木村泰贤著，释依观译：《印度哲学宗教史》，台湾商务印书馆，2017年，第2页。

印度文明史上可谓第一圣河，"此因发源自雪山的恒河，在注入孟加拉湾的途中，汇集无数支流而开发出两岸广大的平原，其本流与支流汇合之处，形成诸多适合都城发展的地形，故具备得以开发独特且宏伟的文明之条件。若无此恒河，印度恐是无法诞生印度文明与佛教文明"。[①]

在恒河之前，印度文明的圣河是印度河与萨拉斯瓦蒂河。印度河文明的先民是被迫迁移至恒河平原的，因为印度河改道，而萨拉斯瓦蒂河（《梨俱吠陀》中最著名的河流）逐渐干涸消失，其重要的支流亚穆纳河和萨特莱杰河汇入恒河，使得恒河变成了大河，其肥沃的平原更适宜居住。恒河继而成了印度文明的中心，尤其重要的是恒河平原上的两个"中土"：婆罗门的中土——俱庐（"俱庐之野"就是《摩诃婆罗多》描述的大战地点）以及佛教时代的中土——摩揭陀国。

第三个三角形"半岛地区"多山岳，大部分是高原，只有两边海岸地带才有平地。居于山岳间的各种民族由于交通不便，故而发展出了各自独有的文明。这是我们不能忽视的，因为"属于热带的这一区域，若隐遁于山间，仅以采撷自然生长的果实，即能维持生命，全无衣食之烦，因此是沉静思惟之最佳场所。如是，此地区虽最迟开发，却是产生具有特色的文化与伟大思想之舞台"[②]。

2. 印度文明的三期发展

多伊森之所以把印度国土划分为三个三角形，是为了解释印度文明的三期发展。依据《印度哲学宗教史》的概括，印度文明发展的第一期是五河流域的殖民时代，第二期是移居恒河流域的时代，第三期

---

① ［日］高楠顺次郎、［日］木村泰贤著，释依观译：《印度哲学宗教史》，台湾商务印书馆，2017年，第5—6页。

② ［日］高楠顺次郎、［日］木村泰贤著，释依观译：《印度哲学宗教史》，台湾商务印书馆，2017年，第6页。

是开拓南隅的时代，或可称为全印度时代。不过，根据我们在上一节对印度河文明与雅利安人之关系的说明，针对第一期的五河流域文明更为适切的表述是印度河文明与雅利安人迁徙时代。

在印度文明的第一期，印度河文明和前吠陀文明及吠陀文明曾经共存于五河流域，并有一定范围的交流、共融和战争。在此，我们主要着眼于吠陀文明来交代印度文明第一期的概况，但不应该忘记考古学家恰克拉巴蒂等人的提醒——印度河文明在印度形成如今的模样的过程中做出了根本性的贡献，尽管它缺乏完整的文献，其文字也有待破译。

依据《印度哲学宗教史》的描述，在社会组织方面，吠陀时代早期的雅利安人还没有世袭的阶级，政治上没有统一，可能分为不同的种族、部属、聚落。他们过着村落生活，没有都城制度，没有专政之权，重要事件由部落所有男性成员组成的咨议会决定。这种政治状况被《印度史》的作者库尔克和洛特蒙特称为"贵族部落共和国传统"。在产业方面，畜牧居首位，其次是农业，还有工业和商业，牛是财产的主要部分。在宗教方面，主要是天然崇拜，下层社会也有庶物崇拜和幽鬼崇拜。没有僧侣阶级，但有作为神人之媒介的"见者"或"仙人"，他们诵出了《梨俱吠陀》，也有专门从事特定祭祀的僧官，为国王和军队服务。

在印度文明的第二期，雅利安人初始定居在俱庐，然后渐次南下，遍及恒河下游乃至第二个"三角形"的全部。农业代替畜牧业成为主要产业，由此产生了定居的倾向，并形成分业的社会组织，文明趋向复杂，文化趋于完备。这一时期的特色在于"事物之整顿"，尤其在社会制度上，世袭的种姓制度趋于固定。"婆罗门教"在这一时期确立，其仪轨制度以及相关的神学和哲学也在这一时期完成。在政治方面，一种新的君主政体出现了，国王通常是从贵族们的权力斗争中脱颖而出的，而不是建立在部落成员选举的基础上。部落组织解体，新的政治秩序逐渐形成，小国林立。期间有许多战争，但那是刹帝利的职责，庶民不参战，因而农工商业都有显著发展。此外，学问的分科也非常发达。值得提及的是，"《耶柔吠陀》与《梵书》、《奥义书》是其特产，现今形态的《梨俱吠陀》之整理是在此时期……第二期是婆罗门文明时代，印度特有的制度、仪式与思想等大抵是于此时期发生或成立"[①]。

到了第三期，雅利安人不只居于恒河一带，进而推向偏僻之地的高原滨海地区，这是雅利安民族文明遍及全印度的时期。就政治方面而言，王者的权力大为增加，"甚至在教学上，其地位也在婆罗门之上……此时期之文明可称为刹帝利文明"[②]。就文明大势来看，在教学上，一般的学问已脱离教权束缚，得以自由探究，无论宗教、哲学还是科学，都被当作是独立的问题而研究，尤其是在宗教和哲学方面，产生了主义与信仰不同的诸多流派，故而有了所谓"学派时代"，佛教和耆那教也是这个时期的产物。在科学上，天文学、医学、音乐、军事、数学、工学、论辩学等都有显著进步。在文学史上，梵文文体已经制定，帕尼尼（Panini）完成了梵文文法。印度文学史家通常将前二期称为吠陀文学时代，第三期以后称为梵文时代。在社会制度上，虽然佛教的平等主义缓和了种姓制度，但后者仍是社会惯例，延续至今。10世纪之后，印度经历了伊斯兰教、基督教的侵入，这让印度的社会区分更加复杂，让政治上的团结一致更加艰难。

以上针对印度文明的三期划分是暂时的、粗略的，对本书的讨论而言是不充分的。接下来，我们将依据印度宗教与哲学的发展，对印度思想史和瑜伽思想史做出分期。

---

①　［日］高楠顺次郎、［口］木村泰贤著，释依观译：《印度哲学宗教史》，台湾商务印书馆，2017年，第14页。

②　［日］高楠顺次郎、［日］木村泰贤著，释依观译：《印度哲学宗教史》，台湾商务印书馆，2017年，第15页。

二、估算的年代表

在对印度思想史和瑜伽思想史做出分期之前，需要注意两点。第一，相对于中国人和西方人，印度人似乎缺乏"时间观念"。福伊尔施泰因指出："19世纪以前的印度年代学凭借的是猜测。印度的历史学家很少关心把现实的时间记载下来这回事，他们倾向于把历史事实与神话学、象征主义及思想体系自由地混合在一起。"①高楠顺次郎和木村泰贤也抱怨道："印度是世界上罕见的'无历史之国'，足以决定及证明其年代的记录全然不得见之。"②然而，更好的看法也许不是批评印度人缺乏时间观念，而是试图理解他们对时间的记录方式和我们有所不同。但无论如何，这种不同的确造成了年代史考证方面的显著问题。第二，针对印度思想史的严密的年代考证目前难以进行，不同的人提出了不同的年代划分版本。我们在此提供两个年代史版本：一个是高楠和木村对印度思想史做出的笼统的年代划分，另一个是福伊尔施泰因的瑜伽思想史年代表。这两个版本的对象虽不同，却有着密切的关系。我们将会看到，二者在若干重叠项目的年代确立上分歧很大。

1. 印度思想史的七个时代

高楠和木村在《印度哲学宗教史》中把印度思想史划分为七个时代③：

---

① ［德］格奥尔格·福伊尔施泰因著，闻风、朱彩红、黄祺杰译：《瑜伽之书》，海南出版社，2017年，第67页。

② ［日］高楠顺次郎、［日］木村泰贤著，释依观译：《印度哲学宗教史》，台湾商务印书馆，2017年，第21页。

③ 印度思想史年代表及其说明参见［日］高楠顺次郎、［日］木村泰贤著，释依观译：《印度哲学宗教史》，台湾商务印书馆，2017年，第21—23页。

1	天然神话时代	公元前1500—前1000年
2	婆罗门教成立时代	公元前1000—前500年
3	诸教派兴起时代	公元前500—前250年
4	佛教隆盛时代	公元前250—500年
5	婆罗门教复兴时代	500—1000年
6	印度教全派成立，伊斯兰教入侵时代	1000—1500年
7	现代	1500年至今

表2　高楠和木村：印度思想史的七个时代

"天然神话时代"是将天然的种种现象神格化，以此作为信仰对象，同时以此作为依据而解释万有的时代，这时的宗教或哲学未脱离神话的外衣。但在这一时代的末期，意欲以统一的见地解释宇宙人生起源的风潮涌起，宗教制度也稍见确定。这一时代的代表性经典是《梨俱吠陀》。

"婆罗门教成立时代"是继承前期思想，并进行整理发展的时代，婆罗门教得以确立。婆罗门一方面编写《耶柔吠陀》及各种《梵书》，组织祭祀万能之宗教，另一方面在奥义书圣典中进行深远的哲学思索，发展印度思想之特质。

在"诸教派兴起时代"，以前虽统合于婆罗门主义之下，但内在已具备分裂要素的宗教与自由哲学的思潮，终于成为种种潮流，让印度思想界出现了百家争鸣的盛况。这些潮流主要有四类：一是作为保守形式的潮流，编述有关仪式法规的经书，形成种种吠陀之分支；二是作为哲学的潮流，制作新奥义书，也是数论、瑜伽、胜论、正理等派建立的基础；三是作为神话的信仰潮流，成为以毗湿奴与湿婆为中心的有神派之起源；四是作为宗教改革的潮流，促进佛教、耆那教等非婆罗门教主义之兴起。①

---

① 四个方面的潮流参见〔日〕高楠顺次郎、〔日〕木村泰贤著，释依观译：《印度哲学宗教史》，台湾商务印书馆，2017年，第22页。

在"佛教隆盛时代"，佛教在"转轮圣王"阿育王治下成为印度国教。在公元前，主要盛行的是所谓的小乘佛教，公元后大乘佛教逐渐兴起。

到"婆罗门教复兴时代"，在前一个时代徐徐恢复势力的婆罗门教思想终于获得最后的胜利，一方面完成《往世书》，为通俗的信仰奠定基础并给予权威，另一方面，商羯罗等大哲学家出现，渐次排挤了其他教派。这一时代的"婆罗门教"虽然名目与古代相同，但在内容上其实吸收了以前诸派（尤其是佛教）的要素，所以是新婆罗门教。

在第六个时代，即"印度教全派成立，伊斯兰教入侵时代"，新婆罗门教出现了种种分化，湿婆派、毗湿奴派、性力派等今日印度教诸派大抵于此时期成立。哲学的研究也很兴盛，学者辈出，但大致而言只是为各种圣典作注释，或撰述其纲要书。这个时代初期入侵的伊斯兰教逐渐"逞其破坏之毒手，到了终期，更奠立其坚定信仰之基础"。

在"现代"，印度的外来宗教又增加了基督教，宗教界"更见纷扰"。高楠和木村对印度的现代思想评价甚是灰暗："前期已趋萎缩，此时更形偏狭固陋，毫无任何独创之见地。新建立之宗派大多只是就前期宗派稍加变化，或吸收伊斯兰教与基督教之思想予以调和而已。"但我们认为，实际上印度教在现代已成功地完成了自身的清理与更新，并达成了一种全新的现代综合，这大大地归功于罗摩克里希那、辨喜和阿罗频多的工作。

2. 瑜伽思想史的九个时代

福伊尔施泰因主要根据瑜伽思想所依托的文献和流派，把瑜伽思想史划分为九期[①]：

---

① 九期的年代表和说明参见［德］格奥尔格·福伊尔施泰因著，闻风、朱彩红、黄祺杰译：《瑜伽之书》，海南出版社，2017年，第64—67页。

1	前吠陀时代	公元前6500—前4500年
2	吠陀时代	公元前4500—前2500年
3	梵书时代	公元前2500—前1500年
4	后吠陀／奥义书时代	公元前1500—前1000年
5	前古典／史诗时代	公元前1000—前100年
6	古典时代	公元前100年—500年
7	密教／往世书时代	500—1300年
8	宗派时代	1300—1700年
9	现代	1700年至今

表3 福伊尔施泰因：瑜伽思想史的九个时代

"前吠陀时代"涉及印度河文明及其早期移民，我们不再赘述。值得注意的是，福伊尔施泰因把前吠陀时代的下限设定为公元前第五个千年中期，其依据是《梨俱吠陀》大多数颂诗的创作年代。

"吠陀时代"是以四部《吠陀》颂诗所体现的智慧传统的创立和文化声望来界定的。福伊尔施泰因提出，《梨俱吠陀》包含的天文学表明，大多数颂诗创作于公元前第四个千年，有些颂诗也许可以追溯到公元前第五个千年。类似地，巴尔·甘加塔尔·提拉克（Bal Gangadhar Tilak）坚持认为吠陀可以追溯到公元前五六千年，这基于对《吠陀》颂诗中记载的星辰位置的解读，德国印度学家赫尔曼·雅各比（Hermann Jacobi）独立地获得了一个类似的结论，认为公元前5000年中期可以看作《吠陀》的出现日期。[①]如此一来，雅利安人迁移进入五河流域的时间就要提前至印度河文明的初期。但许多学者恐怕并不赞同以福伊尔施泰因为代表的这一年代学说法。不过，我们最好将这些争议搁置，因为它们暂时没法达成统一结论。福伊尔施泰因设定的吠陀时代的下限是萨拉斯瓦蒂河的干涸时间，这也比鲁滨逊提

---

① 提拉克和雅各比的观点参见［德］赫尔曼·库尔克、［德］迪特玛尔·罗特蒙特著，王立新、周红江译：《印度史》，中国青年出版社，2013年，第42页。

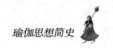

出的早了几百年。

在"梵书时代"，吠陀文明的中心移至恒河平原，祭司阶级发展成为高度专业化的职业精英，不久便主导了吠陀文化与宗教。这个时代的主要文献是《梵书》《森林书》和经书。《梵书》是祭司对祭仪的神学–神话学沉思，《森林书》是住在森林里的苦行者的仪式文本，经书则讨论法律问题、伦理问题以及艺术。

福伊尔施泰因的"梵书时代"和"后吠陀／奥义书时代"合起来相当于高楠和木村的"婆罗门教成立时代"。他将这两个时代区分开来可能是出于"奥义书的思想革命"：《奥义书》提出了内在化的仪式——"内在祭祀"的理想，连同对世界的弃绝，这些匿名创作的神圣经典形成了吠陀启示的第三阶段。在《奥义书》中，"我们可以看到印度严格意义上的心理精神技巧的开始"①。

"前古典／史诗时代"似乎相当于高楠和木村的"诸教派兴起时代"。在这个时代，印度在形而上学和伦理学方面的思考陷入了巨大的骚动，这种思考达到了精密复杂的程度，导致了不同的宗教–哲学流派的百家争鸣；同时也有一种整合的倾向，即整合众多的心理精神道路，尤其是弃绝世界的取向和接受社会责任的取向。史诗《摩诃婆罗多》，尤其是其中的《薄伽梵歌》充分体现了整合与融合的精神。这是瑜伽派和数论派的前古典发展时期，也是佛教和耆那教诞生的时代。

"古典时代"的重要事件是帕坦伽利的《瑜伽经》和跋陀罗衍那的《梵经》的创作。福伊尔施泰因把自在黑创作《数论颂》作为这个时代结尾的标志。这也是大乘佛教成形的时期，促成了佛教徒与印度教徒之间的一场积极对话。从历史的角度来看，古典时代的终结与笈多王朝的衰落相一致。中国佛教高僧法显是在古典时代抵达印度的。

---

① ［德］格奥尔格·福伊尔施泰因著，闻风、朱彩红、黄祺杰译：《瑜伽之书》，海南出版社，2017年，第65页。

"密教／往世书时代"大致对应高楠和木村的"婆罗门教复兴时代"。大约在公元第一个千年中期或略早些，密教的伟大革命开始了。密教传统"代表着许多世纪以来所做的某种努力取得的可观成果，这种努力就是：从现有的众多不同进路中创造一种哲学的和灵性的综合。我们尤其可以把密教视为是将最高的形而上学理念和理想与大众的（农村的）信念和实践结合在一起"①。密教不仅延续着千年以来的混合与综合的过程，而且在修习方面有着极大的创新。到第一个千年的末尾，密教运动横扫了整个印度次大陆，影响和转变了印度教徒、佛教徒和耆那教徒的灵性生活。这个时代的另一重要特点是百科全书式的《往世书》的创作。

到"宗派时代"，虔信运动（巴克蒂运动）走上思想史的前台。福伊尔施泰因认为，虔信运动完成了始于"前古典／史诗时代"的泛印度综合。

"现代"以西方对印度的殖民统治为开端。福伊尔施泰因的看法比高楠和木村更为客观，他承认：一方面，西方的世俗帝国主义对印度的古老宗教传统造成越来越大的冲击，西式教育连同新技术的引进导致了印度本国价值体系的逐渐衰弱，另一方面，却出现了一场灵性复兴，首次在印度人中间唤起了一种传教意识，自从辨喜在1893年的世界宗教议会上露面以来，就一直有一股稳定的印度智慧之流注入欧美国家。

上述年代划分是依据历史资料、天文学证据、考古证据、历法传统等，结合作者的推测与想象做出的粗略估算，具有很大的弹性。毫无疑问，未来随着考古证据等的发现，年代表也需要做出相应的修正。

---

① ［德］格奥尔格·福伊尔施泰因著，闻风、朱彩红、黄祺杰译：《瑜伽之书》，海南出版社，2017年，第66页。

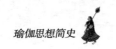

三、瑜伽的辩证发展线索

1. 印度灵性的辩证发展过程

瑜伽和"灵性"一词关系密切，灵性这个词不容易理解。我们可以把"灵性需求"理解为"人的灵魂中的一种冲动：超越人的局限性，获得终极真理、无限的爱和持久的喜乐与平静"[1]。许多世纪以来，灵性和宗教捆绑在一起，但宗教更倾向于"接受某种信念样式，遵循某些习俗，认同于特定的机构或共同体"。近年来，开始出现对灵性的一种全新理解——"灵性如今正被视为个人对意义与满足的追求，并独立于传统宗教"[2]。把灵性与宗教分离，让灵性在当代独立发展，也是罗摩克里希那和辨喜致力于推进的一项事业。从印度思想史的角度来看，灵性代表着实现"超越"的方式或道路，和我们在本书中使用的广义上的"瑜伽"含义相当。印度学者斯瓦米·杜迦南达（Swami Durganada）整理了印度灵性的辩证发展过程，如下图：

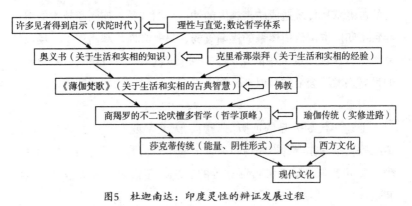

图5　杜迦南达：印度灵性的辩证发展过程

---

① ［印］斯瓦米·巴伽南达著，朱彩红译：《观念的力量》，四川人民出版社，2021年，第173页。

② ［印］斯瓦米·巴伽南达著，朱彩红译：《观念的力量》，四川人民出版社，2021年，第173页。

2. 瑜伽的四次综合

在印度灵性的发展过程中，瑜伽似乎经历了四次综合。

第一，《薄伽梵歌》完成的瑜伽综合。《薄伽梵歌》从形而上学层面、修习层面和经验层面综合了前古典的数论、前古典的瑜伽、虔信和行动，呈现出"百川入海"的格局。[①]福伊尔施泰因在谈论宗派时代的虔信运动时所说的"始于前古典／史诗时代的泛印度综合"，其第一颗硕果就是《薄伽梵歌》。

第二，古典瑜伽的综合。这是帕坦伽利在《瑜伽经》里完成的工作。帕坦伽利作为《瑜伽经》编者的贡献在于"赋予了瑜伽传统古典的形式……正是因为他的功劳，瑜伽传统才有了一个同质的理论框架……他的《瑜伽经》原则上是一本系统的专著，关心的是确定瑜伽理论与实践的各个最重要的因素"[②]。打个比方，帕坦伽利就像瑜伽大花园里的一个孩童，采撷各个重要种类的花朵，并将它们编成了一个花环——古印度六大正统哲学流派之一的"瑜伽派"。

第三，密教对瑜伽修习技巧的综合。密教的主要关切不在于理论沉思，而在于实修，瑜伽作为密教的核心被发扬光大。

第四，现代的瑜伽综合。这里的三个代表人物为罗摩克里希那、辨喜以及阿罗频多。其中，罗摩克里希那提倡诸瑜伽的和谐，辨喜提倡的是诸瑜伽的综合，我们在"瑜伽的分类与综合"中谈论过这一内容。继师徒二人之后，浸淫于印度精神-灵性传统并吸收西方思想成果，从而建构综合瑜伽体系的是阿罗频多。

---

① 关于《薄伽梵歌》的瑜伽综合，参见巴伽南达的论文《〈薄伽梵歌〉关于和谐与综合启示》，收入［印］斯瓦米·巴伽南达著，朱彩红译：《瑜伽与冥想的秘密》，四川人民出版社，2021年，第161页。

② ［德］格奥尔格·福伊尔施泰因著，闻风、朱彩红、黄祺杰译：《瑜伽之书》，海南出版社，2017年，第205页。

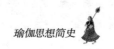

3. 瑜伽思想史上的两个转折

考察整个瑜伽思想史，似乎可以看到两个比较明显的转折，我们用下表粗略地展示：

吠陀中的瑜伽 ①目标是现世福或和死后升天。 ②手段主要是外在的祭祀、咒语等。
第一次转折↓
奥义书的思想革命 ①明确指出万物背后的大一或真我。 ②目标是认识大一或真我，认为有限世界与真我不同质。 ③手段转向内在的冥想，注重善业，外在祭祀逐渐让位于内在祭祀。 ④修习者在生前有可能通过认识真我而脱离轮回，得到解脱。
第二次转折↓
密教的革命 （可以和虔信运动、悉达运动结合起来考察） ①草根化，修习主体从上层阶级高种姓转向平民百姓。 ②目标是认识真我，但相信有限世界与真我同质。 ③手段具有多样性：生活中的所有方面（光明的、黑暗的）都能作为解脱手段；注重实修而非沉思，以瑜伽为核心。 ④尤其在哈达瑜伽中，可以通过造就金刚身得解脱，身体与灵性并重。

表4　瑜伽思想史上的两个转折

通过第一次转折，即"奥义书的思想革命"，印度灵性开拓了"向内求"的道路："超越"不再被认为是借助外在手段达到外在的终极目标（现世福祉和死后升天），而是借助冥想达到内在的觉悟。

这是经由"认识自我"完成的。

通过第二次转折，即"密教的革命"，原本作为觉悟之"障碍"的部分——身体、有限世界、世俗欲望和生活——被转化和重新接纳，圣与俗的边界消融，自此，一切皆可成为修习的道场，印度灵性完成了最大的综合。就瑜伽修习而言，密教革命之后，才有可能获得如下认知：瑜伽即生活，生活即瑜伽。

"瑜伽=生活"是一个有趣的终局。在《奥义书》中，圣人教导了扩展自我的方法——"启明"（vidya）。觉悟被认为和自我扩展是同一个过程：当自我扩展到最大，包容整个宇宙，觉悟就达成了。所以，觉悟达成的时刻也是"觉悟"作为"某物"（something）消失的时刻。同理，当瑜伽和整个生活融合，瑜伽就达成了，同时瑜伽也消失了。从这一意义上说，瑜伽发展的最终目标就是自我取消——由于完成使命而消失，这是"功成身退"的成全。尼采曾说，一切伟大事物皆通过自身而走向毁灭，通过一个自身扬弃的行动，这乃是生命的法则，生命本质中必然的"自身克服"的法则。依据此种逻辑，瑜伽思想史的终点是瑜伽的消失，到那时，人人皆为圣人，达成了生命的圆满和自由。

第二章
吠陀时代的瑜伽

　　进入吠陀时代，研究就有了确定的文本依据。不过情况并不那么乐观，因为我们面临着一个难以克服的困难：《吠陀》的精神世界早已远离，只能从文献与历史的角度去研究它们，目前没有合适的"解码器"可供我们直接读懂《吠陀》。所以，本章呈现的思想世界是依据碎片化的理解、推理和想象重新建构出来的。

第一节　吠陀文献

　　"吠陀"（veda）的意思是"知识"，指吠陀时代的灵性英雄——见者（rishis，或仙人）直观到的真理或实相，这是"吠陀"一词初的含义，该词第二位的含义指用语言传颂和文字记录下来的四部《吠陀》本集：《梨俱吠陀》《沙摩吠陀》《耶柔吠陀》和《阿闼婆吠陀》。广义上的吠陀文献指《吠陀》本集、《梵书》、《森林书》、《奥义书》（后三者合起来解释祭祀的次第和理论）以及经书（规定祭祀行法与社会规范），狭义上的吠陀指四部《吠陀》本集或"祭词"（mantra）。

谈到印度教的圣典，需要了解两个概念："天启"和"圣传"。吠陀文献（经书中的《家庭经》和《法经》除外）统称为"天启"，印度人相信它们是神的启示，而非人的创作。在最初的阶段，吠陀是由特定的家族口传的，这种口传建立在强大的记忆能力的基础上，不容随意篡改。吠陀文献之后的典籍则归入"圣传"。我们用下图表示印度教的圣典①和吠陀文献②。

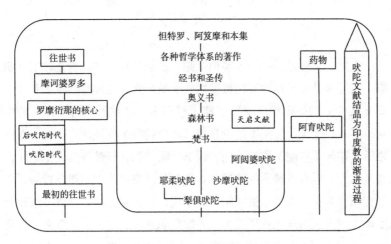

图6 印度教的圣典

① 图"印度教的圣典"参见［德］格奥尔格·福伊尔施泰因著，闻风、朱彩红、黄祺杰译：《瑜伽之书》，海南出版社，2017年，第64页。
② 图"吠陀文献"参见［日］高楠顺次郎、［日］木村泰贤著，释依观译：《印度哲学宗教史》，台湾商务印书馆，2017年，第39页。

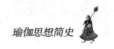

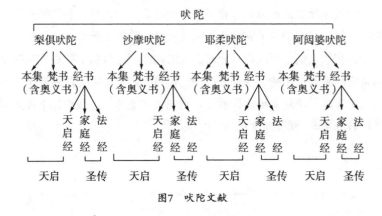

图7 吠陀文献

在四部《吠陀》中,《梨俱吠陀》最早出现,被认为是印度文明第一期(雅利安人尚在五河流域居住)的产物,《耶柔吠陀》和《阿闼婆吠陀》则是印度文明第二期(雅利安人迁移至恒河平原)的产物。不过,《梨俱吠陀》的第10卷《创造赞歌》也被认为产生于东迁之后。四部《吠陀》内容不同,成书时间不同,却被视为一个整体,这是因为它们有着统一的基础:它们都是以祭仪为中心而整理的,与祭官制度有关。在《梨俱吠陀》的年代,祭官制度尚未形成(祭官制度在雅利安人东迁之后形成),但祭官职务已有划分。换言之,祭官职务的形成先于制度和阶级的形成,依据的是人格或家世。古印度的主祭官有四种:招请神的劝请者、赞叹神德的咏歌者、供养神的祭供者以及职司祈念的祈祷者。"劝请者唱诵一定的赞歌,劝请所祭之神降临祭坛;咏歌者歌颂赞叹;祭供者低声唱祭词且奉上供物;祈祷者则统监祭祀之全体。"[①]相应的,依据履行祭仪的职务之分,《梨俱吠陀》是劝请者所用,《沙摩吠陀》是咏歌者所用,祭供者用的则是《耶柔吠陀》。起初,祈祷者作为祭仪的统监者,只需通晓三部《吠

---

① [日]高楠顺次郎、[日]木村泰贤著,释依观译:《印度哲学宗教史》,台湾商务印书馆,2017年,第30页。

陀》，当时并没有"第四吠陀"。后来，《阿闼婆吠陀》逐渐上位，成为第四吠陀，并成了祈祷者所用的圣典。

《梨俱吠陀》共有1028篇（其中有11篇是补遗），10580颂，共10卷。第2至7卷乃家传之卷，为见者及其同族所作，第10卷最晚出现，可能归于雅利安人东迁之后。《沙摩吠陀》只有2卷，共1810颂，除去其中重复的偈颂，则有1549颂。这些偈颂大部分见于现存的《梨俱吠陀》，只有75颂除外。《沙摩吠陀》的价值主要在于乐律发展史的研究，在思想发展史上没有独立于《梨俱吠陀》的价值。

《耶柔吠陀》出现在雅利安人移居恒河平原的俱庐之后，其大部分偈颂和《梨俱吠陀》并无重叠。在文体上，前两部《吠陀》是韵文，《耶柔吠陀》的文体发生了变化，韵文与散文并用。在思想方面，值得注意的是，虽然《耶柔吠陀》中的诸神在整体上与《梨俱吠陀》中的神并无大异，但就个体而言，神的性格大有变化。再者，世人对神的态度也大有变化，开始相信祭祀万能，可以左右诸神，进而左右世界，而在《梨俱吠陀》中，祭祀仅能影响神的恩宠，不能控制诸神。这些变化预示着婆罗门即将在宗教上掌握独占权。在内容上，《耶柔吠陀》分为《黑耶柔吠陀》和《白耶柔吠陀》，前者指本集和梵书的内容合在一起，未作区分，后者指本集和梵书有明确区分。

《阿闼婆吠陀》（最初名为《阿闼婆安其拉斯》）和前三部《吠陀》的出发点不同。前三部《吠陀》统称为"三明"，是用于祭仪的圣典，而《阿闼婆吠陀》则是与个人有关的招福攘灾的咒法，其产生年代据说大致与《耶柔吠陀》相当。如果说《梨俱吠陀》主要服务于社会上层，那么《阿闼婆吠陀》则与下层民众的关系更为密切。然而，《阿闼婆吠陀》并非仅仅包含下层民众的"俗信"，也纳入了上层社会的哲学思想，可以说是二者的结合。

《阿闼婆吠陀》共有20卷，730篇，6000颂，其中有1/6与现存的《梨俱吠陀》相似。需要指出，《阿闼婆吠陀》在今天不能直接用来施行咒法，因为它收录的咒文必须与咒法所需的象征物的操作配

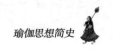

合，而如何操作象征物并未被记载下来。

第二节　吠陀的神话世界

《吠陀》虽是婆罗门祭司的产物，却也折射出了印度古人生活的世界之样貌。在我们今天看来，他们生活在一个更加混沌幽暗的世界里，人的自我似乎尚未清晰地凸显，自我与他者的界限并不十分明确。各种具有强大力量的要素、势力和事物带着不可预料的神秘色彩，作为形形色色的神与灵，侵入和影响人的生活的方方面面，带来祸福。简而言之，吠陀中人似乎生活在一个神话世界里。尽管从认知发展的角度来看，他们所处的阶段尚且初级，他们的认知尚未横向地铺展开来，但这并不代表他们是低级和幼稚的，毋宁说，他们的世界图像的结构不同于今日之科学世界图像，他们的智慧也不同于今人之智慧。

吠陀中人经历过一次思想上的转换，这一点由《梨俱吠陀》第10卷的变化明显地反映了出来。

吠陀时代的古人没有现今的"宇宙"概念，但我们仍然基于方便而使用宇宙一词。在《吠陀》中，宇宙被划分为天、地、空三界：天界位于不可见的苍穹上方，与太阳有关；空界是眼力所能及的云雾集散场所，在天界与空界之间有个天井——穹隆；地界呈圆形，有称为"四极界"的方位，但还没有"大海围其四周"的海洲说。除了三界说，也有四界、六界乃至九界的说法，都建基于三界说。这些世界是神灵的居所。

一、《梨俱吠陀》中的神

在《梨俱吠陀》中，天界之神有天空之神特尤斯（Dyaus）、包拥神伐楼那（Varuna）、友神密多罗（Mitra）、太阳神苏利耶（Surya）、朝暮神莎维特利（Savitr）、众神之母阿提提（Aditi）、黎明女神乌莎（Usas）、育生神补善（Pusan）、双马童阿须云（Asvin）等。

空界之神有雷神因陀罗（Indra）、荒神楼陀罗（Rudra）、风暴神摩鲁特（Matut）、风神伐由（Vayu）、雨神波罗阇尼耶（Parjanya）、水母神阿波诃（Apah）等。

地界之神有火神阿耆尼（Agni）、祈祷主（Brhaspati）、死神阎摩（Yama）、苏摩神（Soma）、河神萨拉斯瓦蒂（Sarasvati）、司夜女神罗娣利（Ratri）等。

诸神的个性和样貌在《梨俱吠陀》的颂歌中展现了出来。[①]例如，包拥神伐楼那的支配作用不仅体现在支撑三界、司掌四时与昼夜之运行（针对自然界），而且体现在维持道德、裁夺祭事等（针对人事界）。换言之，自然秩序与人事秩序之间并无严格的界限，而是适用同一套规律，也就是说，自然律即为道德律。《伐楼那赞》唱道：

依彼大威德，众生获知觉，
亦缘彼主持，宇宙分乾坤；
穹苍广无际，繁星耀其间；
二者及大地，俱因彼展开。（第1颂）

伏祈汝赦免：父辈之罪业，
及我等自身，所犯诸过失。
国王请释放，最富大仙人；
如劫畜盗贼，如脱绳小犊。（第5颂）

最受欢迎的神之一是因陀罗，《梨俱吠陀》中献给他的颂歌约有

---

① 以下颂歌及其相应介绍引自巫白慧译解：《〈梨俱吠陀〉神曲选》，商务印书馆，2017年。

250首，占全书四分之一。这些颂歌把因陀罗的神格形象拔高成具有无限神力、不食人间烟火的超级大神。其中一首颂歌唱道：

> 强大金刚神杵挥舞者！
> 如是畅饮已，醉人苏摩酒；
> 婆罗门祭司，唱毕赞美诗；
> 运用汝力量，打击魔阿醯；
> 即从大地上，将之逐出去。
> 欢呼汝显示，至大之神威。（第1颂）

图8　因陀罗

> 天帝因陀罗，酒醉喜若狂，
> 高擎雷电器，百刃金刚杵，
> 攻击弗栗多，在彼脑门上。
> 愿供众友好，醍醐甘美食。
> 欢呼彼显示，至高之神权。（第6颂）

> 神王因陀罗，遍入一切者；
> 吾人实不知，在此世间上，
> 有谁能胜过，彼巨大力量？
> 此缘诸天众，集中他身上；
> 财富与祭品，及所有力量。
> 欢呼他显示，神威乃无上。（第15颂）

　　颂歌中提到的苏摩酒对因陀罗而言是一种特别的兴奋剂，能够刺激他鼓足勇气，以神力杀敌，成就惊天动地的伟业。这类似于一种出神的体验。米尔恰·伊利亚德说，古印度人就已经知道了好几种类型的出神方式，苏摩酒神在其中扮演了一个不可忽视的角色。《苏摩树神赞》唱道：

吾人饮苏摩，成为不死者，
到达光天界，礼见众天神。
请问不死神，今有何敌意，
有何凡夫恨，可以伤吾人？（第3颂）

疲劳已消失，疾病均速离；
黑暗恶势力，亦已被吓退。
苏摩以威力，扶持护我等；
到达此境界，寿限得长延。（第11颂）

苏摩！
在一切方面，汝赐我力量；
光之发现者，人之洞察者。（第15颂）

　　火神阿耆尼的颂歌仅次于因陀罗，《梨俱吠陀》中常见阿耆尼和因陀罗称兄道弟，平起平坐，同应人间信徒和斋主的祈求，率领天上神群，搭乘神舆一起下凡，接受和享受祭坛上甘美醇厚的酥油、苏摩酒和其他祭品。作为人神之媒介的阿耆尼据说生于天、地、空三处，故而祭火要设三处，再联想到后世的三相神，或许我们能窥见"三位一体"思想在《梨俱吠陀》中最初的影子。[1]

信众在三处，点燃阿耆尼；
祭祀之旌旗，首席家祭官。
彼与因陀罗，及诸天神众；
同乘一仙舆，共赴祭坛场。

---

　　[1]　阿耆尼与三位一体的关系，参见［日］高楠顺次郎、［日］木村泰贤著，释依观译：《印度哲学宗教史》，台湾商务印书馆，2017年，第62页。

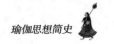

诵咒召神师，具妙智慧者；

为行祭祀事，请坐圣草上！

值得注意的是，印度诸神有其演变历史。有的主神逐渐淡出，成为退位神，比如特尤斯的地位很快就被伐楼那取代了，而伐楼那又让位于因陀罗。有的次要神到后世成了主神，比如毗湿奴（Visnu）在《梨俱吠陀》中是个天界的小神，位居最高处之中天，他的居所乃是人死后最理想的去处，湿婆（Shiva）据说是由空界的楼陀罗演变而来的。

二、《阿闼婆吠陀》中的神

除了以《梨俱吠陀》为代表的自然神，还有出自于民间信仰、与民众日常生活关系更加深厚的其他神格，主要体现在《阿闼婆吠陀》中。吠陀中人也崇拜动植物神，被崇拜的动物种类不多，有马、牛、野羊、犬、野猪、鸟、蛇等，被崇拜的植物诸如苏摩草、药草、大树等。庶物神主要涉及祭祀用具、农具（犁）和战具（弓、甲胄）。此外，在《阿闼婆吠陀》中，还有将种种抽象语言具体化为神的，诸如死、信仰、贫乏、爱、灭亡等语言神，以及半物半神的物精，比如打喷嚏被认为是喷嚏的物精在作祟。

不同于《梨俱吠陀》中以善神为主，《阿闼婆吠陀》中有许多恶神、魔神等杂神，诸如与神作对的阿修罗（Asura），与人作对的罗刹（Raksas），与祖灵作对的毕舍遮（Pisaca）等。还有相对低级的神群，诸如工艺神利普（Rbhu）、乾达婆（Gandharva）、阿普萨拉斯（Apsaras），以及土地公、住家主等小守护神，《罗摩衍那》中罗摩的妻子"悉多"（Sita）之名在吠陀时代指谷物的守护神。

有的神经历了演变的过程，比如阿修罗最初没有独立神格，而是有力之神的称号，着重于神的法力方面，后来由于罪恶观的推进，开始获得独立神格，到《阿闼婆吠陀》和《耶柔吠陀》中才最终成为魔神阿修罗。即便是没有明显演变的神，《阿闼婆吠陀》的颂歌对他们的关注点似乎也和《梨俱吠陀》的有所不同，比如《阿闼婆吠陀》中有关火神阿耆尼的祷文和咒语说道：

　　夜复一夜，哦，阿耆尼，我们把祭品不掺任何东西献给你，如同把草料喂给站着的马。请让我们，你的邻居，不受伤害，而是享受丰足的财富和食物。

　　不管仁慈的你把哪支命运之箭射向空中，那是你的箭。请对我们仁慈些吧。请让我们，你的邻居，不受伤害，而是享受丰足的财富和食物。

　　一个又一个黄昏，阿耆尼是我们的家庭之主。一个又一个清晨，他是善意的给予者。愿你给予我们每一种善。愿我们靠点燃你来装饰自己。

　　一个又一个清晨，阿耆尼是我们的家庭之主。一个又一个黄昏，他是善意的给予者。愿你给予我们每一种善。愿我们靠点燃你在一百个冬天里得繁荣。

　　愿我不缺食物。向吃食的食物之主，向阿耆尼致敬。①

三、单一神教（或交换神教）

　　总的来说，在吠陀的世界里，神灵无处不在，遍及整个宇宙和生活的方方面面。吠陀神界的构成为：第一，天然现象的神格化；第二，依种种要素而成立之神（比如幽鬼、恶魔、庶物）；第三，哲学的抽象神；第四，依据历史事变及英雄、诗人事迹而被神格化的人文神；第五，某些特殊言语的神格化。这份清单②中的要素几乎囊括了

---

① 转引自［德］格奥尔格·福伊尔施泰因著，闻风、朱彩红、黄棋杰译：《瑜伽之书》，海南出版社，2017年，第108—109页。

② 清单详情参见［日］高楠顺次郎、［日］木村泰贤著，释依观译：《印度哲学宗教史》，台湾商务印书馆，2017年，第42—43页。

"万有之全体"。

在神界的组织方面，整体而言，吠陀时代早期的神话世界不像古希腊的神话世界那样有神统，而是诸神相互之间无联络，也无统一，而且诸神的神格有诸多重叠和共通之处。这使得吠陀宗教虽然从客观上看是多神教，但从崇拜者的主观上看却颇具一神教的氛围。此种状况不难理解，它在今天依然存在，比如商人拜财神，家庭主妇拜观音，学生拜文殊菩萨，虽然财神、观音和文殊菩萨都被认为是神，但对于崇拜者来说，财神、观音或文殊菩萨相当于被唯一崇拜的神。麦克斯·缪勒把吠陀宗教的这种状况称为"交换神教"（Kathenotheism）或"单一神教"（Henotheism）。不过，到《梨俱吠陀》末期，发生了变化，单一神教被"万有在神教"所取代。

从《梨俱吠陀》到《阿闼婆吠陀》，有个明显的特点是低级神格逐渐崭露头角，这和前面说的《阿闼婆吠陀》的出发点以及地位上升有关。不过，在高楠和木村看来，这不是《梨俱吠陀》本有之信仰的堕落，而是《梨俱吠陀》所忽视的信仰抬头的结果。无论如何，正如戈耶尔所言，在起源之时，巫术和宗教崇拜两者有着共同的目的——控制超然的世界，而两者都包含在雅利安人的宗教中。[1]

四、人与神的利益交换

由于神灵遍布三界，吠陀中人常常需要和神灵打交道。这意味着吠陀诸神"绝非虚构而成，而是印度人于日常经验所感得的活生生的神，是日常与人类不断交涉的神"[2]。众所周知，凡是与人的日常所思所言所行密切相关的事物，对人来说就有鲜活的生命力和强大的影响力。

---

① ［印］S. R. 戈耶尔著，黄宝生译：《印度佛教史》，中国社会科学出版社，2020年，第24页。
② ［日］高楠顺次郎、［日］木村泰贤著，释依观译：《印度哲学宗教史》，台湾商务印书馆，2017年，第75页。

吠陀诸神与人是什么关系？可以说是"亲族关系"。此种判定有以下几个方面的依据。

第一，人类的祖先摩奴（Manu）的父母都是神，其父为维瓦斯瓦特（Vivasvat），其母为工巧神陀湿多之女萨拉纽（Saranyu）。不仅生界的人类祖先摩奴是神子，而且死界的人类祖先耶摩（Yama）和耶弥（Yami）也是维瓦斯瓦特的子女。作为这三个祖先之后嗣的所有人自然而然皆为神的子孙。

第二，依据《梨俱吠陀》第10卷的《原人歌》的叙述，天地诸神和人类皆出自原人，所以神与人是亲族。

第三，吠陀中有一些半神半人以及直接与神交流的人，比如与因陀罗关系密切的阿闼婆，被称为"天之子"的安其拉斯，与阿耆尼关系密切的婆立古（Bhrgu），以及直接承受神之启示而诵出《梨俱吠陀》之颂歌的"七圣"。

第四，人不仅是神的子孙，而且能成为神，比如工艺神利普原本是人，因其出神入化的技艺而获得了神格。

可见，吠陀诸神与人类之间不存在犹太教的耶和华与人类之间的"本体论上的鸿沟"，所以关系更加亲近随意，变化多端，更多亲子、亲戚、朋友之间的关系，而较少君臣关系。

这种人神关系决定了人与神的交涉方式。总的来说，人神交涉有两个方向。第一个方向是基于利益交换而利用神，其背后的逻辑是，吠陀诸神虽然力量胜过人，但出身、地位与性情与人相近，想要得到他们的欢心与恩惠，可以通过祈祷、祭祀甚或咒法的方式利用他们。此类祭祀主要是形式化的仪礼规矩，没有掺杂多少真心，但被认为是行之有效的方法。这是一种功利主义的人神关系，容易导致宗教与人心的堕落。

相反，人神交涉的第二个方向通往人的成圣——人本是神之子孙，这意味着人本具神性。对神性的信念可发展成真诚的信仰、严正的道德以及强调内在精神净化的祭祀。

就吠陀时代的实际状况而言，从《吠陀》本集直至《梵书》，建立在利益交换关系基础上的外在化的仪礼得到强化，成了主要的人神关系，并在梵书时代婆罗门教的确立中扮演了重要的角色。人们期待的利益有两种：第一是现世福祉，诸如巩固国土、增加财富、儿女成群；第二是死后升天。其中，"现世福祉"是主要的期待，如戈耶尔所言，"期望回报是人们提供祷词和祭品的主要动机"①。

然而，人神交涉的第二个方向——"人的成圣"并未就此湮灭，而是同样得到了发展。我们将会看到，从《梵书》至《奥义书》的"内在化"转向所承继的正是人神本性同一的思路。这条思路最终引领人发现自我，开拓出了《奥义书》新的思想格局。

英国吠陀研究者詹妮·米勒（Jeanine Miller）总结了吠陀中人的渴望：

我们可以察觉到两种思想倾向：对尘世生活的渴望和避免死亡的必然想法……后一种追求最终是每一个凡人的追求。同时，普通人满足于寿终正寝，并为此多多祈祷。所以，我们可以一次性总结这里的态度：先享受尘世生活，再享受天堂的奖赏。②

第三节 大众的瑜伽：祭祀与咒法

前面谈到，吠陀时代的人神关系之主流是功利主义的利益交换关系，人们寄希望于通过这种交换来超越现状，无论是在生活的某个具体方面得到改善，还是在死后升入天界享福。那么，人神利益交换如何进行？托马斯·乔特曼（Thomas R. Trautmann）指出：

---

① ［印］S. R. 戈耶尔著，黄宝生译：《印度佛教史》，中国社会科学出版社，2020年，第15页。

② 转引自［德］格奥尔格·福伊尔施泰因著，闻风、朱彩红、黄祺杰译：《瑜伽之书》，海南出版社，2017年，第104页。

雅利安人不像印度河流域的人们那样为神塑像。他们信奉祭祀，神圣之火是他们信仰的核心……众神存在于无形之中，坐在人们为他们铺撒的干草上，火神吞入人们奉献给众神的奶油、牛奶、水果、谷物和肉类，将之转化为众神可以消化的细食，传给众神食用，这一切都是在无形的存在中进行的。此外，活着的人也需要通过祭祀来供奉祖先。[①]

人神交涉的方式除了上面说的祭祀，还有咒法，它们构成大众追求超越现状的方式——大众的瑜伽。由于神灵与生活的方方面面发生关系，因而祭祀和咒法相当重要，并且名目繁多。

一、由简入繁的祭祀

祭祀经历了一个由简入繁的发展过程。在《梨俱吠陀》中，祭祀是简单的，有日常的和定期的，也有许多家庭仪式，将宗教情感注入各种日常生活事件；一般由家主本人担任祭司，如果需要的话也可召请正规的祭司；苏摩祭等重大祭祀的发展只是刚刚开始。[②]就其本身而论，祭祀还只是一种影响神施恩于祭祀者的手段，而神是否赐予恩惠，以回报供奉给他的祭品，则完全取决于神的意愿——"我给予你，神啊，但愿你也给予我"[③]。但到了吠陀时代后期，发展出了这样的观念：只要崇拜者掌握正确的祭祀手段，就能控制诸神。这种观念是新的产物，它使得祭祀高于诸神，能够控制宇宙秩序。正如戈耶尔所说："现在，祭祀受到推崇，成为一种超神的宇宙原则"（祭祀

---

① ［美］托马斯·乔特曼著，林玉菁译：《印度次大陆：文明五千年》，当代世界出版社，2021年，第50页。

② 参见［印］S. R. 戈耶尔著，黄宝生译：《印度佛教史》，中国社会科学出版社，2020年，第18页。

③ 参见［印］S. R. 戈耶尔著，黄宝生译：《印度佛教史》，中国社会科学出版社，2020年，第19页。

万能），"从事祭祀的人高于一般的人。祭祀就是毗湿奴，是生主，是宇宙的肚脐，是创造的本质，甚至诸神也依赖祭祀"。[①]

就祭祀的必要性而言，它从手段发展成了义务。这意味着不行祭祀不仅不能获得神的恩惠，而且将受到神的惩罚——"不祭祀是万万不能的"。比如，在《梨俱吠陀》中，因陀罗说："余乃供养者之扶助者，不供养余者，将击毙于一切战场中。"[②]就名目而言，祭祀覆盖了生活的方方面面，这从《耶柔吠陀》列举的重要祭祀名称就能看出：新月满月祭、祖先供养祭、每日之火祭、一年三次的四月祭、苏摩祭、各种牺牲祭、火坛祭、祈求成事的祭祀、国王的马祭、人祭、出家前的一切祭、葬仪等。[③]实际上，从怀胎、出生、入学直到结婚、生子、葬礼等所有重要的人生事件，都涉及祭祀。

祭祀的仪轨和制度也变得日趋复杂。《梨俱吠陀》中的大部分祭祀是在家中举行的，祭祀场所中心有一火坛，其侧设一祭坛，用来赞美神、向神祈祷，把供物投入火中，而神被认为将接受人的祈求。在《梨俱吠陀》中，祭祀的种类和作用尚未明确，不过祭官职务已有明确的划分。祭词乃是临时所作，或者引用前人用过的词句。到了《耶柔吠陀》，祭祀已然变得烦琐。祭火分为三种，牺牲兽则有五种——牛、马、羊、野羊和人，后来用米麦取代了人。简单的祭祀由家主举行，如果是复杂的祭祀，则改由祭官履行。祭祀的种类或作用都有明确的规定，祭官的举手投足都被赋予了特定的意义，并附上相应的祭词，烦琐不堪。祭词已经固定成书，有规范的用法。据说，后世盛行在祭祀中持诵神秘咒文的风习出自《耶柔吠陀》。"婆罗门教"的主

---

① ［印］S. R. 戈耶尔著，黄宝生译：《印度佛教史》，中国社会科学出版社，2020年，第19页。

② 转引自［日］高楠顺次郎、［日］木村泰贤著，释依观译：《印度哲学宗教史》，台湾商务印书馆，2017年，第78页。

③ 祭祀名称罗列参见［日］高楠顺次郎、［日］木村泰贤著，释依观译：《印度哲学宗教史》，台湾商务印书馆，2017年，第80—81页。

要祭祀到《耶柔吠陀》已告完成。

让我们以伴随奶酪制作过程所念的颂偈为例一窥《耶柔吠陀》对祭仪的细致说明。

此段是伴随奶酪制作过程所念的颂偈：第1行，拿取祭祀容器；第2至5行，加热器皿；第6行，使用过滤牛乳的器具；第7至9行，对已挤过乳的牛念诵；为了回答哪头牛已被挤过乳了，第10行给予答案；第11行，拿清洗的水到挤乳处；第12行，制作奶酪；第13行，将奶酪献给神。

（1）愿你为这献给神的神圣祭祀保持纯净。

（2）你是摩多利希凡的容器。

（3）你是天、你是大地。

（4）你同最高支撑者维持一切。

（5）保持稳定不摇晃！

（6）你是瓦粟斯的滤器，是百条河流的滤器；你是瓦粟斯神的滤器，是千条河流的滤器。

（7）水滴已献祭，水流已献祭。

（8）献给阿耆尼和伟大的苍天。

（9）向苍天与大地欢呼！

（10）她是一切生命，她容纳所有，她是一切所做者。

（11）愿你与真理结合；你是最甜美的水波，为获得财富而愉快。

（12）我用苏摩凝结你成奶酪，献给因陀罗。

（13）哦，毗湿奴！保护供品。[①]

---

① 转引自何建兴、吴承庭主编：《印度文明经典》，立绪文化，2017年，第40页。

二、种类丰富的咒法

除了通过祭祀获得神的恩惠，吠陀时代大众的另一超越现状之法是咒法。何谓咒法？"所谓咒法，是指借由咒术禁厌，以求得物事成就或破坏之秘法。"[①]咒法和祭祀一样，被认为能够影响人神关系。它和祭祀的差别主要在于，祭祀用于向高级神祈求恩惠，咒法则针对恶神、魔神和物精，意欲利用他们得福或害人——"祭司向诸神表示敬意，而巫师与妖魔为伍"[②]。总的来说，上层社会主要使用祭祀，咒法则大多流行于下层社会。从文本上看，祭祀始于《梨俱吠陀》，至《耶柔吠陀》达到成熟；咒法则以《阿闼婆吠陀》为中心，及于同时代产生的《耶柔吠陀》，充当祭祀的副式或者独立使用。

咒法的基础有二：其一是具有神秘力量的特定咒文，其二是被用来代表实物的象征物。施行咒法时，需要念咒并操纵象征物。我们已经说过，《阿闼婆吠陀》仅为咒文集录，而非咒法的行法集录，行法想必是秘传的。

咒法依目的主要有息灾法、诅咒法和开运法，另外还有幻术、预测术等。它们被设计出来"要么是为了促进和平、健康、爱以及物质和精神繁荣，要么是为了降灾于敌人"[③]。咒法的应用是灵活的，假如有人得了头痛病求助于施咒者，施咒者可让头痛的物精远离病人，或为它指出新的去处，让它转而进入首陀罗女或女奴之身，施咒者可向救济神祈求退治，还可用草药防御，等等。诅咒敌人的咒文比如：

---

① ［日］高楠顺次郎、［日］木村泰贤著，释依观译：《印度哲学宗教史》，台湾商务印书馆，2017年，第82页。

② ［印］S. R. 戈耶尔著，黄宝生译：《印度佛教史》，中国社会科学出版社，2020年，第25页。

③ ［德］格奥尔格·福伊尔施泰因著，闻风、朱彩红、黄祺杰译：《瑜伽之书》，海南出版社，2017年，第108页。

阿耆尼！

愿汝驱逐，已生之敌；

知众生者！

愿汝驱逐，未生之敌。

置诸怨敌，于我足下，

阿提提前，我应清白。①

攘解噩梦的咒文比如：

哦，睡眠！你非死，亦非生，是诸神不朽的孩子！伐楼那尼是你的母亲，耶摩是你的父亲。你名叫阿惹如（Araru）。

哦，睡眠！我们知晓你的出生地。你是相伴的诸神们的儿子。作为耶摩的代理者，你是结束者，你是死亡。哦，睡眠！我们非常了解你，保护我们远离噩梦。

正如同我们把你快速活动和能量活动的结果结合在一起，我们减缓由敌人所引起的噩梦的结果。②

在治病时，咒文配合着草药的使用是相伴随的，因而麦唐纳（A. A. Macdonell）说《阿闼婆吠陀》是印度最古医术的起源。比如下面这则用黑色植物治麻风病的咒文：

此药生夜间，

色漆兼黑玄，

深染麻风疾，

① 转引自巫白慧译解：《〈梨俱吠陀〉神曲选》，商务印书馆，2017年，第336页。

② 转引自何建兴、吴承庭主编：《印度文明经典》，立绪文化，2017年，第50页。

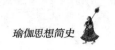

涂去其灰斑！①

《阿闼婆吠陀》中的某些咒法也为我们今天所熟悉，比如，"某妇因妒忌他妇，其于施行诅咒等，先是制作敌妇肖像，埋之于人不知之处，并持诵适宜咒文"②。这属于黑巫术。当然，《阿闼婆吠陀》也不乏属于白巫术的咒文，比如渴求爱情的咒文：

如藤蔓完完全全拥抱大树，愿你拥抱我。愿你爱我。愿你不会离弃我。

如飞翔的雄鹰朝地面拍打双翅，我拍打你的心意。愿你爱我。愿你不会离弃我。

如太阳迅速在天空和大地之间穿行，我穿行在你的心里。愿你爱我。愿你不会离弃我。③

还有：

我俩眼睛，甜如蜂蜜；
我俩容貌，一样俊美。
我将拥抱，在汝胸怀。
我俩之间，同心永谐。④

---

① 转引自［英］麦唐纳著，龙章译：《印度文化史》，河南人民出版社，2016年，第36页。
② 转引自［日］高楠顺次郎、［日］木村泰贤著，释依观译：《印度哲学宗教史》，台湾商务印书馆，2017年，第84页。
③ 转引自［德］格奥尔格·福伊尔施泰因著，闻风、朱彩红、黄祺杰译：《瑜伽之书》，海南出版社，2017年，第108页。
④ 转引自巫白慧译解：《〈梨俱吠陀〉神曲选》，商务印书馆，2017年，第334页。

总的来说，《阿闼婆吠陀》的咒文种类繁多，有治病的咒文，长生健康法，对付恶魔、怨敌等的咒文，妇人得爱、夫妇和合、生子的咒法，国王权力增进、复位、战胜的咒文，平安法，财富增加、赌博胜利的咒文，除罪去秽的咒文，增进婆罗门利益的咒文等。套用高楠和木村的说法，可谓几近于只要依据咒法一切无不成就的程度。[①]

第四节　见者的瑜伽：找到被黑暗隐藏的太阳

除了大众的外在超越方法——祭祀和咒法，《吠陀》中还包含了一种"内在的超越"，那是吠陀的灵性英雄（称为见者或仙人）的瑜伽，福伊尔施泰因称之为"原瑜伽"。

到目前为止，本章的论述是在广义上使用"瑜伽"一词的，泛指印度人超越现状、进入存在的更高层面的方法。但福伊尔施泰因所说的"原瑜伽"则在更为严格的技术层面上使用"瑜伽"一词，特指为了"跃入绝对生命"而使用的系统化的心理–身体技巧。在此背景下，"原瑜伽"的说法合宜与否，是可以质疑的。詹姆斯·梅林森和马克·辛格顿在对瑜伽文本进行了较为全面的考察后指出："在公元前500年以前，南亚的文本或考古资料中几乎没有证据指向后来的'瑜伽'一词所代表的那种系统化的心理–身体技巧的存在。最古老的梵文文本《梨俱吠陀》表明了观想式冥想的使用，该书中献给一位长发圣人的颂诗使人联想到一个神秘的苦行传统，类似于后来的瑜伽传统。稍晚出现的《阿闼婆吠陀》在描述维拉特亚时谈到了一些修行，它们可能是后来的体式、屏息等瑜伽技巧的先驱。《奢弥尼亚梵奥义书》（*Jaiminiya Upanisad Brahmana*）教导了真言念诵和调息。然而，就像有些通俗瑜伽作家那样宣称整个吠陀提供了有关系统化

---

① 参见［日］高楠顺次郎、［日］木村泰贤著，释依观译：《印度哲学宗教史》，台湾商务印书馆，2017年，第86页。

瑜伽修行的证据，则纯属臆测。"①不过，我们仍然可以谈论吠陀见者的"原瑜伽"，只要明白"原瑜伽"是某些学者建构出来的概念即可。

见者是谁？他们是一个灵性群体，其中有许多是祭司，也有另外三种社会分工的成员。这些人的共同之处在于"向凡夫俗子启示整个灵性黑暗背后的光明实在，还表明了通向这永恒实在的道路……吠陀的见者是通过自己艰苦的内在劳动——苦行和走向灵性觉悟的强烈冲动——赢得神圣视见的"②。

这些"光之子"在《梨俱吠陀》第1028首颂歌中的追问尤其值得我们关注，福伊尔施泰因评论道：

这首颂歌由52颂组成，是深奥的神秘谜团集。比如，第6颂追问大一的本质，它无生，却是现象世界的原因。第20—22颂谈到了栖于同一棵树上的两只鸟，一只在吃果子，而另一只仅仅在旁观。树可以作为世界的象征。未觉悟的存在者受私我欲望的驱使吞食树上的果子，而觉悟的存在者或圣人弃绝或者仅仅不动情地旁观。树也可以作为知识之树的象征，享用果子的是圣人而非外行。一种更为严格的吠檀多式解释是，旁观的鸟是超越原质领域的局外的真我，吃果子的鸟则是陷入有限存在的具体的存在者。在第46颂，我们可以找到被津津乐道的惊人之语：实在唯一，圣人异名。③

无论上述解读是否准确，我们都可以从这首颂歌中看到灵性之光

---

①　James Mallinson, Mark Singleton translated and edited, *Roots of Yoga* (Penguin Classics, 2017), "Introduction", p. XII.

②　［德］格奥尔格·福伊尔施泰因著，闻风、朱彩红、黄祺杰译：《瑜伽之书》，海南出版社，2017年，第104页。

③　［德］格奥尔格·福伊尔施泰因著，闻风、朱彩红、黄祺杰译：《瑜伽之书》，海南出版社，2017年，第105页。

的闪耀。印度学者阿格拉瓦拉（Vasudeva A. Agrawala）这样评论该颂歌的作者：“（他的）所见聚焦于不可见的源头，该源头是神秘的过去与现在的第一因……这位见者似乎自信地认为：被禁锢的神圣光辉虽然是个真正的谜，但它存在于每一显现的形式中，并向我们的理解力敞开。”①类似的对第一因的追问在《梨俱吠陀》第10卷中发扬光大，我们将在本章末尾讨论。

见者代表着一股创造性的力量，他们对第一因（大一或终极实在）和诸神的"视见"（vision）或直觉是吠陀的仪式主义背后的生命力所在。"视见"意味着冥想的达成，《吠陀》颂歌被认为是见者基于冥想中的视见而颂出的。詹妮·米勒在从灵修的观点审视了《梨俱吠陀》后，得出了同样的结论：作为瑜伽支点的冥想可以修习追溯到《梨俱吠陀》时代。她说：

　　《吠陀》的诗人是见者，他们看见了吠陀，并把他们所见的唱了出来……《吠陀》的魔力之实质在于一种祈祷和一种召唤：借着精神能量和灵性洞见积极地参与神圣过程，而不只是被动地接受外在的影响；在精神深处寻根究底，有意引出什么，并对它进行适切的表述。②

米勒描述的视见状态意味着冥想的深入——"'心意用轭套上'的见者'派遣'他的视觉（dhi）到神圣者那里"③。成功的冥想导向觉悟，《梨俱吠陀》把觉悟描述成"无畏之光""找到了被黑暗隐藏

① 转引自［德］格奥尔格·福伊尔施泰因著，闻风、朱彩红、黄祺杰译：《瑜伽之书》，海南出版社，2017年，第105页。

② 转引自［德］格奥尔格·福伊尔施泰因著，闻风、朱彩红、黄祺杰译：《瑜伽之书》，海南出版社，2017年，第106页。

③ ［德］格奥尔格·福伊尔施泰因著，闻风、朱彩红、黄祺杰译：《瑜伽之书》，海南出版社，2017年，第107页。

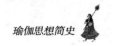

的太阳"等。大卫·弗劳利热切地评价了见者的灵性成就：

> 他们身形如大山，行动如大溪。他们的知觉力量遍及一切宇宙存在领域。他们的创造力量在许多世界里得以展示。他们如母牛一般谦卑耐劳，如太阳一般不偏不倚……他们是我们的灵性父亲，是文明的创造者，只要文明高举他们内在的灵性价值，尘世就有真正的和谐。①

根据米勒的研究，吠陀时代的冥想实践展现了三个不同但部分重叠的方面："真言冥想""视见冥想"和"三摩地"。真言冥想指的是借助声音或神圣的发音（曼陀罗或祭词）达到的精神专注；视见冥想借助直觉官能见到一个特定的神；三摩地是冥想的最高阶段，此间，见者探索伟大的精神之谜和宇宙之谜。她认为《梨俱吠陀》第10卷的《创造赞歌》正是见者在三摩地中获得的智慧。②

除了上面讨论的冥想和三摩地，关于吠陀见者的"原瑜伽"，福伊尔施泰因总结道："'原瑜伽'含有后来的瑜伽所特有的许多要素，诸如专注、警醒、简朴、在仪式期间控制呼吸并念诵神圣颂歌、谨小慎微的精确念诵（预示着后来的真言瑜伽）、虔诚的祈祷（在中世纪的虔信瑜伽中达到鼎盛）、视见的经验、舍己观念（或交出私我）、对实在者的体验，以及这种体验对日常生活的持续丰富（预示着后来的萨哈吉亚瑜伽）。"③

虽然瑜伽在吠陀时代还远远不是一条系统化的独立道路，而是

---

① 转引自［德］格奥尔格·福伊尔施泰因著，闻风、朱彩红、黄祺杰译：《瑜伽之书》，海南出版社，2017年，第107页。

② 本段参见［德］格奥尔格·福伊尔施泰因著，闻风、朱彩红、黄祺杰译：《瑜伽之书》，海南出版社，2017年，第106页。

③ 本段参见［德］格奥尔格·福伊尔施泰因著，闻风、朱彩红、黄祺杰译：《瑜伽之书》，海南出版社，2017年，第107页。

一些修行技巧，被嵌入了吠陀文本，散播在整个印度哲学与宗教思想及实践中，但上述研究显示，瑜伽的核心要素——三摩地、冥想、专注、调息、念诵、虔信等，尤其是对大一的体验和弃绝私我的观念，在印度灵性的开端就已在场。

第五节　对待生死的现世乐观主义

在评论吠陀时代雅利安先民的整体精神面貌时，研究者们说，"大体而言，吠陀时代的雅利安民族是现世主义、乐天主义"[①]，"吠陀宗教是坦率地入世或现世的"[②]。

这种偏重现世的乐观主义之养成可能有几个重要条件。首先，吠陀中人相信通过祭祀和咒法的严谨履行可以操纵神灵的超然力量，从而改善现实状况，甚至左右宇宙秩序。此种信念使人侧重于依靠自身的行动——行祭和施咒来谋求福祉，并相信行动的效力。由此，人在与命运的博弈中似乎有了制胜的法宝。人不是被动地承受不可抗拒的宿命，而是至少在一定程度上主动地塑造了自身的命运，并参与了世界的运行。这在总体上描绘的是一幅乐观的图景，而非后世的宿命论带有的悲观基调。其次，人的出身被认为是高贵的，人是神的亲族、朋友，而不是带着原罪的可怜造物。后世严格意义上的种姓制度只是到了吠陀时代后期才开始成型。

再者，导致悲观主义基调的宿命论和严格的种姓制度都与人们对生死的看法——轮回观紧密相连，但在吠陀时代，作为后世印度思想之特征的轮回观和业论尚未出现。吠陀中人是现世主义的，他们关注的是活人现世的福祉——入世法，他们并不热衷于谈论死亡和永

---

① ［日］高楠顺次郎、［日］木村泰贤著，释依观译：《印度哲学宗教史》，台湾商务印书馆，2017年，第86页。

② ［印］S. R. 戈耶尔著，黄宝生译：《印度佛教史》，中国社会科学出版社，2020年，第14页。

生。戈耶尔说："它（吠陀宗教）给予崇拜者或家主的保证不是永生或天国，而是长命百岁、兴旺和尚武的子孙，总之，一切现世的享乐。征服敌人、摆脱疾病和丰富的饮食似乎是吠陀雅利安人最渴望的目标。提到永生或与天神同住天国的情况是十分稀少的。"①高楠和木村也认为吠陀中人"对于未来并没有太多考虑。《梨俱吠陀》的诗人在论及死亡时，大多用以诅咒仇敌，对于未来的生活主要行于葬仪中"②。此外，吠陀中人对死亡的谈论不太触及恶的方面——"总的来说，《梨俱吠陀》的赞歌相较于恶，较着重善；相较于黑暗，较注重光明的方面"③，就连耶摩也尚未成为后世恐怖的地狱之主"阎魔"。在吠陀时代，耶摩只是天上乐土之主。《吠陀》中也看不到对地狱的论述，虽有针对死去之恶人的"黑暗无底之深渊"，以及作为地下世界的"那落"（Narakam lokam）、"暗黑"（tamas）等，但也只是一种模糊的观念。高楠和木村推测，详述地狱之苦的思想见于梵书时代，而将耶摩视为地狱之主阎魔的思想应起于史诗时代。吠陀中人对死亡的谈论看上去没有悲观主义色彩。

吠陀先民的死亡观甚至具有乐观主义色彩。死对于他们是什么？"吠陀认为身体内部有一独立的心灵实体，生死是依其之去住而决定"④，换言之，生与死只是生气（asu）和灵魂（manas）的居所不同，从生到死只是生气和灵魂搬了一次家。可见，吠陀中人是相信有亡灵的，他们在祭祀时把亡灵称为"祖灵"。跟埃及人一样，他们重视尸骸的保全，那是因为在死后生活中，肉身也是必要的。

①　［印］S. R. 戈耶尔著，黄宝生译：《印度佛教史》，中国社会科学出版社，2020年，第14页。

②　［日］高楠顺次郎、［日］木村泰贤著，释依观译：《印度哲学宗教史》，台湾商务印书馆，2017年，第86页。

③　［日］高楠顺次郎、［日］木村泰贤著，释依观译：《印度哲学宗教史》，台湾商务印书馆，2017年，第92页。

④　［日］高楠顺次郎、［日］木村泰贤著，释依观译：《印度哲学宗教史》，台湾商务印书馆，2017年，第87页。

人死后，亡灵如何迁移，并搬家到了何处？据说，亡灵到达死后生活之地的路途十分遥远，因而需要引导。担任引导者的是道祖神补善（Pusan）、萨维特利、阿耆尼等，这可能和葬法有关，吠陀时代的葬法主要是火葬，此外还有土葬、投弃和曝弃。关于亡灵去往之地，有种种说法，最理想的地方是"耶摩天国"，也被称为"毗湿奴之最高处"。抵达之后，亡灵假借前世尸骸成为另一存在者，与祖先相会，这被称为"归乡"。《吠陀》对天界的死后生活做出了美好的描述，比如无疾病、平等、满足一切愿望、享受天伦之乐、日日宴会，等等——这想必是生者心目中的极乐世界。

所以，吠陀中人可以渴望的最佳人生图景是：人与神同出，生而高贵，活着的时候有力量，死后有美好生活。他们利用祭祀和咒法控制神秘力量，在现世谋福祉，在死后得永生。在大多数人那里，祭祀和咒法主要是履行外在的形式，套用布鲁姆菲尔德（Bloomfield）的说法，"坦率的、无条件的交换成了公认的动机"①。作为少数派的灵性英雄——见者则发现了通过冥想抵达神或大一的道路。

第六节　寻找大一

在《梨俱吠陀》末期，印度思想发生了一大转换。此时已是印度文明的第二期，雅利安人东迁，移居恒河平原。这开启了一个文化冒险时代，"迫于大多数人从（印度河与）干涸的萨拉斯瓦蒂河迁移到肥沃的恒河平原，吠陀文明在经历了数个世纪的艰难困苦后重组"②。当时的宗教形势是，自然神之信仰依旧兴盛，但一方面，这种信仰逐渐倾向于形式主义，另一方面，人们对诸神所具有的神力产

① ［印］S. R. 戈耶尔著，黄宝生译：《印度佛教史》，中国社会科学出版社，2020年，第14页。

② ［德］格奥尔格·福伊尔施泰因著，闻风、朱彩红、黄祺杰译：《瑜伽之书》，海南出版社，2017年，第117页。

生了怀疑，并出现了设立新的抽象神的倾向。[①]

福伊尔施泰因谈到了雅利安人东迁之后在灵性上的变化，"随着正统祭司的仪式变得日趋复杂和排外，平信徒们越来越渴望自己拥有与神圣实在的内在关系。越来越多的人转向一些导师，他们提供一条情感上和灵性上更加令人满意的通往神圣者的道路……人们虽然继续向婆罗门讨教重大的宗教仪式，比如出生、结婚和死亡，但也向不同的虔诚教派和秘传教派敞开心扉"[②]。

上述内容显示，在《梨俱吠陀》末期，思想界出现了明显的分裂。一方面，正统祭司所代表的婆罗门教逐渐确立，仪式制度以及相关的神学和哲学逐渐完成。这也伴随着婆罗门教的仪式主义和祭司的保守主义相结合所导致的日益明显的僵化——婆罗门教在趋于完备的同时也在丧失内部的活力。另一方面，一种普遍的怀疑精神似乎支配着人们去思考和探索新的精神与灵性源泉，哲学家们开始在诸神的世界里寻找大一，还有一些人在吠陀社会的边缘进行灵性追求，这些人被罗伯特·帕克（Robert Park）称为"边缘人"。

边缘人对瑜伽传统的意义可能是深远的，据说，他们的秘传后来在祭司的正统信仰群体之外遍地开花，福伊尔施泰因甚至推测后吠陀的瑜伽传统主要是在边缘人的群体中形成的。这样的群体包括《梨俱吠陀》中的牟尼（muni）、婆立古族的朋友耶底（Yati）、神秘的五夜派以及神秘的维拉特亚兄弟会等。正统婆罗门所代表的思想潮流和"边缘人"所代表的灵性风格的并存与交织似乎延续了多个世纪，期间经历了一些演变，到密教时代终于完成了综合。无论如何，早在吠陀时代，我们就能看到印度思想并不是一个同质的整体，而是不同潮流的并存和演变，它们之间的复杂关系让印度思想在不同时期呈现出

---

① ［日］高楠顺次郎、［日］木村泰贤著，释依观译：《印度哲学宗教史》，台湾商务印书馆，2017年，第94页。

② ［德］格奥尔格·福伊尔施泰因著，闻风、朱彩红、黄祺杰译：《瑜伽之书》，海南出版社，2017年，第117页。

不同的面貌。

哲学家们的工作之重要性并不亚于边缘人，他们是《梨俱吠陀》末期的思想转换之主角。这种思想转换的总体特征为，世界图像从单一神教或交换神教走向了"万有在神教"——万有全体归于一神（大一、太原），而大一超越万有。旧的自然神被舍弃，大一被确立，并获得了抽象的命名，诸如生主、造一切主、祈祷主、原人等。抽象神成为宇宙的本体，是整个宇宙演化出来的原因。

集中表现《梨俱吠陀》末期的统一宇宙观的是第10卷的《创造赞歌》，包括《无有歌》《生主歌》《造一切歌》《祈祷主歌》《原人歌》等。它们的共同特点在于：以宇宙太原为唯一；万有出自唯一的太原；万有发展之后，太原本身不动，依然如故。[①]这种新宇宙观的发展巅峰当推《原人歌》：

原人有千头、千眼、千足。彼盖覆大地，犹余十指之长。

原人乃是过去、未来的一切世界。又是不死界之统理者。彼藉由食物而凌驾其世界。

犹如彼之伟大，原人之力亦更为增强。万有乃彼之四分之一，彼之四分之三为天上之不死界。

原人以其四分之三之身上升。彼之四分之一于此世重新生成。故彼伸展于一切方所，遍于食与不食者。

依彼（原人未分化的四分之一）维拉修（viraj）而出生，依维拉修（而开展）之原人出生。其出生时，超越大地，后方与前方皆超越。

诸神以原人为供物而行祭祀时，春为彼之酥油，夏是薪火，秋是供物。

---

① ［日］高楠顺次郎、［日］木村泰贤著，释依观译：《印度哲学宗教史》，台湾商务印书馆，2017年，第100页。

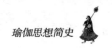

以生于（世）初期的原人为供物，敷草之上，灌之以水。诸神以此行祭祀。萨吉雅神族（Sadhya）与诗圣亦然。

依其完全实行之祭祀而获得酸酪。彼乃住于空中、森林、村落之畜类。

依此完全实行之祭祀，出生赞歌（梨俱）与旋律（沙摩）。韵律亦依此而生。祭词亦依此而生。

依此（祭祀），马等以及有（上下）二列之齿者出生。牛亦依此而生，山羊或羊亦依此而生。

彼等（诸神）及原人脱离时，分成几多部分？其口成为何者？两腕成为何者？两腿与两足名为何者？

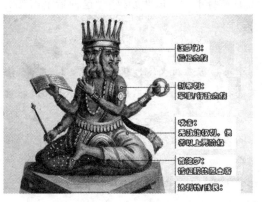

图9 原人与四种姓

其口成为婆罗门，两腕是王族，两腿为吠舍，由两足出生首陀罗。

由（其）意出生月，由眼出生太阳。由口出生因陀罗与阿耆尼，由生气出生风。

由（其）脐出生空界，由头显现天界，由两足而有大地，由耳而有方位，如是，彼等（诸神）完成诸世界。

诸神行祭祀，以原人为牺牲兽而置（于祭柱）时，彼（原人）（祭坛）之橛有七支。七橛之三倍的薪木已齐全。

诸神依祭祀（原人）而奉上祭祀。此乃最初之规范。彼等之伟力可达苍天，乃至太古诸神与萨吉雅神族所在之处。[1]

这首颂歌谈到"原人乃是过去、未来的一切世界，又是不死界之统理者"，方位、四时、四种姓皆出自原人的不同部位，不仅如此，原人"盖覆大地，犹余十指之长"，也就是说，万有出自原人，而原人大于万有——此为"万有在神教"之义。高楠和木村指出，将宇宙视为巨人（原人）的演化，这背后是小宇宙等于大宇宙的观念，即人之本性与宇宙本性同一的观念。正是这一观念奠定了印度思想在后来的整个发展基调。另外，这首颂歌谈到"彼（原人）借由食物而凌驾其世界"、"诸神以原人为供物而行祭祀"等，由此将祭祀提升至宇宙观的地位，使祭祀的作用达到"赞天地之化育"的高度。有趣的是，原人不是被祭拜的神，而是祭祀的材料——最大的人牲，也就是说，整个宇宙都是原人牺牲祭的结果。高楠和木村由此认为，印度思想家之眼界已由客观界移至主观界。这么认为或许有点为时过早，因为当时对"自我"的真正探究尚未开始，只是在名相上以人的身体作为大一的象征。但《原人歌》的作者已经把目光转向人自身，而不是盯着外物，却是无可厚非的事实。

在《创造赞歌》中，完全脱离神话色彩、哲学味道纯正、被评价为"其诗调之优美，说相之幽玄，探究态度之深刻等，可以说全吠陀无有出其右者"的，是《无有歌》：

无既非有，有亦非有；
无空气界，无远天界。
何物隐藏，藏于何处？
谁保护之？深广大水。

---

[1]　转引自［日］高楠顺次郎、［日］木村泰贤著，释依观译：《印度哲学宗教史》，台湾商务印书馆，2017年，第109—111页。

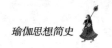

死既非有，不死亦无；
黑夜白昼，二无迹象。
不依空气，自力独存，
在此之外，别无存在。

太初宇宙，混沌幽冥，
茫茫洪水，渺无物迹。
由空变有，有复隐藏；
热之威力，乃产彼一。

初萌欲念，进入彼内，
斯乃末那，第一种识。
智入冥思，内心探索，
于非有中，悟知有结。

悟道智者，传出光带；
其在上乎？其在下乎？
有输种者，有强力者；
自力居下，冲力居上。

谁真知之？谁宣说之？
彼生何方？造化何来？
世界先有，诸天后起；
谁又知之，缘何出现？

世间造化，何因而有？
是彼所作，抑非彼作？

住最高天，洞察是事，

唯彼知之，或不知之。[①]

　　"第四吠陀"《阿闼婆吠陀》哲学的出发点同样是探求诸神的起源和世界的原因，不过，其特色在于"命名法，亦即虽然从《梨俱吠陀》与梵书所发展的抽象的原理（或神）取得其精神，但不以此为满足，故移向具体的物件"[②]。"具体的物件"指的是《阿闼婆吠陀》将大一命名为地母、牡牛与牝牛、气、爱欲、时、残馔、梵行者、支柱等。这或许是因为具体的物件更适合俗人的思维方式，也更符合咒法的精神——"以小化大"或"以大化小"。从这些命名来看，似乎《阿闼婆吠陀》对象征的使用极为广泛。

　　从思想史的角度来看，《梨俱吠陀》末期的思想转换承上启下，开启了朝向主观、朝向内在化的发展方向。就瑜伽的发展而言，后世以"修心"为要旨的瑜伽在这里埋下了第一颗种子。

---

　　①　转引自巫白慧译解：《〈梨俱吠陀〉神曲选》，商务印书馆，2017年，第245—246页。

　　②　［日］高楠顺次郎、［日］木村泰贤著，释依观译：《印度哲学宗教史》，台湾商务印书馆，2017年，第123页。

第三章
梵书时代的发现“自我”

❖❖❖ ——— ❙——— ❙——— ❙ ❖❖❖

第一节　“物极必反”

虽然《梨俱吠陀》末尾出现了寻找大一的哲学倾向，但此种倾向并未得到顺利的推进，相反，在雅利安人移居恒河平原之后的几百年里，“在思想界方面，是沉滞不前的”[①]。这是属于婆罗门的时代，要等到下一个时代，自由思想家和灵性大师才有自由的舞台。

婆罗门把吠陀时代后期被系统化的祭祀发展成了一门正规的祭祀学，“不只细密地规定其作法，对于一举手一投足，也一一附予意义，进而认为无论神、人还是世界，都是为了祭祀而运作，为了祭祀而存在。无论人生观还是世界观，都被吸收进了祭祀中，一步亦无法脱出其圈外”[②]。当祭祀成为宗教的第一目的，吠陀雅利安人的宗教观也发生了变化，与《梨俱吠陀》时代的祭祀相连的宗教情感的自发性或纯朴性不复存在，取而代之的是一个仪式主义的时代，更为关注

---

① ［日］高楠顺次郎、［日］木村泰贤著，释依观译：《印度哲学宗教史》，台湾商务印书馆，2017年，第132页。
② ［日］高楠顺次郎、［日］木村泰贤著，释依观译：《印度哲学宗教史》，台湾商务印书馆，2017年，第132页。

的是宗教的外在形式，而非宗教的精神。^①

这意味着宗教的僵化，与此相连的是祭司对教权的掌控。一方面，祭司以教权传承为宗旨，压抑进步思想，另一方面，他们妄自尊大，声称能够迫使诸神按照他们的意愿行事，甚至也能故意制造差错，毁灭作为被祭祀者的神。他们的这种"左右诸神的能力"依靠的不是精神的力量，而是繁缛的仪式，以至于"现在，祭祀的效力依赖吟唱颂歌时的正确发音，因为据信有力量的是它们的发音，而不是它们的意义"^②。在吠陀天启、祭祀万能、婆罗门至上的"三大纲领"基础上，所谓的"婆罗门教"得以确立。

《梵书》是这一时期产生的文献。《梵书》以散文形式对于有关祭祀之事项一一附上因缘、故事、来历而作解释。在定位上，《梵书》是百分之百神圣的，因为它们是祭司阶级精英的产物。在众多《梵书》中，流传下来的据说有17部，其中最古老的是被收入《黑耶柔吠陀》的梵书，尤其是非独立的部分。《梨俱吠陀》附有《爱陀奈耶梵书》和《侨尸多基梵书》；《沙摩吠陀》附有《歌者梵书》《旁遮温夏梵书》《夏多温拿梵书》等；《黑耶柔吠陀》附有《泰帝利耶梵书》《羯陀梵书》等；《白耶柔吠陀》附有《百道梵书》；《阿闼婆吠陀》附有《瞿帕达梵书》。这些《梵书》是不同时期的产物，其中占有最重要地位的是《百道梵书》，有学者甚至认为它的重要性仅次于《梨俱吠陀》。在《梵书》中，婆罗门意图结合《梨俱吠陀》末期的哲学思辨与保守的民间信仰，以祭仪作为契合点，将高的思想与低的俗信予以总括。这使得《梵书》既能迎合社会上层，又能吸引下层民众，为婆罗门祭祀的世界图像铺展开来奠定了群众基础。

在《梵书》中，吠陀雅利安人的神观发生了明显的变化。《梵

---

① 参见［印］S. R. 戈耶尔著，黄宝生译：《印度佛教史》，中国社会科学出版社，2020年，第20页。

② ［印］S. R. 戈耶尔著，黄宝生译：《印度佛教史》，中国社会科学出版社，2020年，第20页。

书》的神观共有三个特征：第一，自然神的地位逐渐下降，下层神的地位逐渐上升，但二者都隶属于抽象神；第二，诸神都带有人格色彩，品格相当低落；第三，产生了人为的废合神之风习，甚至无理地曲解某些神。总的来说，"《梵书》的神观完全是形式的、人为的，其方向是徘徊于堕落与向上之间，从而对于神的敬畏态度不如往昔，而是讲究如何利用古来的或新造的神"①。这种偏重"利用"而非"赞美"的神观有助于确保祭祀的地位在人们的心目中胜过诸神。

不过，光靠利用诸神还不足以让祭祀的世界图像全面地撒开，网罗整个生活世界，因为尽管诸神无处不在，但生活中总有诸神缺席的世俗部分，比如岁月的更迭，日常生活各个事项的组织等。这个问题如何解决？答案是：祭祀的世界图像的渗透力量通过滥用"象征主义"得到了充分的发挥。象征主义是这样一种策略：将不同的事物视为相同，从而建立特定的联结与秩序，比如将诸神分类，并将其与种种事项作配对，将祭仪之次第与万有作配对，将祭仪之顺序与宇宙创造之顺序等同。

将诸神用以与种姓配对时，祈祷主是婆罗门之保护神，因陀罗是刹帝利之保护神，遍照神是吠舍之保护神，首陀罗无保护神；与季节配对时，春夏雨季是神期，秋冬露季是祖灵期；与昼夜配对时，白昼是神时，黑夜是祖灵时；与一日配对时，午前是神时，午后是祖灵时；与方位配对时，东方是神处，西方是蛇处，南方是死者处，北方是人处。②

又如，火祭坛的建造通过象征主义获得了神秘的精神宇宙意义：

① ［日］高楠顺次郎、［日］木村泰贤著，释依观译：《印度哲学宗教史》，台湾商务印书馆，2017年，第137—138页。
② 转引自［日］高楠顺次郎、［日］木村泰贤著，释依观译：《印度哲学宗教史》，台湾商务印书馆，2017年，第138页。

火祭坛由六层砖块和六层研钵构成，合起来代表十二个月，第一层砖块与吸气有关，第二层与呼气有关，第三层与遍行气有关，第四层与上升气有关，第五层与平行气有关，第六层与言语有关，随着祭火被点燃，金色的火焰射向天空（象征天界），祭祀者同时通过一个神秘的认同过程获得"金色的"身体，变成金色的生主；建造火祭坛的101块石头象征构成太阳的101个元素或方面，也关系到人体的101条脉，其中只有一条通往不朽。[1]

象征的作用在《梵书》中被推到极致，以至于有些学者抱怨道：如此流义之论法亦被用于主神、生主，几乎是欠缺常识地将种种物视为相同，令人怀疑思辨家的头脑是否健全。需要指出的是，他们抱怨的点并非象征主义的世界图像是否有效，而是对象征主义的肆意滥用。实际上，在今人看来，各个民族的古人或多或少生活在象征主义的世界里，他们在我们今天认为不相干的事物之间建立起"神秘的"联结和秩序。中国古人亦是如此，否则金木水火土何以分别配对西东北南中的方位？又何以与人体的脏器有关，比如肾主水、色黑，或许只能说他们生活在一幅不同的世界图像里。

象征主义是梵书时代的特色之一，另一特色是种种传说，为的是说明种种事项，也包括对神做新的解释。据说《梵书》中的传说与后世的《往世书》关系颇深。《羯陀梵书》中有那吉盖多（Naciketas）的如下传说，后来被《羯陀奥义书》改写，成了十分有名的故事。

有一名为瓦夏修拉瓦萨者，彼执行一切祭之修行，将全部财产供养神与婆罗门。彼有一子名为那吉盖多，问其父曰：将我予谁？连问三次。父怒而答曰：以汝予死。故那吉盖多趋往死神住处，死神不

---

[1] 转引自［德］格奥尔格·福伊尔施泰因著，闻风、朱彩红、黄祺杰译：《瑜伽之书》，海南出版社，2017年，第118页。

在居所，经三夜才归来。死神问彼曰：已待几夜？答曰：三夜。死神更问：其间何所食？那吉盖多答曰：第一夜食汝子孙，第二夜食汝家畜，第三夜食汝善业，此乃吾父预先所教。

死神闻其所答，大为尊崇，告曰：若有所求，三条之内，满汝所愿。那吉盖多遂提出如此三愿：还归父处；教示不坏之祭与善行；传授免于再生之法。死神允诺，令彼归返，又教以那吉盖多火祭法。基于此因缘，任何人只要实行那吉盖多火祭，积累不坏之善行，皆得免于再生。①

这个传说可能是为了解释那吉盖多火祭法之效力的由来。令人印象深刻的是那吉盖多对于死神的提问"其间何所食"的回答，似乎死神在这个婆罗门少年面前明显处于劣势。这充分反映了婆罗门教的精神：婆罗门至上，祭祀万能，竟至于可以降伏死神。

尽管仪式主义在《梵书》中被推向了极致，但"物极必反"，《梵书》中也暗示了过分的仪式主义正在催生反仪式主义。比如，《百道梵书》讲述了"呼吸的火祭"，是对早先的火祭的象征性替代，普拉那取代了仪式中的火，被等同于自我。对此，福伊尔施泰因评论道：虽然这还不是一种完全成熟的精神祭祀，因为"呼吸的火祭"是以身体来履行的，但这是走向祭祀之内在化的决定性的踏脚石。②又如，《百道梵书》说知识比祭祀或苦行主义更有价值，包含忏悔之意的坦白或多或少可减轻罪孽，这表明内心的洁净与外表的洁净同等重要。

反仪式主义在《森林书》中较为明显。《森林书》的性质类似于《梵书》，也是仪式书，针对的是归隐森林的正统婆罗门，他们独

---

① 转引自［日］高楠顺次郎、［日］木村泰贤著，释依观译：《印度哲学宗教史》，台湾商务印书馆，2017年，第140页。

② ［德］格奥尔格·福伊尔施泰因著，闻风、朱彩红、黄祺杰译：《瑜伽之书》，海南出版社，2017年，第119页。

居，致力于一种修习默想和履行神秘仪式的生活，传授一些神秘的祭祀知识与技艺。大多数《森林书》已经遗失，现存的只有少数，比如《爱陀奈耶森林书》《侨尸多基森林书》《泰帝利耶森林书》《大森林书》。戈耶尔认为，《森林书》标志着从《梵书》关注的行动（祭祀）之道向《奥义书》倡导的知识之道的转移，这表现在以下几个方面：

第一，《森林书》着力阐明祭祀的神秘主义和象征主义；

第二，沉思而非执行是《森林书》教导的精神；

第三，《森林书》以更简单的仪式取代《梵书》复杂的祭祀；

第四，《森林书》强调内在的或精神的祭祀效力，以区别于供奉肉、稻、麦或牛奶的外在的或形式的祭祀，也就是说，森林书强调冥想（upasana）某些象征，强调苦行，以便认识"绝对"。[①]

由此可见，在《森林书》中，祭祀的仪式主义被进一步弱化，内在的精神方面进一步抬头。从思想史的角度，我们的确可以把《森林书》中的这种变化解释成从行动之道转向知识之道的中间阶段。

第二节　梵我同一思路的确立

在《梵书》（以及《森林书》）中，从仪式主义转向反仪式主义代表着从行动（祭祀）之道转向知识之道，在哲学上也代表着寻找大一之旅从客观的宇宙太原走向主观的内在自我。《梵书》的哲学连接《梨俱吠陀》末期思想与《奥义书》的哲学，揭示了对大一的追寻从生主移至梵，最后移至自我（阿特曼）的过程。在《梵书》末期，梵我同一的思路已经出现，而梵我同一正是《奥义书》的主题。

保罗·多伊森（Paul Deussen）将《梵书》对大一的探讨分为

---

① 以上四个方面参见［印］S. R. 戈耶尔著，黄宝生译：《印度佛教史》，中国社会科学出版社，2020年，第26—27页。

095

三个时期：第一个时期继承《梨俱吠陀》末期的哲学探讨，把"生主"作为大一，这是《梵书》的初期思想；第二个时期舍弃生主的地位，把出自《梨俱吠陀》的"祈祷主"（Brahmanaspati）的"梵"（Brahman）作为大一，这是《梵书》中期的思想；在第三个时期，由《梨俱吠陀》的"原人"发展出的"阿特曼"（自我）作为梵之异名逐渐抬头，"梵我同一说"萌芽，这是《梵书》末期的思想。①值得注意的是，生主、梵和阿特曼虽然只是大一的不同名称，但名称的变化代表着哲学思想的转变。

一、从生主到梵

生主最初出现在《梨俱吠陀》第10卷，是造作水而成为金胎，生长万物并统领万物的最高神。《梵书》初期继承了这一思想，并给出了具有典型叙事特色的说明，比如《旁遮温夏梵书》说：

生主如是思忖：我欲数多，我今将繁殖。彼见苏摩祭。取之，用以作此生类。彼口所出颂歌诗调为盖娅曲（gayatri），应此之神是阿耆尼，人是婆罗门，时是春。由其胸所出颂歌诗调为多利西多普（tristubh），应此之神是因陀罗，人是王族，时是夏。由彼股间所出诗调为夏卡提（jagati），神是遍照神，人是吠舍，雨时与此相应。由彼之足所出诗调为阿努西多普（anustubh），人是首陀罗，神则缺之。故首陀罗虽有家畜，然不得供牺牲，亦无护持之神。

《梵书》初期对大一的探讨可称为神话期，在此时期，取代生主的还有原水、无、意、语、岁、祭等，大抵没有脱离《梨俱吠陀》的神话世界观。

---

① 转引自［日］高楠顺次郎、［日］木村泰贤著，释依观译：《印度哲学宗教史》，台湾商务印书馆，2017年，第146—147页。

继生主之后，"梵"（即"祈祷"）成为最高原理。关于梵这个词的来源，学者们是有争议的。根据高楠和木村的分析，《梨俱吠陀》中已有以"祈祷主"为大一的思想，祈祷的力量被承认，到了《梵书》中期，人们相信依靠祭祀祈祷可以支配诸神，最后推进至将祈祷（梵）视为最高原理。[①]戈耶尔也赞同梵的概念是从具有神秘的巫术力量的"祷词和规则"演变过来的，后指包含哲学祷词的"三明"，再指最早创造的事物，最后表示创造原则——万物存在的原因。[②]不过，以梵为大一的哲学是在《奥义书》中发扬光大的，《梵书》中的相关讨论可以视为预备。在此，重要的是，从"祈祷主"到"梵"，人格的、神话的色彩褪去，所以，《梵书》中期以梵为大一的探讨可称为神学期。

作为大一的梵完全继承了生主对世界的创造与支配等，但也有生主思想中所不具备的观察，比如对苦行的看法和"阿特曼说"。《百道梵书》说：

> 自存梵行苦行，认为仅依苦行不能获得无穷，故欲将阿特曼（自我）奉予万有，将万有奉予我。由于将其身奉予万有，将万有奉予自身，故梵得最上位，超越万有，而居于优先主宰之地位。

这段引文说明身体的苦行已经不能使人满足，进而出现了"阿特曼说"：梵将自身与万有交互奉予。一方面，阿特曼说代表着祭祀哲学的最高境界——"生命就是祭祀"，因为梵和万有皆以自我为祭品。另一方面，阿特曼说提出了本体与现象的关系，从而开启了"梵我论"之端绪，因为就其精神而言，梵与万有的"交互奉予"不外乎

---

① 参见［日］高楠顺次郎、［日］木村泰贤著，释依观译：《印度哲学宗教史》，台湾商务印书馆，2017年，第154页。

② 参见［印］S. R. 戈耶尔著，黄宝生译：《印度佛教史》，中国社会科学出版社，2020年，第22页。

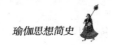

是指万有出自梵，最终归于梵，"亦即无论世界或有情，都由梵所生，住于梵，最后还归于梵，成为同一的我"①。

二、梵与阿特曼本质同一

《梵书》中期的"梵"带有神学味道，并未脱离祭祀的范畴，然而，我们今日所知的《奥义书》中的"梵"并非神学之梵，而是哲学之梵。神学之梵如何变成了哲学之梵？这里有一个关键环节：

> 宇宙的原理（梵）与个人的原理（阿特曼）本质同一的思想浮现，产生透过自我而探寻梵的风潮，"梵"才具有哲学的意义……印度的思索家若非在神学的梵之上，更加入阿特曼的探讨，梵的教义终究无法如《奥义书》与吠檀多派之所显现，发挥灿烂光芒。②

引文的意思是，印度思想家必须认识到作为客观宇宙之太原的"梵"与作为自我之本质的"阿特曼"同一，从而明了"知梵=知阿特曼"，并把眼光从投向外部宇宙转而投向内部自我，《奥义书》中"梵我同一"的哲学之梵才能确立。由此可见，《梵书》末期对阿特曼的探讨是印度思想史一大转变之因。

对阿特曼的探讨是如此重要，它是古印度人的世界图像发生转变——从客体走向主体的原因。换言之，对阿特曼的探讨是发现自我的过程："从前的探讨主要是在探索客观界的宇宙原理，而人类也被当作客观界的事象之一；到了阿特曼之探讨，则是意欲经由人的主

---

① ［日］高楠顺次郎、［日］木村泰贤著，释依观译：《印度哲学宗教史》，台湾商务印书馆，2017年，第156页。

② ［日］高楠顺次郎、［日］木村泰贤著，释依观译：《印度哲学宗教史》，台湾商务印书馆，2017年，第158页。

观的原理窥见宇宙之太原。"①这相当于印度思想史上的"哥白尼革命"，自此以后，不仅自我的本质就是宇宙的本质，而且自我而非宇宙成了实现超越的场所。人们认识到，超越的方式要到自我内部去探究，无论自我被利用的部分是身体、能量，还是心意、真我。

三、阿特曼含义的变化

尽管《梵书》末期确立了梵我同一的思路，但《梵书》中的"梵"和"阿特曼"的含义和《奥义书》中的不同。这意味着，就"梵=阿特曼"的等式而言，等号（梵和阿特曼同一的思路）的确立先于二者概念的确立。梵一词的来源我们在前面交代过，阿特曼一词又是如何发展出来的？关于阿特曼的语源，有种种说法，多伊森认为阿特曼最初指身体全部，后指躯干，再指灵魂或普拉那，最后指真我。

阿特曼思想在《梨俱吠陀》中已经萌芽。《梨俱吠陀》早期已用普拉那指称灵魂，末期的《原人歌》则以原人的身体为宇宙太原，其中已经蕴藏着从自我（指身体）探求大一的思路。在《耶柔吠陀》中，一方面可以看出原人乃是个人的本性——"原人乃一切世界之神，于未生之前，或于母体中皆然"，意思是个人的本性和宇宙万物的本性相同，皆为原人。另一方面，对自我的探求从身体走向心理，"原人与子孙共舍身，成十六分，行遍三界之光"（《白耶柔吠陀》），这里的"十六分"指五知根、五作根、五气和心（manas）。《梵书》和《森林书》延续了十六分的说法，此外，有关普拉那的探讨被推到极致，普拉那成为宇宙太原和自我，"彼既是普拉那，普拉那为万有故"，"此因不可说之普拉那是阿特曼"（《百道梵书》），"彼之一神（普拉那）遍入于万有。彼（普拉

---

① 　［日］高楠顺次郎、［日］木村泰贤著，释依观译：《印度哲学宗教史》，台湾商务印书馆，2017年，第159页。

那）为生死之因"（《泰帝利耶森林书》）。所以，《梵书》和《森林书》对阿特曼的探讨抵达的是作为生理–心理结构的"十六分"（五知根、五作根、五气和心）和作为生命原则的"普拉那"。将阿特曼视为真我则归于接下来的《奥义书》。

在上面引用的语句中，我们可以看到，对个人的探讨和对宇宙的探讨结合在一起，个人的原理和宇宙的原理是对应的。对此，高楠和木村总结道："人格本位之观察是以原人为第一步，普拉那为第二步，逐渐推进向内的实我思想，同时，又将此向外推广，视为外在的宇宙之原理，现象界的原人，实在界的原人，个人的普拉那，宇宙的普拉那，各尽其要。"①也就是说，向内之路即为向外之路：

个人的原理	宇宙的原理
身体	原人
普拉那	世界的普拉那
灵魂（十六分）	世界的灵魂
阿特曼	阿特曼=梵

表5　阿特曼思想的发展过程

上面的表格说明了阿特曼思想的发展路径，它清楚地表明，自我的本质和宇宙的本质同一，向外推和向内推的两股思潮汇流得出的结论是"阿特曼=梵"。

这里似乎有个问题：梵是经由对宇宙太原的探讨发展出来的，而阿特曼是经由对自我的探讨发展出来的，换言之，梵是祭坛哲学之产物，而阿特曼是心理哲学之产物，两者纵然有所交涉，但多少还是由不同的进路发展而成，二者何以结合在一起，最终成为《梵书》末期的梵我同一说？我们不知道结合的具体过程，但结合的趋势似乎是必

① ［日］高楠顺次郎、［日］木村泰贤著，释依观译：《印度哲学宗教史》，台湾商务印书馆，2017年，第164页。

然的，因为对大一的追寻和大小宇宙本质同一的思维方式终将统合祭坛哲学和心理哲学。

第三节　轮回说的起源

基于发现"自我"带来的主体的凸显，人在宇宙中的地位上升，诸神后退。相应的，通过祭祀和咒法利用神灵的超然力量获得福祉的吠陀大众瑜伽开始被另一种从自我着手达成解脱的瑜伽所取代。这使人成为自身命运的主宰者，祭司和祭祀不再必不可少，到后来，诸神也成了只是出生在天界的未得解脱的灵魂，而非不朽的、圆满的、极乐的。这一转变的完成需要具备几个重要条件，包括轮回说的产生。

《梨俱吠陀》中是没有轮回说的，而到了奥义书时代之初，轮回说已经比较成熟。由此，高楠和木村推定，轮回说应该起源于梵书时代，与主体之学相连。他们还认为，与轮回说紧密相连的业论的模糊观念起于《阿闼婆吠陀》，比如有颂歌说：

罪呀！
汝若不舍离我，
余将舍汝，
置于十字街头，
唯愿随从他人。

该颂歌表明业论的两个条件已经具备：第一，犯罪之余势以某种形态残留；第二，其罪能束缚人，且必然带来相应的惩罚等。

此外，有学者认为印度的原始民族和其他许多原始民族一样有"移生说"，比如南非的祖鲁人相信逝者的灵魂化成蛇、鼹鼠、蜂等。移生说影响了雅利安人，被神学家采用后成为轮回说。高楠和木村提出"移生说+阿特曼说+业论=轮回说"，即相同的阿特曼依据不同的业移生，成为人或动物等。这似乎可以解释同一自我如何成为众生。

但有个疑问仍然无法解释：即便《梵书》中已有轮回说，但相关的论述只是片段的，没有解释轮回的境界、业的赏罚期间的灵魂状况以及解脱的问题，那为什么到了早期《奥义书》中，轮回说已经比较成熟？对此，高楠和木村似乎倾向于认为这和《阿闼婆吠陀》上位的状况差不多，是从下层民众进入上层社会的。然而，恰格罗伐尔提（Chakravarti）提出了反对意见，他指出，《梵书》对待死后生活的常见态度并不是相信生死轮回学说，在《梵书》中，祭祀者死后再生于天神中间，享受着按照世俗生活方式想象的不朽存在。[1]再者，就如我们在上一节所讨论的，《梵书》对阿特曼的探讨止于"十六分"（五知根、五作根、五气和心）和普拉那，尚未触及阿特曼即为永恒不变的真我，而作为轮回之主体的阿特曼很难单单被解释为十六分和普拉那。还有，轮回和追求解脱可谓一体两面，我们很难认为轮回说离开解脱思想独自萌芽。所以，轮回说是否起源于梵书时代，迄今没有充分的证据来判定。

另有学者认为，轮回说来自吠陀社会的"边缘人"。前面说过，印度文明有两个起源：印度河文明和吠陀文明。包括"吠陀雅利安人"在内的雅利安人种是后来移民进入五河流域的。尽管印度河文明衰落并湮没在历史中，但它的一些要素似乎留存了下来，否则很难解释为什么印度河文明的研究者们普遍感受到了该文明和传统印度教的显著关联。印度河文明和吠陀文明的相遇造就了一些游走在吠陀社会边缘的所谓"边缘人"，有人说雅佳瓦卡雅就是奥义书时代最著名的边缘人之一。

戈耶尔等学者认为，轮回、瑜伽、弃绝等所代表的出世法以及思辨的传统（比如数论哲学）可能来自边缘人，也就是说，它们具有

---

① ［印］S. R. 戈耶尔著，黄宝生译：《印度佛教史》，中国社会科学出版社，2020年，第52页。

"非吠陀"的起源，后来被吠陀雅利安人接受，得以进入吠陀文献。这似乎比较容易解释为什么我们能在不同的时期见到印度思想中的异质之流的汇入，比如《阿闼婆吠陀》的咒法进入前三《吠陀》所代表的祭祀的宗教，哲学思辨、轮回和出世法进入《奥义书》，以及后世与生殖崇拜结合起来的至上湿婆崇拜和女神崇拜等。

　　回到轮回说上面来，根据 G. C. 般代的看法，业报和轮回学说似乎表明以牟尼和沙门为代表的非吠陀意识形态源泉已经流入吠陀思想，吠陀思想家已经准备接受这些观念，这样，我们就在《奥义书》中发现它们突然被提到。[①]《瑜伽之根》的编者梅林森和辛格顿为这种观点提供了支持，他们认为，沙门（大约公元前500年在印度兴起的新的弃绝的苦行者团体的统称）团体包括佛教徒、耆那教徒和不太为人所知的Ajivakas，其发展很有可能独立于婆罗门的吠陀传统，但受到吠陀传统不同程度的影响，"沙门关心的是找到方法来结束轮回，以及作为人的存在之特征的、由业驱动的苦，它们发展出了冥想技巧来实现这个目标。该目标本身被称为涅槃或解脱，需要以一种永久的形而上的自杀完全消除业的痕迹，包括个体认同的终结。这些观点首先出现在沙门传统中，后来才被吸收进了吠陀教导"[②]。不过，戈耶尔指出，文本证据本身更倾向于暗示轮回说起始于上层阶级的小圈子内，无论是刹帝利还是婆罗门。

　　无论如何，轮回说的起源及其迅速流行和几乎得到普遍接受的原因，被认为是印度思想史上最大的问题之一。但对轮回说和业论的接受与其他几个要素相结合，无疑在吠陀社会引发了一场真正的革命。

---

① ［印］S. R. 戈耶尔著，黄宝生译：《印度佛教史》，中国社会科学出版社，2020年，第52页。

② James Mallinson, Mark Singleton translated and edited, *Roots of Yoga* (Penguin Classics, 2017) "Introduction", p. XIII.

第四章
奥义书时代的思想革命

·⋯ ── ⋯ ── ⋯ ·⋯

第一节　开出内求之路

吠陀社会的思想革命是由《奥义书》完成的。这场革命实现了两个方面的关键转变，确立了一幅新的世界图像，并开出了一条向内求的超越之路，智慧瑜伽成为主要的超越方法。

对于"两个方面的关键转变"，拉达克里希南（Radhakrishnan）总结如下："不断强调《吠陀》颂诗中暗示的一元论，中心从外在世界向内在世界移动，反对《吠陀》实践中的外在性，淡化《吠陀》的神圣性。"[①]这里的关键词是"一元论"和"内化"。"内化"指的是吠陀祭仪的内在化——"《奥义书》的圣人们……以密集沉思或冥想的形式把《吠陀》的仪式内在化"[②]。比如，《僑尸多基梵书奥义书》说："下面是波罗多尔陀那的自制修习，被称为内在火祭……先

---

① 转引自［印］S. R. 戈耶尔著，黄宝生译：《印度佛教史》，中国社会科学出版社，2020年，第27页。

② ［德］格奥尔格·福伊尔施泰因著，闻风、朱彩红、黄祺杰译：《瑜伽之书》，海南出版社，2017年，第119页。

人正是知道这一点，而不履行字面上的火祭。"①《蒙查羯奥义书》说："梵的寻求者深知仪式崇拜的结果是暂时的，故他们不会贪着于这些欲望。他们明白，那不朽的事物不能以可朽的方法获得。"②

我们知道，祭祀的内化在《梵书》中已经迈出了第一步，而在《奥义书》中，祭祀的象征面获得了至高的重要性，换言之，可以仅仅用思想或心灵来崇拜神圣者，而不需要借助外在之物。相对于形式主义的"外在祭祀"，我们把内化了的祭祀称为"内在祭祀"。正是内在祭祀造就了福伊尔施泰因说的《奥义书》的圣人的两个共同之处。第一，《奥义书》的圣人一致转向冥想的修习或内在的崇拜，以此作为获得"超验知识"的主要方法。在他们那里，冥想和祭仪已然分离，成为独立的修习方法，而在正统婆罗门那里，冥想继续作为祭仪的一部分和祭仪紧密相连。据说，冥想和祭仪的分离是在《森林书》中完成的。第二，刚才提到的"超验知识"表明，内在祭祀的目标和外在祭祀不同，《奥义书》的圣人喜好的不是现世福祉和死后升天，而是秘传智慧或灵知，也就是能够使他们超越世俗生活，甚至超越《吠陀》仪式及其许诺的天界，并认识终极实在（梵或阿特曼）的超验知识。

所以，在《奥义书》的圣人那里，外在祭祀的地位下降了。他们认为天界的欢乐不是永恒的、至高的，诸神也不是不朽的、圆满的，诸神在天界的欢乐只是轮回中的一个环节或去处，因而必定会退转。正如《蒙查羯奥义书》中所说："受到欺骗的人们，把各种祭祀和无私的善业作为最高的善，他们不知道还有更高的善。当他们耗尽因善业而进入天国的果报时，他们就会再一次进入这个世界或者更低的世

---

① 转引自［德］格奥尔格·福伊尔施泰因著，闻风、朱彩红、黄祺杰译：《瑜伽之书》，海南出版社，2017年，第119页。

② 转引自闻中：《做好真正的自己：〈奥义书〉现代精神20讲》，四川人民出版社，2021年，第77页。

界。"①可见，单纯依靠祭祀或善业，无法得到解脱，臻达圆满；圆满应是内在的、精神的，而不是外在的、机械的。由此，"祭祀的说明下降为第二位，哲理的探究跃居于表面"②。

哲理的探究抵达的境地是"一元论"。《梨俱吠陀》的见者已经发现，在多样化的现实（即无常的宇宙）背后是永恒不变的大一；《梵书》指出大一是梵，也是我们内部的自我或阿特曼，梵我同一；《奥义书》进一步探究了梵和阿特曼的意义，发现它们是宇宙和自我的独一本质，并获得了一个新的洞见："'独一本质'这一伟大发现在地位上超越祭祀仪式这一遗产。"③

这个洞见是被《奥义书》的圣人谨慎地传达的，因为它不是公共知识。求知者必须具备特定的资质，带着尊重和谦卑接近圣人，以崇敬和正直寻求知识，有时需要履行适切的入门礼。据说师门制起源于吠陀时代，我们推测，在奥义书时代，师门制是兴盛的。师门制后来一直是印度的传统教育方式，它和今天的公共教育相去甚远。

"一元论"和"内化"所确立的新的世界图像可用《奥义书》教导的四个相互关联的观念中枢来描述：

第一，宇宙的最高原理或终极实在完全等同于我们最深处的本质，就是说梵等于阿特曼。

第二，只有认识梵或阿特曼，才能从苦和不可避免的生死轮回中解脱。

第三，你的思想和行动决定你的命运——业论，也就是说，你成为你所认同的。

---

① ［美］罗摩南达·普拉萨德英译，王志成、灵海汉译：《九种奥义书》，商务印书馆，2017年，第106页。

② ［日］高楠顺次郎、［日］木村泰贤著，释依观译：《印度哲学宗教史》，台湾商务印书馆，2017年，第172页。

③ ［德］格奥尔格·福伊尔施泰因著，闻风、朱彩红、黄祺杰译：《瑜伽之书》，海南出版社，2017年，第120页。

第四，除非你获得解脱，以更高的智慧抵达梵或阿特曼，否则你必定会再次出生，进入神的领域、人类世界或更低的领域，这有赖于你的业。①

在此，有必要指出，《奥义书》中的阿特曼概念不再停留于《梵书》中的"十六分"或"普拉那"，而是指真我。什么是真我？在《大森林奥义书》中，乌舍斯多·贾揭罗衍那问雅佳瓦卡雅："请你继续解释直接显现的梵，即居于万物中的这个自我。"雅佳瓦卡雅答道："你不能观看观看的观看者，你不能听取听取的听取者，你不能思考思考的思考者，你不能认知认知的认知者。居于万物中的这个自我就是你的自我，此外的一切都是痛苦。"②关于自我或阿特曼，我们稍后将展开更具体的讨论。

另外，上面谈到的"《奥义书》的圣人"不单单指正统的祭司，而是指一个具有革新精神的多元群体，其中有些人是杰出的婆罗门，有些人是森林居士，有些人是国王，比如贾纳卡和阿阇世，还有些人属于边缘人。这个多元群体用觉悟阿特曼取代了婆罗门的祭祀主义，然而，他们的内在祭祀是否代表《奥义书》对祭祀崇拜的态度，则是有争议的。戈耶尔谈到，有些学者如达多（N. Dutt）相信举行外在祭祀依然是吠陀宗教的核心，还有些学者如罗纳德（Ranade）则认为除了少数例外，《奥义书》全然反对《梵书》的外在祭祀。实际上，在《奥义书》中，可以见到三类对待祭祀崇拜的态度：一部分激进的思想家认识到祭祀仪式不可能让人获得永生，因而采取完全摒弃之的态度；另一些比较温和的思想家寻求将祭祀与新兴的梵论加以综合，这是知识和行动（在此指祭祀）综合说的开端；然而，大多数正统的祭司继续坚持旧有的信仰，只是稍加调整，对祭祀至高无上说做出适当

---

① 四个观念中枢参见［德］格奥尔格·福伊尔施泰因著，闻风等译：《瑜伽之书》，海南出版社，2017年，第120页。

② ［印］毗耶娑著，黄宝生译：《奥义书》，商务印书馆，2010年，第59—60页。

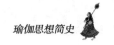

让步。[1]

不过，我们在本节关注的是内在祭祀所代表的向内求的解脱之路。

第二节　奥义书文献

"奥义书"（upanisad）一词有"近坐"或"侍坐"之意。上一节谈到，《奥义书》的圣人的知识是秘传的，即秘密地教授，故而称为"近坐"。关于"近坐"如何成了书名，多伊森告诉我们，先是手段（近坐）成为目的（秘密教义）的名称，尔后又有秘语、秘义、秘书等不同阶段的意义，最后成为圣典之名。[2]可见，中文的"奥义书"不失为一个巧妙而恰当的译名。

《奥义书》和《吠陀》《梵书》《森林书》一样，代表的也是一类文献。注释家将《梵书》《森林书》和《奥义书》的内容分成仪轨（vidhi）、释义（arthavada）和极义或吠檀多（vedanta）三部分，其中的吠檀多通常指《奥义书》（此时的吠檀多尚未成为一个独立的哲学流派）。这一分类依据的是师父在教授弟子时的授课顺序：师父起初是以《梵书》教授弟子仪式行法的含义，进而以《森林书》教授弟子与仪式有关的秘义，最后作为吠陀学习之终极或吠檀多，教授弟子哲学性的《奥义书》。

现存的《奥义书》据说有200多本。依据福伊尔施泰因的说法，最早的《奥义书》大约创作于4000年前，最新的《奥义书》则出现在20世纪。学者们依照文本归属把《奥义书》分为古奥义书和新奥义书。古奥义书（即早期奥义书）指属于三吠陀（《梨俱吠陀》、《沙

---

① 参见［印］S. R. 戈耶尔著，黄宝生译：《印度佛教史》，中国社会科学出版社，2020年，第27—28页。

② 转引自［日］高楠顺次郎、［日］木村泰贤著，释依观译：《印度哲学宗教史》，台湾商务印书馆，2017年，第174页。

摩吠陀》、黑白《耶柔吠陀》）的《奥义书》，通例是指正系的，共有11本，如下表：

所属本典	奥义书名
梨俱吠陀	爱多列雅奥义书
	侨尸多基奥义书
沙摩吠陀	唱赞奥义书
	由谁奥义书
黑耶柔吠陀	泰帝利耶奥义书
	摩诃那罗衍那奥义书
	羯陀奥义书
	白净识者奥义书
	弥勒衍拿奥义书
白耶柔吠陀	大林间奥义书
	伊莎奥义书

表6　古奥义书

属于《阿闼婆吠陀》的《奥义书》年代较新，被认为是旁系的。它们并非都承继自《梵书》，而是个人思想或流传于小团体间的思想，为获得神圣地位而附以《奥义书》之名，因而与《阿闼婆吠陀》并无直接关系，只是表面上属于该吠陀。它们的特点是带有学派色彩，并且主张组织性的教义，这是由古奥义书思想逐渐分化所致，还是受到后来已经成立的学派之影响，则不得而知。学者们将新奥义书分为五类：

第一，纯吠陀主义奥义书，所述与古奥义书并无太大差异，尚未明显分化为各个教派；

第二，出世主义奥义书，阐释弃绝的理想，把出世苦行作为吠檀多实践之方；

第三，教派奥义书，解释与特定教派有关并献给神（如塞健陀、伽内什、苏里耶等）的教导，尤其是湿婆派和毗湿奴派的《奥义书》

（分别将终极实在视为湿婆和毗湿奴，认为依信仰可得解脱）；

第四，能量奥义书，揭示与萨克缇——神圣的阴性能量有关的教导；

第五，瑜伽奥义书，探索瑜伽，尤其是哈达瑜伽过程中的不同方面，比如《慧剑奥义书》《瑜伽顶奥义书》《诃萨奥义书》等，有可能全部成书于公元后。①

据说在印度有两种"奥义书全集"，一种包括52本《奥义书》，另一种包括108本《奥义书》。印度学者认为50种能囊括所有重要的《奥义书》，108奥义书主要流传于南印度。《奥义书》的重要译本如叔本华所读的法国学者安可提·多裴龙（Anquetil-Dupenrron）翻译的拉丁语版《五十奥义书》，依据的是蒙古帝国皇子多拉夏可（Dara Shakoh）集合诸多梵语学者从梵语译成波斯语的版本，还有19世纪多伊森的《六十奥义书》和麦克斯·缪勒的《东方圣书》所收录的十二奥义书译本。中译本有徐梵澄的《五十奥义书》，黄宝生的《奥义书》（收入十三本奥义书），王志成和灵海的《九种奥义书》，闻中的《印度生死书》（收入四本奥义书及其详细注释）。此外，有关《奥义书》的中文研究著作必须提到吴学国的《奥义书思想研究》五卷本。

我们应该记住整个吠陀文献——四《吠陀》本集、《梵书》、《森林书》、《奥义书》、经书——是记忆文献，起初都是被熟记并由师父口传给弟子的。福伊尔施泰因认为，熟记可以帮助弟子获得一种程度罕见的专注，而且在熟记的过程中，弟子不断地接触最高的智慧，这自然而然使他们向灵性道路敞开。今天的技术把《奥义书》的永恒智慧送到了我们家门口，然而，这在很多人那里起到的作用或许不是传递知识，而仅仅是为遇见师父并接受知识做准备。

《奥义书》的思想是强健的，透着自由的气息。高楠和木村说，

---

① 对每个类型所包含的书目更为细致的罗列参见吴学国：《奥义书思想研究》（第一卷），人民出版社，2017年，第103页。

《奥义书》虽然表面上是婆罗门的产物，但其原动力却是非婆罗门的，受到传承的束缚较少的国王们对于哲学问题的解决产生了兴趣。再者，据说在奥义书时代，无论庶民还是妇人，在某种程度上皆得以参与大问题之研究。比如，根据《大林间奥义书》的记载，贾纳卡国王的宫廷中曾举行以雅佳瓦卡雅为中心的学者大问答会，当时有一个名叫伽吉（Gargi）的妇人与雅佳瓦卡雅往返问答。这是一介女子和一流哲学家之间的对话，在古代思想界已是罕见的自由之举。高楠和木村甚至对奥义书时代的思想形势做了如下描述：举国上下都热衷于心灵问题之解决，若真具有知识，婆罗门可以请教国王，国王可向庶民屈膝，亦不为耻。这种自由是最灿烂的思想得以诞生的理想摇篮。

《奥义书》的写作不像今日的学术著作这般具有体系性和组织性，只是哲学诗篇之集成。总的来看，《奥义书》的思想在根本教导上虽有共通之处，但若详细研究，矛盾的见地也是相当多的，正如苏伦德拉纳特·达斯笈多（Surendranath Dasgupta）所言："我们发现各种思想萌芽散播在《奥义书》中，它们并未以体系化的方式得到发展……（我们不应）把《奥义书》视为体系化的专著，而应视为不同思潮的仓库——一个熔炉，后来发展出来的所有哲学观点此时仍处于融合状态。"[1]戈耶尔有着类似的评论："《奥义书》被恰如其分地认为是所有印度哲学的源泉……《奥义书》几乎对印度每一个哲学体系的这种或那种演变做出了贡献。"[2]

叔本华曾说，一本经过长期思考、锤炼而写成的哲学著作，其本身是一个复杂的思想整体，各个部分相互关联、相互包含，所以读

---

[1]　Surendranath Dasgupta, *A History of Indian Philosophy (volume I)* (London: Cambridge University Press, 1922), p. 42.

[2]　[印] S. R. 戈耶尔著，黄宝生译：《印度佛教史》，中国社会科学出版社，2020年，第28页。

者除了把这本书从头到尾读上几遍，实在没有别的办法去理解它。[①]《奥义书》的思想过于复杂，几乎不可能用某个学术体系来囊括，我们在本书中的相关介绍只是碎片式的、浮光掠影式的。如果读者期待的是针对《奥义书》思想的体系化研究，前面提到的《奥义书思想研究》或许是作者吴学国倾尽所有努力的一次成功尝试。

第三节　认识自我

一、自我论的两个模型

印度哲学史研究权威苏伦德拉纳特·达斯笈多说："《奥义书》的教导之总和与要旨包含在如下等式中：阿特曼＝梵。"[②]前面说过，《梵书》末期就开始了对阿特曼的探讨，只是那时的理解尚未达到《奥义书》中的高度；到了《奥义书》中，阿特曼才获得了其最终的意义。"自我论"是《奥义书》的中心问题，由此而发展出所有的教理。

达斯笈多提醒我们，《奥义书》中的阿特曼包含着一种模糊性，因为自我一词是在多种意义上使用的。比如，《泰帝利耶奥义书》说：

若知道这样，在死后，他就从这个世界达到那个由食物构成的自我，达到那个由气息构成的自我，达到那个由思想构成的自我，达到那个由知识构成的自我，达到那个由喜乐构成的自我。[③]

---

① 转引自吴学国：《奥义书思想研究》（第一卷），人民出版社，2017年，"绪论"第2页。

② Surendranath Dasgupta, *A History of Indian Philosophy (volume I)* (London: Cambridge University Press, 1922) , p. 45.

③ 黄宝生译：《奥义书》，商务印书馆，2010年，第247页。

这是关于自我的"五鞘论"的前身。该理论认为，自我由如下五鞘构成：粗身鞘、能量鞘、心意鞘、智性鞘和喜乐鞘。由食物精华构成的肉身称为粗身鞘；粗身鞘由普拉那维系，普拉那是众生的生命，也有着人的模样，称为能量鞘；在能量鞘内，有着由心意构成的另一个自我，称为心意鞘；心意由智性或纯意识所维系，智性鞘也是人的模样；最后，由喜乐构成的另一个自我不同于又

图10　五鞘

内在于智性中，支撑着智性，称为喜乐鞘。[①]五鞘论展现了对自我的探求过程：逐渐向内，脱离外在的、经验的、无常的部分（身体、生命能量和心意），直达永恒的、纯粹的主体（智性和喜乐）。

从五鞘论的角度来看，《梵书》对自我的探求止于前三鞘，即粗身鞘、能量鞘和心意鞘，《奥义书》则发现了智性鞘和喜乐鞘，由此找到了众生内部不变、常住、不可思议的实体。

在人的内部寻找一个常住不变的实体，即从人的意识中找到永恒，此为《奥义书》哲学的出发点。这种探寻也见诸《大林间奥义书》讲述的如下故事：

生主说："这个自我摆脱罪恶，无老、无死、无忧、不饥、不渴，以真实为欲望，以真实为意愿。应该寻找它，应该认识它。一旦发现它，认识它，就能获得一切世界，实现一切愿望。"天神和阿修罗都知道了这一点，分别派因陀罗和维罗遮那去向生主求教。生主同意教导他们，让他俩看一盆水，并问他俩看到了什么。他俩回答说：

---

① 参见［美］罗摩南达·普拉萨德英译，王志成、灵海汉译：《九种奥义书》，商务印书馆，2017年，第155—159页。

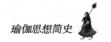

"我俩看到了我俩的整个自我，连毛发和指甲都一模一样。"维罗遮那安心地回到阿修罗那里，向他们宣讲自我是身体。

但因陀罗还没有回到天神那里就发现了其中的危险，便又返回，对生主说："这个身体精心打扮，衣着华丽，全身装饰，它（指自我）也精心打扮，衣着华丽，全身装扮。同样，这个身体眼瞎、脚跛、残废，它也眼瞎、脚跛、残废。这个身体毁灭，它也毁灭。我实在看不出其中的好处。"于是，生主继续教导因陀罗："它在梦中愉快地活动，这是自我。它不死、无畏，它是梵。"因陀罗听完离去，但又发现了其中的危险，便再度折回生主那里说道："即使这个身体眼瞎，它不眼瞎；脚跛，它不脚跛；有缺陷，它没有缺陷；即使身体被杀，它不被杀，（但在梦中）依然仿佛有人杀害它，有人撕剥它衣裳，它会感到不愉快，甚至仿佛在哭泣。我实在看不出其中的好处。"于是，生主对他说："它进入深眠，彻底平静，不做梦，这是自我。它不死、无畏，它是梵。"因陀罗离去，但在半途中再一次充满了疑惑，便又折返对生主说："按照方才所说，它在此刻不知道自己，不知道'我是它'，甚至也不知道其他这些生物。它实际上已经毁灭。我实在看不出其中的好处。"

关于何为自我，生主相继给出的教导为自我是身体、自我在梦中、自我在深眠中，但因陀罗每次都能明白那不是有关自我的终极实相。于是，生主决定给予因陀罗最后的教导，便告诉他："这个身体由死神掌控，必然死亡。但它是不死的、无身体的自我的居处。有身体者受苦乐爱憎控制。确实，有身体者不能摆脱苦乐爱憎，而苦乐爱憎不接触无身体者。"①

这个故事中的苦乐爱憎不接触的"无身体者"对于我们而言似乎不够清晰，在《蛙氏奥义书》（也译成《唵声奥义书》）中，它作为

---

① 参见黄宝生译：《奥义书》，商务印书馆，2010年，第219—223页。

"第四种状态"得到了清晰的阐述，自我的"四位说"由此形成：

> 所有这一切确实就是梵。这个阿特曼同样是梵。这个自我或意识有四分或四种状态。
>
> 在醒态中的自我也被称为"一切人"，它知晓外在的对象，它有七肢十九嘴，它经验粗糙（物质）的感官对象。这是意识的第一种状态。
>
> 在梦态中的自我也被称为"光明"，它知晓内在（心理）对象，它也有七肢十九嘴，它享受心理世界的精微对象。这是意识的第二种状态。
>
> 出现在深眠中的自我，在个人的层面上，被称为般若；在宇宙的层面上，被称为自在天。深眠中的深眠者既不渴望任何对象，也看不见任何梦。所有的经验全部合一，并充满意识和（暂时的）喜乐。这是通向所有三种状态的记忆之入口，是意识的第三种状态。
>
> 第四种（或图利亚）状态被称为是这样一种状态：它不是关于内在世界的意识，不是关于外在世界的意识，也不是关于内在和外在这两个世界的意识；它不是密集的意识，不是表浅的意识，也不是无意识。它不可感知，不可言说，不可理解，不可思议，不可描述。它是至上意识的本质，并在所有三态中显现为自我。它是所有经验的目标，是一切平静、一切喜乐和非二元。这就是应该被觉悟到的梵态，它被称为图利亚状态或超意识状态。[1]

后来，乔荼波陀继承《蛙氏奥义书》中的四位说（或四态说），在《蛙氏奥义颂》（也称为《圣教论》）中发展出了无触瑜伽。自我的第四位也被称为大觉位或图利亚，其余三位是醒位、梦位和深眠

---

① ［美］罗摩南达·普拉萨德英译，王志成、灵海汉译：《九种奥义书》，商务印书馆，2017年，第128—132页。

位。从体用论的角度或许可以说，五鞘论代表阿特曼体的方面，四位说则代表阿特曼用的方面。

我们看到，在从《梨俱吠陀》到《奥义书》的自我探求中，自我是复杂的，不是一个点，而更像是个场，包括五鞘、四位以及后来的三身（粗身、精身、因果身）等，然而，自我的核心是不变、常住、不可思议的实体或真我。阿特曼一词有时泛指自我，有时仅指真我——纯粹的意识和喜乐，一切知识的知者。在《大林间奥义书》中，雅佳瓦卡雅教导妻子梅特丽伊，自我比丈夫、妻子、儿子、财富、世界、天神、吠陀、众生更加可爱，实际上，正是因为自我可爱，其他事物才是可爱的。①所以，超越的秘密不在于别的，而在于认识自我。

二、"我即是梵"

《奥义书》沿袭《梵书》末期确立的梵我同一的思路，明确地提出"彼即是汝"（《唱赞奥义书》）、"我即是梵"（《大林间奥义书》）。我们应该记住，《奥义书》对自我的探求不像西方现代心理学那样止于个体的自我认知，而是谋求"掌握自我之本体（阿特曼）而参与万有之太原（梵）"②。

在此，我们面对一个问题：尽管《奥义书》的教导之总纲为"阿特曼=梵"，但《奥义书》杂多的叙述表明这仅仅是个模糊的等式。需要进一步追问：从自我探求的角度抵达的阿特曼和作为宇宙太原的梵具体是什么关系？

实际上，如果继续推敲，我们会发现这是一个奇怪的追问。从究竟的层面上说，虽然阿特曼是个体的自我探求过程引领《奥义书》

①　参见黄宝生译：《奥义书》，商务印书馆，2010年，第92页。
②　［日］高楠顺次郎、［日］木村泰贤著，释依观译：《印度哲学宗教史》，台湾商务印书馆，2017年，第184页。

的圣人抵达的最终境地，但这个境地已经超越了个体，因为阿特曼是
纯意识，无内亦无外，它就是纯然的大一，就是宇宙大原理——梵。
换言之，虽然我们说阿特曼是真我，是纯粹的主体，但当我们这样说
的时候，作为阿特曼的真我或主体已经无限地扩展开来，完全等同于
梵。既然如此，《奥义书》对于梵我关系怎么还会有杂多的说法呢？

　　我们先来考察《奥义书》对于梵我关系有哪些说法。高楠和木村
从体用论的角度总结了"梵我同一"的两种观点。第一种观点认为梵
我同一是"体"的同一，也就是说，梵是空名，阿特曼才是实体。这
种观点的文本依据比如：

　　正像蜘蛛沿着蛛丝向上移动，正像火花从火中向上飞溅，确实，
一切气息，一切世界，一切天神，一切众生，都从这自我中出现。[1]
（《大林间奥义书》）

　　他在自身中看到自我，视一切为自我……这个不生而伟大的自我
不老、不死、永恒、无畏，就是梵。[2]（《大林间奥义书》）

　　这婆罗门性，这刹帝利性，这些世界，这些天神，这众生，这一
切全都是这自我。[3]（《大林间奥义书》）

　　这个微妙者构成所有这一切的自我。它是真实，它是自我，它是
你。[4]（《唱赞奥义书》）

　　高楠和木村指出，这种观点导向的是"宇宙迷妄说"或"摩耶
论"，因为归根结底，除了我，无论世界、他人还是神，皆非实在。
摩耶论在《奥义书》中虽未显明，但到了后世，乔荼波陀、商羯罗等
人都明确地阐发之，认为它是《奥义书》的真义。

---

① 黄宝生译：《奥义书》，商务印书馆，2010年，第42页。
② 黄宝生译：《奥义书》，商务印书馆，2010年，第90—91页。
③ 黄宝生译：《奥义书》，商务印书馆，2010年，第47页。
④ 黄宝生译：《奥义书》，商务印书馆，2010年，第197页。

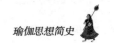

关于梵我关系的第二种观点认为梵我同一乃是质的同一。高楠和木村认为，这种观点代表了《奥义书》的大部分教导：

> 《奥义书》的全体思想大多立于万有在神教的见地，在"个人我"之外，另立一个"大我"（即梵），而且在某种程度上主张客观世界与诸有情之实在，而彼等是由唯一太原之梵所发展或显现。亦即虽将"我"视为宇宙之原理，但又认为此"我"是在"个人我"之上，向上朝"梵"的地位迈进，提出如《梵书》所说的创造观。此"宇宙我"不离吾人之本性，故若了达个人我之真相，即完全得以领悟"宇宙我"。①

也就是说，阿特曼和梵在某种程度上有别，但在本质上同一，即二者不是体的同一，而是质的同一。这样的梵我关系是"二而不二，不二而二"，梵与我不离不即。

在梵我关系上，为什么会出现上述差异？按照高楠和木村的分析，原因在于从不同立场观察的"我"被杂然混合，而没有进行清楚明白的区分。具体而言，《奥义书》阐述"我"的立场有三个，即理想的见地、说明的见地和传承的见地，前两个立场是产生不同说法的原因。首先，就理想的见地而言，从《梵书》到《奥义书》，印度哲学家的思想是朝向内观的。他们从灵与肉的二元论的现实出发，在对自我的探求中逐步舍弃肉身、物质和世界，抵达真我。这使人倾向于认为唯有真我才是实在的，整个宇宙是摩耶，梵是空名，这对应梵我关系乃是体的同一的观点。其次，就说明的见地来看，《奥义书》的思想家在抵达阿特曼之后，意欲将阿特曼视为万有之根本原理，"亦即初始作为终极原因而探求的我，因于哲学的要求而成为万有的质料

---

① ［日］高楠顺次郎、［日］木村泰贤著，释依观译：《印度哲学宗教史》，台湾商务印书馆，2017年，第189页。

因和动力因，先前的向上门的态度转成向下门的态度"①。这就引发
了一个悖论："初始舍弃现实之半分而立'理想之我'，但随后却必
须依此（理想之我）说明其所舍弃的部分"，也就是说，初始从二元
论的现实出发，为了抵达真我而在探求中舍弃了肉身、物质和世界，
随后却又从一元论的角度出发，把真我或梵作为万有之根本，依据真
我或梵来说明被舍弃的肉身、物质和世界。这是一个怪圈，先舍弃现
实而立真我，又依据真我重新确立被舍弃的现实，从逻辑上看，这是
《奥义书》的阿特曼说产生种种矛盾的原因。

　　从瑜伽修行的角度来看，上述悖论是很容易理解的。就迷的方
面而言，众生虽然皆是同一真我或梵，但在凡夫眼里是，众生是一一
独立的；就悟的方面而言，众生融于唯一的真我或梵，在觉悟者眼里
众生皆是梵。不过，或许对于绝大多数人来说，有悖论才是真实的状
况，也是《奥义书》关于梵我关系的大部分教导之所属。

第四节　无路之路：智慧瑜伽的觉悟

一、否定法

　　本章第一节在谈论《奥义书》教导的四个观念中枢时提到，只有
认识梵或阿特曼，才能从苦和不可避免的生死轮回中解脱。这是《奥
义书》的圣人发现的解脱之道，被称为智慧瑜伽。但是，梵或阿特曼
的本质是什么？达斯笈多说，《奥义书》向我们呈现了这一追问及其
得到的结果。这包含了一个探索的过程。

　　《奥义书》的圣人的起点是：有一个至上的控制者或本体掌控
着人和宇宙。在《奥义书》中，我们可以找到一个思想层表明，起

---

　　①　［日］高楠顺次郎、［日］木村泰贤著，高观庐译：《印度哲学宗教
史》，台湾商务印书馆，1971年，第223页。

初，圣人们依然被旧的仪式主义残余所影响，尽管冥想已经取代了祭祀，然而，单纯依靠认识手段的转变对于获得梵知是不充分的，这里需要的是思想方式的转变。为什么？上一节谈到，阿特曼是一切知识的知者，是纯粹的主体而非客体，这意味着阿特曼是认识者或知者，而不像过去被崇拜的诸神那样是认识对象。所以，从逻辑上说，"如何认识梵或阿特曼"的问题就转换成了"梵或阿特曼如何自显"。换言之，问题不是在于认识一个外在于我的对象（因为梵或阿特曼不是认识对象），而是在于让我内在的知者自显（因为梵或阿特曼是认识者）。《羯陀奥义书》说：

阿特曼的获得，不能凭借言传，不能凭借智性，也不能凭借博学。只有勤奋寻求它（并有资格获得它）的人，才能获得它。对于这样的人，阿特曼才显现它的真实本性。①

然而，既然梵或阿特曼不是外物，而是我们内在的真实本性，那么我们为什么对此一无所知呢？这是个谜，或许可以解释为摩耶或原质的力量。什么是摩耶？"从人们寻找自我觉悟的路径来看，摩耶是一种让人无法看到实在真相的力量。"②《伊莎奥义书》说："金色的私我（摩耶／无知）之面纱遮蔽着真理的面容。"③因为摩耶的力量，圣人们起初依然被旧的思想方式所左右，因为他们"在如此漫长的时间里已经习惯了崇拜拥有可见的表达方式的神灵，以致他们无法

---

① ［美］罗摩南达·普拉萨德英译，王志成、灵海汉译：《九种奥义书》，商务印书馆，2017年，第48页。

② 闻中：《做好真正的自己：〈奥义书〉现代精神20讲》，四川人民出版社，2021年，第45页。

③ ［美］罗摩南达·普拉萨德英译，王志成、灵海汉译：《九种奥义书》，商务印书馆，2017年，第14页。

轻易地甩掉这样的观念：寻找有关梵的明确的内容"①。这意味着在获得梵知之前，圣人们还要经历许多奋斗和失败，因为无论通过何种方式，他们都无法对梵做出令人满意的肯定性描述。

最终，圣人们发现对梵进行肯定性的定义是不可能的，只能说梵根本不像普通的经验事物。正如《由谁奥义书》指出的："不是凭语言表达它，而是语言由它表达；你要知道它就是梵，而非人们所崇拜者。不是凭思想思考它，而是思想由它思考；你要知道它就是梵，而非人们所崇拜者。不是凭眼睛观看它，而是眼睛由它观看；你要知道它就是梵，而非人们所崇拜者。"②到头来，就像雅佳瓦卡雅所说：

对于自我，只能称说："不是这个，不是那个"。不可把握，因为它不可把握。不可毁灭，因为它不可毁灭。不可接触，因为它不可接触。不受束缚，不受侵扰，不受伤害。哦，依靠什么知道这位知道者？这就是我给你的教导，梅特丽伊啊！哦，这就是永生。③

这段话表明，首先，梵（或阿特曼）是"非存在"，因为它不是我们的普通经验和概念思维所给出的"存在"。其次，梵是存在，因为如果梵不存在，那么对它的追求和言说就毫无意义。最后，要用否定法认识梵，因为否定的过程即为接近梵的过程，当所有的言诠思虑被否定，梵之真相就会自显。商羯罗讲过一个认识梵的类似故事：

伐什卡利（Vaskali）问巴诃瓦（Bahva）什么是梵，后者沉默不语，伐什卡利再问，巴诃瓦依旧沉默。如此几回之后，巴诃瓦终于开

① Surendranath Dasgupta, *A History of Indian Philosophy (volume I)* (London: Cambridge University Press, 1922), p. 44.

② 黄宝生译：《奥义书》，商务印书馆，2010年，第254页。

③ 黄宝生译：《奥义书》，商务印书馆，2010年，第94页。

口说："我已经教给你了，但你不明白；阿特曼是沉默。"[①]

这种"否定法"（Neti, Neti，也称为"遮诠法"）是一种"自我研究"（self-enquiry），后者是智慧之道最典型的特征。自我研究试图从一切客体中撤退，向内进入自我，在此过程中，头脑放弃概念化的倾向，拆除既有的心理结构，因为它们都是遮蔽真相的摩耶。这不是一个依靠理智的过程，而是一个依靠直觉领悟自我之本质的过程。基于此，"从第一义谛而言，吾人本是纯净之大我，故无须有另外修证"[②]。换言之，理想的境地是当下觉悟，直入梵知，而无须瑜伽修习。

但是，"此系就第一义谛而言，上上机之外，一般不适用。对于一般学人，仍须课以秩序的修行，才能到达真智"[③]。所以，瑜伽修行仍是必要的。不过，我们也要记住，修行仅仅是辅助手段，如同未醒之人在睡梦中用功，用功的结果也只是梦境的一部分，而觉悟却如同从睡梦中醒来，所以觉悟并非修行的逻辑结果。"真正地说，没有一个人帮得了一个沉浸在无知中的人。只要人仍然在无知的黑暗里面，他会继续不停地漫游。谁能给予这样的一个人解脱呢？"[④]在智慧之道上，经典、美德、善业等修行手段只是帮助我们减少遮蔽，它们最终也要被否定，为的是让阿特曼自显。正如《伊莎奥义书》所说，"享受你所弃绝的"。罗摩克里希那打了个比方：如果你的手上扎了一根刺，你就要用另一根刺把它挑出来，然后把两根刺一起丢掉。

---

① 转引自Surendranath Dasgupta, *A History of Indian Philosophy (volume I)* (London: Cambridge University Press, 1922) , p. 45。

② ［日］木村泰贤著，释依观译：《梵我思辨》，台湾商务印书馆，2016年，第353页。

③ ［日］木村泰贤著，释依观译：《梵我思辨》，台湾商务印书馆，2016年，第353页。

④ 转引自闻中：《做好真正的自己：〈奥义书〉现代精神20讲》，四川人民出版社，2021年，第30页。

一旦有了梵知，对梵的肯定性说明同样可以充当觉悟的手段，因而，在《奥义书》中，也可以找到很多对梵的肯定性描述。套用高楠和木村的解释，述说的方式有正说和假说二门，一旦达到正说的目的，进而改以假说予以说明，并无不可，最重要的是切莫忘记正说和假说始终只是拟说而已。就像商羯罗的故事表明的，最终唯有沉默。无论是利用否定法还是肯定法对梵进行言说，都只是拟说，为的是引领听者获得梵知。

《奥义书》中对梵的肯定性说明即"如是，如是"（Iti，Iti，也称为"表诠法"）。比如，《蒙查羯奥义书》记载："智者说，这梵无处不在，无物不是。"《大林间奥义书》提出了梵的六相说：智识、爱乐、实有、无终、喜乐、安固。《唱赞奥义书》称梵为实有、常住之光。此外，梵被认为是唯一（"多"中之"一"），超越空间、时间和因果，其状态为喜乐或妙乐。

《奥义书》中还有对梵的人格化描述，称梵为伊莎（Isa或Isana）、原人、神、神圣者等。比如：

> 宇宙之主（伊莎、上主）寓居在这个短暂的世界的一切事物中。当用弃绝的精神，享受上主给你的东西，没有任何事物属于你，它们全都属于上主。（《伊莎奥义书》）[1]

> 这位神遍及四面八方所有方向。他最先出生（梵天或金胎），又还在胎中。他已经出生为婴儿，又还会出生在未来。他作为内在的自我而居于所有人之中，又面向所有地方。（《白净识者奥义书》）[2]

> 尽管那位神圣者本身是无形的，但出于他自己那不可知的目的，他可以借助自身的力量用不同的方式创造各种不同的形式，并且他最

---

① ［美］罗摩南达·普拉萨德英译，王志成、灵海汉译：《九种奥义书》，商务印书馆，2017年，第6页。

② ［美］罗摩南达·普拉萨德英译，王志成、灵海汉译：《九种奥义书》，商务印书馆，2017年，第204页。

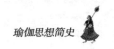

终会把整个宇宙消解在他自身之中。(《白净识者奥义书》)[1]

这或许是因为人们不能满足于将本体视为冷然的原理,因而把它描述为神,令它成为宗教的渴仰对象。虽然这不是《奥义书》的主流,但与后来的思想大有关联。达斯笈多也认为,尽管《奥义书》中有明显的一神论倾向,但一神论从未凸显出来,而且对至上神的承认也是阿特曼的至上地位的衍生物。总的来说,《奥义书》的主流思想认为阿特曼或梵是唯一的实有,其余一切皆非真。

二、启明

在《奥义书》中,有种称为"启明"或"明"(vidyas)的类比冥想技巧,目的在于扩展意识。据说有32种启明,其中有些在吠陀时代就已失传,而大多数在商羯罗时代已经不复存在。由于缺乏相应的师门传承,我们现在很难理解启明的含义和修习方法。比如,《大森林奥义书》谈到了一种"太阳启明":

> 真实由三个音节组成。Sa是一个音节。Ti是一个音节。Yam是一个音节。第一个和末一个音节构成真实,中间一个音节是不真实。不真实的两边被真实夹住,而变成真实。任何人知道这样,不真实就不会伤害他。
>
> 真实就是那个太阳。在太阳光轮中的这个原人和在右眼中的这个原人互相依存。这个通过光线依附那个,那个通过气息依附这个。人即将去世时,看到那个光轮清澈,那些光线不再降临他。
>
> 在那个光轮中的这个原人,bhuh(地)是他的头。一个头,也就一个音节。Bhvah(空)是他的双臂。双臂,也就是两个音节

---

① [美]罗摩南达·普拉萨德英译,王志成、灵海汉译:《九种奥义书》,商务印书馆,2017年,第211—212页。

（bhu-vah）。Svah（天）是他的双足。双足，也就是两个音节（su-vah）。他的奥义是ahan（每天）。任何人知道这样，他就会消灭（hanti）和摆脱（jahati）罪恶。

在右眼中的这个原人，bhuh（地）是他的头。一个头，也就一个音节。Bhvah（空）是他的双臂。双臂，也就是两个音节。Svah（天）是他的双足。双足，也就是两个音节。他的奥义是aham（我）。任何人知道这样，他就会消灭（hanti）和摆脱（jahati）罪恶。

引文中的太阳代表维拉特（宇宙），这不是象征，而是类比。修习者不是要让心意专注于太阳，而是要把自我认同于"太阳光轮中的这个原人"（代表金胎），太阳只是充当这种认同的背景。意识的扩展是通过认同来实现的。[①]然而，尽管引文的记载看似比较细致，我们仍然不知道这种启明如何修习。

不过，在印度中世纪，桑耶辛们发展出了一些类似于"启明"的新的冥想方法，用来获得不二论的经验。室利·罗摩克里希那谈到过一些这样的冥想，是从他的师父Tota Puri那里听来的。在一次谈话中，他说：

Nangta曾经告诉过我智慧瑜伽师是如何冥想的：到处是水，所有的地方上上下下全都是水，人就像一条鱼，在水里快乐地游着。在冥想过程中，你实际上会见到这一切。

让我们以无限的海洋为例，它是无边无际的。假设有个陶罐沉在海里，陶罐的里里外外都是水。智慧瑜伽师看到里里外外都是至上自我。那么陶罐是什么？它是"我"的意识。因为陶罐，海水似乎分成了两个部分；因为陶罐，你似乎感觉到了里和外。只要"我"这个陶

---

① 此处的说明参见Swami Bhajanananda, Jnana-Marga, "Its Meditation Techniques," *Prabhuddha Bharata* (August 1986)。

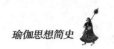

罐存在，你就会有那样的感觉。当"我"消失，剩下的是什么？那是不可言喻的。

智慧瑜伽师还有一种冥想方式：想想无限的空，鸟儿在空中飞翔，快乐地舒展双翼。阿特曼就是"意识之空"里的鸟儿。鸟儿不是关在笼子里，而是翱翔在意识之空里，它的欢喜是无限的。[1]

上述"自我冥想"对我们而言比较容易理解，并具有可操作性。在"陶罐冥想"中，要点在于把自我认同于海里的陶罐，进而明白我们通常认为的"自我"其实是"小我"的意识，正是它让我们产生了罐中之水与罐外之水分离的错觉，而实际上海水（至上自我）是无边无际、无有内外的。由此，"小我"的意识被打破，冥想者实现了意识的扩展，进入了至上自我的海洋。

三、保持觉知

智慧瑜伽的另一修习技巧是保持觉知。《由谁奥义书》说：

当一个人在意识的所有三种状态（醒态、梦态和深眠态）中觉悟到梵是一个目击者，他就知道了梵。有了这样的知识，他就会获得不朽，获得应对一切困难和征服死亡之恐惧的力量。[2]

如果我们仔细研究自己的思想和行动，就会发现大部分是无意识地运作的，我们每天的大多数时间似乎是在无意识的漂流中度过的，这是一种"精神自动作用"。但上面的引文告诉我们，在每一思想和行动背后，始终有一个沉默的"目击者"，要不断地抓住这个内在

---

① 转引自Swami Bhajanananda, Jnana-Marga, "Its Meditation Techniques," *Prabhuddha Bharata* (August 1986)。

② ［美］罗摩南达·普拉萨德英译，王志成、灵海汉译：《九种奥义书》，商务印书馆，2017年，第21页。

的目击者。

修习这种技巧会带来什么？首先，它扩展自我觉知。这是如何做到的？巴伽南达告诉我们，在上一念头的止息和下一念头的生起之间，有一个"间歇"，那时，自我停留在其自身的本性（至上自我或"知田者"）之中。随着我们修习抓住"目击者"的技巧，"间歇"被延长，从而带来意识的转变。其次，它显著地增强自我控制，因为阿特曼不仅是意识的源泉，也是力量的源泉，就像引文中所说的，"获得应对一切困难和征服死亡之恐惧的力量"。当你抓住"目击者"，所有的念头、冲动和情绪就会自动受到控制。

南传佛教中称为"内观"（vipassana）的修习技巧和克里希那穆提（J. Krishnamurti）的"如实觉察"（choiceless awareness）就是《奥义书》中的这种古老修习技巧的现代版本。

四、闻、思、修

"闻、思、修"的方法或许可以追溯到雅佳瓦卡雅对其妻梅特丽伊的教导：

> 哦，确实，应当观看、谛听、思考和沉思自我。梅特丽伊啊，确实，依靠观看、谛听、思考和理解自我，得知世间所有一切。[1]

商羯罗说，当闻、思、修三者结合起来，就能觉悟梵。不过，后世对这三者的理解不同。有的学者认为，灵性经验与冥想和其他修习无关，如果一个人的心意足够纯净，那么只要他听闻《奥义书》中的伟大话语，就能获得对梵的直接经验。所以，他们把"闻"作为主要的原因，而"思"和"修"是第二位的，只是为了辅助"闻"。还有的学者认为这三者构成一个因果链，共同致力于获得梵知，闻是思

---

① 黄宝生译：《奥义书》，商务印书馆，2010年，第46页。

的原因，思是修的原因。关于"修"是什么，学者们也是有争议的。商羯罗认为修就是坚持不懈的冥想，有的学者认为修是一种更高的知识，或者是对圣典中的句义的理解。不过，在巴伽南达看来，"最有可能的是，雅佳瓦卡雅原初说的'修'指的要么是通过研究来参透自我的过程，要么是对'我是梵'这一直接觉知的强化"①。

遗憾的是，关于智慧瑜伽的修习方法，无论是在古代的《奥义书》中，在商羯罗的不二论专著中，还是在辨喜等现代瑜伽师的演说中，都难以找到具体详尽的说明。这不是偶然的，而是由智慧瑜伽的修习本身所具有的某些内在特征导致的。"修习"一词指某人通过某项活动达到某个目标，这意味着对实在（Reality）本身的三重区分——修习者、修习行为、修习目标，还涉及修习本身在时空中的展开，但这些区分在"一切皆梵"的不二论看来都是摩耶。在智慧瑜伽的梵知中，不存在这些区分。因而，如果有所谓的"不二论修习"，那它必定是缺乏"修习者—修习行为—修习目标"三分法的。商羯罗也说，不二论的经验拆除对如下区分的认知——行动者、手段、行动和结果，它们是对如如不动的真我的虚幻叠置。就像禅宗的觉悟一样，智慧瑜伽是一条直接觉悟的道路，类似于徒手攀岩，可以称之为"无路之路"。

第五节　商羯罗的智慧瑜伽

《奥义书》的哲学在吠檀多哲学中得到了诠释。吠檀多（Vedanta）的字面意思是"吠陀的最后部分"，可指《奥义书》，也可指作为古印度正统哲学流派之一的吠檀多派。该派的产生年代不详，学者们认为，它作为一个独立的、系统的哲学体系应该是在公元

---

①　Swami Bhajanananda, Jnana-Marga "Its Meditation Techniques," *Prabhuddha Bharata* (August 1986).

前后建立起来的。吠檀多派的开山祖师是跋达罗衍那（Badarayana，约公元前1世纪人），生平不详，相传是《梵经》的作者。《梵经》又称为《吠檀多经》，是吠檀多派的根本经典，其现存形式一般认为是在400年至450年间编纂而成。该书是对当时那些就《奥义书》做出不同解释，即就形而上学的问题提出不同见解的种种学说的要约、整理和批判，从而组织起了一个相对集中和完整的体系；还有，该书提出《奥义书》的核心概念"梵"是宇宙唯一的、绝对的终极原因，从而确立了吠檀多派的根本立场。除了《奥义书》，吠檀多派的研究对象还包括《梵经》和《薄伽梵歌》两部经典。[①]

吠檀多派是六派哲学中最强大、最有生命力的派别，后来成为印度哲学的主流。随着历史的发展，在它内部又出现了三个主要的子派别：商羯罗的不二论，罗摩奴阇的制限不二论和伐拉巴的清净不二论。从思想史的角度来看，我们应该把吠檀多派的思想放在本书第六章"古典瑜伽"的部分加以讨论，因为帕坦伽利的《瑜伽经》是瑜伽派的根本经典，而瑜伽派也是六派哲学之一。但为了更好地理解"智慧瑜伽"，我们改在本章介绍吠檀多不二论的代表商羯罗的智慧瑜伽道路。

一、传说中的商羯罗

商羯罗是印度中世纪吠檀多哲学的集大成者，"其短短的一生，成就实是惊人，从宗教上实际的施设乃至圣典之注释，独立之创作，征服异端，等等，以其名所完成之事业实不胜枚举。印度全地婆罗门主义之再兴，诸异端派之闭息，也是仅凭其一己之力，从来如此的相信——虽稍嫌夸张——并不为过。就印度而言，足堪与其匹敌

---

① 本段参见孙晶：《印度六派哲学》，中国社会科学出版社，2015年，第71页。

者，佛陀除外，唯有龙树"①。在商羯罗之前，吠檀多派有伐致诃利（Bhartrhari）、乔荼波陀（Gaudapada）、哥文达（Govindanatha）等哲学家。

商羯罗的生平一直是个争论不休的问题。关于他的生卒年，有几种不同的说法，常见的说法是他大概生于788年，卒于820年，也有说是700—750年，但具体日期无法断定。商羯罗的家乡在南印度的卡拉迪村，位于克拉拉的库尔那河边。该村崇拜湿婆，这从他父母的名字中就能看出——他的父亲叫湿婆古鲁（Sivaguru），母亲叫湿婆多罗迦（Sivataraka），都属于婆罗门种姓，而且"商羯罗"这个名字（意思是吉祥、仁慈）是湿婆最神圣、最受尊敬的名字之一。

就像任何圣人一样，商羯罗的出生具有神话色彩。在他出生之前，他的父亲在梦中见到一个老人在一百个幸福健康的孩子中选了一个，这个孩子注定要成为一个伟大的圣人，却短命又苦命。他的母亲也梦见湿婆骑在一头牛上，衣着华贵，告诉她，她的儿子注定要成为一个吠檀多大师。夫妻俩醒来，突然听到了湿婆的声音："我要出生并变成你们的儿子。"商羯罗的出生伴随着音乐和歌唱，空中弥漫着花香，一切兽类表现得异常温顺。新生儿是那样光彩夺目，他的头上有一轮新月，他的手心有一个湿婆的三叉戟般的印迹，他的胸部靠近心脏的地方有一个卷曲的蛇的图案，他的前额有第三只眼的痕迹。俄国学者伊莎耶娃（Isayeva）解释道：

在几乎所有湿婆画像中，头上的新月代表喝甘露的杯子。三叉戟代表湿婆统治着三界（天界、地界、空界）或三时（过去、现在、未来），或代表湿婆以醒态、梦态和深眠态出现。蛇是永远更新的标记，也表示由于人在弃绝私我之前的胆大妄为，蛇不准这类人接近湿

① ［日］木村泰贤著，释依观译：《梵我思辨》，台湾商务印书馆，2016年，第343页。

婆。湿婆的第三只眼里的火燃烧着整个世界，标志着超越主体与客体之分，而主体与客体分别由湿婆的左眼和右眼代表。①

　　商羯罗是个神童。他不到5岁丧父，之后开始学习吠陀。8岁就能背诵吠陀，迅速掌握了正统派的哲学，并开始考虑遁世。但母亲不允许他出家，直到发生了一件奇事：一天，商羯罗在河里洗澡，被一只鳄鱼咬住了，向母亲求救，说只要允许他出家，鳄鱼就会放了他。母亲救儿心切，只好允诺。于是鳄鱼放了商羯罗，母亲只能同意他的请求。就这样，商羯罗成了一名游方僧，可能跟随一批僧人、商人或朝觐者到了北方。在纳尔马达河，他拜师哥文达，学习吠檀多不二论。商羯罗是哥文达的高足，在《泰帝利耶奥义书注》中，他说自己的解释是以先师哥文达对吠檀多的解释、阐述、评注为依据的。师从哥文

图11　湿婆像

图12　商羯罗画像

---

　　① 有关商羯罗出生的神话及其解释见龙达瑞：《大梵与自我》，宗教文化出版社，2000年，第10页。本章不少内容受益于他对商羯罗的这本研究著作。

达期间，他可能为《大森林奥义书》《梵经》《薄伽梵歌》等重要经典做了注疏。

后来，商羯罗离开师父，开始游历。他在凯拉萨圣山见到了湿婆的化身，随后在贝拿勒斯住了几年，著书立说、注释经典、讲解吠檀多理论。此后，他在各地传道，建立寺庙和僧伽制度。年仅32岁或33岁时，他在某个寺庙或喜马拉雅山去世。

商羯罗是个思想家，也是个拥有悉地（超常力量）的瑜伽师。据说在师从哥文达期间，有一天，纳尔马达河因连降暴雨而河水暴涨，大水灌进了哥文达冥想的洞穴，弟子们惊慌失措，但商羯罗非常镇定。他把一个精致的盘子放在洞口，涌入的河水进了这个盘子，没有造成任何威胁。在商羯罗的传记中，这类故事并不少见。

据传说，商羯罗的著述有400多种，但其中有很多是托名著作。德国学者保罗·哈克（Paul Hacker）用文献研究的方法证实有10本《奥义书》的评注和3本吠檀多的教义是商羯罗的著作，其中最重要的是《梵经注》。

为了理解商羯罗的思想，还应简单地交代他所在时代的思想背景。我们假定他生活在788年至820年间，"这个时期的帝国不再是一个稳定的实体，而是一个松散的联邦。小国之间的争夺虽然造成了无政府状态，但并没有影响文化的发展"[1]。根据研究者龙达瑞在《大梵与自我》中的总结，7世纪和8世纪是虔信思想[2]在南印度兴起的时期，阿尔瓦尔派和那衍纳尔派盛行，各种以湿婆、毗湿奴为至上神的庙宇大量出现；婆罗门与佛教、耆那教进行了激烈的辩论，最后以婆罗门的胜利告终；佛教开始走向式微，密教已经出现；可以见到各种苦行僧，包括佛教徒、耆那教徒、兽主派教徒和湿婆派教徒；此外，还有伊斯兰教的影响。总的来说，这个时期在宗教方面的表现是折中

---

[1] 龙达瑞：《大梵与自我》，宗教文化出版社，2000年，第20页。
[2] 关于虔信运动，见本书第九章。

主义、调和与宽容。商羯罗和佛陀一样处在印度文化的转折点上，他的著作中充满了融合精神。

二、二分法

"商羯罗一生之使命在于对《奥义书》做统一性的研究，发挥吠檀多之真髓，建设超越其他诸派的婆罗门正统哲学"，《梵我思辨》的作者木村泰贤说。[1]我们在上一节谈到，《奥义书》的圣人既用否定法，也用肯定法谈论梵，如何调和前人的这些思考与论述？商羯罗利用了二分法。二分法不是二元论，而是基于对待同一事物的不同立场而产生的分别，就像同一个保温杯从正上方看是个圆形，从侧面看有点像长方形。商羯罗认为，《梵经》对于一切问题常以两种态度看待，即内密教与公开教的态度，内密教是为上根之人教授《奥义书》真意，公开教是为中下根器之人揭示一般教理。由此，他将知识、观察立场、对象等都做了两种区分：在知识上，分为上智与下智；在观察立场上，分为真谛与俗谛；在对象上，对上智说上梵（无德之梵），对下智说下梵（有德之梵），依真谛宇宙是幻，依俗谛承认宇宙实有，又依上智真谛门立至上真我，依下智俗谛门说无数个体我，乃至有上智的真解脱与下智的渐解脱等分类。[2]

观察立场	上智（真谛门）	下智（俗谛门）
本体论	上梵	下梵
世界观	摩耶或幻	世界实有
人生观	至上真我	个体我
解脱论	真解脱	渐解脱

表7 商羯罗的二分法

① ［日］木村泰贤著，释依观译：《梵我思辨》，台湾商务印书馆，2016年，第343页。

② 参见［日］木村泰贤著，释依观译：《梵我思辨》，台湾商务印书馆，2016年，第345页。

　　为什么会有立场的不同？商羯罗的回答是：因为无明。完全脱离无明的智慧称为上智，带有无明的知识称为下智。什么是无明？这是印度哲学的独特概念，不容易理解。商羯罗所说的无明指对主体与客体的误判，需要注意的是，这里的"主体"不是我们日常话语中的用法，而是指上梵或阿特曼，它是如如不动的纯意识，"客体"指下梵，包括世界、小我和神。对主体与客体的误判指"吾人将己身与现象心执为真我，误将真我视为是位于别处的超越的对象"；然而，主体与客体的对立并非真相，"若能知真相，此客体者亦不出于吾人表象，说为世界，说为身体，仅只作为吾人之表象时，才具有意义，离此则意义全无。真正可视为实在的，只是作为纯主体的阿特曼，其对象只是唯识所变，故等同于虚无"①。这种对主体与客体的误判或者无明是偶然的思维混乱吗？当然不是。商羯罗说，无明是无始以来之习气，是我们先天具有的倾向，苟非圣人，无人得免。

　　在商羯罗那里，无明和摩耶这两个词是混用的。②为了更好地理解无明或摩耶，我们来举个例子。甲和乙是一对大学恋人，甲深爱着乙，下定决心要和乙共度一生。毕业时乙却要和甲分手，甲感到人生一片灰暗，生活了无意义，一时想不开要跳楼，幸而被同学劝阻。二十年后，同学聚会，甲和乙再度见面，谈起当年的事，释然一笑。当年，无明的迷雾笼罩着甲，乃至他想结束人生，二十年后，这场迷雾早已散去，甲不再受其束缚，离苦得安乐。可见，无明很难定义，它不是存在，因为它不是独存的实体，它也不是非存在，因为它确实在活动，并产生结果；对于局中人，它是存在的，对于局外人，它不

---

　　① 这句话的两处引文见［日］木村泰贤著，释依观译：《梵我思辨》，台湾商务印书馆，2016年，第347页。

　　② 商羯罗没有明确地区分"无明"和"摩耶（幻）"，龙达瑞说，直到后来的吠檀多学者瓦恰斯帕蒂·弥室罗（Vacaspati Misra），才明确提出摩耶与无明的区别。弥室罗认为无明是主观的，而摩耶是客观的。换言之，谈摩耶一般是从本体论上说的，而谈无明是从认识论上说的。

存在；它虽然无始，但有终。无明或摩耶就像魔术师，幻化出下梵的领域：

> 对于大多数不能识别魔术的人来说，魔术师的表演是给他们带来了"幻"。对于少数能够识别魔术的人来说，魔术师并没有带来幻觉。相信世界实有的人认为大神创造了世界，大神是创世者。只有少数智者才明白，世界不过一种表象，既不存在真正的世界，也没有创世者。①

在商羯罗那里，梵是宇宙（指神、世界和个体我）的质料因，摩耶是宇宙的动力因。14世纪的吠檀多哲学家室利·维迪安拉涅（Sri Vidyaranya）区分了三类质料因。第一，维瓦塔（产生现象的质料因），它只不过是一事物或其状态的表面变化，而不是一种真变化，就像一根绳子看起来是一条蛇。第二，帕瑞纳玛（产生效果的质料因），它是同一种物质从一种状态变成另一种状态，就像牛奶变成凝乳、黏土变成陶罐、金子变成耳环。这是因中有果论者的观点，解释了数论哲学中原质和世界的关系，我们将在第六章谈论。第三，阿拉姆哈，它虽然同意一种质料是另一种质料的产物，就如布料是丝线的产物，但它认为丝线和布料是两种完全不同的质料，即原因和结果是两种完全不同的东西，这是因中无果论者的观点。②显然，对于商羯罗，这个多样性的宇宙并不是真的，它看上去为真只不过是因为摩耶的力量——梵和宇宙的关系是第一种质料因维瓦塔的作用。

我们需要明确的是，尽管商羯罗反复强调宇宙的现象存在是由摩耶造成的，但这并不意味着宇宙是虚假的。他只是告诉我们宇宙并非

---

① 龙达瑞：《大梵与自我》，宗教文化出版社，2000年，第77页。
② 三类质料因参见［印］室利·维迪安拉涅·斯瓦米著，斯瓦米·斯瓦哈南达英译，王志成汉译并释论：《瑜伽喜乐之光》，四川人民出版社，2015年，第191—193页。

真实，但没有说宇宙不存在。再者，梵在任何情况下都不会被摩耶染着，因为真谛和幻无关。梵就像康德的"物自体"或幽暗的"存在"本身，它是我们眼中明亮成形的存在者（宇宙）的源头。

三、修行方法

由于个体我和世界因摩耶之力而显现，其真实本性是梵，因而解脱意味着恢复真实本性，亲证梵的状态，而修行意味着消除摩耶或无明。

如何消除无明？商羯罗说："只有知识才能摧毁无明，正如（只有）光明（才能）驱走黑暗。"[1]这里的知识指"梵知"，即亲证梵。那么，如何获得梵知？依真谛门而言，我们原本是梵，无须另外的修证，但这并不适用于一般人。所以，我们在此谈论的修行是依俗谛门而言的。关于修行，商羯罗说："至善产生于行动（实际上指行动的终止或智慧瑜伽），该行动包括自我知识，事先要放弃一切作为。"[2]所以，获得梵知的第一步是弃绝一切行动，这里的弃绝既指外在的弃绝，又指内心的弃绝。商羯罗在《自我知识》中说，行动不能摧毁无明，因为行动和无明并不抵触。可见，关于行动，商羯罗和《薄伽梵歌》的观点不一致，在他那里，行动不是一条独立的瑜伽道路。

在《梵经注》中，商羯罗提出了吠檀多修行的四个条件：

第一，知晓常住与无常的区别：不满足于无常之现象界，而欲求常住不变之实在界。

第二，无所得心：为探求真理而不顾世间名闻利养。

第三，行六法：修学平静、节制、离欲、忍持、定心、信仰。这出自《大森林奥义书》（徐梵澄译本）："是故有如知者，则雪于安静、

---

① ［印］商羯罗著，［印］斯瓦米·尼哈拉南达英译，王志成汉译并释论：《智慧瑜伽：商羯罗的〈自我知识〉》，四川人民出版社，2015年，第13页。

② 转引自龙达瑞：《大梵与自我》，宗教文化出版社，2000年，第104页。

柔和、敛退、坚忍、定一，唯于自我而见性灵……此即大梵世界也！"

第四，希求解脱：了知种种思惟修行，是为成就最后的解脱。[①]

满足这四个条件，就能渐入吠檀多之修学。随后的修行是经由祭祀、苦行、崇拜人格神等种种预修，最后通过瑜伽亲证梵。

商羯罗把修行分为四个阶段：第一，净心，这大概是初级阶段；第二，获智，这是入门阶段；第三，弃绝一切行动，这是他反复强调必须做到的；第四，智修成。[②]龙达瑞解释道，修行者需要清除那些妨碍他获得正智的束缚，其做法是净心，而为了达到净心的目的，他可能会参加祭祀活动、学习吠陀、苦行等，这些行动的直接目的并不是为了获得知识，而是为了净心。龙达瑞还说，有学者提出了异议，认为商羯罗的第三个阶段"弃绝一切行动"和获得知识是有矛盾的，因为如果修行者想要获得知识，却又要放弃一切行动，那么很难想象他如何通过适当的方法达成目标。确实，行动是每一个人不得不履行的，《薄伽梵歌》说如果没有行动，就连宇宙也无法维系。所以，龙达瑞认为，商羯罗说的"弃绝"有三层含义。首先，行动不能与解脱的愿望并存，因为一切行动都有赖于行动者，所以它们必定是无明的结果，而真理不是无明，故而修行者应该弃绝行动。其次，并非所有行动都必须弃绝，不过得把它们归在间接的地位或前瑜伽的位置。最后，实际上行动也不是必须被彻底弃绝，修行者必须彻底弃绝的只不过是"我是行动者"的念头。[③]但不可否认，在商羯罗本人那里，弃绝指的既是内心的弃绝，也是外在的弃绝。

再次强调，商羯罗对修行的上述规定，其目的不在于直接获得知识，因为修行不能直接通向梵知，但修行仍是必要的。商羯罗受

[①]　以上四个条件参见［日］木村泰贤著，释依观译：《梵我思辨》，台湾商务印书馆，2016年，第353页。

[②]　龙达瑞：《大梵与自我》，宗教文化出版社，2000年，第107页。

[③]　关于弃绝的三层含义参见龙达瑞：《大梵与自我》，宗教文化出版社，2000年，第109页。

到了数论派和瑜伽派的影响，他认为瑜伽的本质在于止息心的意识波动，让心本能地专注于真我，并通过这样的冥想认识自我。虽然商羯罗的道路是智慧瑜伽的道路，但他并不反对别的道路，而是为虔信、行动和冥想指定了位置，充当智慧瑜伽的预备或辅助。前面说过，在商羯罗生活的时代，虔信思想已经兴起（尽管尚未发展成全国性的虔信运动），但商羯罗认为虔信不是解脱的直接方法，因为对神的崇拜就是对下梵的崇拜；只有智慧才是解脱的直接方法。不过，商羯罗把对神的虔信和崇拜看作通向智慧的条件，因为虔信和崇拜净化了灵魂，并为知梵做了准备。他在对《薄伽梵歌》的注释中说："凭虔信在真谛中知道真我。他知道至上自我（即真我或阿特曼）是一种意识，既纯洁又简单。这样，通过虔信了解了至上自我，他便迅速地进入至上自我。"①

关于商羯罗的智慧瑜伽，上面的讨论给人的印象可能是越说越糊涂。正如他本人所言，自我知识是很容易获得的，因为它就是回归我们的真实本性，或者看见真相；而理论的建构是第二位的，也就是说，理论本身是一种遮蔽，很有可能建构越多，遮蔽就越多，我们离真相也就越远。所以，说到底，建构是为了拆除，只有用否定法拆除用肯定法建构的一切，梵知才能自我显现。

第六节　早期奥义书中的瑜伽要素

在《奥义书》中，解脱的唯一方法是认识梵或阿特曼，别无他法，而且梵知是自我知识，与别的东西无关。所以，究竟地说，"即使遍学吠陀或通达诸学，就梵知之见地而言，仅只是名称而已，并无任何效果，且往往有可能造成妨碍。又，即使是宗教上之祭祀或世间的道德，也只是相对的善事，同样都在轮回界中，并非解脱之正

---

① 转引自龙达瑞：《大梵与自我》，宗教文化出版社，2000年，第112页。

道……《奥义书》所说的知梵……如同禅宗的大彻大悟"[1]。虽然如此，但在大彻大悟之前，需要经过特定的修行，积累身心的修养。因而，经典的研习、世间的道德、通俗的祭祀、修行的法门等也是不能忽视的，毕竟"渐悟"而非"顿悟"才是绝大多数修行者的实际道路。此外，还需强调解脱的意志，因为《奥义书》说人是借由意志而得其境。这些内容也在商羯罗的智慧瑜伽中谈论过。在这里，我们关注的是早期《奥义书》中的瑜伽要素和行法。

一、唱诵曼陀罗

唱诵或念诵是一项古老的宗教活动，《吠陀》本集就是供祭司唱诵的祭词。在吠陀咏歌者的秘传教导——《唱赞奥义书》中，对曼陀罗或真言的唱诵得到了详细说明。该书的开篇说："应该崇拜唵这个音节，因为随着唵，开始歌唱。"[2]接着，作者对神圣音节"唵"进行了神秘而复杂的说明。"唵"或许是《奥义书》乃至整个印度文献中最重要的曼陀罗，它的含义在后面的《奥义书》中得到了更加清晰深刻的解释。

《泰帝利耶奥义书》说："唵是梵。唵是这一切。发出唵音就表示应允……当吠陀导师希望获得梵时，他就会念诵唵；因此，他渴望梵，确实就会获得梵。"[3]《唵声奥义书》进一步把唵和阿特曼的"四位说"（醒位、梦位、深眠位、第四位或图利亚）结合起来：

这同一个自我，超越所有的语言，从单纯的音节来看，就是唵！这神圣的音节虽是一个整体，却由三个子音构成，即A、U、M。

---

[1]　[日]高楠顺次郎、[日]木村泰贤著，释依观译：《印度哲学宗教史》，台湾商务印书馆，2017年，第218页。

[2]　黄宝生译：《奥义书》，商务印书馆，2010年，第125页。

[3]　[美]罗摩南达·普拉萨德英译，王志成、灵海汉译：《九种奥义书》，商务印书馆，2017年，第149页。

醒态的自我，其活动领域是物质的世界，对应子音A，唵的首字母，它遍及一切，是字母表中的第一字母。知晓这一切的人，就会成就一切愿望，成为人类中的第一人。

梦态的自我，其活动领域是心灵的世界，对应子音U，唵的第二个字母，他在字母A和M两者之间，即位于醒与睡之间，代表梦境。据说，因为紧跟着字母A，字母U只是表面上更胜一筹。知晓这一切的人，就会获得梵这一卓越的知识，他在智慧中成长，并且被尊崇。对于不知梵者，梵不会出现在他的家族中。

深眠中的自我，对应子音M，唵的最后一个字母。因为M是这样一个实体，在其中，A和U浮现，又融入M中。知晓这一切的人，在其自身之内，就可以知道一切的知识。

第四位的自我，它不对应任何的字母，这个音节发不出来，以平常的方法不能理解它，表征的就是图利亚。各种各样的世界停止了，它是平静、吉祥、不二。唵确实就是自我，确实就是阿特曼。知晓这一切的人，他就成为自我，成为梵。①

图13　梵文天城体的唵

《六问奥义书》说："正是通过冥想单音节词唵，人们觉悟到何为平静，何为不朽，并摆脱了对死亡的恐惧。这是至高之境。"②《白净识者奥义书》说："把智性当作下层木片，把'唵'当作上层木片，通过冥想实施的摩擦，人们就会感知到像隐藏在木头中的火一样隐藏在身体中的明亮的

① 转引自闻中：《做好真正的自己：〈奥义书〉现代精神20讲》，四川人民出版社，2021年，第257—258页。

② ［美］罗摩南达·普拉萨德英译，王志成、灵海汉译：《九种奥义书》，商务印书馆，2017年，第93页。

自我。"①唵是自我——这不仅仅是理论说明，而且是冥想中的实际体验，据说后来的瑜伽师们描述了如何在深度冥想中听到唵的声音在整个宇宙间振动。

除了唵，《唱赞奥义书》第三章介绍了另一个常见的曼陀罗——盖娅曲（Gayatri）：

确实，盖娅曲就是存在的所有这一切。盖娅曲是语言。语言歌唱（gayati）和保护（trayate）存在的这一切。确实，盖娅曲就是大地。因为存在的这一切立足于它，不超出它……确实，它是心中的空，它圆满，不动。知道这样，他就会获得圆满、不动的幸福。②

关于曼陀罗的唱诵，斯瓦米·希瓦南达（Swami Sivananda）在《唱诵瑜伽》中告诉我们："你必须具有这样的正念——阿特曼、自在天、天神与曼陀罗是同一的。伴随此正念，你必须重复古鲁教导的曼陀罗或自我选定的曼陀罗。由此，你将很快获得曼陀罗的神力或对神的觉知"，"通过不断的思考与冥想，一个人被护佑或脱离生死轮回，这就是曼陀罗"。③诚然，唱诵是一门实践知识，只有实际修行者才能明白唱诵曼陀罗的力量与功效。

二、调息

早在《唱赞奥义书》中就有对调息或呼吸法的神秘描述：

心中有五条通向天神的管道。向东的管道是元气。它是眼睛。

---

① ［美］罗摩南达·普拉萨德英译，王志成、灵海汉译：《九种奥义书》，商务印书馆，2017年，第199页。

② 黄宝生译：《奥义书》，商务印书馆，2010年，第157—158页。

③ ［印］斯瓦米·希瓦南达著，王东旭译：《唱诵瑜伽》，商务印书馆，2018年，第4、25页。

它是太阳。应该崇拜它为光辉和食物。然后，向南的管道是行气。它是耳朵。它是月亮。应该崇拜它为吉祥和名声。然后，向西的管道是下气。它是语言。它是火。应该崇拜它为梵的光辉和食物。然后，向北的管道是中气。它是思想。它是雨云。应该崇拜它为荣誉和优美。然后，向上的管道是上气。它是风。它是空。应该崇拜它为庄严和伟大。这五个梵人是天国世界的门卫。确实，它也就是人体之内的光。①

《泰帝利耶奥义书》谈到了五气的名称，"命根气，上行气，平行气，下行气，遍行气"，并将它们的重要性等同于梵。《六问奥义书》对五气有具体的说明，比如：下行气居于肛门和生殖器中，命根气通过嘴巴、鼻子、眼睛和耳朵这四个器官运行；平行气居于身体中部，它要把胃中食物所提供的分配到身体的各个部分去；内在之火是上行气，这道火若在人体内熄灭，人就将死去。

在《白净识者奥义书》中，调息法似乎得到了进一步发展：

智者应该保持身体稳定，胸部、颈部和头部保持垂直；在心意的帮助下，把感官转向内心；再依靠梵之渡船，就可以穿越恐怖的尘世之海。瑜伽师应该作出规则有序的努力来控制气息；当他们通过呼吸过程平静下来的时候，应当用鼻腔呼气。然后再让他如车夫控制烈马一样，控制住他的心意。②

在这段引文中，调息和坐法——"身体稳定，胸部、颈部和头部保持垂直"结合在一起，以便让身体的能量自由地循环。再者，调息

---

① 黄宝生译：《奥义书》，商务印书馆，2010年，第158页。
② ［美］罗摩南达·普拉萨德英译，王志成、灵海汉译：《九种奥义书》，商务印书馆，2017年，第202页。引文按需摘录。

充当精神专注的前提条件，先让能量平静下来，再试图控制心意。

另外，《羯陀奥义书》谈到了调息和脉的关系："有101条脉，其中只有一条中脉直抵头顶。人死时，由中脉将普拉那向上引导，从而获得不朽。但若其普拉那经由别的脉输送出去，他就会再生到这个世上。"[①]脉的理论和调息法的结合后来在密教的能量瑜伽中得到了详细阐发，成为一种独特的解脱方法。

三、制感

《白净识者奥义书》反复谈到了制感的重要性：

要想觉悟真理，首先要控制心意和感官。当知识的火炬照亮真理的时候，进化的灵魂就从执着中获得解脱。

当我们的心意受到控制时，我们就受制于诸神的力量。

愿太阳神赐福于感官和心意，使之与自我联结，从而把感官导向那喜乐之梵，并依靠知识启示出那强大有力、光芒四射的梵。

感官啊！控制感官的诸神啊！通过敬拜使我自己与那永恒的梵联结吧，那永恒的梵也是你的源泉。[②]

制感也是古鲁收徒的条件，因为那是获得梵知的必要前提，《蒙查羯奥义书》说："对于那些恭敬地走近古鲁、心意完全平静、感官受到控制的学生，自我觉悟的古鲁的确会把关于梵的形而上的科学传授给他们。"[③]该书中还有一个著名的比喻：

---

① ［美］罗摩南达·普拉萨德英译，王志成、灵海汉译：《九种奥义书》，商务印书馆，2017年，第71页。

② ［美］罗摩南达·普拉萨德英译，王志成、灵海汉译：《九种奥义书》，商务印书馆，2017年，第200—201页。引文按需摘录。

③ ［美］罗摩南达·普拉萨德英译，王志成、灵海汉译：《九种奥义书》，商务印书馆，2017年，第107页。

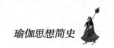

沉思唵是弓，心意是箭，梵被认为是靶子。一个人应该心意专注，命中靶子，就像箭中靶心一样，让心意与梵合一。①

《羯陀奥义书》也有一个著名的马车比喻，说明了控制心意的重要性：

智者说，感官是马匹，感官对象是众多的道路。如果一个人心意不受约束，不能分辨真实与非真，那么，他的感官就无法被控制，就像车夫手中无法驾驭的野马。但是，一个人一旦控制住心意，能够分辨真实与非真，那么，感官就可以被控制，就像车夫手中训练有素的良马。缺乏知识，没有思想，心意不纯，这样的人绝不能达成目标，只能陷入生死轮回之中。但是，那些理智、纯粹并控制住心意的人，确实会臻达目标，且不会再生。②

按照《羯陀奥义书》中死神对那吉盖多的教导，感官享乐之道和自我知识之道是两条道路，差别很大，导向的是不同的目标。无知者追求感官享乐，陷入巨大的生死轮回之网，而自我知识的追求者不会选择感官之道，因为永恒的自我绝不能通过非永恒的手段获得。

四、瑜伽修行次第

大约公元前3世纪（也有说公元前5世纪或公元前4世纪）的《羯陀奥义书》中出现了对瑜伽已知的最早定义，在该书的第六章，感官得到平息的不分心状态被称为瑜伽。许多学者认为《羯陀奥义书》是最早明确论述瑜伽的《奥义书》，比如，福伊尔施泰因说，在早期奥

① ［美］罗摩南达·普拉萨德英译，王志成、灵海汉译：《九种奥义书》，商务印书馆，2017年，第112页。
② ［美］罗摩南达·普拉萨德英译，王志成、灵海汉译：《九种奥义书》，商务印书馆，2017年，第50—51页。

义书中，《羯陀奥义书》的教导代表着瑜伽传统中的一个重要突破，构成一切瑜伽修习之基础的一些基本概念在这本《奥义书》中以美妙的诗歌形式表达了出来，瑜伽本身成为一个可识别的传统。

作为婆罗门教的早期奥义书之一，《羯陀奥义书》是致力于苦行的弃绝者之教导，这表明早期的苦行和瑜伽关系密切。《瑜伽之根》告诉我们："对于吠陀传统的苦行者，苦行的目标一般是赢得神的恩典，通常是一种庇护或一种特殊的力量，而在沙门传统内部，苦行的目标据说是止息心意波动或消除过去的业。在《摩诃婆罗多》中，苦行者是瑜伽师的同义词。"①可见，吠陀传统的苦行更多地指向超自然力的获得，沙门传统的苦行指向的是解脱（尽管超自然力是苦行的自然结果，无论苦行者主观上是否渴望），这两个方面构成苦行的两面，但可被鉴别为瑜伽的是沙门传统的苦行。不过，沙门传统的苦行起初并没有被称为"瑜伽"，后来被吸收进了吠陀教导，在婆罗门教的文本中被称为瑜伽。所以，有学者提出，沙门传统架构了整个瑜伽修行的形而上学概念的来源，也是瑜伽修行最早的系统教导的来源，"瑜伽是婆罗门教传统归于起初为'非婆罗门教'的身心修行的术语"②。

从《羯陀奥义书》中，我们可以看到一个瑜伽修行的次第。就存在之链的等级而言，"心意比感官精微，智性比心意精微，玛哈特即金胎比智性精微，未显者比玛哈特精微。但是，比未显者更精微的是原人，原人遍及一切，并且确实没有林伽（标记）"③。结合该书的另一颂说的"感官对象高于感官"，我们可以用下图表示存在之链：

---

① James Mallinson, Mark Singleton translated and edited, *Roots of Yoga* (Penguin Classics, 2017), "Introduction", p. XIV.

② James Mallinson, Mark Singleton translated and edited, *Roots of Yoga* (Penguin Classics, 2017), "Introduction", note 19, p. XXXIV.

③ ［美］罗摩南达·普拉萨德英译，王志成、灵海汉译：《九种奥义书》，商务印书馆，2017年，第67—68页。

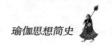

感官＜感官对象＜心意＜智性＜玛哈特或金胎＜未显者＜原人

这和第六章中的宇宙演化图有一脉相承的关系，实际上，《羯陀奥义书》用来指称人的构成要素的这些术语来自古老的印度二元论哲学——数论，数论的宇宙演化与复归模式为后来的许多有关瑜伽的思考提供了一个框架。在《羯陀奥义书》中，瑜伽修行的目标和数论教导的目标一样，是对存在之链的各个环节的一种"复归"：

智者应当把他的言语消融在心意中，把心意消融在智性中，把智性消融在宇宙心意中，把宇宙心意消融在宇宙自我中。

当五个感官连同心意都平静下来时，当智性不再运作之时，那就是心意之至上状态或超意识状态。

首先要觉悟到他显现的一面，然后才能觉悟到他真正超然的未显的一面。

当知识降临而将寓居在心中的所有欲望弃绝之时，凡人就达至不朽，并立即获得梵。当知识割断了所有束缚（欲望、执着、私我等）之时，凡人就在此生此世获得不朽。[1]

上述引文表明了瑜伽修行的次第，也就是顺着存在之链后退，把相对粗糙的存在消融在更精微的存在中，从显现返回未显，直到最终知识降临，达成不朽。这似乎暗示着瑜伽修行在当时已是一条被实践的解脱之路。该书还给出了复归过程中的一些具体法门，包括前面谈到的唱诵唵、调息、制感、专注、冥想等。不过，前面也说过，在《羯陀奥义书》中，"瑜伽"这个词仅指"稳稳地控制住心意和感官"，还未获得后来的广泛含义。

---

① ［美］罗摩南达·普拉萨德英译，王志成、灵海汉译：《九种奥义书》，商务印书馆，2017年，第52—70页。

在更晚的《白净识者奥义书》中，瑜伽修行的环境和效果、修行过程中的经验等也得到了说明：

> 修习瑜伽之地，应该无风、平整、干净，没有卵石、碎石与火，无水流噪音或集市闹声的干扰，心意安悦，视野开阔。
>
> 在练习瑜伽时，首先出现并逐渐显现的梵的形象是：雪花、烟、太阳、风、火、萤火虫、闪电、水晶和月亮。
>
> 瑜伽师在达到瑜伽圆满之后，当土水火风空都出现之时，也就是说，当瑜伽经典提及的五个基本元素之特征都成为可见之物的时候，他的身体就被瑜伽之火净化了，他就不再会病、老、死。
>
> 他们说，达到瑜伽圆满的先兆是：身体轻盈健康，全无贪欲，肤色洁净，声音愉悦，体位芬芳，少有排泄。[①]

五、虔信

在早期奥义书中可以看到对人格梵或自在天的虔信。《白净识者奥义书》说：

> 心注一处专注冥想的圣人们，发现了创造的力量，它属于隐藏在其自身三德中的主。那个唯一的主，主宰着时间、自我及其他所有一切的原因。（1.3）
>
> 主支撑着可朽者和不灭者，显现者和未显者。而作为吉瓦（个体灵魂）的同一个主，则受到束缚，因为他采取了行动者和享受者的态度。一旦吉瓦意识到至上自我，他就从所有束缚中解脱出来。（1.8）
>
> 至上之主显现为全知全能的自在天和具有有限知识和力量的吉

---

① ［美］罗摩南达·普拉萨德英译，王志成、灵海汉译：《九种奥义书》，商务印书馆，2017年，第201—203页。

瓦，二者都是不生的。除了这两者，还有另一个不生的原质（变化的宇宙），它创造了享受者、享受和享受的对象之观念。梵是无限的和遍及一切的，并因此不是行动者。当求道者意识到这三者（吉瓦、宇宙和自在天）都是梵的时候，他就从他的枷锁中解脱出来。（1.9）

享受者（吉瓦），享受的对象（世界），以及控制者（自在天）——知梵者描述的这三重事物都只是梵。唯有寓居在身体内的这个梵，是应当知晓的。（1.12）

在上述引文中，后世的数论-瑜伽派、吠檀多派和虔信派的哲学交织在一起。吠檀多的最高原理"梵"被认为是虔信的对象"至上之主"，而数论-瑜伽派的最高原理"原质"（世界）和"原人"（自在天和受到原质污染的吉瓦）被认为是至上之主或梵的显现。

在《摩诃那罗衍那奥义书》中，虔信的要素更加引人注目。德国印度学家雅各布·威廉·豪尔（J. W. Hauer）认为，该书是由一个旧的部分和一个新的部分组成的，前者包含了关于楼陀罗-湿婆和拿拉央那的古老资料，比如：

确乎，一切皆为楼陀罗。向楼陀罗致敬。确乎，楼陀罗是至高原人，存在者的荣耀。致敬，致敬！物质世界，现象世界，以及已经创造出来或正在创造的一切——一切确乎皆为楼陀罗。向楼陀罗致敬。[①]（24.1）

福伊尔施泰因认为，豪尔所说的两个部分被吸收进了一个更加正统的婆罗门传统中，该传统聚焦于梵和弃绝的理想，而弃绝被歌颂为觉悟梵的最高方式，因此，《摩诃那罗衍那奥义书》实际上包含三个

---

① 转引自［德］格奥尔格·福伊尔施泰因著，闻风、朱彩红、黄祺杰译：《瑜伽之书》，海南出版社，2017年，第128页。

传统：楼陀罗–湿婆派、拿拉央那–毗湿奴派、梵派。

在早期奥义书中，后世分离出来的各个哲学派别和瑜伽分支彼此交织、混合与融合。实际上，《奥义书》的圣人"只是为后吠陀社会里的一股形而上学思想和神秘经验的广泛势头提供了表达，另外还有许多非吠陀的思想家和见者，以及神秘主义者和预言家，他们要么比《奥义书》的圣人更加严重地脱离了吠陀主流，要么从来就不是吠陀主流的一部分"①。脱离吠陀主流的激进分子也活跃在接下来的史诗时代，包括耆那教的创始者筏驮摩那·摩诃毗罗（Vardhamana Mahavira，大雄）和佛教的创始者佛陀乔达摩·悉达多。耆那教和佛教代表了非吠陀的解脱道路，包含着丰富的瑜伽思想，我们不在此展开讨论，读者可以参看福伊尔施泰因在《瑜伽之书》第六章和第七章的精彩论述。

---

① ［德］格奥尔格·福伊尔施泰因著，闻风、朱彩红、黄祺杰译：《瑜伽之书》，海南出版社，2017年，第131页。

第五章
史诗时代瑜伽的熔炉

继奥义书时代之后是福伊尔施泰因所称的"史诗时代"，也是高楠和木村所称的"诸派兴起时代"，从大约公元前600年延续至公元前100年。这是印度思想"百家争鸣"的时代，一方面，印度人在形而上学和伦理学方面的思考日渐精密复杂，导致了不同的宗教和哲学流派的兴起；另一方面，也出现了一种综合的倾向，尤其是出世法和入世法的综合。

在史诗时代，耆那教和佛教诞生，瑜伽进入繁荣时期，不同的瑜伽修行方法作为通往解脱和圆满的道路被提出和实践。再者，如果我们把帕坦伽利的《瑜伽经》作为瑜伽思想史上的"古典时代"之标志，那么前古典时代的第一次瑜伽综合是在史诗《摩诃婆罗多》的《薄伽梵歌》中完成的。如果说奥义书时代是整个印度思想的大熔炉，那么史诗时代可以说是瑜伽的大熔炉。

史诗时代的主要经典有三类：

第一，两大史诗《罗摩衍那》和《摩诃婆罗多》；

第二，《奥义书》，主要兴趣在于觉悟阿特曼，彻底否认诸仪式具有通往觉悟的力量；

第三，一些始于梵书时代的司法–伦理文献（比如《摩奴法典》）的最后编辑。它们被称为半宗教作品，包含了前古典瑜伽的要素——这看上去令人迷惑不解，我们略作说明。首先，关于伦理文献和瑜伽的关系，或许可以从古印度人的"人生四大目标"的角度来解释。人生四大目标为财富、欲乐、道德和解脱，它们构成一个等级连续体，解脱为最高目标。道德和解脱有着密切的关系，因为灵性生活被认为需要建立在道德的基础上，否则难以有所成就。这也可以帮助我们理解古典瑜伽体系中的道德维度。伦理文献中提到了各种各样可供瑜伽师立足和培养的德性，并把解脱视为可能的最高德性。其次，关于司法文献和瑜伽的关系，福伊尔施泰因说，苦行和瑜伽早在公元前就是印度文化生活与道德生活的一个不可或缺的部分，司法文献中有大量涉及苦行的内容，相对而言，涉及瑜伽的内容较少，且把瑜伽和制感、调息的训练结合在一起。调息也被当成一种赎罪方法，据说《雅佳瓦卡雅法典》规定了一百种调息，用来赎一切罪。《摩奴法典》则建议把专注当成一种赎罪方法，并用冥想来战胜诸如愤怒、贪婪、嫉妒之类的不良情绪。《雅佳瓦卡雅法典》的某个段落甚至描述了整个瑜伽过程——从坐法到制感，再到调息、专注和冥想，还列举了若干瑜伽悉地，比如隐身、忆起前世、预知未来等。

史诗时代最重要的瑜伽文献无疑是被誉为"印度《圣经》"的《薄伽梵歌》。

第一节 《罗摩衍那》中的德性与苦行

《罗摩衍那》的叙事核心甚至比最早的《奥义书》还要早，因为主角罗摩（Rama）生活在吠陀时代后期，可能在公元前3000年到公元前2500年之间，早于《摩诃婆罗多》记载的那场俱庐之战。学者们把目前梵文版《罗摩衍那》的最后完成时间归为公元前300年左右。中文版《罗摩衍那》的译者季羡林推测，这部史诗最初决不会出自一人之手，一定是老百姓的创作，只在口头流传，有过不同的传本，到了某一个发展阶段，有一个人把全书整理编纂了一番，使文本和内容都达到了某种程度的统一，这个人可能就是蚁垤（Valmiki，也译作跋弥、伐尔弥吉）。关于"蚁垤"这个特殊名字的由来，有个传说：蚁垤出生于婆罗门之家，但在许多年里过着强盗的生活，后来，在一些好心圣人的影响下，他认识到自己的生活方式是错误的，于是，他用冥想来忏悔自己的罪过，在同一个地方一动不动地坐了几千年，期间，蚂蚁在他身上堆起了一座小山。①

福伊尔施泰因评论道，《罗摩衍那》对众多印度人和东南亚人的生活产生的影响胜过其他任何文学作品，因而被视为"第一诗"。对于一代又一代人，罗摩和妻子悉多的悲剧爱情故事是一个"灵性教导和民间智慧的宝库"，许多谚语起源于该书，时至今日，人们仍在庆典上吟诵《罗摩衍那》。另一部史诗《摩诃婆罗多》也具有同样的重要性，当代印度思想家和觉悟者巴伽南达说："单单基于《奥义书》或瑜伽著作来判断印度人及其文化将是个严重的错误。吠檀多的经典和摩奴的律法只是影响了印度少数人的生活，而印度绝大多数人的道德与灵性观念几乎全部来源于《罗摩衍那》和《摩诃婆罗多》。不对这两部史诗进行批判的研究，就不可能理解真实的印度。"②

《罗摩衍那》旧本约有24000颂，精校本约19000颂。篇幅虽长，但主要故事情节比较简单。我们在此摘录季羡林在中译版前言中对全书结构和故事情节的介绍。

第一篇，《童年篇》。这一篇是后来窜入的，内容庞杂，类似一个楔子。其中虽然也讲了一些罗摩童年时的情况，但是插入的故事很多，有点线索不清。篇中讲到十车王的都城和朝廷，讲到大神毗湿奴

① 参见［德］格奥尔格·福伊尔施泰因著，闻风、朱彩红、黄祺杰译译：《瑜伽之书》，海南出版社，2017年，第174页。

② Swami Bhajanananda, "Ramayana and Indian Ethos," *Prabuddha Bharata* (April 1986).

化为罗摩等四兄弟下凡诞生，讲到罗摩随众友仙人出去降魔。最后众友带领罗摩到了国王贾纳卡的朝廷上。这里插述了悉多的诞生和神弓的故事。罗摩拉断了神弓，同悉多结了婚。所有的这一切都以后故事情节的开展打下了基础。

第二篇，《阿逾陀篇》。《罗摩衍那》的主要情节从此篇开始。十车王感到老之将至，决定给罗摩举行灌顶礼，让他成为太子和王位的继承人。小皇后利用国王从前曾许给她的恩典，要挟老王，将罗摩流放十四年，而让自己的亲生儿子婆罗多成为太子。罗摩是忠臣、孝子，坚决执行老王的命令，自愿流放。悉多是贤妻，坚决要陪同丈夫流放。罗什曼那是好弟弟，也要跟哥哥同行。于是三人就进入大森林中。婆罗多也坚持悌道，亲率大军到林中去请求罗摩回城。罗摩不为所动。婆罗多不得已奉罗摩双履回国，代罗摩摄政。

第三篇，《森林篇》。罗摩等一进入森林，那里的隐士们就来请他保护他们不受罗刹的侵扰。罗摩答应了，并且杀死了许多罗刹。楞伽城十头魔王罗波那的妹妹来引诱罗摩，被罗什曼那割掉鼻子和耳朵。她求救于弟弟伽罗，弟弟也被杀死。她最后去找罗波那。罗波那来到林中，使用调虎离山计，劫走了悉多。罗摩兄弟看不到悉多，到处寻觅。遇到金翅鸟王，得知真情。他们俩又救了一个无头怪迦槃陀。迦槃陀劝他们同猴王须羯哩婆结盟，解救悉多。此时悉多已被魔王劫往楞伽城，魔王多方加以诱劝，悉多坚贞不屈，被囚于无忧树园中。

第四篇，《猴国篇》。罗摩终于找到了须羯哩婆。须羯哩婆被自己的兄弟波林抢走了王位和老婆。罗摩用暗箭射死波林，猴王复国，二人结成了联盟。猴王大臣中最聪明、最勇敢的是哈努曼。哈努曼向南方搜寻悉多踪迹，遇到金翅鸟王之弟僧婆底，得知悉多被囚于楞伽城。哈努曼一跃过海。

第五篇，《美妙篇》。哈努曼到了楞伽岛上，从山头上下望楞伽城。他变成了一只狸猫，进入城内和宫内。他最后在无忧树园中找到

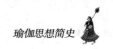

了悉多，亲眼看到悉多坚贞不屈的情景。他向悉多交出信物，然后火烧楞伽城，飞越大海，回到罗摩身边。

第六篇，《战斗篇》。罗摩决定远征楞伽城，下令猴军前进。此时罗波那之弟维毗沙那同哥哥闹翻，来投罗摩。罗摩命那罗造桥渡海。两军对阵，展开了一场激烈的搏斗。罗摩受重伤。哈努曼用手把吉罗莎山托来，在山上找到药草，为罗摩治伤，然后又把大山托回原地。最后，魔王被罗摩杀死。维毗沙那被立为罗刹王。罗摩同悉多团圆，皆大欢喜。《罗摩衍那》的故事到此实际上已经结束了。

第七篇，《后篇》。这一篇是后来窜入的。同第一篇一样，又是内容庞杂，头绪混乱。这一篇主要包括两个内容：一讲罗刹的起源，讲罗波那的故事，也讲到哈努曼的故事；二讲罗摩与悉多的第二次离合。在这一篇里，罗摩的性格几乎完全改变了。他听到了一些风言风语，就决定让罗什曼那把正在怀孕的悉多遗弃在荒山野林中。蚁垤仙人救了她。她在仙人净修林中生下了两个儿子。孩子长大后，罗摩正举行马祭。蚁垤率二子来到罗摩朝廷上，让他们俩朗诵《罗摩衍那》。罗摩终于认出了他们俩就是自己的儿子。他又把悉多叫来。此时群神毕至。大地忽然开裂，悉多纵身跳入。罗摩追悔不及。传位于自己的儿子，升入天堂，又化为毗湿奴。[①]

以上是全书的故事梗概。罗摩被认为是毗湿奴的一个化身，可见在当时，毗湿奴已不再是吠陀中的小神，而是成了印度教的三相神之一。毗湿奴有十个化身，另一个重要的化身是史诗《摩诃婆罗多》的主角克里希那。福伊尔施泰因告诉我们，随着时间的推移，一个把罗摩作为崇拜对象的宗教共同体出现了，罗摩的虔信者们创作了若干《奥义书》，其核心神学信条为：唯独罗摩是至高的绝对者、救赎者。

① ［印］蚁垤著，季羡林译：《罗摩衍那》（第一卷），吉林出版集团，2016年，"中文版前言"第2—4页。

《罗摩衍那》的灵性非常古老，更多地反映了苦行的取向，而非瑜伽的取向。据说，这部史诗中缺失的整个瑜伽维度被罗摩共同体的成员创作的另一部伟大著作《瑜伽瓦希斯塔罗摩衍那》（也叫《瓦希斯塔瑜伽》，中译版名为《至上瑜伽》）补足，该书把罗摩描述为一个弃绝者，在吠檀多不二论教导中寻找真理。

福伊尔施泰因认为，《罗摩衍那》对瑜伽修行的意义在于两个方面。第一，它生动地散布了道德价值观念。对此，巴伽南达表示赞同："或许可以毫不夸张地说，蚁垤的《罗摩衍那》所包含的核心信息是'托庇于美德'。"[①]"托庇于美德"一词描述的是哈努曼在魔王罗波那的花园里发现悉多时，身在悲惨处境中的悉多的状况。在古印度，对美德之力量的信念是社会与宗教传统的一部分。就《罗摩衍那》中的道德价值观念和瑜伽的关系而言，"我们可以把它视为一部叙事体裁的完美专著，讲述的是在瑜伽中称为禁制（yama）和劝制（niyama）的内容。它歌颂诸如正法、不害、诚实、苦行之类的德性"[②]。该书塑造的道德形象是如此深入人心，以至于罗摩、悉多、哈努曼等故事人物成了印度特有的文化符号，比如，罗摩是弃绝、平静和自律的象征，悉多代表女性的贞洁和婚姻的忠诚。在同一时代的司法-伦理文献中，对德性的强调尤为突出，以致德性后来成为瑜伽修行的基础，众所周知，在帕坦伽利的《瑜伽经》中，禁制和劝制构成瑜伽八支的前两支。

《罗摩衍那》对瑜伽修行第二个方面的意义涉及行动与智慧的关系。《罗摩衍那》可以作为"行动瑜伽的教科书"，因为它教导了"无私行动"。主角罗摩是个觉悟的行动瑜伽师，他完全摆脱了世俗欲望，为了他人的福祉不懈地行动：为了成全父亲对小皇后的承诺，

①　Swami Bhajanananda, "Ramayana and Indian Ethos," *Prabuddha Bharata* (April 1986).

②　［德］格奥尔格·福伊尔施泰因著，闻风、朱彩红、黄祺杰译：《瑜伽之书》，海南出版社，2017年，第176页。

图14　哈努曼与悉多

他主动接受了14年的流放；流放期满，他又返回并异常出色地治理他的王国，以至于21世纪的印度人依然把罗摩统治的年代称为"黄金时代"；甚至在14年流放期间，他虽在森林里过着和原始人差不多的生活，却仍然不忘履行刹帝利的职责，保护那里的圣人和隐士免受罗刹的侵扰；他也正是抱着一贯的不执和无私的态度杀死了罗波那，救出了悉多。罗摩的无私行动本身应被视为苦行，他的一生构成了一场盛大的祭祀，财富、欢愉、名声、权力，甚至爱情都是献给他人之福祉的祭品。

不过，在《罗摩衍那》中，行动与智慧的关系尚未像在《薄伽梵歌》中那样得到完全的整合，智慧是觉悟的最终手段，行动则是要被觉悟者放弃的："所以，好意的圣人应该完全放弃行动。智慧与行动的结合是不可能的，因为行动和智慧相反……认识了至上自我，并否定了一切有限之物，瑜伽师就会放弃行动。"①这也体现出《罗摩衍那》代表的是一种偏重弃绝与苦行的相对更为古老的灵性。

《罗摩衍那》之于印度人不仅仅是《荷马史诗》之于西方人那样的史诗，因为《罗摩衍那》是一种鲜活的力量，至今依然塑造着印度人的文化生活。所以，巴伽南达说："《罗摩衍那》对于印度人不仅是过去的记载，而且是未来的承诺。时至今日，还有人希望永远生

_____

① 转引自［德］格奥尔格·福伊尔施泰因著，闻风、朱彩红、黄祺杰译：《瑜伽之书》，海南出版社，2017年，第176页。

活在'罗摩王朝'——如果不是在这个世上，那么至少是在更高的世界里。罗摩、悉多、哈努曼、拉克希米和其他兄弟不是神话人物，而是活生生的现实，塑造着无数人的灵性与世俗生活……印度民众判断政治领导不是把他们和俄国、美国的领导作比较，而是从罗摩、婆罗多、毗湿摩和坚战的生活中获取本民族判断政治领导及其行政的标准。"[1]

第二节　《摩诃婆罗多》中的善恶与自由

史诗《摩诃婆罗多》并非单纯的神话。1983年到1990年，拉奥（S. R. Rao）带领考古学家和科学家发掘了克里希那统治的德瓦拉卡城的遗迹，并断言："这个发现是印度历史上的一个里程碑，消除了历史学家们对于《摩诃婆罗多》的史实性及德瓦拉卡城的存在的怀疑。"[2]

关于《摩诃婆罗多》记载的那场为期18天的婆罗多大战发生于何时，学者们是有争议的。传统的印度教权威把这场大战归于公元前3100年左右，有的学者认为它发生在公元前600年至500年，还有的学者根据德瓦拉卡城的考古数据，提出公元前1450年也是个可能的时间。美国田纳西孟菲斯大学物理学教授拿拉哈利·阿查（Narahari Achar）根据《摩诃婆罗多》记载的天文学事件，利用若干天文学软件，为该史诗中提及的每一个天文定向基准再现相应的那个夜空，确定了公元前3067年为婆罗多大战发生的年份。不过，史诗《摩诃婆罗多》无疑是历经多代人才得以完成的，目前梵文版的《摩诃婆罗多》之核心，包括《薄伽梵歌》，一般被认为在公元前500年左右完成创

① Swami Bhajanananda, "Ramayana and Indian Ethos," *Prabuddha Bharata* (April 1986).

② 转引自［印］岚吉著，朱彩红译：《〈瑜伽经〉讲什么》，四川人民出版社，2018年，第41页。

作，而该史诗的最后编纂据说在公元2世纪或3世纪。

根据这部迷人史诗（1.56.32）的记载，其作者是毗耶娑，本名"黑岛生"（出生在岛上，肤色黝黑）："这位黑岛生大仙，孜孜不倦整三年，终于完成这部杰作——摩诃婆罗多故事。"①《摩诃婆罗多》共有18篇，大约十万颂，其精校本有75500多颂，《印度史》的作者库尔克和罗特蒙德推测它可能是人类历史上卷帙最为浩繁的单部文学作品。中译本以精校本为依据，经历多年翻译而成。它讲了一个什么样的故事？我们引用中译者之一黄宝生的叙述来交代故事的梗概。

《摩诃婆罗多》以印度列国纷争时代的社会为背景，叙述了婆罗多族两支后裔俱庐族和般度族争夺王位继承权的斗争。象城的持国和般度是两兄弟。持国天生目盲，因而由般度继承王位。持国生有百子，长子难敌。般度生有五子，长子坚战。这便是伟大的婆罗多族的两支后裔，前者称为俱庐族，后者称为般度族。不久，般度死去，由持国摄政。坚战成年后，理应继承父亲的王位，但难敌不答应，企图霸占王位，纠纷由此开始。

难敌设计了一座紫胶宫，让般度族五兄弟去住，准备纵火烧死他们。般度族五兄弟幸免于难，流亡森林。其间，般遮罗国王的女儿黑公主举行选婿大典，般度族五兄弟乔装婆罗门前往应试。五兄弟之一阿周那按照选婿要求，挽开大铁弓，射箭命中目标，赢得了黑公主。从此，黑公主成为般度族五兄弟的共同妻子，而般度族也在这次事件中暴露了自己的真实身份。于是，持国召回他们，分给他们一半国土。

般度族在分给他们的国土上建都天帝城，政绩辉煌。难敌心生妒忌，又设计掷骰子赌博骗局。坚战并不愿意参加赌博，但出于礼节，还是接受了难敌的邀请。在掷骰子中，坚战输掉了一切财产和王国，

---

① ［印］毗耶娑著，金克木、赵国华、席必庄译：《摩诃婆罗多》（第一卷），中国社会科学出版社，2005年，"前言"第8页。

又输掉了四个弟弟和自己，最后输掉了他们五兄弟的共同妻子黑公主。于是，难敌命令自己的弟弟难降将黑公主强行拽来，在赌博大厅当众横加羞辱。般度族五兄弟之一怖军怒不可遏，发誓要报仇雪恨。持国预感恶兆，不得不出面干预，答应黑公主的要求，释放般度族五兄弟。但难敌不死心，找回般度族五兄弟，要求再赌一次，讲定输者一方流放森林十二年，还要在第十三年过隐匿的生活，如被发现，就要再次流放十二年。这次赌博的结果自然又是坚战输掉。这样，般度族五兄弟被迫交出国土，流亡森林十二年，并在第十三年隐姓埋名，在摩差国毗罗吒王宫廷里充当仆役。

十三年期满后，般度族五兄弟要求归还失去的国土，难敌坚决不允。于是，双方各自争取盟友，准备战争。般度族获得了德瓦拉卡城克里希那（即黑天，大神毗湿奴的化身）的支持。般度族和俱庐族双方使者来回谈判。难敌一意孤行，拒绝讲和。坚战为了避免流血战争，作出最大让步，提出只要归还五个村庄就行，而难敌宣称连针尖大的地方也不给。最后，双方在俱庐之野开战。

大战进行了十八天，经过反复的激烈较量，俱庐族全军覆灭。眼看般度族大功告成，没有料到俱庐族剩下的三员大将竟在夜间偷袭酣睡的般度族军营，杀死般度族全部将士。黑天和般度族五兄弟因不在军营而幸免。面对如此悲惨的结局，坚战精神沮丧，但在众人的劝说下，终于登基为王。坚战统治了三十六年后，得知克里希那逝世升天。于是，他指定般度族的唯一后裔——阿周那的孙子为王位继承人，然后与自己的四个弟弟和黑公主一起远行登山升天。[1]

从历史的角度来说，《摩诃婆罗多》描述了吠陀时代晚期般度和俱庐这两大相互仇杀的亲族"为了控制西部的恒河–亚穆纳河河间平

---

① [印]毗耶娑著，黄宝生译：《薄伽梵歌》，商务印书馆，2010年，"导言"第1—3页。

原而进行的斗争……般度族的胜利意味着形成了一种以与土著结成军事和政治联盟为基础的新融合……可能显示了晚期吠陀文明向东方的扩张"①。然而对我们来说，更为重要的是这部史诗的象征意义。正如福伊尔施泰因指出的，般度和俱庐的堂兄弟之间的斗争常常被理解为世上和人心中的善与恶、对与错之间的斗争。②般度族五兄弟无疑代表善或正法，而俱庐族的百子则代表恶或非法，最终的结局是正法必定胜过非法。这类似于基督教的末世论，最终上帝要在千禧年进行大审判，让善人升入天堂，将恶人投进地狱。

不过，上面的类比并不表示印度教徒说的善就是基督徒的善。什么是善？在犹太—基督教传统中，善是遵守上帝的诫命，而在印度教传统中，善是让自己的生活与称为"正法"的宇宙道德律相一致。印度人在很早以前就观察到一个人的行为和他的处境有着紧密的关联，也就是说，在心理要素和物质要素之间存在着紧密的关联，称为"业律"（law of Karma）。这表明有一种普遍的秩序主宰着物质宇宙和精神宇宙。在吠陀时代，这种普遍的精神–物质秩序被称为理则（ritam），它在后世演变成了"正法"（Dharma）。

正法的概念表明小宇宙和大宇宙有着共同的基础，本应和谐共振。所以，当个人让自己的生活和宇宙的正法协调时，他就受到了正法的保护，反之则不然。摩奴有言："正法摧毁违背者，保护顺从者。"对正法之力量的信念是古印度的社会与宗教传统的一部分，正是基于这种信念，悉多对罗波那说："坏蛋！你对我这样说话，你的舌头为何不掉出？由于罗摩没有允许，由于我想保护苦行，我不把你

---

① ［德］赫尔曼·库尔克、［德］迪特玛尔·罗特蒙德著，王立新、周红江译：《印度史》，中国青年出版社，2008年，第54—55页。
② ［德］格奥尔格·福伊尔施泰因著，闻风、朱彩红、黄祺杰译：《瑜伽之书》，海南出版社，2017年，第177页。

焚烧成灰，十头恶魔！我有这本领。"①同样，对正法的信念也是般度族五兄弟的庇护所，他们忠实而强大的助手克里希那不就是正法的化身吗？

然而，《摩诃婆罗多》对善恶的探讨并不仅仅停留在对正法怀有信念的层面。般度五子和持国百子共同的祖父——正义的毗湿摩可谓正法的坚定捍卫者，却以无比痛苦地惨死战场告终。我们或许可以反驳说，毗湿摩捍卫的正法是站在他个人立场上的看似良善、实则僵化的行为规则，这使他在某些重要的时刻恰恰严重地违背了正法，比如在持国之子当众羞辱黑公主时，毗湿摩被他所谓的"正法"约束，竟然只能作壁上观，他的"正法"也使他在婆罗多大战中竟然站在了邪恶的持国百子一方。在此，我们可以引用巴伽南达的如下观点作为评论："'唯独正法获胜'，这一点毫无疑问，但并不一定是我们所设想的正法。如果我们想要成功的生活，那么我们必须遵循正法在各个层面的运作方式，并相应地在各个层面向正法敞开自身。"②

但是，我们又该如何解释坚战在天界的这一所见：当贤王坚战来到天界，他惊讶地发现，难敌和俱庐之战的其他邪恶英雄们在天界占据着光荣之位，那时，一个神圣的声音告诉他："天界的规则不同于尘世的规则。"③此种"天界的规则"又是什么？福伊尔施泰因回答道："《摩诃婆罗多》提出了一个神秘的观点：存在着一种超脱善与恶、对与错的状态，该状态是不可超越的，它被颂扬为人类所能向往的最高价值，与自由和不朽同义。"④换言之，《摩诃婆罗多》告诉

---

① ［印］蚁垤著，季羡林译：《罗摩衍那·美妙篇》（第五卷），吉林出版集团，2016年，第232页。

② ［印］斯瓦米·巴伽南达著，朱彩红译：《观念的力量》，四川人民出版社，2021年，第250页。

③ ［印］斯瓦米·巴伽南达著，朱彩红译：《观念的力量》，四川人民出版社，2021年，第250页。

④ ［德］格奥尔格·福伊尔施泰因著，闻风、朱彩红、黄祺杰译：《瑜伽之书》，海南出版社，2017年，第177页。

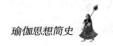

我们，恶是一种束缚，善同样是一种束缚，超越善恶二元对峙，才有真正的自由。

普通人无法轻易达到自由的终境，又该如何？《摩诃婆罗多》给出的回答是，如果心里放不下善恶的纠缠，那就去行动，把个人的目标整合到宇宙正法的大目标之中。因此，当黑公主充满怨愤，一心要为自己所受的屈辱和五个儿子的惨死找持国百子报仇时，克里希那反复劝说她不要出于个人动机而行动，那是毁灭之路，而通往内心救赎的道路是念及苍生的幸福而履行刹帝利的职责，消灭邪恶的持国百子。这种"无私行动"正是接下来要讨论的《薄伽梵歌》的主题。

第三节　《薄伽梵歌》的"圣化的行动者"

巴西作家保罗·柯艾略（Paulo Coelho）说，"超凡之境恰在平凡之路上"。在《大唐狄公案》中，高罗佩（Robert H. van Gulik）曾让笔下的狄仁杰面临儒道两家的入世与出世之两难抉择，并以如下偈子消除了狄公的困惑："天龙升空成仙果，地蟫掘土亦长生。"这两句引文的共同之处在于对出世与入世的整合，从而开启了"入世解脱"的道路。

在奥义书时代，圣人们认为解脱的终极目标只能经由出世之道达成，智慧瑜伽的"否定法"代表的是出世之道。出世法随后在印度灵性中占据了主要地位。弃绝和积极入世似乎是两条不可调和的道路，指向完全不同的目标。《薄伽梵歌》打开了一个全新的格局，能够消除入世与出世之间的壁垒，让二者共同服务于解脱的目标。就瑜伽的发展历史而言，"《薄伽梵歌》尝试将瑜伽从其所起源的弃绝背景中分离，它教导我们，瑜伽与根据种姓和行期履行的世俗活动相兼容，要弃绝的仅仅是行动的结果"①。由此，瑜伽修行者不再局限于特定的群体和生活方式，智慧、行动与虔信都是解脱的手段，这成就了《薄伽梵歌》的"综合瑜伽"。

《薄伽梵歌》是《摩诃婆罗多》的一个部分，共有18章，700颂。它的创作时间不确定，通常被归入公元前3世纪，印度学者邬波驮耶（K. N. Upadhyaya）将它归入公元前5世纪至公元前4世纪。福伊尔施泰因说，不同的偈颂很有可能是在不同的时期添加进去的，最初的《薄伽梵歌》很可能是由克里希那在佛陀之前2000年的俱庐之野战场上传授的。《薄伽梵歌》启发了无数印度人，甘地说："我在《薄伽梵歌》里找到了我在'山上宝训'中也没有找到的慰藉……我的一切都归功于《薄伽梵歌》的教导。"②1785年开始发行的英译本《薄伽梵歌》同样启发了许多西方人，包括黑格尔（G. F. Hegel）、叔本华（Arthur Schopenhauer）、多伊森（Paul Deussen）、洪堡（Wilhelm von Humboldt）、惠特曼（Walt Whitman）、赫胥黎（Aldous Huxley）等。

一、自我与行动的真谛

"薄伽梵"（Bhagavat）是对克里希那或黑天的尊称，克里希那是毗湿奴的化身。《薄伽梵歌》的背景十分特殊，是克里希那与般度五子之一的阿周那在俱庐战场上的对话，当时婆罗多大战开战在即，双方都已吹响号角，克里希那充当阿周那的车夫。身为刹帝利，在战场上英勇杀敌、维护正义乃是阿周那的职责，这本无疑义。但是，善良的阿周那想在开战之前看看是谁站在了邪恶的持国百子一方，结果，他在敌军中看到了老祖父毗湿摩、古鲁德罗纳，以及"父辈、

---

① James Mallinson, Mark Singleton translated and edited, *Roots of Yoga* (Penguin Classics, 2017), "Introduction", p. VVI.

② 转引自［德］格奥尔格·福伊尔施泰因著，闻风、朱彩红、黄祺杰译：《瑜伽之书》，海南出版社，2017年，第178页。

图15 战场上的教导

祖辈和老师，舅父、儿子和孙子，还有兄弟们和同伴……岳父们和朋友们，他的所有亲戚都站在两军之中"（1.26—1.27）。①这是一场亲族的互相残杀，把别的邦国也卷了进来。此情此景令阿周那"四肢无力，口干舌燥，浑身战栗，毛发耸然。神弓从手中滑落，周身体肤发烫。头晕目眩，站立不稳，看见了不祥之兆"（1.29—1.31）。②他质疑这场"残杀族人"的战争之合理性，并放下了他的甘狄拔神弓，痛不欲生地瘫坐在了战车上。于是，克里希那开始了对阿周那的一番教导，直至阿周那拨云见日，振奋精神，重新拿起神弓投入战斗——

因为您的恩典，我的虚妄已被摧毁，我已获得自我知识。关于身体与灵之间的困惑也已消除，毫无怀疑。我将遵循您的教导。（18.73）

整本《薄伽梵歌》即为克里希那的这番教导。我们知道，王子阿周那的职责在于当好统治者，维护社会正义与安定，并享受权力与

① ［印］毗耶娑著，黄宝生译：《薄伽梵歌》，商务印书馆，2010年，第8页。

② ［印］毗耶娑著，罗摩南达·普拉萨德英译并注释，王志成、灵海汉译：《薄伽梵歌》，第20页。以下出自《薄伽梵歌》的引文皆来自黄宝生或王志成所译的两个中文版，不再一一标注页码。

安乐，而"获得自我知识，摧毁虚妄"则是另一种姓——婆罗门的职责。克里希那为何要让这位王子获得婆罗门的觉悟呢？再者，克里希那又是如何让觉悟的阿周那重新致力于履行社会职责，在婆罗多大战中"残杀族人"，而非如我们想象的一般弃世归林？

首先，克里希那让阿周那明白了"自我"不是身体，因而，即便身体死去，"这些国王，以及你或我，过去无时不存在，未来也不会不存在"（2.12）。既然自我不是身体，那么自我是什么？是不死的"阿特曼"或灵，"遍及整个宇宙的阿特曼的确是不可毁灭的"（2.17），"永恒不变、不可思议的阿特曼的外在身体终有一死，而阿特曼永恒不死"（2.18）。所以，究竟地说，不存在"杀人"或"被杀"："阿周那啊，知晓阿特曼不灭、永恒、非生、不变的人，怎么可能去杀人或者教人去杀人？"（2.21）

这个灵或阿特曼，刀不能砍死，火不能烧毁，水不能淋湿，风不能吹干。它是砍不死、烧不燃、淋不湿、吹不干的。它是永恒、遍在、不变、不动和不朽的。灵或阿特曼据说是不可说明、不可理解和不可变异的。既然知晓了阿特曼的本质，你就不该为身体的毁坏而悲伤。阿周那啊，如果你认为身体会持续不断地出生和死亡，那么，你就不该如此悲伤。生者肯定会死，而死者也肯定会生。因此，你不该为不可避免的死亡而悲伤。（2.23—2.27）

对《薄伽梵歌》的仔细研读将会揭示该书对自我或终极实在的讨论包含了三个范式。①第一个范式（第二章）对应数论哲学的二元论：人的身体属于"原质"，是易变可朽的，而人的真我是"原人"或阿特曼，不变不朽。第二个范式（第八章）认为终极实在具有不同

---

① 关于这三个范式的详细说明，参见［印］斯瓦米·巴伽南达著，朱彩红译：《瑜伽与冥想的秘密》，四川人民出版社，2020年，第174—182页。

的维度或方面，人的身体属于无常的物质宇宙，而人的真我是不朽的个体灵魂或吉瓦。第三个范式（第十五章）取消了无意识的原质这一概念，意识被设想为独一的终极实在，并让自身呈现为三个原人：第一个原人是"可朽之自我"，指宇宙中的所有客体，包括有生命的和无生命的，它们不断经历着变化，因而是无常的，身体属于可朽之自我；第二个原人是"不朽之自我"，是不变不移的"目击者"，是吉瓦阿特曼；第三个原人是"至上自我"，它作为内在控制者居于所有灵魂中，是三界之主，是至上阿特曼。"至上自我"或"至上者"的概念是《薄伽梵歌》最独特的教导之一。不过，无论按照哪一个范式来理解，真我都是不死的，阿周那不该为个体生命的死亡所困。

其次，克里希那让阿周那明白了行动的真谛，由此，阿周那将履行刹帝利的职责这一"行动"变成了通往解脱的"行动瑜伽"。这里需要注意的是，单单行动不成为行动瑜伽，如果行动要成为行动瑜伽，成为直接或间接的解脱方法，就必须满足三大条件①，那就是：

一是，弃绝意图。在行动瑜伽中，最重要的是弃绝对行动结果的意图。克里希那多次谈到弃绝意图的必要性，因为"你只有履行自己的职责的权利，但绝不能控制和要求任何结果。享受行动的结果不应成为你的动机，但你绝不应该不行动"（2.47）。

二是，认同于真我。真我即为内在的阿特曼，是独立的、不依附的，所以行动者在行动时要保持"目击者"的态度。

三是，让个人行动和宇宙行动相联结。这有多种方法，《薄伽梵歌》选择的方法是将宇宙生命视为一场宇宙祭祀，将个人行动视为对宇宙祭祀的参与。"祭祀"的内化始于梵书时代，比如在《百道梵书》和一些《森林书》中，产生了一种新的观念：整个生命就是一场浩大的宇宙祭祀，众生的所有活动都是祭品。《薄伽梵歌》接管了

---

① 关于这三大条件的详细说明，参见［印］斯瓦米·巴伽南达著，朱彩红译：《瑜伽与冥想的秘密》，四川人民出版社，2020年，第199—204页。

"生命就是祭祀"的观念，并有了进一步发展，使之成为行动瑜伽的基础，以及一扇通往解脱的门。《薄伽梵歌》第三章提出了"祭祀之轮"的概念：个体生命仅仅是宇宙生命的一个部分，个人行动仅仅是至上者持续不断的创造性活动的一种表达，每一创造必有某种毁灭在先，它们合起来构成一个无限的循环——祭祀之轮。当我们以参与宇宙祭祀的方式行动时，行动就不会导致束缚，而当我们忘记"为了祭祀而行动"（3.9）时，行动就会导致束缚。

我们看到，《薄伽梵歌》的行动瑜伽的独特之处在于：将"祭祀"的观念从献祭仪式转变成了灵性训练；把无私行动等同于献祭或弃绝（商羯罗称之为"内在弃绝"，以区别于外在弃绝），从而将世俗行动转变成了灵性训练。[1]如此一来，阿周那抱着行动瑜伽的态度在战场上履行刹帝利的职责就成了觉悟和解脱的方法，而非杀戮的暴行。这不再是断除烦恼的思路，而是转化烦恼的思路——"转烦恼为菩提"。从思想史上看，我们或许可以认为《薄伽梵歌》的行动瑜伽代表着从奥义书的思想革命到密教的灵性革命的中间阶段。何以言之？《薄伽梵歌》的行动瑜伽是一种内在弃绝，虽然出世与入世的形式之分已经消弭，但内在弃绝仍是弃绝之路，这意味着为了解脱，整个存在仍被一分为二，其中有一部分要被抛弃，只不过现在被抛弃的不再是形式上的"不净"（比如阿周那在战场上的杀戮），而是心意中的"不净"（克里希那致力于消除的正是阿周那心意中的不净）。但在密教的灵性图像中，整个存在都被绝对者充满，没有洁净与不净、圣与俗之分，因而整个存在都是解脱的道场。密教左派的激进修行甚至主动迎合传统上被视为"不净"的部分，把它们变成了催人解脱的猛药。所以，如果说《薄伽梵歌》的行动瑜伽让出世之道和入世之道都成了解脱的手段，那么密教的灵性革命则更进一步，让存在的

---

① 这几个特征参见［印］斯瓦米·巴伽南达著，朱彩红译：《瑜伽与冥想的秘密》，四川人民出版社，2020年，第201—202页。

方方面面都能成为解脱的道场。

二、综合瑜伽

前面谈到《薄伽梵歌》实现了前古典时代的瑜伽综合。巴伽南达在《瑜伽与冥想的秘密》中指出，《薄伽梵歌》综合的是智慧、虔信与行动，这是通过两个阶段来实现的：第一阶段是智慧与行动的综合，第二阶段则是虔信、智慧与行动的综合。此处的"智慧"指自我知识，被称为"数论"，它本身可以构成一条独立的解脱道路——智慧之道，这条道路的遵循者被称为"数论行者"。然而，智慧之道不是《薄伽梵歌》提倡的道路，不如说，智慧为无私行动提供支持和动力，因为就像前面说的，真我知识是"行动"成为"行动瑜伽"的三个主要条件之一。行动与智慧的综合体现在《薄伽梵歌》的前六章。

接着，从七至十二章，虔信的内容开始大量出现，第十一章中阿周那对克里希那的宇宙形象（恐怖相）的视见可谓虔信的高潮，因为那是对个体自我和至上自我的永恒关系的一种直接经验。如前所述，《薄伽梵歌》固然承认智慧是一条独立的道路，能引导人觉悟非人格的绝对者，而无须人格神的恩典，但《薄伽梵歌》的导师持有的观点是：至上虔信和至上智慧不二。何以如此？我们常常认为虔信与情感、唱诵等联系在一起，它与智慧之道涉及的非人格态度、逻辑分析、经典研习相反。但在《薄伽梵歌》中，虔信与智慧的这种矛盾在关于终极实在的综合观点面前消失了，"因为《薄伽梵歌》呈现的终极实在不仅仅是意识，而且是力量；《薄伽梵歌》所呈现的虔信是对这一终极实在的所有维度的一种开明而整全的回应，是对人类灵魂之局限性的一种欣然接受"①。

此外，值得注意的是，在《薄伽梵歌》的综合瑜伽的两个阶段，

---

① ［印］斯瓦米·巴伽南达著，朱彩红译：《瑜伽与冥想的秘密》，四川人民出版社，2020年，第207页。

"行动"的概念发生了显著的变化。第一阶段的重点在于个体自我及其与世界的关系，该阶段以觉悟内在的阿特曼告终，经由觉悟阿特曼而履行的行动被称为"菩提瑜伽"。此时的行动虽然基于对个体真我的认识，但却受到宇宙祭祀法则的支配。第二阶段的重点在于神的至上实在与全能，行动则基于对神的全在全能的认识。这样的行动失去了强制性，成为个体自我与至上自我的联结之表达：行动是喜悦地参与神维系世界的活动，被称为"神圣瑜伽"。[①]

"圣化的行动者"是《薄伽梵歌》的终极理想。这样的行动者是怎样的人？　"（他们）不屈服于内部冲动的力量和原质的外部压力，而是自由人，深深地根植于至上神不可分割的实在和不可穷尽的力量，并充当恩典、爱和知识流向众生的道路。"[②]

第四节　《解脱法篇》的禅定瑜伽

据说对"禅定瑜伽"的首次提及出现在《摩诃婆罗多》中，随后，"瑜伽"一词越来越被佛教徒接受为代表此类冥想修行。该史诗第十二卷《和平篇》中的《解脱法篇》论述了禅定瑜伽。

毗湿摩说：

普利塔之子啊！我现在告诉你四重禅定瑜伽。至高的仙人们知道这些，获得永恒的成就。大仙们满足于知识，心中安于涅槃。这些瑜伽行者就是这样正确地修习禅定。普利塔之子啊！它们依据自己的本性，看到转生的弊病，摆脱轮回的弊病，不再转回。摒弃对立，摆脱一切，永远坚定，立足永恒，不执着，不争辩，保持思想平静。牟尼

①　本段参见［印］斯瓦米·巴伽南达著，朱彩红译：《瑜伽与冥想的秘密》，四川人民出版社，2020年，第207—208页。

②　［印］斯瓦米·巴伽南达著，朱彩红译：《瑜伽与冥想的秘密》，四川人民出版社，2020年，第209页。

结合诵习吠陀，集中思想，抑制各种感官，像木头那样坐着。耳朵不听声，皮肤不接触，眼睛不观色，舌头不尝味。通晓瑜伽的人也依靠禅定摒弃一切嗅觉。他富有勇气，不愿意激动五种感官。聪明的人将五种感官收进心中，然后安定躁动的心和五种感官。智者控制动荡不定、无所依傍的五种感官和内心，这是禅定的第一步。

抑制感官和心，这就是我讲述的禅定的第一步。一旦作为第六元素的心得到抑制，就会闪烁光芒，犹如乌云中迸发的闪电。正如树叶上的水滴不稳定，滑向四方，心在修禅中也是这样。在修禅中，心一会儿固定，一会儿又像风那样飘忽不停。而通晓禅定瑜伽的人不沮丧，不烦恼，克服懒惰和嫉恨，再次通过禅定抑制心。观察、寻思和识别产生，牟尼开始进入禅定。虽然受到心的干扰，牟尼依然保持稳定，为了自己的利益，不能丧失信心。

成堆的尘土、灰烬和干牛粪遭到水淋，不会马上湿透。这些干燥的粉末浇上少量的水，也不会湿透。惟有不断浇水，它们才会渐渐地全部湿透。同样，应该渐渐地抑制各种感官，逐步收回它们，从而达到平静。婆罗多子孙啊！首先要靠自己将心和五种感官引上禅定之路，通过持久的瑜伽达到平静。不靠人力，也不靠命运，就这样控制自己，便能获得快乐。瑜伽行者带着这种快乐，继续修禅，就能达到安然无恙的涅槃。①

又如，极裕仙人说：

在瑜伽实践中，禅定是瑜伽的至高力量。通晓吠陀的人们说禅定分为两种。一种是凝思静虑，另一种是控制呼吸……牟尼依靠思想，从感官对象撤回感官，通过二十二种运气方式，激发超越二十四谛的灵魂……用思想抑制各种感官，密提罗王啊！用智慧抑制思想，寂然不动如岩石。寂然不动如木桩，如高山，通晓规则的智者们说这样的

---

① ［印］毗耶娑著，黄宝生等译：《摩诃婆罗多》（第五卷）之《和平篇》第189章，中国社会科学出版社，2005年，第351—352页。

人是瑜伽行者……一旦达到这种状态，他就会看到灵魂，像我这样的智者知道内在灵魂在心中。①

　　有学者提出，《解脱法篇》很可能包含了最古老的系统化的瑜伽修行，因而是早期瑜伽修行特别重要的研究资源。这里的瑜伽是和数论紧密相关的，在《和平篇》第289章中，毗湿摩说，"瑜伽依据亲证，数论依据经典，两者的原理我都认同"，在第293章中，极裕仙人说，"瑜伽行者看到的一切，数论者也都发现。认为数论和瑜伽一致，这样的人是智者"，在第304章中，雅佳瓦卡雅说，"数论知识无与伦比，瑜伽力量无与伦比，相传两者的行为一致，共同达到解脱"。②黄宝生告诉我们，《摩诃婆罗多》中的解脱论的理论依据主要是瑜伽和数论。他还提醒我们注意，数论在史诗时代尚且处于早期发展阶段，因此，《和平篇》中各家对二十五谛及其演化次序的描述互有差异，使用的术语及其含义也不尽相同，但它们体现的解脱原理是相同的，即一个人应该认同灵魂（原人），而不应该认同身体和感官（原质）。数论和瑜伽都以认识灵魂（第二十五谛）和身体（二十四谛）的区别为解脱的关键，这一要点连同数论和瑜伽的关系，我们将在随后关于古典瑜伽的章节详细阐述。

　　除了数论和瑜伽，《和平篇》中还论述了获得解脱的另一条道路——虔信毗湿奴大神，毗湿奴在此被称为"那罗延"（拿拉央那）。比如，我们在《和平篇》第335章读到：

毗耶娑说：
从大神智慧中产生的五大元素占据世上的一切身体，民众之主

---

　　①　［印］毗耶娑著，黄宝生等译：《摩诃婆罗多》（第五卷）之《和平篇》第294章，中国社会科学出版社，2005年，第552—553页。

　　②　这一句中的引文及其出处见［印］毗耶娑著，黄宝生等译：《摩诃婆罗多》（第五卷），中国社会科学出版社，2005年，"导言"第10页。

啊！大神那罗延是世界的创造者和主宰者，一切众生的内在灵魂，赐予恩惠者，既有性质，也无性质……吠陀以那罗延为至高者，祭祀以那罗延为核心，苦行以那罗延为至高者，归宿以那罗延为至高者。真理以那罗延为至高者，规则以那罗延为核心，正法以那罗延为至高者，也就不再返回。以入世为特征的正法也以那罗延为核心，大地中最优秀的香气以那罗延为核心。水的性质"味"以那罗延为核心，国王啊！光的性质"色"以那罗延为核心。风的性质"触"以那罗延为核心，空的性质"声"也以那罗延为核心。心是未显者（原质）的性质和特征，时间以行星运行为标志，也都以那罗延为至高者。名誉、吉祥和幸运都以那罗延为至高者，数论以那罗延为至高者，瑜伽以那罗延为核心。①

第五节　史诗时代奥义书中的生死问题

史诗时代的奥义书诸如《伊沙奥义书》《剃发奥义书》《疑问奥义书》《蛙氏奥义书》《弥勒奥义书》等，属于早期奥义书。它们包含的瑜伽思想已在第六章第五节《早期奥义书中的瑜伽要素》中谈及，在此，我们谈谈这些奥义书涉及的重要论题——生死问题。

一、用弃绝的方式享受

前面讲到，"圣化的行动者"是《薄伽梵歌》的终极理想，《伊沙奥义书》开篇两颂确认了这一理想。

在这个短暂世界的一切事物中，宇宙之主伊沙寓居其中。应当用弃绝的方式，享受宇宙之主给你的东西，没有任何事物属于你，它们

---

① 　[印]毗耶娑著，黄宝生等译：《摩诃婆罗多》（第五卷）之《和平篇》第335章，中国社会科学出版社，2005年，第653、656—657页。

全都属于伊沙。故此，不要渴望物质财富。（01）

人们应该通过放弃私我和对结果的执着来履行人世的职责，可以期待一百年的寿命。再无其他的方式，可以让人避开业的束缚。（02）①

"伊沙"（Isa）就是神或主人，此处指宇宙之主，也可以理解为至上自我。第一颂明确地告诉我们，伊沙寓居在一切事物中，"没有任何事物属于你，它们全都属于伊沙"。所以，作为"行动者"和"享受者"的私我是个错觉，一切事物的本质都是伊沙。明白了这一点之后，你可以选择两种生活方式，第一种是做个弃绝俗世的出世者，第二种是做个行动而不执着的入世者。这两种生活方式都能"让人避开业的束缚"，也就是让人解脱。

不过，对上面的两颂或许还有另一种更好的解读方式。无论是出世者还是入世者，都是弃绝者，只不过前者是外在的弃绝者，后者是内在的弃绝者，二者的差别只是形式上的差别，并非本质上的差别，就像金耳环是金子，金戒指是金子，二者都是金子。此处的秘密在于"应当用弃绝的方式，享受宇宙之主给你的东西"，意思是唯有"弃绝"才有真正的"享受"。为什么？因为不弃绝就只能受到业的束缚，受制于生死轮回，而轮回中并无真正的享受或极乐。

所以，唯有弃绝者是极乐的，他们脱离了业的束缚，犹如至尊天鹅徜徉人世。他们的存在就是对《伊沙奥义书》的如下祈祷词的注解：

唵！彼圆满，此圆满，圆满出自圆满，

从圆满获得圆满，始终保持圆满。

---

① 闻中：《做好真正的自己：〈奥义书〉现代精神20讲》，四川人民出版社，2021年，第241页。

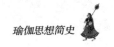

唵！和平！和平！和平！①

二、生死轮回的奥秘

《疑问奥义书》由六个问题及其回答组成，和《伊沙奥义书》一样短小精悍，主题集中。这六个问题阐明了生死轮回的奥秘，我们将它们列举如下：

众生从何而生？

众生何以维持？

生命从何而来？生命如何进入身体、如何在身体中确立与分配、如何离开身体？生命与自我是什么关系？

何者在人身中入睡、清醒和做梦？

念诵"唵"的人死后去往何处？

原人在哪儿？

在回答第一个问题"众生从何而生"时，该书借用了《梨俱吠陀》中的古老神话："生主渴望生育。他修炼苦行。他完成苦行，产生物质和生命这一对。他想：'它俩会以各种方式为我创造众生。'"（1.4）②这里的"物质"以月亮为象征，指"有形和无形的这一切"（1.5），也指"那些信奉祭祀和行善的人赢得月界。他们肯定还会返回。渴望生育的仙人们遵循南道，这是祖先之道"（1.9）。似乎南道包括月界和祖先之道。"生命"则以太阳为象征，指众生的生命，也指"依靠苦行、梵行、信仰和知识追求自我的人……（进入的）北道或至高归宿。他们不再从那里返回。这是寂灭"（1.10）。概括起来，众生由生主通过渴望和苦行而产生的物质和生命创造出来；众生的归宿有两条道路——南道和北道，分别代表

---

① 闻中：《做好真正的自己：〈奥义书〉现代精神20讲》，四川人民出版社，2021年，第241页。

② 黄宝生译：《奥义书》，商务印书馆，2010年，第282页。以下引文皆出自该译本，不逐一作注。

轮回和解脱。

　　"众生何以维持？"维持众生的是空、风、火、水、土、语言、思想、眼睛和耳朵，它们又依靠五气——命根气、遍行气、下行气、平行气和上行气来维系。

　　针对第三个问题"生命从何而来？生命如何进入身体、如何在身体中确立与分配、如何离开身体？生命与自我是什么关系"，该书的回答是：生命产生于自我，通过思想活动来到这个身体中（思想与生命的关系为"犹如影子附随人，思想附随生命"）。进入身体之后，生命为五气确定各自的位置：下行气在肛门和生殖器中；命根气在眼睛、耳朵、嘴和鼻孔中；平行气在中部，因为它要平等地分送食物；遍行气在一百零一条脉中运作；上行气通过其中一条脉，由善业引向善界，由恶业引向恶界，由善业兼恶业引向人间凡界（3.5—3.7）。所以，众生的归宿为：善界、恶界和凡界，取决于业的性质。

　　关于第四个问题"何者在人身中入睡、清醒和做梦"，该书说，在人身中入睡、清醒和做梦的是"个体自我"或原人，它最终进入"至上自我"或梵："他（个体自我）是见者，听者，嗅者，品尝者，思想者，智者，行动者，知觉的自我，原人。他进入至高的、不灭的自我。"（4.9）如何进入梵？回答是通过获得"梵知"进入梵："确实，任何人知道它（梵）无形，无体，无色，纯洁，不灭，也就达到这至高的不灭者，贤士啊，他成为知一切者，一切者。"（4.10）

　　关于第五个问题"念诵'唵'的人死后去往何处"，在该书中，"唵"音节被认为是上梵和下梵，由三个音素（a、u、m）构成，念诵不同的音素可使人在死后得到不同的归宿。如果念诵a音素，就会再生进入凡界。如果念诵a和u两个音素，则会进入空中月界，然后再返回凡界。如果念诵的是由a, u和m三个音素构成的"唵"音节，沉思至高原人，便会"进入光中，太阳中，就像蛇蜕皮，他摆脱罪恶……进入梵界"（5.5）。

　　最后，关于"原人在哪儿"，该书告诉我们，原人在身体里，有十六分："他（原人）创造生命，从生命产生信仰、空、风、光、水、土、感官、思想和食物，从食物产生勇气、苦行、颂诗、行动、世界和世界的名称。"（6.4）十六分从原人产生，又以原人为归宿："十六分以原人为归宿，到达原人后，消失不见。它们的名色消解，只被称为原人，原人是无分者，永恒者。"（6.5）在此，我们可以把十六分复归原人视为解脱的过程，因为接下来的偈颂谈论的就是解脱："如同辐条至于轮毂，这些分支（十六分）安居其中，你要知道应知者原人，但愿死亡不折磨你们"（6.6），"你是我们的父亲，带领我们渡过无知之海，到达彼岸"（6.8）。相应的，我们可以把十六分从原人中的产生视为世界演化的过程。这似乎预示了接下来的古典时代数论哲学的宇宙演化和复归的理论模型。

除了《疑问奥义书》中有关生死的上述论题，《蛙氏奥义书》确立了自我的"四位说"，第四位或图利亚被认为是超越醒位、梦位和深眠位的真我，这是阿特曼理论的一个成熟模型，常被后人引用。《弥勒奥义书》谈论了三德——暗性（答磨）、忧性（罗阇）和善性（萨埵），但它们的含义和数论-瑜伽派所说的含义不同。值得一提的是，《弥勒奥义书》谈到了"瑜伽六支"，分别为：调息、制感、沉思、专注、思辨、入定。（6.18）不过，它们的含义和帕坦伽利的"瑜伽八支"中的对应概念有所不同。此外，对中脉和身印的利用也出现在《弥勒奥义书》中，被视为解脱的法门："有一条名为中脉的脉管，贯通上颚，引导气息向上。通过它，与气息、唵声和思想结合，他上升。用舌尖顶住上颚，摒弃感官，凭伟大观看伟大。这样，他获得无我性。由于这种无我性，他不再享受苦乐，获得独一无二性。"（6.21）

在史诗时代，后来的瑜伽派借以形成的各种理论与修行要素实际上已经具备。思想史呼唤集大成者诞生，把这些理论和要素编撰成完整的体系。

第六章
古典瑜伽与数论哲学

　　在瑜伽思想史上，帕坦伽利的瑜伽派被称为"古典瑜伽"。这里的"古典"（classic）指的不是时间上的古老，而是一种风格，正如18世纪欧洲流行的巴洛克建筑风格被称为古典风格，18世纪后期到19世纪中期的德国哲学（比如康德哲学和黑格尔哲学）被称为德国古典哲学。建筑艺术上的古典风格的特点是恢宏而典雅，富丽堂皇的结构配以精雕细琢的装饰，类似的，德国古典哲学的特点是"宏伟的哲学体系，包含着众多细致的分析、周密的概念、复杂的论辩和宏大的话语"[①]。正是帕坦伽利赋予了瑜伽传统以古典的形式，在他之前，瑜伽的理论和修行散播在整个印度文化的土壤中，而在他之后，瑜伽成为一个独立的派别，"正是因为他的功劳，瑜伽传统才有了一个同质的理论框架，可以和许多敌对的传统，比如吠檀多、正理派，尤其是佛教相抗衡"[②]。

　　帕坦伽利做了什么工作？概括地说，他总结了前人的瑜伽知识

[①]　赵敦华：《西方哲学简史》，北京大学出版社，2001年，第256页。

[②]　［德］格奥尔格·福伊尔施泰因著，闻风、朱彩红、黄祺杰译：《瑜伽之书》，海南出版社，2017年，第205页。

与实践，并用一个理智框架把它们汇编起来，形成了一本系统的专著——《瑜伽经》。这类似于在巨大的瑜伽花园里采撷不同种类的花朵，编成了一个花环。《瑜伽经》也像是一张"身份证"，让瑜伽获得了独立的身份。帕坦伽利是瑜伽传统的集大成者，而不是瑜伽的创立者，"但这种出色而巧妙的系统化对瑜伽所作的贡献并不亚于其创立者"①。

帕坦伽利使用的理智框架来自数论哲学。李建欣指出，帕坦伽利把瑜伽行法明确地嫁接到数论哲学之上，从而使数论和瑜伽牢固地结合在一起。因而我们常把数论派和瑜伽派视为姊妹派，合称"数论-瑜伽派"。所以，从逻辑上说，要理解帕坦伽利的瑜伽，先要理解数论哲学。除了数论的影响，学者们认为佛教的影响在《瑜伽经》中也是显而易见的，还有学者认为，《瑜伽经》代表着婆罗门教从沙门传统中挪用瑜伽的尝试。

不过，也应该指出，印度教的哲学基础不是数论的二元论，而是不二论，这使得"帕坦伽利的这种彻底的二元论在印度教内和教外招致了不少的批评，古典瑜伽也因此不能成为影响深远的哲学流派……古典瑜伽以后的瑜伽派别都无一例外地建立在不二论吠檀多的哲学之上，而不是对古典瑜伽二元论的继承和发展；帕坦伽利的体系几乎可以被视为不二论开创的传统中的一个插曲"②。所以，从思想史的角度来评价，情况是吊诡的：数论的二元论哲学既成就了瑜伽派，也使瑜伽派湮没在历史中。

---

① 李建欣：《印度古典瑜伽哲学思想研究》，北京大学出版社，2000年，第11页。

② 李建欣：《印度古典瑜伽哲学思想研究》，北京大学出版社，2000年，第12页。

第一节　数论派的哲学预备

一、数论派简介

数论派是古印度六大正统哲学流派中最早出现的派别，其余五派为瑜伽派、前弥曼差派、吠檀多派（后弥曼差派）、胜论派和正理派。"数论"（samkhya）的原初含义为"计数"，转为"思索研究"之义。关于该派为何以"数论"为其派名，学者们有不同的猜测，保罗·多伊森等学者认为"数论"原被当作"思索"之义使用，在《奥义书》中，"数论"用来指称分析思考万有的态度，后来才成为宗派名称。

数论萌芽自《梨俱吠陀》，在《奥义书》和《摩诃婆罗多》中得到发展。"数论"一词被当作术语使用，最早见于《白净识者奥义书》（6.13）的"依靠数论瑜伽理解"[①]，但这里的"数论"含义笼统，仅指一般的理论考察。《薄伽梵歌》第二章谈到了数论瑜伽，但也只是笼统地指分析性的思辨态度，即智慧之道，并非指数论派这一学派。在稍晚于《薄伽梵歌》的《解脱法篇》中，则可以见到数论派已经成立的佐证："完全计数之学派数论派列举包含原质的二十四谛，以及第二十五谛之非物（原人）。"[②]

数论派的祖师是传说中的迦毗罗（Kapila），其生活年代不详，可能在公元前两三百年。显而易见，"此人轻视祭仪之功德，怀疑人格神的存在，希望通过思辨之知见而获得解脱"[③]。关于数论派的师承，有着不同的说法，到了《数论颂》的作者自在黑

---

① 黄宝生译：《奥义书》，商务印书馆，2010年，第333页。

② 转引自［日］木村泰贤著，释依观译：《梵我思辨》，台湾商务印书馆，2016年，第60页。

③ ［日］木村泰贤著，释依观译：《梵我思辨》，台湾商务印书馆，2016年，第58页。

（Isvarakrishna，1—2世纪，也有说4世纪）那里，已然历经多代传承。《数论颂》及其注释被称为古典数论，在此之前有原始数论，但目前没有直接的资料，因而《数论颂》是数论派现存最早和最权威的著作。《数论颂》的主要注释有真谛三藏的中文本《金七十论》，乔荼波陀的注释本，瓦恰斯帕蒂·弥室罗的《真理之月光》（也译成《明谛论》）。古典数论通过二元二十五谛展开其理论体系，是一种典型的二元论。数论思想发展的第三个阶段是晚期数论，以14世纪之后的《数论经》及其注释等为代表，在理论上相对于古典数论并无大的突破，但积极朝吠檀多靠拢，有向一元论和有神论发展的趋势。[①]

数论派对于印度人理解终极实在和世界影响深远。在今天的印度，"吠檀多占据了主导地位，现代科学越来越发现其自身与六派哲学的直觉认知相一致，但我们必须注意到，吠檀多是从数论所提供的平台上起飞，并达至非凡高度的。吠檀多接受数论派的大部分基本观点，比如称为'轮回'的境况、三苦、原质三德、演化的过程、纯意识的本性。数论派将万物还原为两个实体——原质和原人，吠檀多所做的是将这两个实体整合为一个无所不包的整体"[②]。此外，数论派与原始佛教和耆那教有内在关系，与瑜伽派有姊妹关系，在印度一般思想界具有重大意义。

就我们当前的论述而言，和古典瑜伽关系密切的是古典数论。因而，我们接下来以《数论颂》及其注释《真理之月光》[③]为依据来说明数论哲学的基本理论。

---

① 本段介绍参见吴学国：《存在·自我·神性》，中国社会科学出版社，2006年，第434—435页。

② Isvara Krsna, trans. Swami Virupakshananda, Samkhya *Karika of Isvara Krsna* (Mylapore: the President Sri Ramakrishna Math), "Publisher's Note".

③ 该注释的中文本为［古印度］自在黑著，［古印度］瓦恰斯帕蒂·弥室罗译，［印］维鲁帕克萨南达英译，朱彩红中译并补注：《〈数论颂〉译注》，四川人民出版社，2022年。以下有关数论哲学的介绍以《〈数论颂〉译注》为参考依据。

二、数论教导的动机与方法

《数论颂》第一颂交代了教导的动机——离三苦，它是解脱的同义词。数论哲学把世上所有的苦分为三种：依内苦、依外苦和依天苦。依内苦指身体痛苦和精神痛苦，比如阑尾炎和抑郁症；依外苦指由外部作用导致的痛苦，比如苹果树的病虫害为果农带来的烦恼；依天苦指由自然力量和超自然力量导致的痛苦，比如夜叉、罗刹和星象带来的灾难。众所周知，这些痛苦有着"明显的"对治方法，比如，针对身体痛苦，有医方可治，针对精神痛苦，有种种享乐方式可以缓解，针对依外苦，可以通过建造安全的居所或掌握自然科学与人文科学的相关知识来抵御，针对依天苦，有咒语、法器、占星术来提供庇护。再者，《吠陀》为人们提供了进入天界享乐、远离痛苦的方法。既然如此，数论对离苦之法的探究是否多余？

对此，《数论颂》先指出了上述"明显的离苦之法"和"《吠陀》的离苦之法"的缺点，然后表明数论的离苦之法——通过分辨智得解脱——能够克服这些缺点，因而并非多余。明显的离苦之法的缺点在于不确定和不持久，《吠陀》的离苦之法的缺点在于不净（比如祭祀导致的杀生）、退失（天界的享乐不是永久的）和不平（祭祀带来的利益有大小之分）。相反，数论的离苦之法具有确定、持久、清净、不退、平等的特点，是究竟的解脱之道。

数论的目标——获得"分辨智"主要是一个认知过程。《数论颂》说明了三种获得正确认知的方法（量）：现量（感知）、比量（推理）和圣言量（有效见证）。其他哲学流派所提出的譬喻量、传承量、义准量、无体量、想定量等被囊括在这三种量中。此外，《数论颂》还提到了因中有果论，意思是结果在实际产生之前和之后始终存在于原因中。三种量和因中有果论构成数论哲学的认识论，能够让我们认识原人和原质。换言之，数论哲学的认识论是其宇宙论建立的基础，二元二十五谛的宇宙模型是通过认识论建立的。

三、数论哲学的二元论：原质与原人

数论哲学提出了典型的心物二元论，认为整个存在由两个不可还原的终极范畴——原质与原人构成。原人代表精神性的维度，是纯意识，即纯粹的目击者，具有独存、中立、观照、不动的特点。原人的数量为多，每一存在者都是一个独立的原人，你的原人不是我的原人。相反，原质代表物质性的维度，是无知的，有三德，变动不居，在数量上是唯一的。"三德"指萨埵（乐）、罗阇（苦）和答磨（幻），分别代表轻快与照明、激奋与流变、惰性与遮蔽。三德既是实体化的物，又是属性、运动、状态等，既是心理上的概念，又是物理上的概念，在白话文中无法找到合适的词来形容，这表明了印度古人的思维方式和今人的思维方式之间的巨大差异。[①]

数论哲学认为原质与原人的结合使原质开始了演化的过程，产生了宇宙万物。《数论颂》第21颂用跛子与盲人的故事来说明原质与原人的结合：

从前有一个商队，在去优禅尼的途中遇到了劫匪，商人们作鸟兽散。有一个盲人和一个跛子，跟不上众人逃离的步伐，被遗弃在原地。盲人四处乱转，被坐在地上的跛子看见了。跛子问道："你是何人？"盲人回答："我天生目盲，不识道路，所以四处乱转。你又是何人？"跛子回答："我天生腿跛，只能看见道路，却不能行走。不如你背着我，我来给你指路。"于是二人合作，抵达了目的地。[②]

---

① 关于"三德是什么"，参见《〈数论颂〉译注》第13颂的"补注"，或者《梵我思辨》的附录"数论之三德论"。

② ［古印度］自在黑著，［古印度］瓦恰斯帕蒂·弥室罗译，［印］维鲁帕克萨南达英译，朱彩红中译并补注：《〈数论颂〉译注》，四川人民出版社，2022年，第153页。

故事中的跛子相当于原人，盲人相当于原质，二者的结合不像氢与氧化合成水那样，是一种实质性的结合，而是一种功能上的合作，为的是原人的经验和解脱。我们可以借助印度哲学中用于解释关系的独特理论——"镜像论"来说明。原人相当于镜子，原质相当于镜中的映像，原人映照出原质的活动，由此达到"经验"的目的，并在经验中认清自身与原质的分别，从而达到"解脱"的目的。

原质与原人的结合是怎么开始的？这个问题单单从理论上无法解答，但从实修角度谈论则意义重大。就我们的现实境况而言，正是无明让原质与原人结合，致使人执迷于世界，在轮回中翻滚。木村泰贤评论道："由于无知，心灵的光辉暗昧，心灵受制于肉体……将感觉界的事象视为就是全体，却忘了另有理想的精神生活存在……数论所以认为此世界是执迷之产物，形成此世界的心物结合之因在于无明，正是痛切此感所致。"[1]既然二元结合导致了束缚与轮回，那么，让结合的二元分离即为数论的修行功课。如此一来，原本属于无明之局面、作为轮回与经验之舞台的二元结合，就转变成了解脱的舞台，而一旦我们把二元结合视为解脱的舞台，原本束缚人的原质就变成了解脱的机关与助力。正是在这个意义上，二元结合成了二元分离的手段——这就是数论"为离而合"的古怪逻辑之真义。

四、数论的宇宙论：二十五谛

原质与原人的结合使原本平衡的原质三德比例失衡，由此，原质开始了演化的过程。《数论颂》第22颂说明了这一演化过程："由原质演化出大谛，由大谛演化出我慢，由我慢演化出十六谛系列，由十六谛系列中的五谛演化出五大。"我们用下图表示：

---

① ［日］木村泰贤著，释依观译：《梵我思辨》，台湾商务印书馆，2016年，第112页。

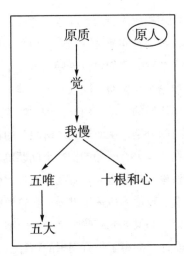

图16　宇宙演化图

上图表明，在数论中，不存在创世之神，宇宙是自行演化出来的，因而数论哲学常被称为"无神论"。整个宇宙被分析为二十五谛，除了原人之外，其余二十四谛之间存在着次第演化关系。数论用"本"和"变异"的概念来说明这种演化关系，"本"指演化者，"变异"指演化产物，它们是相对的概念，也就是说，何者为本，何者为变异，要在具体的关系中确定。

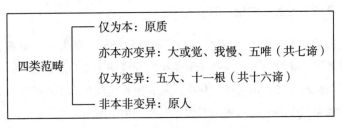

图17　本和变异的范畴

关于演化，还有个问题：本成为变异之后，比如原质成为大（觉）之后，原质还存在吗？同样，大（觉）成为我慢之后，大

（觉）还存在吗？这关系到数论的"演化"是个什么概念，我们可以把它想象成水从杯中溢出，而杯中之水仍在，换言之，本生出变异之后，本仍在其位。所以，数论的演化论是一种"流溢说"。这意味着二十四谛之间存在着双重关系：在纵向上，它们之间有着本和变异的缘起关系；在横向上，它们之间有着并存关系。数论的演化论是缘起论和并存观的交织。

"原质"一词可泛指原质二十四谛，也可专指作为本的原质，称为"本因"。前面说过原质有三德——萨埵、罗阇、答磨，在开始了演化之后的原质及其产物中，三德的比例始终是失衡的。本因的第一演化产物大（觉）代表决断或意志，萨埵相（萨埵占据主导）的觉显现为正法、智慧、离欲和力量，答磨相（答磨占据主导）的觉与此相反。值得注意的是，在觉中，三德中的何者占据主导，这对于数论派的人生观——人的生死轮回——非常重要，我们稍后会谈到。我慢是自我意识，由萨埵相的我慢演化出十一根系列，由答磨相的我慢演化出五唯系列，罗阇相的我慢则为这两个方向的演化提供动力。十一根指五知根（认知官能）眼、耳、鼻、舌、皮，五作根（行动官能）口、手、足、排泄器官、生殖器官，以及作为思虑之谛的心。觉、我慢、心是三个"内作具"，五知根和五作根则是"外作具"，这些作具活动的唯一动机是达成原人的目的——经验和解脱。五唯指色、声、香、味、触，它们是精微元素。由五唯生出五大——土、水、火、风、空，它们是粗糙元素，组成我们的经验客体。

数论派的宇宙演化论在我们看来是相当"古怪"的。为什么呢？因为我们经受过现代科学的洗礼，而印度古人的宇宙论不是一种自然科学图式的宇宙论，而是一种"心理-精神宇宙论"。应该如何看待这种差异？现代心理学家荣格曾说：

> 心灵存在是我们当下直接感知的唯一存在。任何东西要被认识，首先以心灵意象的方式呈现。只有心灵意象才能被立刻验证。从世界

并不假设心灵意象这种形式的意义上来说，它根本不存在……东方思想建立在心灵现实的基础之上，这是指心灵是存在的主要和特有的条件。看上去东方的认识似乎是心理学或者气质特征意义上的现实。①

从这个角度来看，数论派的宇宙论出自一种更加古老而直接的思维方式，它是印度古人的心灵现实中的宇宙，换言之，二元二十五谛是印度古人经验到的宇宙存在的各个层面：由外至内，我们首先经验到的是由五大组成的客体，在五大背后是更加精微的五唯；接着转向经验的主体，在经验过程中，我们使用到的官能是五知根和五作根，它们背后是心在思虑，而心的思虑被归于自我，自我意识即为我慢，比我慢更深的是一种普遍的觉，它似乎是心灵在反思过程中所能溯及的底层；比觉更深的是本因，但它的存在是通过比量和因中有果论推理出来的。实际上，这种宇宙论比现代科学的宇宙论更容易为普通人所理解。

我们刚才谈到了一个重要的词"经验"。经验者是谁？依据数论哲学，真正的经验者只能是原人，因为原人是纯意识，而原质无知。但由于原质与原人的结合，"无知的演化产物看似有知"（第20颂），好比月亮看似会发光。由此，我们误以为经验者是心，但实际上，心的思虑官能是因为反射了原人的意识之光。数论哲学告诉我们，原质及其产物所呈现的一切，包括人心的经验在内，都是原质三德的活动或者"发生"，作为目击者的原人在观看着整个"发生"，仅此而已。

从心灵现实的角度，也很容易解释宇宙演化论被提出的目的——为解脱论服务。在这一点上，瑜伽派说得更清楚：演化和复归是一对，心灵的复归之路即为逆向的演化之路。我们稍后可从《瑜伽经》

---

① ［瑞士］荣格著，朱彩方译：《东方的智慧》，译林出版社，2019年，第10—11页。

对三摩地的描述中清楚地看到这种逆向演化。

五、精身与轮回

依据数论哲学，人有两个身体，其一是肉身，称为"父母所生身"，它因死亡而消灭。但死亡不是生命的终结，因为人还有"精身"，而且"精身常住"，不因死亡而消灭。

精身是什么？精身"由觉到五唯的诸谛构成"（第40颂），如下图：

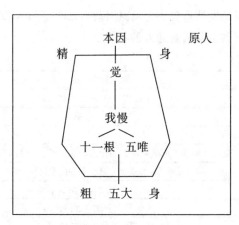

图18　精身的构成

数论哲学说，精身产生于宇宙演化之初，每一个原人都有一个精身。在空间上，精身可穿山过海，不受阻碍；在时间上，它从一个粗身轮转到另一个粗身。精身何以轮转？这是因为精身有习气，习气的染着正是精身轮转的原因。什么是习气？习气指"觉"依不同的三德比例而呈现出来的表征。前面说过觉分为萨埵相的觉和答磨相的觉，其表征有八种，即习气共有八种。

精身是轮回的主体，《数论颂》第42颂说："被原人的目的所驱动，精身如同一个戏剧演员，以不同的角色出场，借助因果关联，通过原质无所不包的力量而表演着。"轮回的舞台或场域是三道：天道、人道和兽道。天道在上，由萨埵占据主导，因而是欢乐的；人道居中，由罗阇占据主导，因而人世生活总的来说是苦的；兽道的众生则生活在幻中，由答磨占据主导。天道有八处[①]，人道只有一种，因为所有人的身体构造都是一样的，兽道有五处[②]。

刚才说轮回的原因是八种习气——正法、智慧、离欲、力量、非法、非智、爱欲、软弱，前四种属萨埵相，后四种属答磨相。这些习气存在于觉中，有"先天的"，即与生俱来的，据说创始之初就已出现的迦毗罗仙人天生具备正法、智慧、离欲和力量；有"原质的"，也就是构成精身的原质素材本身所具有的；还有"后天的"，即通过个人努力而习得的，此为普通人的状况。

因	果
正法	向上生于天道八界和人道
非法	向下生于兽道五界
智慧	解脱
非智	束缚（原质方面的束缚，演化方面的束缚，个人方面的束缚）
离欲	融入原质（原质方面的束缚）
爱欲	生死轮回（个人方面的束缚）
力量	无障碍（演化方面的束缚）
软弱	障碍（演化方面的束缚）

表8　轮回的因果关系

"正法"指禁制和劝制，或指通往世俗繁荣和至善的行为方式，"向上"指再生时精身向上出生在人道以及天道八界。"非法"是正法的反面，"向下"指再生时精身向下出生在兽道的五界。"智慧"

---

① 关于天道八界，《真理之月光》说是"梵天、生主、天帝、祖灵、乾达婆、夜叉、罗刹、毕舍遮"，《金七十论》中的说法则是"梵、世主、天、乾达婆、夜叉、罗刹、阎摩罗、鬼神"。

② 关于兽道五界，《真理之月光》说是"牛、鹿、鸟、爬虫、不动之物"，《金七十论》说是"一四足、二飞行、三胸行、四傍形、五不行"。

指知晓原人和原质的分别，也就是已经获得了分辨智，那时，原质开始停止活动，原人开始舍弃精身，走向解脱。"非智"即智慧的反面，会导致三种束缚①。"离欲"指的是弃绝，但没有获得分辨智，这样的人死后融入原质，未得解脱。"爱欲"使人陷入生死轮回。"力量"指悉地或神通，"无障碍"指能够随心所欲地做想做的事，但这不是解脱。"软弱"是力量的反面，导致障碍。

我们看到，在数论哲学中，轮回说已经得到了详尽的阐述，轮回的主体为精身，轮回的舞台为三道，轮回的因果如上表。此外，数论哲学还从迷与悟的角度谈论了轮回。

六、迷悟与修行

上面说的轮回的八因八果都是觉的产物，合称觉的"十六生"，它们也被另称为"无知、无能、欢喜、成就"。为什么要换一种称呼？不同的名称代表不同的理解角度，十六生是从精身的轮回所依据的因果关联的角度做出的分析，而把十六生称为无知、无能、欢喜和成就，则是从诊断现实、导向觉悟的角度做出的解释，代表着由迷入悟的过程。《金七十论》中有个故事说明了这个过程：

从前，有个婆罗门带着四个弟子去拜见国王，随后启程回家，天还未亮，他们就已踏上了归途。走着走着，一个弟子突然有点紧张地说：师父，前面路上有东西，不知是木桩还是强盗（这个弟子的状况是"无知"，（《金七十论》译作"疑"））。听了第一个弟子的话，师父对第二个弟子说：你去看看，到底是人还是木桩。这个弟子

---

① 三种束缚如下：错把原质当成原人会导致"原质方面的束缚"，这样的人死后融入原质，未得解脱；错把原质的演化产物当成原人会导致"演化方面的束缚"，这样的人也未得分辨智，无法解脱；"个人方面的束缚"，比如为了个人死后升天而履行祭祀，这种吠陀时代的理想在《数论颂》中仍是束缚，而非解脱。

胆小，只敢远远地看，不敢走近确认，但天太黑了，怎么也看不清。于是，他不得不告诉师父：师父，我不敢走近，因而无法确定（这第二个弟子的状况是"无能"）。师父对第三个弟子说：你去看看，到底是人还是木桩。不料这个弟子听了师父的话，却回答说：师父，何必费心去看，天马上就要亮了，路上行人很快就会多起来，我们跟着他们走便是了（这第三个弟子的状况是"欢喜"，他尚未认清是人还是木桩，就已生起了欢喜之心，认为问题不存在）。无奈，师父只能让第四个弟子去看。这个弟子遵从师命，而且眼神很好。他看见有藤缠绕此物，藤上栖息着一些鸟儿，他还往前用手摸了摸，确认是个木桩。然后，他回去告诉师父，此物是个木桩（这第四个弟子的状况是"成就"）。

这个故事显明，无知、无能和欢喜都是"迷"的阶段，尚未解脱，唯有成就使人"悟"，通往解脱。《数论颂》第47颂进一步说，由于三德比例的不同，觉共产生了五十种形式的无知、无能、欢喜和成就："无知有五种①，由诸根的缺陷导致的无能有二十八种②，欢喜有九种③，成就有八种。"它们合称觉的"五十分"。我们看到，除去八种成就，《数论颂》用四十二种无知、无能和欢喜细致地展示了四十二种"迷"的状态。

---

① 五种"无知"为无明、我见、执着、厌恶和贪生，相当于《瑜伽经》的"五苦"，它们被称为暗、痴、大痴、重暗和盲暗。

② "无能"分为两部分：第一部分是十一根的无能导致的觉的无能，因为觉需要通过十一根和我慢把客体展示给原人，而十一根的缺陷使得觉的官能受到了相应的影响（这部分不重复计算）；第二部分是觉的自然缺陷，归因于欢喜和成就的反面，共有十七种。

③ 九种欢喜是四种依内喜和五种依外喜，《真理之月光》认为持"依内喜"的人知道有不同于原质的原人存在，但却没用正确的修习去获得分辨智，而是满足于错误的意见，"依外喜"是因为错把原质当成原人，并在此基础上追求解脱。

　　八种导向"悟"的成就分别为：思量、言教、读诵、离三苦、交友、纯净或布施。它们实际上是数论的修行方法。关于它们的含义和相互关系，不同的注释者有着不同的看法。根据《真理之月光》的解释，"离三苦"构成《数论颂》第一颂就阐明的三种主要成就，其余五种是次要成就，充当离三苦的手段。"读诵"指跟随古鲁生活，并依据经典的训谕学习真我的学问。读诵的结果为"言教"，意味着理解教导的含义。"思量"指推理或论证，即借助与经典相融贯的推理研究经典的含义，这里说的研究在于通过驳斥所有的怀疑和异议来确立经典拥护的观点。不过，甚至连以正确的思量开展研究所得出的真理也缺乏信用，直到和自己的古鲁、弟子、同道讨论过，并获得他们的赞同，这是一个"印证"的过程，而与这样的朋友论道称为"交友"。"纯净"在于消除所有怀疑、反对意见以及所有欲望，从而在心中确立纯净的、直接的分辨智之流，这要求长期不间断的勤勉修习。

　　遗憾的是，上述解释缺乏具体的实操方法。不过，《金七十论》对八种成就的解释包含了一种实操方法，它是八种成就共通的核心内容，称为"六观"或"六行观"，如下表：

观	位
五大过失，生厌离	思量位
十一根过失，生厌离	持位
五唯过失，生厌离	如位
我慢及八种力量过失，生厌离	至位
觉过失，生厌离	缩位
本因过失，生厌离	独存

表9　真谛《金七十论》的六行观

　　"六观"只在《金七十论》中出现，并未见其他注释本，但我们可以把它视为数论派的代表修行法，因为在学理上，六观正是依据数论哲学所提出的演化的相反顺序完成了复归，逐步把变异融入本，直至本因和原人分离，原人达到独存。关于六观的次第，木村泰贤评论道："要言之，首先以远离外界之执着为期，进而抑制担当与外界交涉之任的十一根，更远离内心之动摇，最后全然脱离肉体之习气，进入纯粹的精神生活。"①

真谛三藏在解释第一种成就——"思量"时就提出了六观。"思量"被解释为："如一婆罗门出家学道，作是思维：何事为胜？何物真实？何物最后究竟？何所作为智慧得成显？故作是思量已即得智慧。"这里的"得智慧"指的是获得分辨智，《金七十论》把它表述为两步：首先是在理论上认识二十五谛，"本因异，觉异，我慢异，五唯异，十一根异，五大异，真我异，二十五真实义中起智慧"；其次，由这种认识起六观。获得分辨智的两步——认识二十五谛和六观贯穿其余七种成就，也是它们的核心；不同成就的差别仅仅在于获得分辨智的机缘不同。

无论怎样解释八种成就，它们最终全都汇集在同一处——获得分辨智并由此得解脱，犹如八条河流汇入大海。什么是分辨智？《数论颂》第64颂说："由此，通过修习真知生起如下智慧：'非我''非我所''无我'；那是最终的、因无误而纯净的、究竟的知识。""非我""非我所""无我"为分辨智的三个表述。乔荼波陀认为，"非我"指所有的被认同之物都不是我，比如身体不是我，心意不是我；"非我所"指没有"我的"，比如财富不是我的，儿子不是我的；"无我"可以理解为没有私我中心。由此可见，分辨智让私我中心不复存在：没有私我认同的内容，没有私我执有之物，没有私我本身；剩下的是"纯净而自在的原人作为目击者静观原质，而原质不再生成产物，并停止了演化"（第65颂）。

---

① ［日］木村泰贤著，释依观译：《梵我思辨》，台湾商务印书馆，2016年，第134页。

不过，这只是有身解脱或次级独存，因为"由于过去的冲动留下的冲力，原人的身体皮囊暂且继续留存，就像拉坯的轮车甚至在陶匠停止转动之后继续旋转着"（第66颂），也就是说，虽然分辨智已经生起，原人已经明白自己的真实本性，原质也已经停止进一步的活动，但原人和原质依然结合，因为已经结果的习气尚未被经验耗尽，相应的，身体尚未脱落。最终，"当随着时间的推移与身体分离，当原质因为达成目的而停止了活动，原人便获得了绝对的、终极的独存"（第68颂），也就是说，等到已经结果的习气被相应的经验耗尽，身体最终脱落，原人才能彻底和原质分离，达到终极独存或究竟解脱。

"十六生"告诉我们，解脱唯有依靠智慧，"五十分说"告诉我们，解脱唯有依靠八种成就通往的智慧。毫无疑问，数论哲学是一条智慧之道。虽然数论派的哲学是为其修行服务的，但后世更重视它的哲学，而谈到对于数论哲学的修行，我们通常转向的是瑜伽派。

第二节 帕坦伽利和瑜伽派

在讲述古典瑜伽之前，我们先要明白如下两点：首先，虽然帕坦伽利让瑜伽成了一个独立的派别，但瑜伽是印度诸派共通的修行法，如果不能理解这一点，则"无法知晓印度全体思想之意义"①。其次，由于瑜伽本质上是修行法，因而其具体意义有赖于和修行法相结合的哲学体系。木村泰贤说："瑜伽本身只是单纯的练心法，依其所结合哲理之差异，其所实现自有相当的不同，其修行法也有种种类别，瑜伽所以分有种种流派。"②瑜伽派的哲学框架来自上一节阐述

---

① ［日］木村泰贤著，释依观译：《梵我思辨》，台湾商务印书馆，2016年，第140页。

② ［日］木村泰贤著，释依观译：《梵我思辨》，台湾商务印书馆，2016年，第144—145页。

的古典数论，瑜伽派的完备体系则由帕坦伽利的《瑜伽经》所确立。

一、帕坦伽利的传说

瑜伽发端于吠陀时代甚或更为古老的印度河文明，到史诗时代，其气运业已成熟，但在帕坦伽利的《瑜伽经》中，瑜伽思想才完成了其组织，确立了由形而上的原理、实际的修行法、力量和解脱构成的完备体系。帕坦伽利是瑜伽派的祖师。

帕坦伽利是传说中的人物，可能生活在公元前500年至200年期间，也有学者认为他生活在公元2世纪。当代瑜伽大师艾扬格把帕坦伽利视为自愿化身来帮助人类的灵魂，"他化身为人，经历我们的悲喜，并学会了超越悲喜"[①]。在印度历史上，有过三个著名的帕坦伽利，一个是《瑜伽经》的作者，一个是文法学家、《大疏》的作者，还有一个是医学家、《遮罗迦集》的作者。印度人普遍认为这三个帕坦伽利是同一个人，比如，查克拉帕尼（Chakrapanidatta）在对《遮罗迦集》的注释的开篇祈祷文中说："我敬拜蛇主帕坦伽利，他通过《瑜伽经》《大疏》和他所编的《遮罗迦集》分别消除心意、言语和身体的不净。"[②]但西方学者普遍持有相反的观点。

关于蛇主如何化身为帕坦伽利，有个美丽的传说：

据说毗湿奴曾在坐骑上观看湿婆的迷人舞蹈。在湿婆跳舞的时候，毗湿奴是如此专注，以至于他的身体开始随着节奏振动。这振动使他越来越沉重，以致阿底舍沙（即蛇主，毗湿奴的坐骑）觉得极不舒服，上气不接下气，到了崩溃的边缘。在舞蹈结束的时候，毗湿奴的身体再度变轻。阿底舍沙十分吃惊，向主毗湿奴追问这惊人变化

① ［印］艾扬格著，王东旭、朱彩红译：《帕坦伽利〈瑜伽经〉之光》，海南出版社，2016年，第5页。

② 转引自［印］岚吉著，朱彩红译：《〈瑜伽经〉讲什么》，四川人民出版社，2018年，第49页。

的原因。毗湿奴解释说，湿婆的舞蹈之优雅、美妙和庄严在他自己的身体里引发了相应的振动，使身体变况。惊讶的阿底舍沙表示渴望学会舞蹈，以取悦他的主。毗湿奴陷入冥思，预言不久湿婆会给予阿底舍沙恩典，让他写一本关于语法的注释，并让他能够在舞蹈艺术方面臻于完善。听到这些话，阿底舍沙高兴极了，盼望着湿婆恩典的降临。

图19　帕坦伽利

　　然后，阿底舍沙开始冥想，以弄清谁会成为他在世上的母亲。在冥想中，他见到一位名叫葛妮卡的女瑜伽师正在祷告拥有一个配得上的儿子，以便传授自己的知识和智慧。他立刻意识到她会成为配得上他的母亲，于是便等待良辰吉时成为她的儿子。

　　认为自己的尘世生命正在接近终点的葛妮卡一直在寻找配得上的儿子，但还没有找到。最后，她朝向太阳神——尘世的见证之神，祈祷太阳神实现她的渴望。她用手掬起水，作为对太阳神最后的献祭，并闭上双眼冥想太阳。待到献水时，她张开双眼，望向手掌。让她吃惊的是，一条极小的蛇在她的手掌中游移，很快，蛇就化为人形。这个微小的男人向葛妮卡伏拜，请求她接受自己做她的儿子。她接受了，并给他取名为帕坦伽利（Patanjali）。〔"帕塔"（pata）指正在落下或已经落下的，"安加利"（anjali）指祭品，也指祷告时合拢的双手。因而，葛妮卡以合拢的双手进行的祷告叫作帕坦

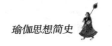

伽利。〕①

《论瑜伽》开头的颂神诗是这样向阿底舍沙或湿婆致敬的：

他抛弃原始形象，以多种方式施恩世界，自己承受剧毒而消除大量痛苦；他是一切知识的源泉，有美丽的顶冠，缠腰的众蛇永远讨他喜欢；他有许多脸，身躯洁白无瑕，实施瑜伽，赐予瑜伽，愿这位天神，众蛇之主，保护你们！②

关于帕坦伽利的一切似乎都笼罩在迷雾中。福伊尔施泰因在《瑜伽之书》中认为，可以合理地假设他是个伟大的瑜伽权威，极有可能是某个派别的领袖，在该派中，研读经文被视为灵修的一个重要方面。帕坦伽利是《瑜伽经》的编者，而非原创者。在回顾久远的瑜伽传统并编成这本经书时，他采纳了数论哲学的理智框架，并且似乎受到了佛教的重大影响，但也有可能《瑜伽经》和佛教的相似之处归因于印度教瑜伽和佛教瑜伽的同步发展，对此我们不能确定。

或许值得提及的是，菲利普·马斯（Philipp Maas）的研究表明，《瑜伽经》的经文没有独立于《论瑜伽》（bhasya）的原稿传播，而《论瑜伽》通常被归入毗耶娑名下，其经文和注释在语句上相互交织。据此，马斯提出，我们应该把经文和注释视为同一作者的统一工作，该作者从出自325年至425年期间的更早的资源中汇编了文本的经文部。他进一步提出，这个经文和注释相交织的联合文本应该以其原稿的版权页上提到的名字来命名，即*Patanjali-Yoga-Sutra Samkhya-Pravacana*（"来自帕坦加利的权威瑜伽阐释，必备的数论

---

① 〔印〕艾扬格著，王东旭、朱彩红译：《帕坦伽利〈瑜伽经〉之光》，海南出版社，2016年，第6页。

② 〔古印度〕钵颠阇利著，黄宝生译：《瑜伽经》，商务印书馆，2016年，第3页。

教导"），或《帕坦伽利瑜伽圣典》。大约在12世纪，以《帕坦伽利瑜伽圣典》为源文本的瑜伽第一次被纳入了正统的和非正统的哲学体系列表，并在随后被纳入了六大正统哲学体系列表，这六派获得了权威地位，被称为"六知"。瑜伽作为正统哲学体系的地位使得欧洲早期研究印度宗教的学者对《帕坦伽利瑜伽圣典》产生了特殊兴趣，随后的许多翻译和研究保证了该书或至少其经文部分在全球学者和瑜伽修习者的圈子里拥有巨大的吸引力。有学者说，在公元后第二个千年，《帕坦伽利瑜伽圣典》是印度哲学最重要的瑜伽文本。①

二、《瑜伽经》和古典瑜伽文献

《瑜伽经》和许多古老的文本一样，不是一次性成书的，而是经历了一个长时间的创作过程，涉及多代人，不同的内容可能是在不同时期由不同的作者添加进去的。福伊尔施泰因谈到，许多学者尝试过重构最初的文本，方法是把目前的文本分成若干可能拥有独立来源的子文本，但这些努力并不那么成功，因为他们得到的是不确定的碎片。所以，我们最好预设《瑜伽经》文本的同质性和整体性，在研究其内容时，我们同样遵循一条整体进路。但在此之前，我们先来简单地说明《瑜伽经》的注释传统，即"古典瑜伽"的文献。

注释文献可以分为注和论两类，注是对原文进行逐字逐句的解释，论则是对原文的解释性著作，包含许多背景信息。注又衍生出复注（对注释的再解释）和补注（对复注的再解释）。注似乎是东方古典研究的特色，在汉语经典研究中还有集注，即集合众家对某书的注释，再加上自己的见解，比如朱子的《论语集注》。

《瑜伽经》现存最古老的注释是毗耶娑的《论瑜伽》，据说可能创作于公元5世纪。虽然《论瑜伽》中"含有解开帕坦伽利《瑜伽

---

① 本段参见James Mallinson, Mark Singleton translated and edited, *Roots of Yoga* (Penguin Classics, 2017) , "Introduction", p. XVI-XVII。

经》中的许多比较难以理解的箴言的钥匙"，但毗耶娑不属于帕坦伽利的直系传承。9世纪瓦恰斯帕蒂·弥室罗的《清澄的真理》是一本复注，即对《论瑜伽》的注释。弥室罗是个大梵学家，对六派哲学都有杰出的注释，上一节谈到过他对《数论颂》的注释《真理之月光》，他的注释倾向于解释哲学问题和认识论问题。11世纪有薄阇王的《薄阇复注》或《高贵的太阳》。接下来是商羯罗·巴嘎瓦帕德（Shankara Bhagavatpada）就《论瑜伽》写的《复注》，这本书虽是复注，但很有原创性。学者们大致认为这个商羯罗不是8世纪不二论吠檀多的代表人物商羯罗。14世纪制限不二论的代表摩陀婆（Madhava）在某本著作中包含了关于古典瑜伽的"绝妙的系统解释"。16世纪识比丘的《瑜伽复注》和《瑜伽精要》是关于《论瑜伽》的重要复注。神秘的识比丘被认为是十八本书的作者，其中包括对古典瑜伽、数论、若干《奥义书》和《梵经》的注释。据说，他在所有作品中都倾注了他的那种独特的吠檀多，他的吠檀多属于史诗时代的数论–瑜伽类型，与商羯罗的"摩耶论"形成鲜明的对照。更晚的注释中最重要的是哈瑞哈拉南达·阿冉雅（Hariharananda Aranya）的《释》（*Yoga Philosophy of Patanjali with Bhasvati*）。[1]哈瑞哈拉南达·阿冉雅（1869—1947）是比哈尔马杜普尔的迦毗罗道院的灵性领袖，他的《释》被认为是关于《瑜伽经》最真实可信的著作之一，恢复了帕坦伽利的古典瑜伽传统。

19世纪末，辨喜首次尝试推广帕坦伽利的《瑜伽经》，特别是在西方做这项工作。近年来，《瑜伽经》非常流行，市面上出现了许多翻译与释论。中文版的《瑜伽经》翻译有姚卫群的《古印度六派哲学经典》中收录的《瑜伽经》经文，黄宝生的《瑜伽经》译本（它是

---

① 以上有关《瑜伽经》注释文献的介绍参见［德］格奥尔格·福伊尔施泰因著，闻风、朱彩红、黄祺杰译：《瑜伽之书》，海南出版社，2017年，第221—222页。

《论瑜伽》的中译本），辨喜的《胜王瑜伽》（该书第二部分是辨喜
对《瑜伽经》的注释）中译本，艾扬格的《帕坦伽利瑜伽经之光》和
《瑜伽经的核心》中译本，斯瓦米·帕拉瓦南达和克里斯多夫·伊舍
伍德的《帕坦伽利〈瑜伽经〉及其权威阐释》中译本，沙吉难陀的
《巴坦加里的瑜伽经》中译本，等等。此外，王志成的《〈瑜伽经〉
直译精解》是中国学者的注释；李建欣的《印度古典瑜伽哲学思想研
究》、岚吉的《〈瑜伽经〉讲什么》、潘麟的《〈瑜伽经〉直解》等
是对《瑜伽经》的研究性著作；孙晶的《印度六派哲学》和吴学国的
《存在·自我·神性》中包含对瑜伽派思想的介绍。虽然哈瑞哈拉南
达·阿冉雅的《释》没有中译本，但对它的精要介绍可以参见《瑜伽
与冥想的秘密》。

　　总的来说，二手的注释并不在原创性上生出，它们主要依赖的
是毗耶娑的《论瑜伽》或其他注释中的一本。福伊尔施泰因评论道：
"古典瑜伽的注释文献有枯燥乏味和反复唠叨的倾向，几乎没有反映
出如下事实：瑜伽始终首先是口传的秘传训练，是通过个人的密集修
行而非学者的成果永垂不朽的。"[①]我们赞同他的观点，因为对于瑜
伽师，哲学的理解只是指南针，用来引导入门者的内在实修，而不能
取代个人的觉悟或解脱。瑜伽非实修不能彻底理解，这是我们在阅读
本书时应该始终牢记的。

第三节　《瑜伽经》的哲学与修行

一、现代注释与传统注释的不同进路

对于《瑜伽经》的理解，现代注释者和传统注释者遵循的进路不

---

　　① ［德］格奥尔格·福伊尔施泰因著，闻风、朱彩红、黄祺杰译：《瑜伽
之书》，海南出版社，2017年，第222页。

同。巴伽南达在《瑜伽与冥想的秘密》一书中谈到，现代注释者大多遵循的是碎片化的进路，从当下语境和需求出发来诠释《瑜伽经》；他们只重视心意的认知层面，主要关注的是第一篇《三摩地篇》中的内容；相应的，瑜伽的首要目标大致被理解为获得"三摩地"的超感经验。相反，传统的注释者，比如毗耶娑、薄阇等，遵循的则是整体的进路，依据帕坦伽利给出的总体方案来诠释《瑜伽经》；他们除了重视心意的认知层面，也重视心意的"意向-情感层面"，这个层面主要体现在第二篇《修习篇》中；他们强调帕坦伽利的主要关切和终极目标在于通过瑜伽获得解脱，三摩地的经验则是解脱的方法。

为什么会出现解释进路上的这些差异？我们不清楚，但这很可能是瑜伽在现代的全球化过程中发生的不可避免的变化。关于这种变化，或许可以从荣格对瑜伽西化过程的分析中获得一定的理解。[①]西方人对印度哲学与实践的真正了解始于法国人安可提·多裴龙翻译过来的《奥义书》，该书启迪了叔本华等哲学家和思想者。其后，牛津大学的比较宗教学家和东方学家麦克斯·缪勒（Max Muller）编辑了《东方圣书》（*Sacred Books of the East*），使得欧洲人对印度哲学与实践有了更深的全方位了解。随后，西方人对印度哲学与实践的兴趣沿着两个方向展开：首先是梵文学者和哲学家的专门研究，不久，神智学运动引入了东方文化并将它普及开来。此后的几十年间，瑜伽在西方沿着两条相互独立的路线发展。一方面，瑜伽成为严格意义上的学术科学；另一方面，瑜伽成为某种类似于宗教的东西，但没有成为一种制度化宗教。荣格认为，瑜伽在西方的奇怪遭遇是因为西方的环境迫使瑜伽与其印度本土传统分道扬镳。东方学说在西方会遭遇一个特殊的处境——在科学和哲学之间存在着严格的分界线。这条分界线在瑜伽学说为西方所知之前就已经存在了大约三百年。科学和哲学在

---

① 以下关于荣格对瑜伽西化过程的分析参见［瑞士］荣格著，朱彩方译：《东方的智慧》，译林出版社，2019年，第75—87页。

西方的这种根深蒂固的分裂深深地影响了瑜伽，导致瑜伽一方面被当成了科学研究的对象，另一方面被当成了一种广受欢迎的救赎方式。瑜伽既可以是"科学的"，又可以是"宗教的"，这是它在西方被大众接受的原因。"科学的"体现为用瑜伽的特定方法获得的经验具有可控性，从而满足了科学家对"客观事实"的要求；"宗教的"则体现为瑜伽作为深奥的哲学博大精深、历史悠久，其学说和方法覆盖了人生的方方面面，瑜伽不可思议的神奇功能更是让西方人憧憬。荣格评论道，西方思想中的分裂使西方人从一开始就不可能充分理解瑜伽的目的。

在此背景下，就不难明白为何三摩地的非凡认知经验和瑜伽八支受到了现代注释者的特别关注，或许很多人认为帕坦伽利的瑜伽就是教导人们通过瑜伽八支达到三摩地状态。这样理解并没有错，只是不够全面。在此，我们采纳传统注释者的整体进路，认为帕坦伽利瑜伽的最终目的在于解脱。

二、帕坦伽利的总体方案

什么是解脱？在印度传统中，解脱就是脱离轮回，不再出生。接下来的问题是，再生的原因是什么？再生的直接原因是过去的业积累的残留效应，帕坦伽利称之为"潜在业力"（Karmashaya）。所以，只有消除潜在业力，才能避免再生，获得解脱。于是我们又要追问：如何消除潜在业力？对此，帕坦伽利给出了独特而综合的回答，包含五个主要命题，它们在《瑜伽经》里得到了说明或暗示。[①]

第一，只有带着痛苦（Klesas）的行动，才会导致潜在业力的储存。"痛苦"一词指向心意的意向-情感层面，包括冲动、欲望、情绪等，以及私我和无明（帕坦伽利对五苦的表述为"无明、我见、执

---

① 以下对五个命题的说明见［印］斯瓦米·巴伽南达著，朱彩红译：《瑜伽与冥想的秘密》，四川人民出版社，2020年，第78页。

着、厌恶、恐惧"），其中，无明是痛苦的根本原因。

第二，只有当痛苦在心中活跃时，已经储存的潜在业力才会结出果报；如果痛苦被消除，那么无论储存的潜在业力是什么，都不会结出果报。

第三，既然痛苦导致潜在业力的储存，并导致已经储存的潜在业力结出果报，那么如何消除痛苦？根据毗耶娑对《瑜伽经》的注释，痛苦的消除有两个阶段：

其一，痛苦要被减弱至微弱状态，这要通过克利亚瑜伽（"苦行、研读、敬神"）来达成；

其二，微弱的痛苦在真理般若或超感知识中被烧尽，由此可知，获得超感知识的主要目的在于摧毁痛苦的种子。

第四，如何获得超感知识？当心通过减少痛苦得到净化，并经由专注、冥想和三摩地（统称为"专念"）消除散乱的波动，变得专一，这时，单一的、纯净的萨埵性波动完全反射原人之光，带来称为"真理般若"的超感知识，此种知识胜过借助经典、感知等获得的一切经验知识。这一心意状态称为"有想三摩地"，在这一状态中获得的真理般若服务于两个目的：其一是烧尽痛苦的种子，其二是在高级阶段揭示原人的真实本性及其与菩提（觉）的分别，这种高级阶段的知识称为分辨智。

获得分辨智的人摆脱了原质的束缚，并摆脱了由束缚带来的一切苦痛，实际上成了数论派所称的有身解脱者，在帕坦伽利的体系中则是次级独存者。然而，即使获得了分辨智，照见了原人与原质的分别，原人和原质也可继续保持结合。接下来，如何达成原人和原质的分离——终极独存？

第五，为了达成原人和原质的分离，甚至连分辨智的经验也必须弃绝或止息，这要借助"最高不执"才能实现。止息分辨智意味着止息所有知识、所有波动，这被称为无想三摩地。此时，心不复有存在的理由，开始瓦解，感官融入原质，这一过程称为"复归"或逆向演化。一旦复归发生，原人和原质永远分离，这便是《瑜伽经》的终极目标——原人的"终极独存"。

上述内容就是帕坦伽利在《瑜伽经》里给出的关于解脱的总体方案，下图提供了比较明晰的思路：

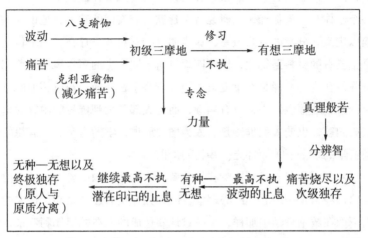

图20 《瑜伽经》的解脱方案

接下来的内容是对帕坦伽利提供的这幅复杂的"解脱流程图"的详细解说。

三、"心"的概念

印度的经典在编排上有个惯例，那就是最精深的内容排在最前面，结论在一开始就被抛出，而不像我们现在的写作，结论是随着行文的逻辑运作到最后得出的。《瑜伽经》共有195或196个偈颂，按照讨论的主题分为四篇。用来控制心的意识波动的八支瑜伽在第二篇《修习篇》和第三篇《力量篇》中阐述，用来减少痛苦的克利亚瑜伽见于第二篇《修习篇》，而意味着瑜伽目标之达成的《三摩地篇》排在第一位。可见，帕坦伽利在编排《瑜伽经》时，是把上面的图倒过来讲述的，全书开篇的第二和第三颂"瑜伽是控制心的意识波动。这样，人就能保持其真实本性"对应上图中的最后一环"无种-无想三摩地以及终极独存"，那是帕坦伽利瑜伽的最终目标。

那么第四篇《独存篇》呢？看篇名，它似乎是全书的总结，但我们在此倾向于认为它是后人增补的，因为前三篇在逻辑上已经构成了一个整体。《瑜伽经》的研究者李建欣也有类似的猜测，他说，前三篇以定义和分类的方式编写，这表明这些材料业已存在，帕坦伽利只是把已有的材料系统化，但第四篇有所不同，它的写作风格与前三篇迥异，在内容上像是在重复第二篇，有些主题在前三篇以相似的方式讨论过，篇幅也短小，只有34颂，而且大部分批判佛教的内容都出现在第四篇，也使人们推测是后人为增强瑜伽哲学的力量（在假想的佛教哲学的攻击下）而补充一些新的论据。

不过，这个问题不影响我们理解《瑜伽经》的内容。总的来说，《瑜伽经》是一门心学或心理学，因为独存是通过"修心"达成的，而不像在数论哲学中那样，是通过认知达成的。在帕坦伽利看来，单纯依靠认识不足以使人解脱，因为欲望和痛苦也是解脱的障碍。由于认知和欲望都是"心"的运作，因而首先要弄清"心"的概念。在此，我们主要借助巴伽南达在《瑜伽与冥想的秘密》一书中对《瑜伽经》的解析，结合现代心理学的术语进行说明，因为这些术语是目前用来谈论心理的通货。

1. 心的构成要素

帕坦伽利没有定义"心"的概念，"但从《瑜伽经》对它的二十二次使用及其注释中可以领会到'心'一般是指整个精神系统"，"用于表达任何与意识活动相关的心理精神现象"。[①]从构成

---

① 本句的两处引文见李建欣：《印度古典瑜伽哲学思想研究》，北京大学出版社，2000年，第80、81页。

要素上看，"心"由数论哲学原质二十四谛中的"觉（菩提）"、"我慢"和"心（末那）"①构成，此为数论的三个内作具。末那具有思虑的官能，觉的官能为直觉与意志，我慢则代表自我意识。斯瓦米·帕拉瓦南达（Swami Prabhavananda）和克里斯多夫·伊舍伍德（Christopher Isherwood）在对《瑜伽经》的注释中依据这三个要素解释了心的认知-反应过程：末那是将人对外部世界的感觉印象收集起来的记录官能，觉是将这些印象分类并反作用于它们的分辨官能，我慢则是声称这些印象全是它自己的，并把它们作为个人知识储存起来的个体自我意识。②举个例子，你在电脑前安静地写作，忽然闻到了什么，末那报告说"厨房里飘出一阵香气"，觉判断道"那是红烧肉"，我慢叫道"我想吃"，紧接着，你从椅子上弹起，冲进厨房。这就是心的意识波动或认知-反应过程，它扰乱了原本的平静状态。

再次强调，心不是认识者，而是认识工具，换言之，意识不依赖于心，而是独立存在，这是印度圣人的独特发现。在数论哲学中，意识被称为原人，是真正的认识者；心是原质的演化产物，本质上是无知的。但是，心为何看似有知？这是因为心的波动反射了原人的纯意识之光，就像黑暗中河水的波动反射了路灯的光芒，使得河流看上去会发光。那么，原人为什么要把意识之光投射或映照在心上？这是因为原人虽是纯意识，但它不动，故而无法凭借自身认识什么，它需要以心的波动为媒介才能开展认识，心的波动就是心的运作或变化。我们在介绍数论哲学时说过原人与原质的"结合"是为了原人自身的经验和解脱，在《瑜伽经》中，原人的经验和解脱分别是通过心的波动和波动的止息来达成的。所以，知识是原人之光映照在心的波动上的

---

①　我们需要注意，数论哲学中的"心"单单指末那，这个词也被译成"意"，而瑜伽哲学中的"心"相当于数论的三个内作具的结合。

②　［印］斯瓦米·帕拉瓦南达、［英］克里斯多夫·伊舍伍德著，王志成、杨柳译：《帕坦伽利〈瑜伽经〉及其权威阐释》，商务印书馆，2016年，第8页。

产物，一切知识——从感官知觉到三摩地的分辨智——都是由波动而来的知识。

2. 心的双层结构

帕坦伽利对心的探讨还包含了一个双层结构：上层心意（即心的知识-经验层面，对应"波动"）和下层心意（即心的反应-意向层面，对应"痛苦"）。

第一层"上层心意"表现为知识和经验。"知识"指关于外在对象和内在对象的知识，由语词（名）和形象（色）构成。《瑜伽经》中的知识有两类：一般的经验知识，以及称为"真理般若"的超感知识。"经验"指苦乐经验，不同于借助经典、数学运算等获得的抽象知识，我们生命中的大部分经验与苦乐相连。知识和经验都由"波动"——知识的波动和经验的波动——产生。

每一波动都会在心中留下一个印迹，称为潜在印迹（samskara）。潜在印迹又可萌发成波动，在心中重现原初的知识或经验，这就是"记忆"。在我们的心中，波动不断变成潜在印迹，而潜在印迹又不断萌发成波动……这构成常人精神生活的一个重要部分。

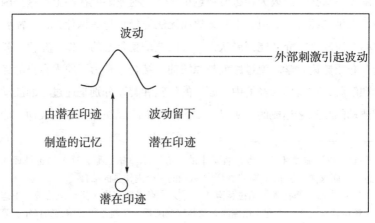

图21　波动和潜在印迹的关系

上图显明，由于外部刺激或潜在印迹的作用，心中不断生起波动。然而，情况远远不止于此，波动的不断生起被另一事实进一步复杂化：波动和潜在印迹与情绪、冲动、欲望、本能驱力等相连，这涉及心的结构的第二层。事实上，波动本身不会在心中制造太多扰乱，真正在心中制造扰乱或骚动的是情绪、冲动等。

情绪、冲动、欲望、本能驱力等形式通常被称为"情绪流"，它们构成心的第二层"下层心意"，这是心的性感-意向层面。心的经验和反应是生物的两个特性。前面说过，波动包括知识的波动和经验的波动，其中，引起强烈反应的是由经验的波动制造的苦乐经验。不幸的是，我们生活中的大部分日常经验包含某种苦乐经验，这些经验在心中引起强烈的反应。

根据心理反应的倾向，情绪流分为三大类——趋向、反对和离开，《瑜伽经》称之为执着、厌恶和恐惧（贪生怕死）。举个例子，逛宠物市场时，看见可爱的宠物小狗，我们的自然反应是凑上去抚摸它们。如果这时门外跑进来一条又脏又臭的流浪狗和可爱的小宠物抢吃的，我们的自然反应是驱赶流浪狗。假如光头文身的店主听到动静，从里屋出来，不让摸他的宠物，还凶巴巴开骂，我们的自然反应则是马上逃离。帕坦伽利告诉我们，这三类情绪只对私我（ego）生起，私我被称为"我见"，是原人认同于原质第一产物"觉"的结果，这种认同由无明导致。无明、我见、执着、厌恶和贪生怕死的整个精神机制在《瑜伽经》中称为"痛苦"。

简而言之，帕坦伽利的"心"是一个充当认识工具而非认识者的动力系统，从构成要素上说包括末那、觉和我慢，从结构上说包括波动和痛苦，分别对应认知-经验层面和反应-意向层面，而波动和痛苦又是相连的。

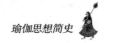

四、痛苦与波动、潜在业力

1. 痛苦在心中的运作

前面提到，在心中制造扰乱的主要是痛苦。那么，痛苦是如何运作的？根据巴伽南达的总结，痛苦在心中起着以下两方面作用：

第一，以情绪、冲动和欲望的形式呈现的痛苦在心中生起各种波动，或者侵袭已经生起的波动。以这种方式，痛苦扰乱、搅动心，致使心无法专注，甚至无法清晰地思考。这涉及痛苦和波动的关系。

第二，痛苦导致潜在业力的储存，也导致已经储存的潜在业力在未来结出果报。这涉及痛苦和潜在业力的关系。

2. 痛苦和波动的关系

关于痛苦和波动的关系，可以心河作比喻。心好比一条流动之河，水面波浪不断，水下暗流涌动。波动相当于水面的波浪，痛苦则相当于水下的暗流。波浪或兴于风，或起自暗流，同样，波动或兴于外部对象的刺激，或起自心的深处生起的冲动、欲望（即痛苦）等。

每一个冲动或欲望都与语词和形象（名和色）相连，语词和形象构成波动。因而，每当冲动或欲望在心中生起，就唤起若干语词和形象。比如，当一个烟鬼的心中生起吸烟的欲望，此种欲望便在他的心中唤起几个牌子香烟的名字和画面等。反过来，画面和名字同样能在心中唤起欲望和冲动，这就是广告背后的基本原理。

帕坦伽利根据波动的内容把波动分为正知、谬误、想象、睡眠和记忆，这些波动在性质上又可分为痛苦的波动和不痛苦的波动。痛苦的波动指被痛苦侵袭的波动，我们的大部分想法通常与某些情绪、欲望或冲动相连，也就是说，我们不断地对心中生起的记忆和经验做出心理反应。不痛苦的波动指纯认知，不带感情或意向，即不被任何以执着、厌恶或恐惧的形式呈现的痛苦所侵袭。不痛苦的波动出现在比如数学运算、哲学沉思和科学思考等纯理智抽象活动、冥想以及三摩地中。帕坦伽利把三摩地中的波动称为般若波动，它不仅不带任何痛苦，而且能"烧尽"痛苦的潜在印迹，从而阻止欲望和冲动在心中生起。般若波动在心中留下的潜在印迹称为般若的潜在印迹，可止息其他导致散乱与痛苦的潜在印迹，《瑜伽经》1.50说："由三摩地加于人心的印迹将抹去过去所有其他印迹。"

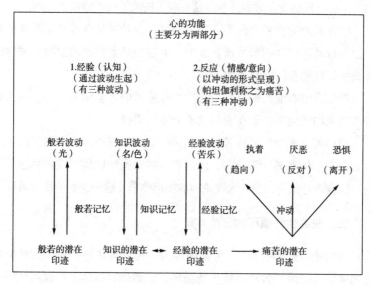

图22　痛苦和波动的关系①

3. 痛苦和潜在业力的关系

潜在业力是业（Karma，也译成羯磨）的作用之一。业有三个作用，一是在外部世界产生结果，这是行动的原初目标之实现，二是在行动者的心中留下潜在印迹，三是一种不可见的宇宙作用，以帕坦伽

① 下图见［印］斯瓦米·巴伽南达著，朱彩红译：《瑜伽与冥想的秘密》，四川人民出版社，2020年，第95页。

利所称的"潜在业力"的形式呈现。潜在业力在我们的掌控之外，它的储存超越了人类的知识和掌控，它的运作决定了一个人未来的生活境遇或命运，包括身体的类型、身体的寿命、未来的主要经验。

关于痛苦和潜在业力的关系，帕坦伽利有两大设论：

第一，痛苦是潜在业力储存的原因，也就是说，只有带着痛苦的行动才会导致潜在业力的储存，而无欲之业（没有执着、厌恶或恐惧的行动）不会导致潜在业力的储存。这一观点构成了行动瑜伽的基础。

潜在业力的性质有两类：功德与罪过。功德指怀着良善的意愿和情感的行动所储存的善的潜在业力。罪过指怀着邪恶的意愿和情感的行动所储存的恶的潜在业力。

第二，潜在业力的果报只有在心存痛苦时才会结出，一旦痛苦被般若之光彻底烧尽，潜在业力就不会结出果报。

被般若之光烧尽的痛苦即为痛苦的烧尽态或焦种态。痛苦以五种状态存在：休眠态、活跃态、压制态、微弱态和烧尽态或焦种态。

巴伽南达认为，这两大设论构成帕坦伽利《瑜伽经》的核心教导。

五、脱离生死循环的三阶方案

在数论-瑜伽哲学中，生命被视为一种受缚状态——原人被原质之网缠缚。受缚导致轮回或生死循环。帕坦伽利描述了构成生死循环的主要事件：感官对象的苦乐经验在心中留下经验的潜在印迹；这些潜在印迹萌发成有关原初经验的记忆；记忆唤起痛苦（以执着、厌恶或恐惧等冲动的形式呈现）；痛苦驱使人行动；痛苦的行动导致潜在业力以功德或罪过的形式储存；如果痛苦没有消除，那么潜在业力就会结出果报，潜在业力以不可知的方式决定着人世的苦乐经验；这些事件再次循环。如下图所示[①]：

---

① 本段和下图见［印］斯瓦米·巴伽南达著，朱彩红译：《瑜伽与冥想的秘密》，四川人民出版社，2020年，第98—99页。

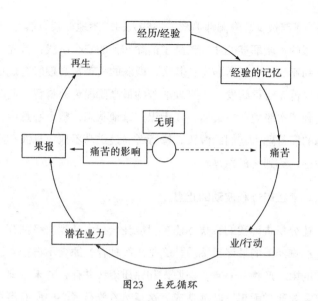

图23　生死循环

如何打破这个循环是《瑜伽经》的核心问题。根据帕坦伽利的观点，痛苦构成最关键的一环，无明则构成轮毂。一旦消除无明，整个生死循环的轮子都将瓦解。那么，如何消除无明？帕坦伽利提出了一个三阶方案。

在第一阶段，借助克利亚瑜伽控制痛苦的显著表现，把痛苦减至微弱态。克利亚瑜伽指苦行、研读和敬神，《瑜伽经》2.1—2.2说："苦行、研读和敬神是走向瑜伽的起步。因此我们可以培养专注的力量，消除引起痛苦并阻碍觉悟的障碍。"

在第二阶段，当痛苦的猛烈程度减小，就有可能借助八支瑜伽开始一个次第冥想过程，该过程止于初级三摩地，意味着初尝般若——反射在觉上的原人之光。

在第三阶段，道路分岔：大多数追求者有望修习瑜伽的更高形式，称为有想三摩地，包含四个阶段——有寻三摩地、有伺三摩地、喜乐三摩地、有我三摩地，止于称为分辨智的最高瑜伽启示。不同级别的般若之光消除痛苦的种子，最终分辨智消除无明本身，那时，痛苦变成焦种

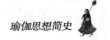

态。另一条路被少数瑜伽师追随，那些人追求悉地或超自然力。

类似的，毗耶娑的注释谈到了消除痛苦的三个阶段：首先，痛苦通过克利亚瑜伽减至微弱态；其次，微弱的痛苦被真理般若烧尽（焦种态的痛苦无法再萌发），真理般若的最高阶段为分辨智，此时，修行者达到了次级独存；最后，在无想三摩地状态，整个心意内容连同焦种态的痛苦融入它们的源头，修行者通过最高不执止息波动和所有潜在印迹，达到终极独存。

六、潜在印迹和波动的止息

上述分析告诉我们，烧尽痛苦只能让修行者达到次级独存，尚未实现《瑜伽经》的最终目标。什么是次级独存？原人不再把自己认同于原质的第一产物——觉，但原人和原质继续共存，并未分离。二者的分离需要通过无想三摩地达成，这意味着修行者心中所有潜在印迹和波动的止息。

前面说过，克利亚瑜伽只能减弱痛苦，烧尽痛苦、止息波动和潜在印迹，达到独存则要依靠有想三摩地、无想三摩地和无种三摩地，它们都涉及波动的控制。可见，在帕坦伽利的瑜伽中，心的波动的控制直接或间接地提供唯一的解脱手段。

理解波动的控制，先要理解波动的状态。根据毗耶娑的注释，心的波动有五种状态：不安状态、惰性状态、伪集中状态、专一状态以及寂静状态。前三种状态统称散乱状态，在此状态中，不同的波动一个接着一个地生起，相应的，波动所承载的客体经验或心意内容也不断地变化，从而，不同的形象和语词在心中浮现，就像高速公路上的车流。我们运用精神分析的字词联想实验能够清晰地观察到这种散乱状态。尽管多数人的绝大多数时间是以心的散乱状态度过的，但它不适合瑜伽修习。只有专一状态和寂静状态才适合瑜伽修习。

1. 心的专一状态

心的专一状态就是通常说的瑜伽的"专注"，指同一波动起起落落。既然是同一波动，它所承载的客体经验或心意内容就是同一的，即对象是稳定的，这意味着心意变得稳定。

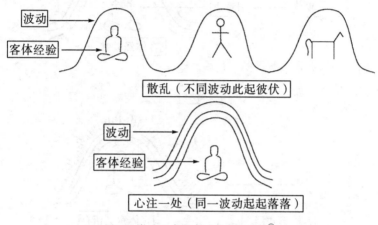

图24　散乱状态与专一状态的差别①

专一状态有两个层次：冥想和三摩地。在散乱状态，心被精神自动作用控制着，念头在无意识的驱力与冲动的作用下来来去去。专一的第一步是努力在意识领域保持某个稳定的对象，从而控制精神自动作用。这要动用意志才能达成，称为"冥想"。如果长期修习冥想和净化，就不再需要动用意志来保持对象，仿佛人没有意识到自身，而对象被原人之光照亮，独自闪耀。这一光明、自发的状态即为"三摩地"。巴伽南达说，正是在这一状态，瑜伽师开始了解内部自我，并认识到自己是不同于身体和心意的存在者。这是修行者所能获得的第

---

① ［印］斯瓦米·巴伽南达著，朱彩红译：《瑜伽与冥想的秘密》，四川人民出版社，2020年，第106页。

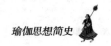

一种真实的灵性体验。瑜伽八支的顶峰"三摩地"所达到的是初级三摩地。见下图。

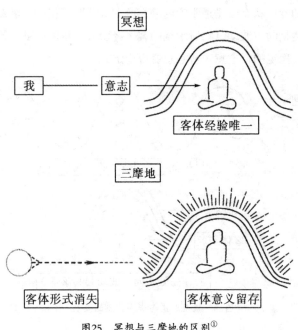

图25 冥想与三摩地的区别①

　　在初级三摩地之上是四个阶段的有想三摩地：有寻三摩地指意识集中于一个粗糙对象，有伺三摩地指意识集中于一个精微对象，喜乐三摩地指意识集中于心理过程本身，有我三摩地指意识集中于内部自我，即"有我"。在有我三摩地这一有想三摩地的最高阶段，瑜伽师意识到他的真实本性乃是不同于觉的原人，这一经验称为"分辨智"。

　　分辨智是"真理般若"的最高阶段。什么是真理般若？在有想三摩地中，对实相的一种新的直观在心中生起，这一高级灵性直观称

　　① ［印］斯瓦米·巴伽南达著，朱彩红译：《瑜伽与冥想的秘密》，四川人民出版社，2020年，第107页。

为真理般若（《瑜伽经》1.48），它高于通过阅读经典、推论等获得的知识。真理般若烧尽痛苦，分辨智消除无明，使得原人不再认同于觉，也就是说，原人意识到自身不同于原质，因而不再依附于原质。原人的这种不认同、不依附称为次级独存或次级解脱。但在获得分辨智之后，原人和原质依然共存，为了让二者分离，需要进入心的寂静状态。

2. 心的寂静状态

在寂静状态中，心中全无波动，生起波动的倾向被抑制，心完全关闭。这一纯然虚空的状态是如何达到的？它是通过称为"止息"的方法达到的。巴伽南达指出，正确理解什么是止息，对于理解《瑜伽经》是非常必要的。他提醒我们，止息有三种：客体经验的止息、潜在印迹的止息以及波动的止息。

客体经验的止息：客体经验和波动有关，波动指心意的变化，而客体经验指心意的内容，即由波动创造的知识。在心的散乱状态中，不同种类的波动和客体经验接连不断。在冥想和初级三摩地的专一状态，心中只剩下单一的客体经验和波动，这要通过止息或抑制其他无关的客体经验来达到。这便是客体经验的止息。需要注意的是，此时同一波动依旧起起落落，并未止息。

潜在印迹的止息：潜在印迹分为波动的潜在印迹和痛苦的潜在印迹，前者是由过去的经验留下的潜在印迹，包括般若、知识和经验。波动的潜在印迹不是瑜伽师一开始就要抑制的，因为那将意味着痴呆或失忆。这里说的潜在印迹的止息指痛苦的潜在印迹的止息。如何止息？可以用一种潜在印迹来抑制另一种潜在印迹，此为暂时的止息。毗耶娑认为，真正的止息是把痛苦变成焦种态的过程。不过，需要注意的是，无种–无想三摩地所要求的"潜在印迹的止息"指的不是痛苦的潜在印迹的止息，而是所有潜在印迹的止息，包括般若潜在印迹

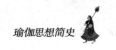

的止息。

波动的止息：帕坦伽利似乎把波动的止息等同于无想三摩地，在他看来，止息是瑜伽的终极阶段，要通过弃绝分辨智来达成。《瑜伽经》第2颂"瑜伽是控制心的意识波动"意味着波动的止息。

七、无想三摩地和独存

分辨智是有想三摩地的终点，那时，原人与觉分离，但原人与原质（本因）依然共存，如何达成二者的最终分离？这要通过弃绝分辨智来达到，这种弃绝称为"最高不执"。当分辨智的般若波动也通过最高不执得以消除，心就达到了完全止息波动的状态，这称为无想三摩地。

在无想三摩地中，虽然所有的般若波动已经消除，但它们的潜在印迹仍然留在心意深处，因此，这种状态称为"有种-无想三摩地"或"潜在印迹留存"，这里的潜在印迹指般若的潜在印迹。这些潜在印迹可迫使瑜伽师的心意回落到有想状态，甚或回落到意识的普通经验层次，这种向意识层次的回落称为"生起"，它留下生起的潜在印迹。由于"止息"本身制造止息的潜在印迹，生起和止息这两种力量导致心中止息的潜在印迹与生起的潜在印迹的"斗争"。瑜伽师通过最高不执不断修习止息，止息的潜在印迹最终战胜生起的潜在印迹，至此，心意永久地关闭。这一不可逆转的非意识状态称为"无种-无想三摩地"，此时，所有潜在印迹都已消除。在无种-无想三摩地状态，心完全停止运作，心与身体不复存在，心、感官和觉回复到原质的最初状态，这一过程称为复归或"逆向演化"。至此，原人永远与原质分离，《瑜伽经》的目标——终极独存最终达成。

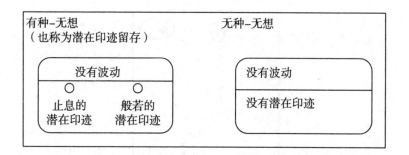

图26 有种–无想三摩地和无种–无想三摩地的区别①

　　到此为止，我们已经解释了帕坦伽利在《瑜伽经》中提出的总体方案。瑜伽派的学说是一门心学，波动、痛苦、初级三摩地、有想三摩地、无想三摩地等都是划入"心"这一范畴下的内容，克利亚瑜伽、八支瑜伽、修行与不执等都是为了达到某种心的状态。帕坦伽利把数论哲学通过认知解脱的道路转化成了通过修心解脱的道路，心是束缚的原因，也是解脱的原因。

第四节　从数论哲学看《瑜伽经》

　　上一节讨论了帕坦伽利瑜伽的哲学与修行，如果要进一步追问帕坦伽利何以提出了那样的解脱方案，就要借助数论哲学提供的钥匙。在此，我们依据《数论颂》和《瑜伽经》，从三个方面讨论数论派和瑜伽派的思想关联。

一、宇宙论

　　数论派和瑜伽派的宇宙论分别如下图：

---

　　① 　下图见［印］斯瓦米·巴伽南达著，朱彩红译：《瑜伽与冥想的秘密》，四川人民出版社，2020年，第115页。

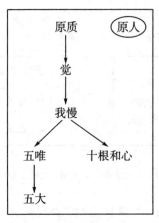

图27　数论派

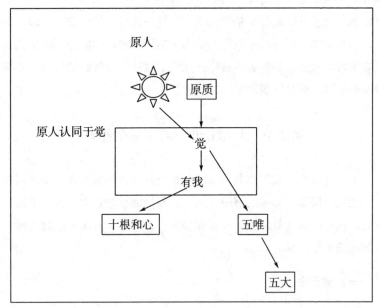

图28　瑜伽派

　　这两幅宇宙演化图大致相似，都是二元二十五谛的演化模式。原质与原人的结合开始了宇宙的演化过程，本（演化者）和变异（演化产物）的关系也差不多。数论派和瑜伽派都属于"无神论"，即认为宇宙是自行演化出来的，没有造物主。不过，在谈到瑜伽派的本体时，学者们常说古典瑜伽有三个本体，即原质、原人和自在天，而数论派只有两个本体，即原质和原人。

什么是自在天？《瑜伽经》1.23—1.27谈论了自在天，概括地说，在本质上，自在天是一种特殊的原人，不受无明及其产物的污染，也不受业、潜在业力和业报的影响。可见，自在天也是原人，之所以强调它的存在，意义主要在瑜伽修行方面——因为自在天的知识是无限的，所以它是最早的导师的导师，也是虔信的对象。李建欣说：

> 自在天是一种特殊的原人，（别的）原人处于业报轮回的束缚之下，而自在天则是断灭了尘世的系缚而获得解脱的"独存者"，它不受时间的限制，也不为烦恼、业、业报和潜在业力所触动，它是一切智者的种子，它具有永恒的无限智慧、行为和能力，负有清除原质变异过程中一切障碍的责任。[1]

我们知道，帕坦伽利在编撰《瑜伽经》时，虽然采纳的是数论哲学的框架，但也吸收前人的瑜伽修行理论与实践，并将它们系统化。自在天及念诵"唵"显然与虔信维度有关，不是数论的修行路数。不过，谈论自在天并不影响我们在总体上把帕坦伽利瑜伽视为一种心学。另外，自在天虽然也被称为"神"，是虔信的对象，但应该把它和三道轮回中的诸神区分开来，因为后者并未解脱。

数论派和瑜伽派的演化图中有个明显的细节差异，让人不得不注意到。数论派认为五唯和十一根（十根和心）都由我慢（ahamkara）演化出来：五唯出自答磨相的我慢，十一根则出自萨埵相的我慢。但在瑜伽派的演化图（依据的是毗耶娑的观点）中，原人认同于觉

---

① 李建欣：《印度古典瑜伽哲学思想研究》，北京大学出版社，2000年，"前言"第3页。引文略有改动。

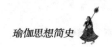

产生"有我"（asmita，阿冉雅认为"有我"是波动的"我意识"，"觉"是纯净的"我意识"），十一根由"有我"演化出来，而五唯由觉直接演化而来，即五唯和"我"没有直接的演化关系。

二、解脱的定义

在数论派和瑜伽派中，解脱都是复归或"逆向演化"，也就是沿着演化的路径原路返回，直至原人和原质分离，原人达成"独存"。

依据《数论颂》，独存有两步，首先是获得分辨智："由此，通过修习真知生起如下智慧：'非我'，'非我所'，'无我'，那是最终的、因无误而纯净的、究竟的知识。"（第64颂）我们把这个阶段称为"有身解脱"，《数论颂》在接下来的第65—67颂中描述了有身解脱的特点：分辨智已经生起，原人已经明白自身的真实本性，原质也已停止进一步的活动，但原人和原质依然结合，已经结果的习气尚未被经验耗尽，相应的，身体尚未脱落。[①]有身解脱离最终目标已经很近了，但尚未抵达，似乎只能等待已经结果的习气被相应的经验耗尽，身体最终脱落，原人才能彻底和原质分离，正如《数论颂》第68颂说的："当（随着时间的推移）与身体分离，当初始者因为达成目的而停止了活动，（原人）便获得了绝对的、终极的独存。"

在《瑜伽经》中，独存也分为两个阶段：次级独存和终极独存。次级独存的标志也是获得分辨智，终极独存的标志也是原人与原质彻底分离。不过，帕坦伽利是从心的认知-经验层面（波动）和意向-情感层面（痛苦）的变化来谈论独存的。有想三摩地获得的分辨智烧尽痛苦，但并不止息波动和潜在印迹。痛苦的烧尽可终止新的潜在业力的储存，并阻止已经储存的潜在业力结出果报，由此，再生的直接

---

① ［古印度］自在黑著，［古印度］瓦恰斯帕蒂·弥室罗译，［印］维鲁帕克萨南达译，朱彩红中译并补注：《〈数论颂〉译注》，四川人民出版社，2022年，第362页。

原因被消除，此时的瑜伽师处于次级独存状态。接下来，瑜伽师通过最高不执弃绝分辨智的经验，止息心的波动和所有潜在印迹，达到无想无种三摩地。至此，感官和心开始瓦解，融入原质，原质和原人彻底分离。这就是终极独存。

上述内容表明，瑜伽派吸收了数论派对解脱的定义，但采用的解脱方法不同。

三、修行方法

尽管数论派和瑜伽派的解脱方法不同，但在修行上，可以找到许多共通点。以下列举《瑜伽经》和《数论颂》在修行上的九处明显的关联，由于涉及的内容在本章前三节可以找到较为详细的论述，因而我们不在此赘述，仅作简单罗列。

第一，数论派和瑜伽派都把修行和不执视为鸟之双翼，不可偏废任何一方。在《数论颂》中，不执表现为远离感官对象，可导致欢喜。第50颂列举了九种欢喜："九种欢喜被认为是：四种依内的，称为原质、用具、时节、幸运；五种依外的，归因于远离客体。"其中，"依外喜"和不执直接相关。然而，"欢喜"仍是"迷"的状态，也就是说，单纯的不执或远离感官对象不能导向解脱，必须通过修行获得分辨智才能解脱。《瑜伽经》的说法更加明确，《三摩地篇》第12颂说："通过修行和不执可以控制它们（指心的波动）。"

第二，《三摩地篇》中论述的三摩地的层次或次第需要借助数论的宇宙演化论才能理解。有想三摩地分为四个层次："推理（寻）、反思（伺）、喜乐和有我。"（1.17）它们的含义分别为："当心与专注的粗糙对象达成同一，但仍掺杂着名称、性质和知识的意识，这被称为有寻三摩地"（1.42）；"当专注对象是精微对象时，即所谓的有伺三摩地"（1.44）；当意识集中于心理过程本身，达到的是喜乐三摩地；最后，当意识集中于内部自我，即"有我"，就能达到有我三摩地。简而言之，有想三摩地的四个层次从低到高依次是有寻三

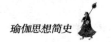

摩地、有伺三摩地、喜乐三摩地、有我三摩地，专注的分别是粗糙对象、精微对象、心理过程本身（心的运作）、有我。为什么是这种次序？因为这是顺着宇宙演化论逆推的次序。

在有想三摩地之上，《瑜伽经》说："在所有精微对象的背后是原质这个最初因。这类三摩地被称为有种三摩地"（1.45，1.46），"由三摩地加于人心的印迹将抹去过去所有其他印迹。当由三摩地产生的印迹也被清除时，心中不再有意识波动，这就进入了无种三摩地"（1.50，1.51）。有想三摩地止于分辨智，达到次级独存，原人知晓它不是觉。无种三摩地让原人和原质分离，达到终极独存。可见，在帕坦伽利瑜伽中，三摩地的次第即为数论逆向演化次第（复归）。

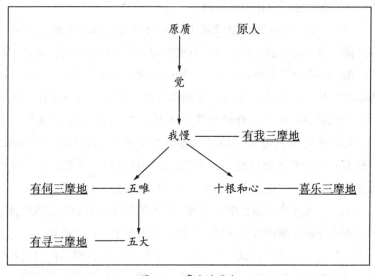

图29　三摩地的层次

与此复归次第相应的是《金七十论》中的六观，分别观五大、十一根、五唯、我慢、觉和本因的过失，由此逐步把变异融入本，最终达到本因和原人的分离。所以，《金七十论》和《瑜伽经》的修行次第大致相似，只在一个细节上有所不同：前者在观五大过失之后，先观十一根过失，再观五唯过失，而后者的专注对象在五大构成的粗糙对象之后，先是五唯构成的精微对象，再是心根的运作过程。

第三，《瑜伽经》2.3谈到了五苦："这些痛苦是无明、我见、执着、厌恶和贪生怕死。"这五苦就是《数论颂》中的"无知"："无知有五种形式：无明、我见、执着、厌恶、贪生，它们分别称为暗、痴、大痴、重暗、盲暗。"（第47颂）（《数论颂》中的痛苦有三种：依外苦、依内苦和依天苦）不过，这两个文本对五苦或五种无知的解释不同。《瑜伽经》2.5—2.9对五苦的解释相对比较简单：把无常、不净、苦和非我认同为常、净、乐、我，这就是无明；见者认同所见，这就是我见；执着就是总想着欢愉；厌恶就是总想着痛苦；贪生怕死就是渴望生命独自永驻。《数论颂》第48颂则认为：无明是把原质、大、我慢、五唯当作原人本身；我见是认为八大悉地带来自我的不朽；执着就是执着于五唯在天道和尘世的十种形式；厌恶因五唯在天道和尘世的十种形式，以及八大悉地的丧失而产生；贪生怕死是因为恐惧自身死亡而不能享受十八种客体。

在《瑜伽经》中，克利亚瑜伽被用来减少痛苦，八支瑜伽被用来控制波动，二者合起来可导向初级三摩地。通过进一步修行，初级三摩地可提升至有想三摩地的四个层次，直至将痛苦烧尽。在《数论颂》中，无知、无能、欢喜和成就都是觉的产物，前三种是"迷"的状态，其中的"无知"离解脱是最远的，只有成就才是"悟"的状态。

第四，《瑜伽经》2.1谈论了克利亚瑜伽："苦行、研读和敬神，是走向瑜伽的起步。"这里的"研读"（以及"苦行"和"敬神"）也出现在后面的经文2.32中："劝制就是纯净、满足、苦行、研读、敬神。"这两处的"研读"含义有所不同，但都和《数论颂》第51颂中的"言教"和"读诵"有关，它们属于八种"成就"："思量，言教，读诵，离三苦，交友，纯净／布施是八种成就。""言教"指通过听闻他人解释数论哲学而获得知识，"读诵"则指跟随古鲁生活的弟子通过师徒对话学习数论文本及其含义，从而获得知识。无论是瑜伽派的"研读"，还是数论派的"言教"和"读诵"，都涉及阅读和理解经典的教导，从而认识真我。从经文来看，在依靠认知解脱的数论派中，研读作为修行方法的地位比在瑜伽派中更高，因为瑜伽派的解脱不仅仅依靠心的认知–经验层面。

第五，瑜伽派的业论可能受到了数论派的影响。《瑜伽经》2.12—2.14说："一个人的潜在习性是由他过去的思想和行为造成的，并会在今生或来世结出果实。有因必有果：如再生、或长或短的寿命以及苦乐经验。乐与苦的经验分别是善行和恶行的结果。"这种泛泛的观点在数论派中得到了具体阐述，《数论颂》第44和45颂解释了八种习气与因果轮回的关系："通过正法向上，通过非法向下；通过智慧的解脱，通过智慧的反面（非智）受束缚。由离欲导致融入原质，由罗阇的爱欲导致轮转；由力量导致无障碍，由其反面导致相反状况。"

第六，三德的理论在数论派和瑜伽派中都很重要。《瑜伽经》2.18说："经验对象由三德——萨埵、罗阇和答磨——构成。通过它们，整个宇宙与认识的工具（如心、感官等）以及被感知的对象（如五大）一起演化。"对三德的详细解释可在《数论颂》中找到，第11—13颂说：显现者由三德（萨埵、罗阇与答磨）构成；三德具有乐、苦与幻的本质；它们起到照明、活动与抑制的作用，并且相互主导、支撑、生起与合作；萨埵是轻快与照明，罗阇是激奋与流变，答磨是惰性与遮蔽；它们的运作是为了同一目的，就像灯一样。关于何为三德，《〈数论颂〉译注》第13颂的"补注"提供了一份相当详细的说明。①

---

① 对三德的说明参见［古印度］自在黑著，［古印度］瓦恰斯帕蒂·弥室罗译，［印］维鲁帕克萨南达英译，朱彩红中译并补注：《〈数论颂〉译注》，四川人民出版社，2022年，第103—110页。

第七，关于经验与解脱的关系，《瑜伽经》2.18和2.21说："宇宙的存在是为了让经验者能经验到它，并由此获得解脱"，"经验的对象仅仅为服务于阿特曼的目的而存在"。这两句经文该如何理解？让我们诉诸《数论颂》第56—62颂的解释："所以，由原质的变化引起的这种从大谛直到有差别的五大的演化是为了另一个的利益，尽管看似是为了原质自身的利益；演化的目的在于每个原人的解脱。正如无知的牛奶分泌出来是为了滋养小牛，同样，原质的活动是为了原人的解脱。正如人们为了满足欲望而从事活动，未显者也为了原人的独存而活动……原质向原人展现自身之后就停止了活动。仁慈的、有三德的原质以各种方式为原人带来利益，而无自身利益；原人无三德，也不回报……确实，原人从未受缚、从未解脱，也从未轮回。正是原质作为演化的依托在轮回、受缚和解脱。"

第八，数论派和瑜伽派对待力量或悉地的态度是相似的。关于力量，《数论颂》只列举了八种："力量也是觉的特性，由此获得诸如变小等悉地……变轻，变大，瞬移，随心所欲，掌握，统治，意志不谬。"（第23颂"注释"）但《瑜伽经》第三篇《力量篇》列举了通过专念而来的许许多多的力量，包括上面的八种。《瑜伽经》3.51把力量视为解脱的障碍："放弃这些力量将摧毁罪恶的种子，获得解脱。"在《数论颂》中，力量同样导致痴（我慢）、重暗（厌恶）、盲暗（贪生）（第48颂注释），并不通向解脱。所以，这一点很清楚：无论是对于数论派还是瑜伽派，力量都不是修行的目标，反而容易变成实现目标的障碍。

第九，瑜伽派以数论哲学为材料，发展了"心"的概念。首先要强调的是，在这两派中，心都只是认识工具，而非认识者。在《数论颂》中，心根由萨埵相的我慢演化而来，属于原质。《瑜伽经》说："心并不是自明的，因为它是感知的对象"（4.19），"阿特曼的纯粹意识是不会改变的。当这种意识反映到心上时，心就采取了阿特曼的形式并看似有了意识。心能够感知，因为它既反映阿特曼又反映感知对象。尽管心中有无数的印迹和欲望，但心的作用只是服务于另一个东西，即阿特曼，因为作为一个和合之物，它不能为了自己而独立行动。那些有分辨力的人不再把心视为阿特曼。"（4.22—4.25）

在《数论颂》中，心根是思虑之谛，在上与我慢和觉合作，在下则与十根合作，起到上通下达的作用。第27颂说："在诸根中，心具有两类根（知根和作根）的性质。它是思虑之谛，也被称为根，因为它具有诸根的共同特性。它的多样性和外在差异性归因于三德的特定变化。"帕坦伽利把数论哲学中的觉、我慢和心根三者合起来构成了心："在帕坦伽利看来，心由三部分构成：末那（相当于数论的心根）、觉、我慢。"（帕拉瓦南达和伊舍伍德对《瑜伽经》第1.2颂的注释）

所以，数论对心的解释并不复杂，只从演化上把心作为第十一根，也未详细谈论控制心的活动与解脱的关系。数论谈解脱，重在谈论精身的活动。但在《瑜伽经》中，心是个复杂而关键的概念，瑜伽派的整个理论建构与实修体系都是围绕着心的活动而展开的。也就是说，在瑜伽派中，心得到了复杂而全面的阐发，认识并控制心的活动成了解脱的门路，因而我们说瑜伽派的哲学实际上是一门古老的心学。

由于古典瑜伽在瑜伽思想史上的地位十分突出，加之目前它在全世界范围内拥有许多研究者和感兴趣者，因而我们对它的论述相对比较细致。最后，正如福伊尔施泰因所言，瑜伽的艰苦道路通向的是超越道路本身之境。他打了个比方，瑜伽的心理技巧仅仅是一架梯子，供修行者攀爬，为的只是在最后那一刻把它抛弃。无论是古典瑜伽还是别的瑜伽，其最终价值在于："可以引领我们走向一个认识我们与生俱来的自由的时刻，这个时刻给予我们权柄和力量直视赤裸裸的实在，超越各种表述、信条、教条、模式、理论或观点。"[1]

---

[1]　［德］格奥尔格·福伊尔施泰因著，闻风、朱彩红、黄祺杰译：《瑜伽之书》，海南出版社，2017年，第238页。

第七章
密教时代迷人的瑜伽世界

•••————•••—————•••————•••

即便在同时代，古典瑜伽的二元论也是异类，前古典瑜伽和后古典瑜伽的大多数派别信奉的是某种形式的不二论。从思想史的角度来说，后古典瑜伽涵盖密教／往世书时代、宗派时代和现代三个时期。后古典瑜伽的文献在内容上比前古典瑜伽文献更加丰富多样，福伊尔施泰因在《瑜伽之书》中将它们分为以下几类：

毗湿奴派的《本集》；

湿婆派的《阿笈摩》；

性力派的《怛特罗》；

《往世书》，相当于"百科全书"，始于吠陀时代，现存最古老的仅能追溯到公元前的最后几个世纪；

《瑜伽奥义书》，此为西方学者的命名，这些文本出自不同的时代和地域，代表瑜伽传统中的各种观点，但在哲学上都倾向于吠檀多不二论。

此外，《瓦希斯塔瑜伽》（中文版名为《至上瑜伽》）被福伊尔施泰因单列了出来，因为它"值得特别讨论"。[1]这部经典共有两万多颂，大约在14世纪演变成了今天的形式，目前可以见到的最古老的手稿是在10世纪克什米尔的斯利那加写成的，被称为《解脱经》，据说现已失传的原始版本可能创作于8世纪。它是《罗摩衍那》的主角罗摩和导师瓦希斯塔之间的一场对话，以几十个故事串起整个教导，具有"罕见的深度和普遍性"。故事的背景是：

　　罗摩王子旅行回来，目睹了现实百态和人们的痛苦悲伤，彻底心灰意冷。这让他的父亲十车王很担心，便向圣人瓦希斯塔表达了他的担忧。瓦希斯塔告诉十车王，罗摩的灰心是即将获得灵性觉悟的迹象，他已经开始理解深刻的灵性真理和自我的真相，这导致了他内心的混乱，王子需要得到进一步的教导。于是，圣人瓦希斯塔请求十车王招来罗摩，然后在王宫里，圣人开始和罗摩交谈。他们的对话持续了多日，罗摩问了圣人有关自我和世界真相的很多问题。圣人对罗摩的回答构成了《瓦希斯塔瑜伽》。[2]

　　《瓦希斯塔瑜伽》包含了诸多学派的教导，比如印度教的数论派、吠檀多派、湿婆派，佛教的瑜伽行派、空宗，耆那教的教导等。该经典的独特之处在于它的彻底性或激进性：它谴责以"土罐"（世界）之真实性为基础的理论或哲学，谴责盲目的宗教（没有为寺庙、崇拜、圣河、冥想、悉地，甚至不二论哲学留下空间），谴责抵达"彼岸"的方法（否定法、无余三摩地、对神的虔信、宗教修行等）。那么，最后还剩下什么？《瓦希斯塔瑜伽》就是为了给出这个答案。所以，这不是一本常见的哲学书或瑜伽书。英国研究者韩德

---

　　① 上述分类参见［德］格奥尔格·福伊尔施泰因著，闻风、朱彩红、黄祺杰译：《瑜伽之书》，海南出版社，2017年，第242页。

　　② ［印］蚁垤著，［印］斯瓦米·维卡特萨南达英译，王志成、灵海汉译：《至上瑜伽——瓦希斯塔瑜伽》，浙江大学出版社，2012年，"导言"第2页。

（Alan Hunter）评论道："《瓦希斯塔瑜伽》为任何寻求自我真相和自由的人提供了灵感。它是哲学、神话、故事、早期科学，甚至是战争的宝库……诗意的叙述包含着最高的哲理，宇宙真理以其原生的、绝对的、纯粹的形式显现。"[①]

后古典瑜伽涉及一场修行上的革命——密教的革命，以及两场运动——虔信运动和悉达运动，它们相互影响、相互结合。我们先讲述密教开辟的灵性新进路。

第一节　怛特罗与密教

一、"怛特罗"的含义

"怛特罗"或"谭催"（tantra）是个梵文词，其含义模糊而又复杂，令人难以把握。这个词自吠陀时代就已存在，最早出现在《梨俱吠陀》（X.71.9）和《阿闼婆吠陀》（X.7.42）中，指一种纺织机或织布机。随后，在《百道梵书》中，这个词的含义扩大，指事物的主要部分或本质。再后来，怛特罗一词被用于指称一种思想体系，例如在《迦毗罗的怛特罗》中指数论体系。有学者指出，怛特罗这个术语贯穿整个梵文文献，不仅用来表示"任何规则、理论或科学著作"，也指"一大批、行列、数目或系列"，甚至可指"一种药品或首要的治疗"。

关于tantra的词源，有些学者认为是"缩短"或"降低"，有些学者追溯至名词tanu（身体），还有些学者认为源于tantri（解释）或tari（理解）。但晚近的大多数学者认为tantra可能源自词根tan，有拉伸或编织的意思，进一步扩展为解释或赞同的意思。佛教的一个古老

---

① ［印］蚁垤著，［印］斯瓦米·维卡特萨南达英译，王志成、灵海汉译：《至上瑜伽——瓦希斯塔瑜伽》，浙江大学出版社，2012年，"导言"第3页。

的怛特罗文本（*Guhyasamaja Tantra*）说"怛特罗是连续性"，可解读为知识或理解借以延伸、展开的东西。由此，怛特罗很有可能最常被用来命名一种特殊的论著，福伊尔施泰因说，一本怛特罗可定义为这样一个文本：拓展理解，直至真智慧产生。

唐纳德·洛佩兹（Danald Lopez）评论道，怛特罗这一术语长期以来一直是亚洲宗教研究中最难以捉摸的术语——一个"流动的符号……自身集合了一系列超过自身所指的符号"。[①]

二、"密教"的定义

怛特罗（tantra）和密教（Tantrism，字面意思是"怛特罗主义"，"密教"一词为汉译）是什么关系？约翰·伍德洛夫（John Woodroffe）告诉我们，传统上，印度只有叫作"怛特罗"的文本，"密教"一词无疑是西方的产物。休·厄本（Hugh Urban）说："在现代之前没有一个独立的、同一的'密教'范畴，只有多种被称为'怛特罗'的具体的历史文本，它们包含着许多不同的、冲突的怛特罗定义。"[②]这意味着虽然"密教"这个范畴现已成为宗教历史学家的标准词汇——一个既可以被印度学者也可以被西方学者自由使用的范畴，该范畴异常抽象并被清晰地定义——但它在很大程度上是19世纪东方学家和殖民话语的产物，就像我们在印度宗教的研究中使用的大部分术语一样（例如"印度教"）。安德烈·宝道（Andre Padoux）也证实，密教这个抽象范畴形成于19世纪，是从梵文词tantra创造出来的。

19世纪晚期，东方学家们把印度想象为"一个整体"的宽泛计

---

① 这部分有关tantra的含义和词源，参见沈卫荣主编：《何谓密教？关于密教的定义、修习、符号和历史的诠释和争论》，中国藏学出版社，2013年，第174—175页。

② 沈卫荣主编：《何谓密教？关于密教的定义、修习、符号和历史的诠释和争论》，中国藏学出版社，2013年，第262页。

划中，密教这个范畴已经成为一个关键部分。休·厄本在其论文《极端的东方：东方学家想象中"密教"范畴的建构》和《诊断怛特罗的"疾病"》中描述了西方人对密教的看法在态度上的转变。当西方学者开始构建一个叫作"印度教"（Hinduism）的抽象实体时，他们也开始把密教想象为印度教主要的，但最不值得赞赏的组成部分。当时的背景是，东方学术中的印度被逐步构建为西方的典型的"他者"，印度从本质上被看作一个激情的、无理性的、柔弱的世界，一片充满"凌乱幻想"的土地，从而被置于现代欧洲进步的、理性的、阳刚的、科学的世界的对立面。很快，密教似乎被选为这种"印度思维"最黑暗、最无理性的核心，以及最极端的他者。在西方人眼里，如果说吠陀和奥义书的时代是黄金时代，那么拥有怛特罗的印度的时代则是最黑暗、更反常的时代。莫尼尔·威廉姆斯（Monier Williams）曾把怛特罗称为"最糟糕、最愚蠢的迷信"。托尔博伊斯·惠勒（Talboys Wheeler）在1874年说：所谓的"怛特罗宗教"，本质上是一种邪教。然而尽管密教被普遍指责为本质上不道德的、堕落的，但它作为大量通俗话语和学术话语的主题，仍然在英国人的幻想中占有魅力与厌恶混杂的一席之地。尤其是，对密教中的淫乱修行的迷恋是英国19世纪关于性的更加宽泛的话题的一部分。

不过，在20世纪上半叶，密教经历了一次突如其来的新的正名与重估。怛特罗不再被简单地贬低为流行的印度教的堕落形式，反而因其更深刻的哲学内容，作为与《吠陀》《奥义书》和其他古典体系同等复杂的传统被欣赏。在恢复怛特罗名誉的过程中，最重要的人物是约翰·伍德洛夫。尽管他不愿使用"密教"这一术语，而倾向于"性力派"（Saktism）或"怛特罗论典"（Tantrasastra），但正是他在西方人的思维中大大推广了密教这一范畴。他那高度辩护性的、改善怛特罗形象的定义，大量删除或合理化了怛特罗中的那些被指摘的性内容。事实上，在伍德洛夫的定义中，怛特罗远非趋向堕落和放荡，而是变成了一个高贵且正宗的传统，与最古老的《吠陀》和《奥义书》学说保持连续性。实际上，"怛特罗支派（Tantrikism）什么也不是，只是吠陀宗教挣扎着……重申自己"。

近些年，出现了对密教更具浪漫色彩的定义。比如，米尔恰·伊利亚德认为，怛特罗代表一种急需的对性和肉体存在的承认，它比具有父权意识的吠陀时代的雅利安传统更为古老，是"本土受欢迎的精神性中的一股伟大而隐蔽的潮流"，专注于后来孕育出印度教和佛教主流传统的母神崇拜。菲利普·罗森（Philip Rawson）认为，怛特罗只是"一种对大喜乐的狂热崇拜"。

关于人们对待密教的不同态度，厄本总结道："怛特罗主义（即密教）很大程度上是各个极端之间的博弈，从维多利亚时代对怛特罗的放荡之恐惧，到伍德洛夫对怛特罗哲学的纯化和辩护，再到新浪漫主义对怛特罗的性解放之颂扬，其概念才在想象中形成。"[①]

面对激烈的混乱与自相矛盾，很多学者已经放弃了给密教以一个唯一、单元定义的主张。有学者提出，密教不是一个能有唯一定义、统一标准的范畴，相反，它只能被描述为一种"多元化分类"。在这个多元化分类中，不同的人主张它具有诸多不同的特征。道格拉斯·布鲁克斯提供了以下十个始终属于密教现象的特征：

第一，它们是非吠陀的，即不是印度经典的神圣典籍（cannon）的一部分；

第二，它们包含瑜伽和修行的特殊形式，例如昆达里尼瑜伽的技巧；

第三，它们同时是有神论的和不二论的；

第四，它们对声音的本质进行细致的思考，并使用咒语（mantras，真言）；

第五，它们崇拜象征性的图像，例如央陀罗（yantra）或坛城

---

① 转引自沈卫荣主编：《何谓密教？关于密教的定义、修习、符号和历史的诠释和争论》，中国藏学出版社，2013年，第216页。

（mandalas）；

第六，它们特别强调古鲁（guru，上师）的重要性；

第七，它们使用男神和女神的两极象征意义；

第八，在某种程度上，它们是秘密的（rahasya），因为古鲁只教授那些他们认为有资格的人；

第九，在仪式中，它们规定使用传统上被禁止的事物（例如酒、肉和交合）；

第十，他们需要特殊的入教仪式（diksa，灌顶），在此仪式中，种姓和性别的标准不是获得资格的首要条件。[①]

不过，布鲁克斯并没有指出必须符合这些特征中的多少或哪些，哪种特定现象才可以被有效地认定为是密教的。

在中国人的语言中，"怛特罗"和"怛特罗主义"这两个词的关系因为我们把后者翻译为"密教"或"密宗"而更加令人迷惑。在语言的转换中，为什么"秘密"的含义得到了特别的强调，就像我们把"近坐"翻译为"奥义书"？邱陵在定义佛教密宗时解释道："密宗是在教理和实践中，把神秘主义和象征主义表面化的佛教。密宗既重教理，更重实修。靠语言和理论无法认识密宗，只有靠实践的体会才能真正认识密宗。有人说，显教以说理，主修心；密宗以实验，修心兼修身，两者的关系，如学校的教室与实验室。因公开说理故称'显'，一己实行谓之'密'。"[②]他进一步引用密宗成就者的观点，申述了"密"的十项意义：

第一，尊贵密：密宗各佛菩萨都有自己的坛城，如帝王宫殿，不可任人游观，各佛菩萨的密咒印契，有如传国之玺，不是凡人皆可执持，故见为"密"。

---

① 上述十个特征转引自沈卫荣主编：《何谓密教？关于密教的定义、修习、符号和历史的诠释和争论》，中国藏学出版社，2013年，第176页。

② 邱陵编著：《密宗入门知识》，北京工业大学出版社，1993年，第6页。

第二，精微密：法界的缘起，各事物互相效用的关系，都是十分精微，而密宗将它详细开示种种修持学习方法，使人逐渐明白知晓。常人因粗心大意，缺心学习，不易明白，故以为"密"。

第三，普遍密：真如的道理，本体与实相，遍布于一切时间之中，凡夫日用而不知觉，密宗则处处指引，故说为"密"。

第四，隐显密：一法中实在具足万法，而其中道理，有隐藏的，亦有明示的，往往隐显不一。众生易顾此失彼，不能观察于隐微，执着一端，不知显是密之显，密是显之密，有则双存，无则并遣。凡夫因不了知，故觉为"密"。

第五，总持密：一法中摄持一切的功德，无量诸法，可摄于一法之中，当功用齐起时，莫不圆满具备，但只有善习者能知，故称"密"。

第六，发心密：明白教义和修持次第的方法，深明发心成佛的因果，而决心修持，往往在甚短时间内，获甚大效果。而此种发菩提心的功用，世人不知，或知而不信，或行不如法，故称"密"。

第七，次第密：次第即方便善巧的方法，由于理事圆融，诸法齐修，并能各各相应，具足良好效果，使障碍立除，果道即成。平庸者常不知道，故称为"密"。

第八，无知密：不解"密"的意义，认它如同妖术，不亲自加以认识，而妄评是非，将显教密宗，异辙而观，执此谤彼，劣慧愚迷，故见为"密"。

第九，盖藏密：有如美酒，封之愈固，则其味道愈香。密法亦是，如固守戒律，则觉受愈速，成就愈大，故宜于"密"。

第十，慎重密：非机妄说，过患殊多。在未成熟诸有情中，分为资粮未成熟，仪轨圆满未成熟，由退失缘未成熟；尤以于密宗无有信心，谓为因未成熟。所应秘密诸法者，都应隐密；否则甚至贻人谤法口实，不单误己，且以误人，为慈悲故，不得不"密"。

从以上十种所言，可见密宗之所以"密"是深有道理的。

三、怛特罗文本

在今天，怛特罗指大量不同种类的文本、传统和修行，它们至少从5世纪或6世纪起，就遍布于南亚的印度教、耆那教以及佛教团体中。我们现在定义为怛特罗的多种多样的传统，其历史起源及早期的发展问题仍然是印度宗教历史中最有争议的问题之一。由于现存资料的极度贫乏，可以说"怛特罗的历史无法书写"。很多学者基于原始的大地崇拜或母神祭祀主张怛特罗修行的前雅利安起源，然而，我们最多可以说前雅利安起源是可能的，但怛特罗传统与吠陀传统也有明确的关系。

关于占有首要地位的是佛教的怛特罗还是印度教的怛特罗，也有同样激烈的讨论，目前这一问题似乎无法回答。现存最古老的怛特罗文本是佛教的《秘密集会怛特罗》（*Guhyasamaja Tantra*），被认为最早可能创作于3世纪。然而，印度教怛特罗的传统被普遍认为从更早的性力派传统中发展而来。性力派崇拜宇宙的阴性本源萨克缇，它以各种女神的形象出现，例如度母、卡利女神。从公元初的几个世纪产生，到公元6世纪至7世纪发展为盛行的宗教崇拜，以不同的女神形态出现的性力派崇拜遍布于整个印度，并为逐渐发展为印度教怛特罗传统的东西提供了基础。实际上，女神崇拜是许多密教流派的核心。怛特罗传统也遍布于毗湿奴崇拜和湿婆崇拜团体中，至少从5世纪起逐渐发展为五夜派和湿婆派的《阿笈摩》。有时很难区分《阿笈摩》和《怛特罗》，因为湿婆派和性力派之间的界限相当不固定。值得注意的是，7世纪南印度圣人迪卢姆拉提到一组共28本怛特罗。有个左派怛特罗文本提到了一套怛特罗经典，共有64本。这暗示在7世纪之前的几个世纪里，密教大师们有相当多的文学活动。无论如何，有一点似乎是清楚的：我们现在定义为怛特罗文献中的绝大部分直到大约10世纪才达到发展的顶峰。大部分古典梵文怛特罗，例如《库拉阿那瓦怛特罗》（*Kularnavatantra*）、《斯瓦乾达怛特罗》

（*Svacchandatantra*）以及与克什米尔湿婆派有关的文本，有可能是在9至14世纪期间创作出来的。

最初的怛特罗典型地以对话形式呈现，它们的作者被认为是神，而不是特定的人。后来的著作，尤其是摘要，倾向于归入人类作者名下。虽然印度教传统显示有64本怛特罗，但实际数量要大得多。怛特罗所讨论的主题范围可观，涉及世界的产生和历史，大量男神、女神以及其他高级存在者的名字和功能，仪式崇拜（特别是女神崇拜）的类型，魔法、巫术和占卜，秘传"生理学"（精身的绘图），神秘的昆达里尼之唤醒，身体净化和精神净化的技巧，解脱的本质，以及神圣的性。

四、密教文献

虽然"密教"的构建和怛特罗直接相关，但密教文献的范围大于怛特罗文本，还有大量其他著作，包括原创和注释。广义上，密教文献也包括《湿婆经》之类的箴言作品，以及《特里普拉奥义书》之类的《奥义书》。根据福伊尔施泰因的罗列，密教经典的书名可以是怛特罗、阿笈摩、本集、往世书、*Yamala*、*Rahasya*、*Arnava*、*Shika*等。

密教教导中有三股重要的潮流：北印度的克什米尔湿婆派（大约公元500年至1300年，湿婆派是印度的主导宗教），南印度的室利谛亚（Shri-Vidya）传统，以及考拉主义。[①]10世纪中叶克什米尔成就者阿毗那婆笈多（Abhinava Gupta）的《怛特罗洛迦》（*Tantraloka*）是最重要的密教著作之一，迄今只有意大利语译本。据其弟子克须马拉加（Kshemaraja）所述，阿毗那婆笈多是在冥想状态中创作《怛特罗洛迦》的，这令它接近于启示文献。此外，阿毗那婆笈多还写了许多

---

① 以下关于这三股潮流的介绍参见［德］格奥尔格·福伊尔施泰因著，闻风、朱彩红、黄祺杰译：《瑜伽之书》，海南出版社，2017年，第324—326页。

关于三元派的著作，目前为人所知的就有40多本。他在哲学和灵性上都取得了巨大的成就，他的传承在20世纪最伟大的代表是斯瓦米·拉克什曼殊（Swami Lakshmanjoo），其西方弟子将其教导带到了西方再至全世界。

图30　拉克什曼殊

室利毗谛亚传统的灵性宝藏也正在借助道格拉斯·伦弗洛·布鲁克斯（Douglas Renfrew Brooks）等学者的辛勤劳动为世人所知。布鲁克斯指出了对于任何密教传统的教导都至关重要的一点：该传统不仅拥有经典，而且拥有健在的成就者，能够解释秘传教义。室利毗谛亚传统满足这一点，因而是一个活的传统，因为经典只不过是火焰燃烧后的灰烬，需要健在的成就者将它激活。室利毗谛亚传统最受尊重的文本Vamaka-Ishvara-Tantra，《特里普拉奥义书》和Kama-Kala-Vilasa有英文本，其他未被翻译但富有影响力的经典比如Tantra-Raja-Tantra，Jnana-Arnava-Tantra和Shri-Vidya-Arnava-Tantra。

考拉主义是密教最古老的分支之一，它的广为人知部分地归因于西方人憎恶的"五M"仪式（酒、肉、鱼、干果、迈荼那），我们将在本章第三节讨论。最杰出的考拉主义文本是《库拉阿那瓦怛特罗》（Kula-Arnava-Tantra），Kaula-Jnana-Nirnaya和《大涅槃怛特罗》。后来的Kubjika传统可能和考拉传统密切相关。

此外，许许多多以梵文、泰米尔语和方言写作的密教文本显示了多代成就者在思想和修行方面不可思议的多变性。福伊尔施泰因指出，密教传统的西方学习者几乎不能理解密教文献的皮毛，更不用说它们所描述的心理技巧了，因而有必要在评判密教时保持谨慎。也许对于西方人来说，一条相对安全而有益的理解进路是像荣格那样，用西方人的话语和思想方式来解读密教文本中展现的神秘世界的象征意义，从而在东西方心灵之间架起沟通的桥梁。无论如何，我们必须记住，密教的教导和帕坦伽利的瑜伽一样，非实践不能理解。

第二节　新的灵性进路

一、问题的提出

在瑜伽思想史上，密教的重大意义在于开辟了一条新的灵性进路。刘立千在谈论佛教的显教与密教之分时说：

> 后期大乘对烦恼则有不同的看法，认为烦恼的是心，成菩提的也是心，二者只是在一心上迷悟的差别。因此对烦恼不用彻底断除或对治的办法，而改用转变的办法，转烦恼为菩提……特别是密教运用转烦恼为菩提的方便则更多，不需长时艰苦修行就可以达到快速成就菩提的目的。[1]

对烦恼"彻底断除或对治的办法"属于传统的灵性道路，其进展相对缓慢，佛与众生（或圣与俗）之间被设置了一条清晰的界限。按照刘立千的分析，"显教为什么要经历多时始能成佛？原因还由于他们有些人虽然承认众生有佛性，但生佛有别，把佛和众生的差距拉得太大，说凡夫要成佛须经三大阿僧祇劫（指极长的时间）修行才能成就"[2]。圣俗之分在日常生活中也划出了净与不净两个领域，总的来

---

[1] 刘立千：《藏传佛教各派教义及密宗漫谈》，民族出版社，2000年，第15页。

[2] 刘立千：《藏传佛教各派教义及密宗漫谈》，民族出版社，2000年，第15页。

说，世界和身心都是不净之物、烦恼之源，修行意味着向世界和身心宣战。

就印度教而言，情况差不多。《奥义书》的圣人发现，圆满和不朽无法通过死后进入天界获得，而是要觉悟真我（阿特曼或梵）。如何觉悟真我？要靠弃绝和苦行，因为真我的光辉"只会显现给这样的人：将注意力从俗事移开，通过认真地修行控制身心，将注意力如激光束般聚焦在觉悟真我的终极关切上。最后，为了成为梵，一个人必须超越人的境况和人的状态。必须停止将能量投入日常关注之中，正是通过这些日常关注，人们强化了作为分离的实体的幻觉"①。传统灵性的厌世和弃世倾向就是这么来的。福伊尔施泰因认为，这实际上是一种二元论思维的习惯。不过确切地说，这是二元论思维在灵性上的残留，因为在哲学上，《奥义书》教导的是不二论，存在的唯有梵。

问题在于：如果存在的唯有梵，一切皆梵，那么为什么世界和身心是必须被征服的敌人？再者，世界和身心带来享乐，享乐难道不是极乐的一种有限的展示，为什么必须为了获得极乐而放弃享乐？就像刘立千说的，"即心是佛，佛和众生只有迷悟之分"，所以束缚和解脱只是心的迷悟问题，说到底与外物无关，而且外物原本就是梵（或空）。既然如此，世界和身心就不是解脱的敌人，而是解脱的朋友或道场——烦恼即菩提。

二、"轮回即涅槃"

密教的一个重要公式是"轮回即涅槃"（或大乘佛教说的"烦恼即菩提"）。福伊尔施泰因对此做了清晰的哲学解释：

---

① ［德］格奥尔格·福伊尔施泰因著，闻风、朱彩红、黄祺杰译，《瑜伽之书》，海南出版社，2017年，第319页。

连续性（"坦陀罗是连续性"）的概念充分表达了密教的本质，因为这个泛印度传统坚持世界的过程和解脱或觉悟的过程之间的连续性，从而以各种方式寻求克服终极实在（真我）和有限存在（私我）之间的二元性……也就是说，有限世界或表象世界与超验的存在-意识-喜乐（梵或真我）同质。因此，觉悟不是脱离世界的问题，也不是扼杀本能冲动的问题，不如说，它是将低级实在展望为包含在高级实在之中，并与高级实在合一的问题，是让高级实在来转化低级实在的问题。因此，密教的主旨是"整合"，即私我与真我的整合，肉身存在与灵性存在的整合。[①]

这种"整合"取消了原本的圣俗界限，正如一位东方学家所言：没有神圣的或世俗的，灵性的或肉欲的，一切活的东西都是纯净的、空的。从根本上说，这不是哲学上的创新，而是灵性上的彻底解放，所有的限制似乎都已消失，包括对修行者和修行法的限制也消失了。所以，我们在本书中把《奥义书》的革命称为思想革命，把密教的革命称为灵性革命。

"灵性革命"让"修行"成为密教的关键词。福伊尔施泰因强调，认识到密教革命不只是哲学沉思的产物，这一点非常重要，尽管密教有着庞大的学说，但密教极为实用，它首先是一种指向觉悟的修行。出于这个原因，作为修行法的瑜伽成了密教的核心。

对修行者和修行法的限制消失，这使得密教成为一场草根运动，而不再是属于印度精英的主流哲学。密教早期的主要人物中有很多——即便不是大多数——来自印度社会金字塔的底层：渔民、织工、猎人、街边小贩、洗衣女工。密教的灵性道路允许他们过神圣化的生活，采纳各种各样的修行方法，而不必放弃对当地神祇的信仰及

---

① ［德］格奥尔格·福伊尔施泰因著，闻风、朱彩红、黄祺杰译，《瑜伽之书》，海南出版社，2017年，第320—321页。

古老的崇拜仪式。对此，福伊尔施泰因评论道，密教教导的特点在于理论与实践的一种惊人的综合，这种综合的基础是充满生机的折中主义，带着强烈的仪式主义倾向；密教教导的目的是为"黑暗时代"①的灵性需要服务，这个时代的人几乎无法将自己的渴望导向神，反而容易被世俗观念和期盼分心。

密教修行者拒绝印度教和佛教正统的纯粹主义态度，而寻求把灵性探索建立在身体现实的基础上。为了与"轮回即涅槃"的基本取向相一致，密教的成就者们介绍了一系列方法，它们（尤其是女神崇拜和仪式交合）迄今仍被排除在主流印度教形而上学的灵性系统之外。这使得密教的一些特征具有争议性，甚或令人震惊，而用激进的方式进行教导的密教大师常常令人感到无所适从，比如西藏的"狂慧"传统便是如此。

比如，印度的阿瓦杜塔和基督教中"为基督的缘故算是愚拙的"圣人颠倒或翻转了社会的标准和惯例。他们不在意是否被人理解，为了引导他人的缘故而不顾常规的期待、规范和职责。《瑜伽之书》对他们有生动的描述："他们随意地拒绝惯常举止，自由地成为破坏性的和批判性的，随便地嘲笑作弄世俗机构和宗教体制；他们身着奇装异服，甚至赤身裸体四处走动，毫不理会社会交往的细节；他们奚落学者和注释者们的狭隘关注，诅咒并使用猥亵之语，唱唱跳跳，使用兴奋剂和麻醉品，从事性行为。"他们体现了密教的秘传信条：解脱与享受同质，灵性与世界不是内在地分离的。

如何看待这种狂慧（神圣的疯狂）？首先，它不同于世俗的疯狂，后者是以心理障碍的形式表现出来的大脑疾病，伴随着幻觉和社会功能障碍。但神圣狂人的古怪举止不是任何个人精神错乱的直接表达，而是其灵性成就和启发同胞的深刻愿望的直接表达。所以，福伊尔施泰因把狂慧称为"灵性震惊疗法"。这意味着狂慧是一种独特的

---

① "黑暗时代"始于《摩诃婆罗多》描述的大战之后，克里希那之死。

教导模式，它以看似非理性或非灵性的手段起作用，为的是把惯常的私我人格从灵性睡眠中唤醒。可见，狂慧的目的是有益的，事实上，它映照出了俗人的平庸存在之"疯狂性"，这种存在从觉悟的观点来看根源于一个深刻的错觉——个人是一个私我人格，以体肤为限。

其次，如果说常智意欲创造一种更高的秩序或和谐，那么狂慧的主要作用在于打破人类建立模式的热情——创造秩序、结构和意义的冲动。为此，狂慧成就者不断挑战尚未觉悟之人所设立的种种界限，让我们正视生活赤裸裸的真相：生活是疯狂的、无常的。狂慧就是觉悟之后的偶像破除。这使得狂慧的主旨和进路对于世俗宗教机构和因袭的宗教体制而言成了冒犯性的，因而狂慧成就者一直以来广泛受到压制。

不过，狂慧的教导模式并不多见。虽然大多数导师，尤其是完全觉悟的导师，有时会诉诸非常规行为来刺穿弟子的保护盔甲，但极少有导师倾向于以成熟的狂慧模式来教导。在今天，个人保持着比过去更为谨慎的私我界限，所以狂慧的方法容易被体验为妨害了弟子的个人整全性。因此，极少有导师愿意采用狂慧的教导方式。还有一个更大的问题：这种古老的教导方式在今天是否依然有用，又是否可以证明它在道德上是正当的？[1]

在现在的印度，密教不受尊重，而密教的左派聚会被印度政府积极镇压。在现实中，确实有不少假师父打着灵性的幌子骗财骗色，沉迷于享乐主义，这是我们必须万分警惕的。我们应该记住，宗教中既有最光明、最纯洁的东西，也有最黑暗、最邪恶的东西。除非我们具有足够的分辨力，否则最好保持安全的距离。

---

[1]　上面有关狂慧的介绍，参见［德］格奥尔格·福伊尔施泰因著，闻风、朱彩红、黄祺杰译：《瑜伽之书》，海南出版社，2017年，第19—24页。

第三节　神圣母亲和女神崇拜

女神或提毗（Devi，闪耀者）是宗教符号，代表宇宙的阴性本源，在印度教中称为萨克缇（Shakti，意思是能量）。福伊尔施泰因认为，对阴性本源的关注是所有密教流派的统一元素。[①]密教的世界图像设想存在具有阴阳两面，阳性面称为湿婆[②]，是超验的至上者，类似于原人，而阴性面称为萨克缇，代表创造（指活动）的能量，类似于原质。阴阳两面不能彼此分离，在"欢喜佛"这一符号所代表的意象中，湿婆及其永恒配偶被描绘成狂喜地相拥。我们应该这样来理解湿婆和萨克缇的关系："在超验层面上，他们永远在极乐的结合中享有彼此。他们的超验婚姻是身心之间、意识和物质之间、男性和女性之间的结合之原型。"[③]

须指出，女神崇拜不是密教的独创，而是有着漫长的历史。对于崇拜者，女神是"神圣母亲"，这表明女神是古老的生殖崇拜的象征，印度河文明的遗址中就出土了类似于女神的小雕像。在数论哲学中，神圣母亲是原质，众生和整个宇宙出自神圣母亲；众生皆有其独特性质，而所有性质（三德）内在于神圣母亲这个原质中。《吠陀》把神圣母亲称为"梵之子宫"，由此诞生了诸世界和星系。据说古代的工匠把熔炉铸造成子宫的形状，金属制品正是诞生于这个"子

---

① 不过，在《何谓密教？关于密教的定义、修习、符号和历史的诠释和争论》（第21页）中，大卫·高登·怀特提醒我们，并非所有的怛特罗教派都重视女性的力量。他举例说，日本密宗认为现世世界的"六大源起"即为男性毗卢遮那佛的化身，而且日本圣山亦为阳性。此外，很多早期"神职"（clerical）怛特罗教派将神性在世界的遍布描述为以阳性为主。

② 这里的"湿婆"不是吠檀多三相神中的"湿婆"，代表宇宙的消融力量，而是代表宇宙的阳性面，即超验的至上者，可以称为至上湿婆。湿婆派所说的"湿婆"就是至上湿婆。

③ ［德］格奥尔格·福伊尔施泰因著，闻风、朱彩红、黄祺杰译：《瑜伽之书》，海南出版社，2017年，第323页。

宫"。室利·罗摩克里希那曾见过一个异象:梵之子宫呈现为一个由活生生的光形成的巨大三角形,在每一刻诞生无数个世界。除了诞生的力量,神圣母亲也以她的怀抱容纳整个宇宙。所有的和谐、爱与合一都源于神圣母亲。

神圣母亲不仅是无形的、非人格的宇宙基质,而且是一种鲜活的、有意识的力量,可以幻化为具体的人格形式。在印度,这种神圣力量一直被视为女神。《梨俱吠陀》把她称为"阿提提"(无限者),是诸神的母亲。《吠陀》的圣人把她描述为宇宙的创造力量和高级思想的唤醒者。我们可以把神圣母亲称为"圣言"(比如"唵"),这和《创世记》开头的描述很接近:神用圣言创造了世界。

正是在密教中,神圣母亲这一象征获得了最充分的发展,并独立出来。神圣母亲的不同属性被归结为三个方面:第一是超越面,她是渗透并维系整个宇宙的原初力量;第二是精微面,她是圣言或逻各斯的力量;第三是粗糙面,她以人格形式显现自身。神圣母亲的人格形式有很多,既有吉祥相,也有恐怖相,其中最重要的形式有十种,即密教的十大女神:

卡利:女神的主要形式。她被描绘成黑暗的、不可预测的。她通过时间的中介来活动,时间毁灭一切。然而对于她的虔信者,她是慈爱的母亲,不倦地保护和关怀着他们。

度母:女神的拯救相,相当于汉地的观音菩萨。她的职责是引领虔信者安全地渡过有限存在的海洋,到达"彼岸"。然而,就像卡利一样,度母常常被描绘成骇人的神,在尸体上翩翩起舞,四手中的一手持一具头颅,提醒我们神的恩典要求献身。

特里普拉·孙陀利:代表女神不可或缺的美。她被称为特里普拉(三城)是因为她统治着意识的三种状态——醒态、梦态和深眠态。

布瓦尼施瓦利:世界的统治者。如果说卡利代表无穷的时间,那么她代表无限的空间和无尽的创造力。

派拉维：女神的恐怖相，要求虔信者的转变。她常被描绘成裸露的胸部涂满鲜血的狂怒女子。然而，她的愤怒具有神圣的多样性，并且总是建设性的。她的解脱力量由如下事实表明：她的两手呈赐予知识的手势，另外两手呈赐予保护的手势。

无首女神：女神的粉碎心意相。她被描绘成脑袋完全从身上切割了下来。这种可怕的形象对她的虔信者来说是个强大的启示——要超越心意，直接看见超验实在。

杜马瓦蒂：女神以老年和死亡的形式充当神圣障眼法的相，所以这个名字的字面意思是"烟雾状的"。只有热切的虔信者才能超越死亡的恐惧，得见女神的不朽承诺。

巴迦拉穆希：尽管美得令人销魂，她却手持棍棒，用来粉碎虔信者的错误观念和幻觉。

马唐吉：以艺术尤其是音乐的守护神的角色指引虔信者进入无音的原初之音。

图31　卡利女神

图32　绿度母

卡玛拉特米卡：女神完美的吉祥相。她被描绘成坐在莲花上，莲花是纯洁的象征。[1]

神圣母亲以不同的方式行使她的力量。毗湿奴派、湿婆派和性力派的一个共同学说是神有五重活动：创造、维系、消融、隐藏、拯救。这些活动都由神圣母亲通过她的以下三种力量来执行。

神圣母亲的第一种力量带来宇宙的创造、维系和消融。整个宇宙就是她的身体，是她在经历着一切变化。商羯罗说，只有和萨克缇结合，湿婆才能创造或控制宇宙，否则，湿婆甚至无法移动。罗摩克里希那说，当我们想象原初力量如如不动，没有卷入创造、维系和消融的活动，我们就把它称为梵（或至上湿婆）；但当原初力量从事这些活动，我们就把它称为卡利或萨克缇。

神圣母亲的第二种力量是幻力。在个人层面，幻力意味着个体灵魂的局限或收缩，在宇宙层面，幻力使得灵魂无法看见终极实在，意味着神的隐藏或消失。这就是不二论者所称的"摩耶"或无明。

神圣母亲的第三种力量是庇佑或拯救。正是这种力量使人对神或终极实在产生信仰并觉悟。神圣母亲用这种力量让人脱离虚妄、束缚和痛苦。然而，我们需要理解的是，她的恩典并不总是呈现为温和、愉悦的经验形式，恩典也可能隐藏在痛苦、失败、厄运以及看似糟糕、不公、邪恶的事件中。可见，神圣母亲的拯救力量有两面——温和的一面和恐怖的一面，这是女神呈现为吉祥相和恐怖相的原因，它们适合不同的虔信者。

---

[1] 女神的十种形式见［德］格奥尔格·福伊尔施泰因著，闻风、朱彩红、黄祺杰译：《瑜伽之书》，海南出版社，2017年，第322—323页。

第四节 "瑜伽身"：精身生理学

女神是大宇宙的创造、维系和消融者，在人的身心这一小宇宙中，女神则是"昆达里尼萨克缇"，其觉醒是密教瑜伽的基础。昆达里尼是精身生理学的概念。印度人的身体观远比现代生物学的身体观复杂，我们在谈论《奥义书》的思想时提到过三身（粗身、精身、因果身）五鞘（粗身鞘、能量鞘、心意鞘、智性鞘、喜乐鞘）的概念。粗身是肉身，精身则是能量身，"印度内外广泛认为，肉身拥有一个精微的对应物，该对应物不是由粗糙物质构成的，而是由一种更精微的物质或能量构成。这个超物理的第二身——所谓的'灵体'或'精身'——的'解剖学'和'生理学'成为密教瑜伽研究的主题，尤其是在哈达瑜伽传统中"①。

在一些密教体系中，精身被设想为由一些精微的脉构成，当脉得到净化，就能引导身体的生命能量（普拉那）的运行，操纵生命能量。精微的脉网的概念至少可以追溯到《大林间奥义书》（2.1.19），但密教传统对它的探讨更加复杂和精密，始于5世纪的密教文本*Nisvasatattvasamhita*。极具影响力的密教身体模型之一最初大约出现在10世纪的*Kubjikamatatantra*中，该书属于密教考拉派的Kubjika女神教派。在该教派中，相当于Kubjika及其配偶的六种变体的六个能量中心（脉轮）被应用于瑜伽师的身体。虽然其他类似的体系也出现在密教文本中，但正是Kubjika的脉轮体系被接受为"瑜伽身"的蓝图。在*Kubjikamatatantra*中，还首次出现了许多后来的密教瑜伽的另一个重要特征的成熟形式——昆达里尼女神。②

---

① ［德］格奥尔格·福伊尔施泰因著，闻风、朱彩红、黄祺杰译：《瑜伽之书》，海南出版社，2017年，第328页。

② 本段见James Mallinson, Mark Singleton translated and edited, *Roots of Yoga* (Penguin Classics, 2017), "Introduction", p.XIX。

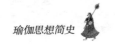

对于中国人来说，精身的概念是很容易理解的，因为精身生理学也是中医理论的基础之一，精身的"器官"脉和经络被认为和粗身的器官一样真实。

一、普拉那

"生命能量"在梵文中的对应词是"普拉那"，在汉语中则是"气"。《奥义书》的圣人在思考生命时发现，在由无常的事件和易灭的肉身构成的"粗糙宇宙"背后，有着一个不灭的、普遍的生命能量原则（principle，也译成"谛"），他们称其为普拉那（《大林间奥义书》2.3.5），普拉那构成"精微宇宙"。他们进一步发现，普拉那来源于阿特曼，也就是说，普拉那本身不是终极实在，在普拉那之上是纯意识，它是众生的真我。生命和意识的区别，即"普拉那≠阿特曼"是古印度独自获得的两大发现之一，另一发现是个体意识和宇宙纯意识的同一，即"阿特曼=梵"。

然而，圣人们一旦发现了终极真理（梵），就忽视了生命：他们失去了对普拉那的兴趣，开始忽视普拉那。普拉那仅在早期《奥义书》（比如《大林间奥义书》《唱赞奥义书》等）中被提及，在后来的《奥义书》中，圣人们直接讨论阿特曼和梵，而未提及普拉那。人们的兴趣从普拉那或生命转移到了意识上。人们不再思考生命的奥秘，而且开始忽视现实生命。吠檀多忽视了普拉那，不过，在印度思想史上，普拉那的原则并未完全消失，而是被别的概念替代了，比如摩耶、罗阇、昆达里尼、萨克缇等。后来，辨喜尝试恢复普拉那原初的宇宙性地位，他认为普拉那有两个维度：个体维度和宇宙维度。我们在此只谈论个体普拉那。

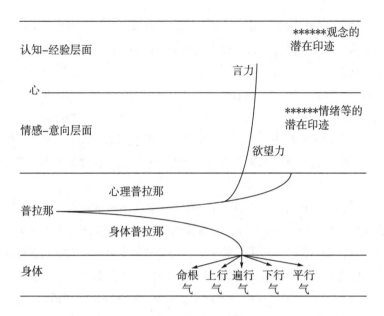

图33 普拉那的运作①

上图显示，能量鞘中的普拉那主要分为两股，其中一股进入身体，此为身体普拉那（physical prana）或粗糙普拉那；另一股进入心意，这是心理普拉那（mental prana）或精微普拉那，和心意的运作有关。

先谈心理普拉那。在讨论《瑜伽经》的整体方案时，我们说过心有两个层面：下层起着情感–意向的作用，上层起着认知–经验的作用。

情感–意向层面是欲望、情绪、本能驱力的潜在印迹之仓库，这些合称为习气（Vasanas，熏习）或经验习气（Bhogavasana）（帕坦伽利把它们称为痛苦）。当这些在心中生起，我们就说"我感到"。这个层面对应西方心理学中的"情感官能"。

_____

① 图和有关心理普拉那的说明出自［印］斯瓦米·巴伽南达的文章 *Prana*，中译版《普拉那》，载于《瑜伽》杂志，2021年第一期。

　　情绪、欲望等如何生起？它们通过心理普拉那的活动而生起。激活情绪、欲望等的心理普拉那称为驱力，我们可以称之为欲望力。

　　认知-经验层面是观念的潜在印迹之仓库。观念一般包括语词（名）和形象（色），它们合称为知识、想象等。当观念在心中生起，我们就说"我认为"。这个层面对应西方心理学中的"认知官能"。

　　观念如何在心中生起？这也要借助于普拉那的运作。激活观念的潜在印迹的心理普拉那称为言力。言力在密教的真言典籍中得到了深入研究，我们在下一节谈论。

　　所以，心理普拉那有两种：在情感-意向层面运作的欲望力，和在认知-经验层面运作的言力。当我们允许自己被情绪、本能驱力等压倒时，普拉那就流进了心的下层，心被欲望力主宰。当我们进行抽象的思考，比如解答数学问题或研习经典时，普拉那就流进了心的上层，心被言力主宰。我们需要注意，在认知-经验层面和情感-意向层面还有高低层次之分，越是停留在高级层次，就有越多的普拉那向上流动。

　　我们还需要注意：个体普拉那能够影响他人。心理普拉那是心理能量的一种形式，就像电磁波（比如无线电波）一样，以不同的波长或频率存在着。它从我们的心意向各个方向不断发射。圣人的普拉那具有高级品质，在我们心中引发高尚的思想和情感。恶人的普拉那则具有低级品质，激发我们心中的恶念和坏情绪。所以，我们必须谨慎与人相处。

　　身体普拉那分成五股初级能量流（五气）和五股次级能量流（次五气），每一股都有专门的功能。以下是五股初级能量流，不同文本对它们的描述有所不同：

　　命根气：最重要的一种气，能支撑生命，管理呼吸，其据点是口、鼻、头、心脏和肚脐。

　　上行气：在手脚的关节部分，管理肌肉运动的上升作用。

　　平行气：充满身体的各个部分，管理食物消化和营养的输送。

下行气：位于腹部到足尖，管理排泄、解毒等下降作用。

遍行气：具有辅助命根气和下行气的作用，主管营养吸收后的分解和输送，其据点是口、鼻、头和下肢。[1]

五股次级能量流如下：

纳加：引起呕吐或打嗝。

库尔玛：造成眼睑的开合。

克利卡拉：导致饥饿。

提婆达多：导致哈欠或睡眠。

达纳玛伽雅：是有机体死后分解的原因。

关于次五气的确切功能，人们还未达成一致看法。由于普拉那的活动和心的活动密切相关，因而瑜伽修行用调息来控制心的波动。

二、昆达里尼

1. 昆达里尼的性质

昆达里尼一词代表"盘绕者"，指如下事实：昆达里尼被想象成一条沉睡的蛇，盘绕在位于人体最低脉轮之中的一条林伽上，共绕了三圈半，那条蛇堵住了中脉，它的嘴正好在第一个结的位置。这个意象表明昆达里尼通常处于休眠状态。如果说普拉那是人体中的动态能量，那么昆达里尼则是人体中的潜在能量。关于昆达里尼有如下四种看法，它们全都承认昆达里尼是一种能量形式。

（1）神经能量

马哈拉斯特拉的瓦桑特·莱利（Vasant G. Rele）医生在1927年出版的《神秘的昆达里尼》一书中说，左脉和右脉只不过是自主神经系统的两条交感神经链，昆达里尼只不过是迷走神经（一条很长的脑神经，

---

[1]　以上对五股初级能量流的说明见邱陵编著：《密宗入门知识》，北京工业大学出版社，1994年，第39—41页。

支配着胃肠系统）。所以，根据他的观点，昆达里尼只是普通的神经能量。但瑜伽修行者认为诸脉轮都在精身之中，只能被瑜伽师看见。

（2）普拉那（气）

哈达瑜伽师把昆达里尼等同于普拉那，也就是气。虽然哈达瑜伽师说，瑜伽的目标在于达成个体灵魂与梵的合一，但他们的直接目标似乎是获得健康与精神能量，而普拉那似乎只是精神能量的一种形式。通常，普拉那在左脉和右脉穿行，当它进入中脉，灵性生活便开启了。中脉上有三个结：梵天结在底部，毗湿奴结在心脏下方，楼陀罗结在眉毛下方。昆达里尼只有冲破这三个"结"，才能在中脉中上升（参见斯瓦特玛拉摩的《哈达瑜伽之光》[①]）。

（3）意识力或萨克缇

在湿婆派的《阿笈摩》和性力派的《怛特罗》中，昆达里尼被等同于意识力。这两派认为阿特曼（或梵）不仅是自明的，而且能够认识自身。阿特曼的认知面被称为智识（vimarsa），它被视为萨克缇，而阿特曼的纯意识面被视为湿婆。所以，阿特曼具有意识力（cit-shakti）的本质（纯意识和智识）。

整个宇宙中的一切，包括觉、心、诸根、身体、外部世界等，只不过是振动频率不同的意识力。根据这种观点，昆达里尼不像哈达瑜伽师认为的那样只是能量，而且还是意识。阿特曼的智识是休眠的，随着昆达里尼觉醒并上升，智识越来越多地自我展开，于是，我们对阿特曼的认识也越来越多。每一脉轮都代表着某一层面的真我显现，即智识在某种程度的展开。在每一脉轮中，新的智识力使我们能够更多地认识阿特曼。在每一脉轮中，真我的一个新维度自我展开。所以，昆达里尼的觉醒主要是个体灵魂的觉醒，而不仅仅是萨克缇的觉醒，当然，萨克缇的觉醒也会发生。

---

① 中文版为［印］斯瓦特玛拉摩著，［印］G. S. 萨海、S. 夏尔马英译并注释，王志成、灵海译：《哈达瑜伽之光》，四川人民出版社，2012年。

（4）辨喜对昆达里尼的观点

这种观点处于上述第二种观点和第三种观点之间。尽管辨喜的"胜王瑜伽"属于密教，但他没有使用萨克缇这一术语，取而代之，他使用了哈达瑜伽师用的普拉那一词。不过，哈达瑜伽师仅仅谈论普拉那，而辨喜既谈论普拉那，也谈论空（Akasha）。根据他的观点，所有物质都是空的显现，所有能量都是普拉那的显现。空加上普拉那的观点是辨喜的独特学说，而其他所有派别都认为，宇宙中的一切要么由五大元素组成，要么是意识力的显现。然而，在辨喜的《胜王瑜伽》第一部分，以下两点是不明确的：空-普拉那与阿特曼的关系，以及昆达里尼与普拉那的关系。

在辨喜看来，昆达里尼是什么？在《胜王瑜伽》第一部分的第五章"精神普拉那"中，辨喜把昆达里尼说成是由神经引起的所有"残留感受"的总和。或许他是把神经感受（nerve sensations）当作一个类比来使用的（否则，他的观点将或多或少等同于前面提到的莱利医生的观点）。他还谈到了与中脉有关的"意识流"。总的来说，辨喜并未清楚地说明昆达里尼的本质及其与阿特曼的关系。

我们要记住，昆达里尼的概念主要限于哈达瑜伽师和性力派传统。《奥义书》（只是提到了脉，比如《泰帝利耶奥义书》中的中脉）、吠檀多不二论、浩如烟海的虔信派文献等没有谈论昆达里尼。

2. 昆达里尼的苏醒

昆达里尼的概念只有作为相应的经验何以发生的一种解释，才是有用的。真正的灵性经验是对知识之光的经验，它让心意充满平静与喜乐，它打开通往智慧的大门，使人成为智者，那时，他就能推知昆达里尼已经苏醒。但许多人并不了解这一点，他们认为灵性经验意味着昆达里尼犹如火箭一般上升，或者他们想象一条蛇嘶嘶地爬了出来！这种自我欺骗乃是灵性进步的巨大障碍，以致巴伽南达说，如果人们不再操心昆达里尼，而是更多地关心净化、虔信和知识，那么灵性生活将会更有意义，更加喜乐。①

虽然我们不应该过分强调或夸大昆达里尼的苏醒，但苏醒的经验是存在的。密教瑜伽师认为，通过控制普拉那的流动，昆达里尼的潜在能量可被调动起来，产生著名的昆达里尼苏醒现象，"这种情况类似于用高能粒子碰撞原子核，使原子不稳定，引起巨大能量的释放"②。如何通过控制普拉那的流动来调动昆达里尼？调息可使普拉那从左脉和右脉撤退，被迫进入中脉，从而把"睡美人"唤醒。戈毗·克里希那（Gopi Krishna）讲述了昆达里尼意外苏醒的经验：

忽然，一阵瀑布般的咆哮，我感到一束液态光通过脊髓神经进入大脑。对于这样的情况，我完全没有准备，着实吓了一跳；但是我立刻恢复了自我控制，保持坐姿，继续让我的心意专注于一点。光照变得越来越明亮，咆哮声更响了，我体验到一阵震感，然后感到自己脱离了身体，完全被光环笼罩。

图34　昆达里尼苏醒

① 以上关于昆达里尼的四种看法见［印］斯瓦米·巴伽南达的文章 *Prana*，中译版《普拉那》，载于《瑜伽》杂志，2021年第一期。

② ［德］格奥尔格·福伊尔施泰因著，闻风、朱彩红、黄祺杰译：《瑜伽之书》，海南出版社，2017年，第334页。

再次强调，昆达里尼苏醒的经验本质上是对知识之光的经验，前者只是后者的表现形式之一，而后者也可以用别的形式表现出来，比如室利·阿罗频多对超心思降临经验的描述：

……达到涅槃是我自己的瑜伽之最初一激烈的结果。它突然将我投入上面一个境界，没有思想了，未曾被任何心思的或情命的运动所染；没有私我了，没有真实世界了——只从不动的诸识望过去，有见到的一点什么，或在其纯全的寂静上现出一空虚形象世界，实体化了的影子而无真实本质。甚至也没有了"一"与"多"，正绝对只有"那个"，无相，无缘，独绝，不可名，不可思，绝对，确实无上真实的，唯独真实的。[①]

这种经验可以是意外的、不受控制的，就像戈毗·克里希那经历的那样。这具有危险性，据说，无意中被错误地唤醒的昆达里尼所引发的症状可能相当严重。密教瑜伽的目标是在受控状态下引发苏醒经验。昆达里尼的苏醒伴随着各种奇妙的身体现象，比如强热、光、声、压力，甚至疼痛的感觉，但它们不是昆达里尼本身。苏醒后的昆达里尼上冲至头顶的脉轮，在这里，湿婆和萨克缇的极乐交融发生了——这就是密教的能量瑜伽所描述的终点，它是从能量的角度对解脱的一种描述。

三、脉

精身的潜伏能量是昆达里尼，动态能量是普拉那，结构和回路则是脉轮和脉。脉的意思是"导管"，用来传输普拉那。

---

① ［印］室利·阿罗频多著，徐梵澄译：《瑜伽书札集》，华东师范大学出版社，2005年，第48—49页。

脉是能量流，是发光的能量场（精身）中的可辨的流动模式。描绘脉网的经典图纸无法传达这一超身体载体的活的、振动的光辉，它在受过训练的眼睛看来就像一团闪烁不定的光，有着不同颜色的焦点，有时黑暗区暗示出身体的弱点，甚至可能是疾病。[1]

脉遍布于人身，脉的数目各说不一，大约在72000—350000条之间。有十四条主要的脉，若干《瑜伽奥义书》命名了十九条脉，甚至给出了它们的位置。不过，最重要的脉有三条——中脉、左脉和右脉。所有的脉都出自"灯泡"，一个形似鸡蛋的结构，大概位于底轮和脐轮之间。

中脉在人体中央，粗如箭杆，下起底轮，闭口，上达顶轮，开口，两端皆平头，具有直、透明、红、空四种特性（中脉的颜色，有说蓝色，有说红色，观想时不必执着）。据说中脉中间还有一脉，叫心识脉，像一条具有五色光彩的线，为人体中最灵的生命部分。中脉是昆达里尼的上升通道，通往解脱。不幸的是，在普通人那里，中脉几乎是关闭的。

靠近中脉旁边，有左脉和右脉，如细小的羊肠。它们在底轮与中脉会合，上行绕脑顶，再与中脉会合，由前脑下折，左脉经过左鼻孔，右脉经过右鼻孔，通入两鼻孔下端，各挽一圈，然后与中脉在底轮会合。左脉为灰白色，性凉，又名月脉。右脉红色，性热，又名日脉。[2]

通常，普拉那在左脉和右脉中游移。哈达瑜伽告诉我们，左脉和右脉的活动在粗身层面上分别控制着副交感神经系统和交感神经系统。因此，通过调息引导普拉那沿着右脉运行，瑜伽师可以提高心率

---

① ［德］格奥尔格·福伊尔施泰因著，闻风、朱彩红、黄祺杰译：《瑜伽之书》，海南出版社，2017年，第330页。

② 以上关于三条脉的描述，见邱陵编著：《密宗入门知识》，北京工业大学出版社，1994年，第37—38页。

和代谢，并改善眼睛和耳朵的功能。通过调息引导普拉那沿着左脉运行，瑜伽师可以极大地减缓代谢，乃至在地下的一个密闭容器中待长达数小时甚至数天，这一点已被实验证明。

普拉那在左脉和右脉中的运行代表着注意力外化和散乱的状态。通常，中脉之中只有少量的普拉那。密教瑜伽师最重要的挑战是让普拉那从左脉和右脉中撤退，强迫普拉那进入中脉，刺激休眠的昆达里尼能量，直到它向上喷涌，冲到顶轮，从而带来解脱。据说，昆达里尼的力量一旦在体内释放出来，便会让人的身体和精神产生深远的变化，因为昆达里尼就是喜乐、超意识和爱。不过，就像福伊尔施泰因提醒我们的，真正的瑜伽师不只是追求呼吸和心跳的停止，而是追求超越人的境况本身。他们想要超越身心的条件作用，获得突破，进入超验的存在–意识–喜乐的领域。

四、脉轮

凡诸脉交错之处，都叫脉丛结，又称脉轮。由于脉是普拉那的通道，所以脉轮是个振动的能量池。中脉上有七个脉轮，每个脉轮都与特定的身心功能有关。自下而上，七个脉轮是：底轮、生殖轮、脐轮、心轮、喉轮、眉间轮、顶轮。[①]

底轮（海底轮）：在脊柱底部，肛门二指之上，所在地相当于会阴穴。此脉轮是其他脉轮的力量与精神供应处。中脉从这里流出，昆达里尼在这里休眠，此脉轮与性腺、肾脏等人体机能有关，还和土元素、嗅觉、下肢、梵文真言lam和大象（力量的象征）有关。它的主神是梵天和空行母。它通常被描绘成一朵深红色的四瓣莲花。

生殖轮（宅轮）：在生殖器根部，主管性腺、卵巢、睾丸、前列腺等。此脉轮和水元素、味觉、双手、真言vam和一种类似于鳄鱼的

---

① 关于脉轮及其修行的更详细的介绍可以参看王志成编著：《阿育吠陀瑜伽》，四川人民出版社，2018年。

水兽（繁殖的象征）有关。它的主神是毗湿奴和女神拉基尼。它被描绘成一朵绯红色的六瓣莲花。

脐轮（宝石城轮）：在肚脐处，相当于道家的下丹田部位，主管脾、肝、胰、肾上腺等。此脉轮和火元素、视觉、肛门、真言ram和公羊（激烈能量的象征）有关。它的主神是楼陀罗和女神莱基尼。它被描绘成一朵亮黄色的十瓣莲花。

心轮（不击轮）：位于心窝处，主管胸腺、心脏、肺脏等，相当于道家的中丹田。此脉轮也泛称心莲，被描绘成一朵十二瓣的蓝色或绿色莲花。不击轮之名源于一个秘传的事实：在心轮才能听到超验的"声音"，即毕达哥拉斯说的"天体音乐"，这种声音是"不击的"，也就是不由机械方法产生。心莲和风元素、触觉、阴茎、真言yam和黑羚羊（敏捷的象征）有关。它的主神是伊沙和女神卡基尼。

喉轮（净化轮）：位于喉根部，主管甲状腺、扁桃腺、唾腺等。此脉轮被描绘成一朵烟紫色或蓝色的十六瓣莲花，它和空元素、听觉、嘴和皮肤、真言ham以及雪白大象（纯净力量的象征）有关。它的主神是雌雄同体的阿尔达纳里希瓦拉（湿婆加帕尔瓦蒂）和女神莎基尼。正是在这个脉轮，神秘的苏摩分泌物得以被品尝到。苏摩从净化轮后方的子结构罗罗那轮滴下，这种不朽仙露的生成首先要通过空动身印的修习来刺激。

眉间轮（命令轮）：位于眉心处，也被称为"第三只眼"，主管脑下垂腺，相当于道家上丹田之祖窍。它被称为"命令轮"是因为弟子正是通过此轮接收来自导师的以心传心的交流，因此，它也被称为古鲁轮。此脉轮和末那有关，也和我慢及真言"唵"有关。它的主神是至上湿婆和女神哈基尼。它被描绘成一朵浅灰色或白色的双瓣莲花。它的象征图案是林伽放置在一个倒三角形中（代表湿婆和萨克缇这两极）。

顶轮（千瓣轮）：位于头顶内，形如千瓣莲花，即有一千气脉由此轮发出，相当于道家的泥丸穴，主管松果腺。底轮的昆达里尼苏

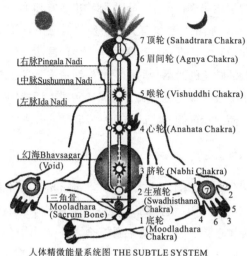

7 顶轮 (Sahadtrara Chakra)

6 眉间轮 (Agnya Chakra)

右脉Pingala Nadi

中脉Sushumna Nadi

左脉Ida Nadi

5 喉轮 (Vishuddhi Chakra)

4 心轮 (Anahata Chakra)

幻海Bhavsagar
(Void)

3 脐轮 (Nabhi Chakra)

2 生殖轮
(Swadhisthana
Chakra)

三角骨
Mooladhara
(Sacrum Bone)

1 底轮
(Moodladhara
Chakra)

人体精微能量系统图 THE SUBTLE SYSTEM

图35　脉轮图

　　醒，经各轮上升到此轮，便与至上湿婆会合，修行者可享无上的大安乐，所以此轮也叫大乐轮。有人认为，严格说来，顶轮根本不是脉轮系统的一部分，而是个超越身体之地。它的象征图案是发光的林伽（湿婆的象征，位于该莲花的中心）。另外，与各个脉轮相关的象征元素是为了帮助瑜伽师建立复杂的观想，这些观想使他们心意稳定，并导向各种悉地和三摩地。[①]

　　除了上述七轮，还有梵穴，在头额发际上方八指处，从这里人体放出光芒，中脉以此为出口。不过，也有人认为梵穴就在头顶骨头的裂隙处，或者梵穴就是顶轮。这是某些高级瑜伽经验的结果，只有通过复制那些体验才能真正理解。

　　① 　以上关于七大脉轮的说明参见邱陵编著：《密宗入门知识》，北京工业大学出版社，1994年，第38—39页，以及［德］格奥尔格·福伊尔施泰因著，闻风、朱彩红、黄祺杰译：《瑜伽之书》，海南出版社，2017年，第331—333页。

在现代的哈达瑜伽指南中，七大脉轮也常常和不同的心理精神功能相关。[1]比如，底轮和恐惧有关，生殖轮与悲伤有关，脐轮和愤怒有关，心轮和爱有关。据说，瑜伽师小心地使昆达里尼至少上升到心轮，因为更低的脉轮的激活会对他们的生活造成不良影响。喉轮有时和对生活的积极或消极态度有关，眉间轮和对生活持怀疑或基本信任的心境有关，而顶轮可能和我们与阿特曼联结或分离的感觉有关。

五、结和拙火

根据福伊尔施泰因的说法，"结"（granthi）在哈达瑜伽古典文献中是"阻塞物"，阻碍普拉那和昆达里尼沿着中脉上升。[2]不过，也许更好的理解是，"结"为左右脉会合之处。左右脉在三个地方会合，其一是肚脐下方，那里称为梵天结；其二是心脏部位，那里称为毗湿奴结；其三是眉心，那里称为楼陀罗结或湿婆结。

室利·罗摩克里希那谈到过对毗湿奴结和湿婆结的冥想，称为毗湿奴式冥想和湿婆式冥想（他没有谈论以梵天结为专注对象的冥想，原因不清楚，可能和三个结的能量性质有关）。毗湿奴式冥想的特点是把心意专注于心脏部位，适用于冥想人格神；湿婆式冥想则专注于眉心，适用于冥想非人格的真我。毗湿奴式冥想相对容易些，冥想时双眼固定在鼻尖，一半看向内部，一半看向外部，心意专注于心莲中的"择神"之形象。湿婆神式冥想比较困难，因为需要扫净杂念，冥想无形的真我。

为什么要对这两个结进行冥想？其主要目的在于克服精神自动作用，也就是我们的日常生活中无意识对精神的控制，而无意识控制

---

① 关于脉轮心理学，感兴趣的读者可以参见［瑞士］荣格著，［英］索努·沙姆达萨尼编，张译丹译：《瑜伽心理学》，四川人民出版社，2020年。这是荣格1932年的讲座记录，用现代心理学诠释了脉轮的意义。

② ［德］格奥尔格·福伊尔施泰因著，闻风、朱彩红、黄祺杰译：《瑜伽之书》，海南出版社，2017年，第333页。

精神生活的原因在于普拉那在左右脉中运作的不平衡。专注于这两个结之中的任何一个，都能在左右脉上制造一个"调控点"，这样，当心意专注时，普拉那在左右脉中的流动自然而然会得到调控，趋向平衡。其结果是所谓的"保持觉知"，即无意识牢牢地受控，心意变得平静、警醒，精神自动作用被克服。

瑜伽师通常用调息的方法达到左右脉的平衡，但就像上面说的，冥想也可以达到这种效果。你可能会纳闷，左右脉的平衡是身体层面的事，而"保持觉知"是精神层面的事，怎么扯到一起去了？现代心理学告诉我们身心相连，密教则说，所谓的物质与精神只是能量的不同表达方式或振动频率。换言之，身与心的区分只是一种相对的区分，并不是绝对的区分，能量的范畴可以整合身与心。

另外，"明点（bindu）"也是常被提及的概念，明点也是人体中普拉那的凝聚点。不同的是，明点是"水液，具有圆润、明空之相"[1]。有三类主要的明点：离戏明点、错乱明点和物明点。

密教文献中常见的"拙火"是主要的明点之一，亦即"红菩提心"，本为结胎时母亲所给予的红色净点，且成人后处于脐下，与父亲所给予的处于头顶的白色净点遥遥相对。"以其色红，谓之为火，为全身的精华集于一处，盛则体强，衰则体弱。又以其为一身的热量，故称之为火。使其固守岗位，不妄动，免使引火入魔，故称'拙'。行者于修持中努力不断，使之生起，则为拙火。"

修拙火要观想生法宫。所谓生法宫，即在静坐时，观想在人身前后左右之正中，三脉会合处之下，亦即脐下四指之处，有色鲜红、形状为两等边三角形上下尖角相对的形象。因为这里是诸法所生之宫，故而称为"生法宫"。"生法宫"类似于道家的"丹田"。拙火在生法宫上；拙火的高度为二横指，具足四相："色如茜草汁，明如

---

[1] 关于明点和拙火的讨论参见邱陵编著：《密宗入门知识》，北京工业大学出版社，1994年，第41—43页。

麻油灯，暖如灼热铁，弯如九曲狐毛"，亦即其色鲜红而透明，细而尖锐，弯曲且不断颤动，犹如电炉之镍铬线，极度灼热，其高仅如横列之二指而已。此拙火"其形似脉，其动则为气，其质则为点"，是脉、气、点三合一的极精华之处。

第五节　仪式修行和反仪式主义

吠陀时代的仪式主义让我们印象深刻，而从梵书时代开启的内在化道路是对仪式主义的一种反抗。在密教中，仪式和反仪式之间的张力再度出现。仪式修行和阴性本源、身体意识一样，是密教进路的重要方面，而它们的反面，即反仪式主义、阳性本源和对身体的超越，也是密教中不可割离的部分。

大多数密教流派具有较为显著的仪式主义特征。据估算，《怛特罗》中有80%的话题是用来讨论仪式的。仪式由外在仪轨和"内在祭祀"（自我超越的态度）组成，二者合起来形成了自我转化的综合道路。不过，《瑜伽之根》的编者梅林森和辛格顿认为，密教的仪式本身不是瑜伽，尽管它们可能包含了瑜伽要素。在许多密教文本中，最重要的是有关仪式的部分（而非有关瑜伽、知识或戒律的部分），其他部分则为仪式的成功提供条件。

密教修行要求入门，新入门者的日常修行包括元素净化、映像（nyasa，让身体转变为神圣之身的仪式）、择神崇拜、真言念诵，无论履行何种外在仪轨，都要进行强烈的观想，因而精神要素始终是仪式中的重要因素。[①]不同的师门内部有不同的仪式修行。整个密教传承可以分为三支：右派之道、左派之道和考拉之道。右派以象征的方式而非字面的方式理解密教的核心仪式；左派的典型特征是以获得

---

① George Feuerstein, *Tantra: The Path of Ecstasy* (Boston: Shambhala Publications, 1998), pp. 130-131.

悉地（超常力量）为中心，离主流印度教最远，处于印度文化与社会的边缘；考拉分支则以萨克缇要素在理论与实修两方面的显著存在为标志。

常见的密教仪式修行有灌顶、曼荼罗（坛城）、真言（咒语）、手印、元素净化、观想等，还有声名狼藉的五M仪式等。其中，曼荼罗、真言和手印构成密教主流修行的"软核"："怛特罗主流修行的软核，其绝大部分就是通过曼荼罗、真言以及手印等，以祈祷的方式将外在仪轨和内在观修相结合的。"[①]"曼荼罗、真言和手印是一套仪轨的主要组成部分，无论其巫术或宗教的目的是什么，一概如此。"[②]这是因为如果曼荼罗是最初意义上的识，能成为使心界诞生的典型范式，那么真言在语界与之相对应，手印则在身界与之相对应。[③]密教修行的目标要么是获得悉地，要么是修行者经由多个意识阶段上升，直到接近神或与神合一（目标的性质因各个密教传统的形而上学体系而异）。

一、曼荼罗的"中千世界"

1. 曼荼罗是什么？

"理解密教修行的关键皆为曼荼罗……比起其他的修行特点，曼荼罗最能体现修行的怛特罗特征"，大卫·高登·怀特（David Gordon White）如此说道。[④]

---

① 沈卫荣主编：《何谓密教？关于密教的定义、修习、符号和历史的诠释和争论》，中国藏学出版社，2013年，第14页。
② ［法］罗伯特·萨耶著，耿昇译：《印度—西藏的佛教密宗》，中国藏学出版社，2013年，第189页。
③ ［法］罗伯特·萨耶著，耿昇译：《印度—西藏的佛教密宗》，中国藏学出版社，2013年，第201页。
④ 沈卫荣主编：《何谓密教？关于密教的定义、修习、符号和历史的诠释和争论》，中国藏学出版社，2013年，第14页。

曼荼罗（mandala，对应印度的"央陀罗"）是什么？从形式上看，筑方圆的土坛，在坛内安置诸佛菩萨之像或神像，并加以供奉，是为曼荼罗的本体；在坛中聚集具足诸佛诸德成一大法门，就如昔时木制车辆之轮，辋辐毂辕具全，成为圆满的车轮，是为曼荼罗之义。[①]怀特把曼荼罗比作精简化的吠陀圣坛——一个"中千世界"，用来沟通宏观与微观（宇宙大千世界与个体小千世界）、人间与天界。所以，曼荼罗是一个三维能量模型，一个"能量网栅"，它呈现的"宇宙"分为不同的层级，至上神在宇宙中心和顶端，其余众生分布在较低层级的能量（也是意识与存在）网上，由此，整个曼荼罗由中心出发，不断向下、向外延伸。

上述解释的背景是一种古老的宇宙观：宇宙分为三界（或者六界、九界等），地界是黑暗和地狱势力的领域，中界是人类和畜类生活的大气圈的世界，天界则是神灵的居所。（这也是《吠陀》中的宇宙结构，第四章谈论吠陀的神话世界时曾提及）。三界是相通的，有一个"宇宙中心"把三界串联起来。比如，伊利亚德在《萨满教》中谈到，人神中介萨满认为"宇宙中心"是贯通三界的具体通道，能让萨满飞向天界，下入地界。或许值得一提的是，根据大小宇宙同构的古老原则，人体中的垂直轴心——脊椎也是一个"世界中心"，具有一种超意识的力量。此种力量可以经由一个秘密的身心过程唤醒，这让我们联想到昆达里尼的苏醒。

怀特接着分析道，在曼荼罗的宇宙现实中，作为"宇宙中心"的神既是超越的，又是内在的，因而，分布在能量网栅不同层级的众生身在外溢的神性中，而且众生在一定程度上是神本身的释放物或代谢物。这意味着我们这个世界是真实的而非虚幻的，所以，修行者不求"看破红尘"或"从梦中醒来"，而是逐渐体认到"彼（世界）即为我（神或至上自我）"，将宇宙与至上自我等同。就东亚密教而言，

---

① 邱陵编著：《密宗入门知识》，北京工业大学出版社，1994年，第91页。

这意味着整个宇宙就是法界，万物共同遵循着一个内在的宇宙原则。从更普遍的意义上说，这意味着众生皆有佛性，"众生即是佛"。由此，俗世和肉身不是解脱的障碍，而是解脱的道场。另一方面，在密教的修行中，曼荼罗的宇宙现实也意味着我们可以通过与别的存在者打交道来驾驭我们日常生活的世界，这些存在者来自从新逝者到愤怒相护法的神灵世界。这使得曼荼罗不仅具有禅定功能，而且具有法术功能。[①]

2.曼荼罗的形态与象征

作为宇宙缩略图的曼荼罗呈现为一幅几何图案。首先，它是一个封闭的区域，让我们联想到自古以来出现在不同文化中的"结界"。罗伯特·萨耶从进化论的角度推测，结界是人类与畜类为确保一片领地的排他性所使用的悠久习惯在神界的反映。其次，就构成要素而言，简单地说，曼荼罗有一个中心点，被一道带四门的围墙环绕，围墙呈四边形，而这个四边形本身又由多个同心圆形成的环形围墙环抱。曼荼罗的中心点代表宇宙中心，世界轴心穿过那里。类似于曼荼罗的央陀罗，其典型样式从外向内看由正方形包围圈、圆形、莲花瓣、三角形以及中心点构成。曼荼罗和央陀罗均可画在地上、纸上、木头上、布上或其他任何材料上，也可以画在沙上，还有用泥土或金属制作的三维模型，或者仅仅由修行者在头脑中构建出来。

这些宇宙缩略图的每个构成要素都有或多或少复杂的象征作用。比如，室利央陀罗的九个主要三角形中有四个向上，代表宇宙的阳性能量（湿婆），五个向下，象征阴性能量（萨克缇）。这些三角形被一朵象征毗湿奴的八瓣莲花环绕，毗湿奴代表宇宙中无所不在的上升趋势。紧邻的另一朵莲花有十六瓣，代表着获得渴求之物，尤其是瑜

[①]　本段参见沈卫荣主编：《何谓密教？关于密教的定义、修习、符号和历史的诠释和争论》，中国藏学出版社，2013年，第10页。

伽师对自己的心意和感官的控制力。包围这朵莲花的是四个同心圆，它们的象征意义和两朵莲花相关。最外边由三条线组成一个方形包围圈，称为"土城"，圈出被圣化的区域——结界，可以是整个宇宙，也可以是人体。[①]

再来看曼荼罗的象征作用。在一个典型曼荼罗的中心，有一朵盛开的莲花，有人认为它象征着"众生心中的佛性之胎藏"。环绕着中心的四边形代表一个堡塞、宫殿或城市，其门向四方开放。萨耶说："此城便是神灵王之城，它相当于人体，其门是诸根，眼位于东方，耳位于南方，鼻位于西方，舌位于北方，皮相当于整个曼荼罗。常有神灵守门或沿城墙排列。城的中央矗立着须弥山，这是世界的轴心……那些象征性的器物或神灵均位于山脊上。一般情况下，曼荼罗的上方代表西方。"[②]曼荼罗的对角线分成四段（连同中心部分共五段）。在外部，有些同心圆保护着它。第一个同心圆画成漩涡形，代表火或火山，象征着无明之燃料；第二个同心圆是金刚带，表示觉之圆满不变的特征；第三个同心圆是莲花鬘，代表心灵的再生。在愤怒相本尊的曼荼罗中，又在第二个和第三个充当围墙的同心圆之间加入了一道围墙，代表"八墓地"，据说是供人修行三摩地的8处坟茔，象征着受色界虚幻折磨的识，它以心身的八种表现呈现：五根识、末那识、基本的普通之识、阿赖耶识。对于修行者，理想的曼荼罗之中心是一个特殊区域，心的转化之终点在此，其他各个区域则反映出心的持续不断的变化。[③]

---

① ［德］格奥尔格·福伊尔施泰因著，闻风、朱彩红、黄祺杰译：《瑜伽之书》，海南出版社，2017年，第342页。

② 转引自［法］罗伯特·萨耶著，耿昇译：《印度—西藏的佛教密宗》，中国藏学出版社，2013年，第193—194页。

③ 本段参见［法］罗伯特·萨耶著，耿昇译：《印度—西藏的佛教密宗》，中国藏学出版社，2013年，第194页。

图36 曼荼罗

图37 室利央陀罗

3. 曼荼罗的修行方法

曼荼罗的修行方法与其象征意义紧密相连。根据怀特的描述：

曼荼罗的修行一般包括，将超世神性（godhead）和初世自性（self）通过观想和实修投射到曼荼罗的涡流中，同时伴随着整个网栅向中心点的急剧收缩，这种收缩是最初的宇宙演化的递过程，最后回归于作为网栅上的能量源头的中心点。在这一过程中，个体在曼荼罗中的自我形象逐渐回归中心，这便是对于自身存在之源的回溯。在朝向中心的逐层推进中，个体在认知上变成更高、更神圣、更有觉悟的生命体，并最终成为曼荼罗中心的本尊（择神）。①

几乎所有曼荼罗的目标是与本尊联结，最终合一。在修行过程中，个体向中心点的靠拢受到外在仪轨和内在观想的共同影响，这种靠拢是逐层递进的：个体将自我投射到特定的圈层内，让自身的能量

① 沈卫荣主编：《何谓密教？关于密教的定义、修习、符号和历史的诠释和争论》，中国藏学出版社，2013年，第12页。

或觉悟的水平与该圈层内的能量或觉悟的水平相应。不同圈层内的那些神、魔与畜生之趣（impulse）首先被当作业障，最终被克服，这意味着它们被转化成了推动个体不断接近中心之本尊的光明力量。（或者从法术的角度来说，我们在克服它们之后，可以通过各种仪轨强迫有潜在破坏能力的低层次存在者执行我们自己的命令。）

简而言之，修行者将曼荼罗作为观想的对象，然后将自己置身其中，化入圣域空间，使"我"与"佛"成为一体。[①]福伊尔施泰因也证实，在密教修行的高级阶段，央陀罗必须被完全内化，也就是说，瑜伽师必须在精神上通过观想来建构央陀罗复杂的几何图案，进而分解。由于瑜伽师的意识与央陀罗的结构同一，所以央陀罗的分解必然意味着瑜伽师自身作为一个经验主体的消失。如果在这种高级修习中取得成功，修行者就超越了自己的有限心意，投入了纯粹的存在-意识-喜乐之中，那里没有主客之分。修行的有效性取决于修行者的专注和观想的本领，以及对精微能量的掌控。

怀特告诉我们，在曼荼罗修行中，本尊化现过程中的网栅、模子以及选中的媒介（即进行观想之物）是区别各种密教形式最重要的因素。一般来说，媒介（声音、光等）越是抽象，修行就越是内在、纯粹、注重冥想；相反，具象的媒介（液体、固体）等意味着外在的、肢体的修行，通常包括祭祀、附身和仪轨方术，更注重忿怒相本尊的本质。

曼荼罗的各种形态也相当于各种个人特性，以及在日常生活中出现的各种局面。金刚乘把众生分为五种基本类型，即五族：如来族、金刚族、莲花族、如意宝族、成所作智族。师父在向弟子传授一种使用曼荼罗的修行之前，要先根据弟子的心理或"业"的亲和力确定弟子属于哪一族。当合适的时机到来，弟子接受灌顶仪轨，选择本尊。

---

① 邱陵编著：《密宗入门知识》，北京工业大学出版社，1994年，第93页。

二、真言和瑜伽

1. 声音的奥秘

真言和曼荼罗一样，是一种思想工具或"心的加持力"，主要充当入定的手段，亦被赋予了一种神圣的力量。真言修习的原理是对声音之奥秘的认识。声音是能量振动的形式，整个宇宙处于振动（声音）之中。声音，尤其是重复的声音，会影响意识——这一发现据说可以追溯到石器时代。实际上，声音对心灵的影响远比我们认为的要大得多。无论是在日常的精神自动作用中，还是在梦境中，我们不断地重复着一些词——朋友或敌人的名字、焦虑的名字、渴求对象的名字等等，每一个词的周围都环绕着各自的精神氛围，"你可以试试说'战争'或'疫情'，说上成千上万遍，你会发现自己的整个心境都被与那个词相关的联想渲染了，改变了。同样，神或上帝的名字也改变你的心境"[1]。声音不仅影响人的身心健康，甚至可以拯救和毁灭。

"真言"（mantras，也译成咒语、曼陀罗）指具有转化身心之魔力的神圣的或神秘的声音。在印度，《吠陀》颂诗传统上被称为真言。真言是吠陀宗教的核心，吠陀宗教的仪式包括在举行火祭时非常精确地念诵《吠陀》中的真言，并谨慎地控制呼吸，以确保仪式的有效性。几乎在所有印度宗教传统中，真言在实现世俗的或拯救的目标中，都具有重要地位。

在印度教瑜伽体系中，"唵"（OM或AUM）是核心真言。帕坦伽利的《瑜伽经》说"表达自在天的词是唵"，《圣教论》说"牢

---

[1] ［印］斯瓦米·帕拉伯瓦南达、［英］克里斯多夫·伊舍伍德著，王志成、杨柳译：《帕坦伽利〈瑜伽经〉及其权威阐释》，商务印书馆，2016年，第50页。

记唵字即下梵，唵字同时是上梵；无前无内亦无外，唵字无他亦无变"①。瑜伽文本认为唵使人超越死亡，升入太阳界或天界，融入绝对者。为什么是"唵"？辨喜从语音学角度解释道："第一个字母A是根本的声音，这个关键的发音不碰触舌头或上颚；M代表字母表的最后一个音，它是闭唇音；U是从舌的最根部滚动到声带的底部。这样，AUM就代表了发音的整个现象。"②可见，唵是最基本、最自然、最具包容性的声音，潜藏在所有发音之中，可以代表声音（生命能量的振动）本身，因而是对宇宙基本实相最适切的表达。

在密教中，真言的范围可从单个"种子"音节到冗长的"花环"表达式——由20个以上的音节组成，单调而又复杂。对此，邱陵作了生动的描述：所谓单调，因它是单音或许多单音的组合，犹如虫鸣、鸟叫，或如密雨淋淋，但闻一片淅沥哗啦之声，洋洋洒洒；所谓复杂，因它把许多单音参差组合，构成一个自然的旋律，犹如天籁地籁，悠扬肃穆，使人回归自然，进入空灵的境界。密教认为，声音和形式一样，是以一系列不同的阶段从绝对者发出的。密教经典提出了四阶段的语音模式：

"最高语音"：作为纯粹的潜在性的声音，与创造者的神圣意志同质，出自湿婆和萨克缇的合一，这是精微内音的层面。

"可见语音"：作为心象的声音，先于思想，这是"点"的层面。

"中间语音"：作为思考的声音，相当于产生不同的可闻声音的母体。

"显现语音"：可闻的声音，也称为"粗糙声音"，它是"浓稠

---

① ［印］乔荼波陀著，巫白慧译释：《圣教论》，商务印书馆，2002年，第48页。

② 转引自［印］斯瓦米·帕拉伯瓦南达、［英］克里斯多夫·伊舍伍德著，王志成、杨柳译，《帕坦伽利〈瑜伽经〉及其权威阐释》，商务印书馆，2016年，第48页。

性"不断增加的过程的结尾。①

比起通常充满意义的吠陀真言，密教真言常常由代表密教神祇的音节组成，是神祇的声音表达式。湿婆派成就者阿毗那婆笈多把真言的功效比喻为一架水车在水流的作用下不停地转动，带动和它连接在一起的一系列机械装置，同样，一句真言被一遍遍地重复，能够活化和它连接在一起的神祇之神性，引发或促进修习者的意识转变。长久而专注的念诵导致意识的转变，这是众所周知的事实。

由于真言是一种更为高级的意识的表达，因而它提供了与那更高层次的一种独特连接。出于这个原因，修习者不仅用真言取代干扰性思想，从而清扫通往更高意识的道路，而且逐渐吸收真言，将自己的意识拉向那种更高意识。②

值得注意的是，真言不是任意的发明创造，这意味着严格意义上说，真言修习的有效性取决于入门。西方成就者和人类学教授巴拉提（Agehananda Bharati）说：只有在入门仪式期间由师父传授给弟子的真言，才是真言。上师根据弟子的个性、特质、习气而密授的真言，其效益彰。

念诵真言能达到什么目的？根据巴拉提的总结，真言有三个目的：用于平息宇宙的力量，避开令人不悦的经验，培养令人愉悦的经验；用于通过巫术的方法得到什么；用来认同于超验实在的某一面（比如某个择神）或超验实在本身。

---

① 关于四阶语音参见［德］格奥尔格·福伊尔施泰因著，闻风、朱彩红、黄祺杰译：《瑜伽之书》，海南出版社，2017年，第337页。
② 转引自［德］格奥尔格·福伊尔施泰因著，闻风、朱彩红、黄祺杰译：《瑜伽之书》，海南出版社，2017年，第336页。

2. 真言和瑜伽的关系

《瑜伽之根》向我们揭示，真言修习和瑜伽有时相关，有时不相关。

在吠陀文献中，可以找到二者相关的证据，比如大约公元前800—600年的*Jaiminiya Upanisad Brahmana*（7.1）中有个段落引导苏摩祭中第一颂诗的主要唱诵者做好如下准备：黎明时面朝北坐下，观想颂诗，控制呼吸，驾驭感官，以便让心意和颂诗联结。这一过程被该文本称为yukti，这个词和梵文词yoga同源。然而，在瑜伽最早的明确的系统化表述中，瑜伽和真言修习无关，因此，《摩诃婆罗多》在真言念诵者和瑜伽师之间做了区分，尽管他们的目标是相同的："真言念诵者和瑜伽师获得同样的终极回报，这是毫无疑问的。"《薄伽梵歌》认为真言念诵是最佳祭祀仪式，但在讨论瑜伽时没有提到真言（10.25）。

在密教瑜伽修行中，真言念诵是重要的部分。密教湿婆派自称为"真言乘"，但只有在密教文本*Mrgendratantra*中，真言念诵才成了瑜伽的一支。密教真言可出声念诵或默念，配以观想。应当谨慎而清晰地用心念诵，绝不能敷衍了事。还有一种方式是将真言写出来，称为"书写念诵"。无论选择何种形式，只有勤勤恳恳、极度自觉的修习才能唤醒真言的效力，取得成功。有时，人们会拨着念珠念诵，一方面是为了计数，一颗珠子代表一次念诵，这样就不必因为计数而分心，另一方面是为了把思想活动和身体活动结合起来，为躯体的神经能量提供一个微小但必要的出口，否则这些能量聚集起来会干扰心意。

除了真言念诵，密教湿婆派的文本还谈到了真言的"上升"，即真言和瑜伽师的意识一道与普拉那结合，在身体中脉上升。真言的上升包含真言观想，Hemacandra的《瑜伽经》谈到了两种真言观想，涉及把个人的真言安置在体内的心莲之中，让心莲的每一瓣上都有种子音节。真言连同普拉那在身体中脉的上升会带来各种益处——从制伏敌人的能力直到最终的解脱。另一种包含真言观想的重要的密教修行是专注，瑜伽师把心意固定在一个对象上，通常是某个粗糙元素，而每一粗糙元素和一个特定的种子音节（以及其他属性，比如颜色和形状）相连。有时，元素专注及其对种子音节的观想和脉轮观想相结合。

然而，"密教的真言修习在整个哈达瑜伽中被忽略或抛弃了"①。两本重要的哈达瑜伽早期著作*Amrtasiddhi*和*Goraksasataka*都没有谈到真言。*Dattatreyayogasastra*虽有两处谈到真言，却把真言瑜伽放在最底层，认为它针对的是"最初级的追求者，几乎没有智慧"，"人人皆能掌握"，并把真言归入了瑜伽修习的障碍。《哈达瑜伽之光》没有教导真言修习，该书在谈及真言的唯一一处（4.113）说，三摩地中的瑜伽师不被真言或央陀罗迷惑。

为什么瑜伽传统对真言的态度是矛盾的？《瑜伽之根》推测，这可能反映了苦行系的瑜伽修行和非苦行系的瑜伽修行之间的持久张力。苦行的传统并不倾向于认同神秘的真言修习以及其他仪式。在最早的佛教或耆那教教导中，真言没有地位。反对真言的哈达瑜伽传统的苦行系拥护者很有可能和耆那教徒、佛教徒一样，是广泛的沙门背景的成员之后裔。

虽然密教的真言修习很少成为哈达瑜伽的一个特征，但早期密教中出现的对真言的一种瑜伽定义见于某些哈达瑜伽文本，它便是"诃萨真言"（Hamsa mantra）。"诃萨"被不断地、本能地念诵："诃"声在呼气时发出，"萨"生在吸气时发出，把二者的顺序倒转，就变成了《奥义书》的格言so-ham（"我是那"）。

随着密教体系的衰落，流行的密教真言修习也相应地衰落了。真言"作为瑜伽的一部分"的用法也随后在第二个千年被宗派的虔信传统修改了。尽管第二个千年期间的瑜伽文本明显地解散或超越了密教

---

① James Mallinson, Mark Singleton translated and edited, *Roots of Yoga* (Penguin Classics, 2017) , p. 262.

的真言修习，但真言修习在某些瑜伽背景中继续存在着。

三、密教仪式中的印和哈达瑜伽的印

1. 密教的印

大约6世纪开始，不同种类的印（身印和手印）在密教文本中广泛出现。一般而言，密教的印是仪式中的体式和手势，为的是引发特定的超自然作用，在少数例子中是为了被特定的神灵附身。例如，据说密教的逆舌身印（khecarimudra，也称为明空身印或空动身印）要么引起在空中漫游的天女（Khecaris）的附身，要么引起对Khecaris意识的直接经验，那被视为最高的精神境界。[①]所以，密教的印和超自然力或神灵有关，其目的并不在于控制生命能量，但在一些例子中也涉及生命能量，尤其是呼吸的控制。

密教的印中最常见的类型是一些手印，后来的密教著作中出现了大量的手印。有些手印代表精神状态，并不必然和特定的修习相连，有些手印则和特定的手势与体式相连。湿婆派的文本 *Nisvasatattvasamhita Uttarasutra* 教导了八大手印，其中包括种子印（bijamudra），束起头发，双手小指贴合并伸展，双手拇指藏于手心；合十印（namaskaramudra），双手手掌贴合，手指伸展，这种手印可用来向所有神表达崇敬；点印（kotimudra），双手手背贴合，手指交叉，翻转过来形成球状；Sakala印，双手手指内扣，握紧拳头。需要注意的是，结法相同的印可能出现在不同的派别和文本中，具有不同的名称和意义，而名称相同的印在不同的派别和文本中可能具有不同的结法和意义，比如密教和哈达瑜伽中的逆舌身印意义截然不同。

---

① James Mallinson, Mark Singleton translated and edited, *Roots of Yoga* (Penguin Classics, 2017), p. 229.

据说，密教也通晓治疗之印，它们起作用的原理是，大小宇宙同构，"身体反映宏观宇宙的事物，疾病是由五大粗糙元素的失衡引起的。"[①]比如，智慧印（拇指和食指的指尖相触，其余手指伸展，指向下方）对治疗失眠、神经紧张和记忆减退有良好效果，普拉那印（将食指压在拇指腹上，用其他手指推食指）可应对心脏病发作，空印（将中指放在拇指根部）对治疗耳聋有效，太阳印（将无名指放在拇指根部）可以解忧。这些印要用双手同时结出。

2. 哈达瑜伽的印

哈达瑜伽的印是操纵呼吸和其他生命能量的方法。在对哈达瑜伽最早的体系化描述——大约出现在13世纪的《达塔特瑞亚的瑜伽经》（Dattatreya yogasastra）中，正是瑜伽印的修习把哈达瑜伽从其他瑜伽中区分出来。身印是《哈达瑜伽之光》的瑜伽四支之一。不过，哈达瑜伽印的目的并不总是明确的。《达塔特瑞亚的瑜伽经》中的身印暗指让普拉那进入中脉并上升，用来控制明点，而对明点的保存被解释为延长寿命、阻止死亡的关键。明点在头上产生，不断地滴下，被胃火消耗或者通过射精流出，除非借助身印得以保存。所以，哈达瑜伽的逆舌身印（将舌头插入柔软的上颚上方的凹处）是为了把明点封印在头部。哈达瑜伽印的另一目的是唤醒昆达里尼，比如，《哈达瑜伽之光》说："为了唤醒沉睡在中脉入口处的昆达里尼，要尽一切努力练习各种身印。"[②]不过，唤醒昆达里尼的目的和保存明点差不多，也是"消除衰老，征服死亡"（《哈达瑜伽之光》3.7）。

哈达瑜伽的印有的源于密教传统，有的源于非密教的独身苦行者

① ［德］格奥尔格·福伊尔施泰因著，闻风、朱彩红、黄祺杰译：《瑜伽之书》，海南出版社，2017年，第338页。

② ［印］斯瓦特玛拉摩著，［印］G. S. 萨海、［印］S. 夏尔马英译并注释，王志成，灵海汉译，汪瀰校：《哈达瑜伽之光》，四川人民出版社，2012年，第185—186页。

的传统。在后来的发展中，出现了密教的印和哈达瑜伽印的整合。比如，密教的《湿婆本集》包含了10个哈达瑜伽的印，该书在有关印的篇章的开头说印的目的在于唤醒沉睡的昆达里尼，并首次将这一目标吸收进了对单个印的描述中，这是密教挪用哈达瑜伽印的证据之一。另外，有些更加身体化的哈达瑜伽印在后来的中世纪文本中也开始作为体位法被教授，这是体位和印的整合。印的数量在17和18世纪期间创作和汇编的文本中有显著的增加。据说，印度教的密教和瑜伽修行共列出了108种不同的印，其中常用的有54种。我们列举以下几种手印来说明其结法和象征意义。

施予印。通常用右手来结施予印，掌心外翻向下，所有手指放松外伸或稍有内缚。它把"慷慨地"施舍比作慈悲或赐予希望。特别是在参与怀柔和增长这类吉祥活动的善相神中，该手印十分常见。坐姿佛像最常结施予印，其手放在膝上，空无一物的掌心代表着赐予佛法中的如意宝。赐福之神也在其内缚的右掌心捧着代表增长的器物，如一块珠宝或一个水果。

护法印。右手通常结此手印，掌心向外，手指上翘。表面看来，它与施予印相似，但其指尖向上而非向下，手印通常结在胸前。护法印代表佛陀使芸芸众生免除轮回的所有恐惧。

触地印。触地印或许更以"大地见证"或"地触手势"为人所知。结此手印时要将直伸的右手向下，指尖触地。释迦牟尼常被画成端坐在菩提宝座上，其右手触地，左手放在膝上结禅定印。这象征着他在征服恶魔时，他的方法或方便（右手）与圆满智慧（左手）的结合。

禅定印。在结禅定印或三摩地印时，要将左手或两只手放在膝上，掌心向上，手指伸开。当仅用左手结此印时，右手可以结任何手印或握有具体器物。佛的众多化身都用左手结这个手印，象征着禅定力的稳定。他们上翻的左掌掌心常常托有僧钵，象征着他们的出离心。当双手都放在膝上时，右手总是压在左手上，象征着方法（右

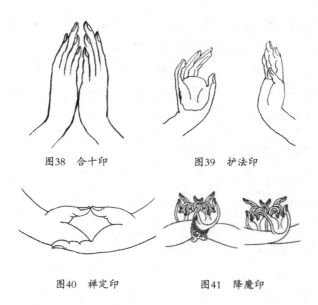

图38　合十印　　　　　　图39　护法印

图40　禅定印　　　　　　图41　降魔印

手）得到智慧（左手）的支撑；两个拇指指尖通常相触，代表红白菩提心露两大主脉在拇指处终结，并分别传送着方法和智慧结合而生的能量。

　　降魔印。降魔印是令人生畏的金刚手（也称"降魔者"）的四臂化身所结的手印。结此手印时，双臂在胸前交叉，右前臂压在左前臂上，两根小手指勾在一起，形成降伏链的形状。两个掌心外缚，中指和无名指内缚，食指上翘。中指和无名指向下与拇指形成圈状。两手向各侧伸展，手指外指，结成期克手印。该手印的形状宛如金翅鸟外展的翅膀。据说，这个手印可以恫吓和降伏一切邪恶精怪。①

四、观想36谛

　　密教瑜伽通常包含复杂的观想。早期有对诸谛的观想：瑜伽师观

---

　　①　以上五个手印参见［英］罗伯特·比尔著，向红笳译：《藏传佛教象征符号与器物图解》，中国藏学出版社，2014年，第233—238页。

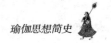
想自己通过某个特定体系教导的诸谛（tattvas）上升，直到消融在至上之谛中，它通常是与该体系相连的神。

密教的体系通常在数论的25谛之上增加别的谛，比如密教湿婆派谈到了36谛，就是在数论派的原质和原人之上，再自下而上增加11谛，分为两类：

1. 六重覆盖（sat kancukas）

空间限制（niyati）

时间限制（kala）

依附限制（raga）

知识限制（vidya）

行动限制（kala）

个体性的幻觉 / 摩耶（maya）

2. 纯净元素（suddha tattvas）

"我"在"我"中，"这"在"这"中（suddha vidya, I-ness in I-ness—Thisness in Thisness）

"这"在"我"中（isvara, Thisness in I-ness）

"我"在"这"中（sadasiva, I-ness in Thisness）

"我"（sakti, I-ness）

"我"（存在）〔siva, I-ness（Being）〕

根据斯瓦米·拉克什曼殊（Swami Lakshmanjoo）在《克什米尔湿婆派：秘密的至上》（*Kashmir Shaivism: the Secret Supreme*）一书中的解释，数论的25谛存在于"摩耶"的领域。在湿婆派中，原人不是一个觉悟的灵魂，原人和我慢一样，是有限的、受缚的。原人和我慢的唯一区别在于，原人关乎主体性，而我慢关乎客体性。原人以如下五种方式受缚：空间限制、时间限制、依附限制、知识限制、行动限制。

"空间限制"的作用在于给原人植入这样的印迹：原人居于一个特定的地方，而不在所有地方。比如，你住在大桥附近的船屋里，而没有同时住在河岸上的公寓里。你住在克什米尔，而没有同时住在澳大利亚或加拿大。"时间限制"的作用在于将原人保持在一个特定的时间点。比如，你25岁，我64岁，他43岁。"依附限制"是给原人植入这样的印迹：原人并不满足和圆满，必须拥有这或那才能变得圆满。原人感受到一种空白，必须去填满。"知识限制"是给原人植入这样的印迹：原人拥有这种或那种特定的、有限的知识，而不是全知的。最后一种"行动限制"给原人制造了这样的印迹：原人具有某种特定的创造力，即某种特定的艺术天分。比如，你精通音乐或药理，但不具备无限的创造力，你擅长某些东西，但不是所有东西。

原人的这五种束缚是由原人对自身本性的无知造成的，这种无知本身是另一个谛，称为"摩耶"。前面的五谛（五种束缚）是由摩耶为原人制造的。原人是摩耶的"受骗者"，因而不认识自身的真实本性，被五种限制束缚，变成了一个有限的个体。五种束缚加上摩耶被称为六重笼盖，它们束缚和限制原人。这些笼盖必须被移除，而这种移除是由至上湿婆的恩典自动完成的。借助恩典，在真知生起时，摩耶转变为至上湿婆的萨克缇。

从内作具到摩耶，这些谛与客体性和主体性有关。摩耶之上的诸谛则与纯主体性有关，涉及原人要进入的主体化过程，其间，主体性越来越纯粹。

纯主体性最初出现在"'我'在'我'中，'这'在'这'中"。当原人认识自己的真实本性时，纯主体性就出现了。然而，这种认识不是稳定的，而是闪烁不定的——有时你认识到了，有时你又忘记了。"'我'在'我'中，'这'在'这'中"的经验为："我是湿婆，这个宇宙处于二元性之中。这个宇宙虚幻不真，我是湿婆。"

更纯的主体性出现在接下来的两个谛中，它们是"'这'在

'我'中"和"'我'在'这'中"。在前一谛中，你认识到"这个宇宙是我自身的扩展。这个宇宙不是幻，而是我的扩展"。后一谛中的认识比前一谛更加精微，你认识到"我是整个宇宙"。这两个谛的差别在于，在前一谛中，你发现"这个宇宙是我自身的扩展"，而在后一谛中，你发现"我自身就是整个宇宙"。

随后，在两个相互依赖的谛"我"和"我（存在）"中，我们会遇到形式最为纯净的主体性。出现在这两个谛中的印迹仅仅是"我"：纯粹的我和宇宙的我。这里不再有"这个宇宙是我自身的扩展"或"我是整个宇宙"，而仅仅是"我"——纯粹的我、宇宙的我。

最后是存在（Being），被称为"至上湿婆"，它不落在诸谛中。它不仅在这里、那里，而且它无处不在，从最低的谛到最高的谛中都有它。它是所有层面，因而它不是层面。它无处不在，因而它无所谓在哪里。的确，唯一的"存在"无处不在。

对36谛的解释本身可以当作观想的一部分。湿婆派也有关于昆达里尼上升的教导，梅林森和辛格顿认为，昆达里尼的上升是对早期的次第观想（观想越来越精微的谛）的一种发展。

五、"吃禁果"仪式的意义

在伊甸园的故事中，偷吃禁果的亚当和夏娃受到上帝的惩罚，被逐出乐园，过上了终身劳苦、生儿育女的生活，末了复归尘土。"吃禁果"在密教中则构成了一个更为迷人的显著话题，比如《密集本续》中谈论的对"肉和甘露（即体液）"的食用与供奉，或者顺世派、艾古里派等左派的激烈修行（持颅骨，住火葬场，喝烈酒或尿液，甚至食尸等）。

"吃禁果"同样出现在密教左派和考拉派的重要仪式——"五M"仪式中。为什么叫"五M"仪式？因为这五种修行的名称在梵文中都以字母m开头，分别为酒（madya）、鱼（matsya）、肉（mamsa）、干谷类（mudra，也有说是无酵饼）和迈荼那（maithuna）。为什么修行者要食用酒、鱼、肉和干谷类？有人说这些东西能够改变意识，让修行者达到更高的意识状态。

根据《库拉阿那瓦坦陀罗》，酒在左派仪式中用作净化剂，清除日常生活带给心灵的烦恼和忧虑。然而，目的不是醉酒，因为醉酒导致神志不清。同样，吃鱼和肉的唯一目的是达到更高的意识状态。鱼和肉就像酒一样，对普通印度教徒来说是严禁的。干谷类被期望起到春药的作用，这又是一种改变意识的东西。[①]

然而，克里斯蒂安·魏德迈（Christian K. Wedemeyer）认为，理解这类仪式的要点不是在于酒、肉等东西本身的功效，而是在于理解食用这些东西在当时的主流印度文化语境下所意指的内容——对仪轨洁净的冒犯。在此，我们必须明白仪轨洁净的重要性。自吠陀时代以来，在人神交流中，严格遵守仪轨流程就被着重强调，以免仪式失效，甚至得罪神灵，招来灾祸。鉴于神的纯洁性，祈请者必须保持洁净，这是仪式必不可少的要件。"肉和甘露"在第一个千年的印度文化中全都是显眼的"禁忌"，它们"不仅是佛法教科书中的学院概念，而且是有效力的社会约束"[②]。因此，对禁忌之物的食用绝对地冒犯了印度社会最核心的洁净规定，此种修行只能是为了表达对于"洁净与污秽"这对二元范畴的超越，意指修行者证得了"净秽不二"的觉悟状态。怀特赞同了这种理解，他说："食用这些东西的这种潜在自我毁灭的行为，被认为是一种突破，足以使禁锢保守的思想

---

① ［德］格奥尔格·福伊尔施泰因著，闻风、朱彩红、黄祺杰译：《瑜伽之书》，海南出版社，2017年，第342—343页。

② 沈卫荣主编：《何谓密教？关于密教的定义、修习、符号和历史的诠释和争论》，中国藏学出版社，2013年，第364页。

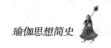

蜕变为开阔的觉悟。"①

　　谈到性禁忌，在"五M"仪式中，最有争议的就是迈荼那。这种仪式有何意义？根据休·厄本的解释，在印度教的怛特罗中，男女交合通常被当作至上湿婆和萨克缇永恒交合的最高象征，正是这本初的阳和阴、静和动构成了所有现实的基础；在佛教的怛特罗中，性结合通常象征着静的智慧和动的方便的结合，二者的结合是圆满解脱的本质。②换言之，迈荼那是用仪式的方式通过模拟来重新确认阴阳和合（或智慧与方便结合）的宇宙基本法则，这种确认可以通过身体的交合来完成，也可以用隐喻的方式通过性观想来达成。此外，迈荼那的"法天"性质也表明，早在弗洛伊德发明精神分析法之前，人们便朦胧地承认，抑制像性本能那样的一种极其强大的力量，会在很大程度上变得具有灾难性，最好还是在宇宙和宗教的范围内释放。不过迈荼那的这种"释放"有着严格的条件："这条危险的进路如果要取得成功，修法男伴就一定不能心存疑虑、恐惧或贪欲。他必须是个'英雄'……修法女性（也称为明妃）必须通过仪式沐浴及其他净化仪式适当地圣化……一定不能将她视为异性，而要将她视为女神，即萨克缇，就像修法男伴必须将自己经验为湿婆那样。"③

　　迈荼那修行的目的是获得不同程度的觉悟经验：

　　（这种圣事性的交合）在合适的背景下，由具备资格的法师指导、准备和完成，应达到修法伙伴们理解"佛性"的结果。这种"佛性"是以一道耀眼的无垢光的形式出现的，光由不同颜色的五大组

　　① 沈卫荣主编：《何谓密教？关于密教的定义、修习、符号和历史的诠释和争论》，中国藏学出版社，2013年，第19页。
　　② 沈卫荣主编：《何谓密教？关于密教的定义、修习、符号和历史的诠释和争论》，中国藏学出版社，2013年，第262页。
　　③ ［德］格奥尔格·福伊尔施泰因著，闻风、朱彩红、黄祺杰译：《瑜伽之书》，海南出版社，2017年，第343页。

成，而五大又分别对应各尊宇宙佛和人格的重要组成部分。[①]

福伊尔施泰因也证实："密教瑜伽的顶点是出神……以这种方式赋予看似世俗的全部行为以一种新的、秘传的意义……密教的所有程序意在为男女瑜伽师构建一个新的实在——一个类似于超验实在的神圣实在：修行者的身体变成择神的身体。就是说，男女瑜伽师作为择神着手超越一切形式，直到他或她与至上神或神性（纯粹的实在）合一。"[②]

从早期开始，迈荼那就明显地在许多怛特罗传承中扮演了重要角色。然而迈荼那经常被西方作者严重曲解，在学术圈和大众话语中也被普遍地曲解（甚或被滥用来达成罪恶的目的）。此外，厄本告诉我们，在怛特罗内部，对于迈荼那这样的修行应该如何进行以及如何诠释，存在着大量不同的观点。在印度教和佛教内部，有着一个长期而复杂的争论：怛特罗中的性观想应该字面地理解为实际的男女肉体交合，还是应该纯粹象征性地理解为一个内化的、男女精神上交合的创造原则。即使在那些倡导字面地理解迈荼那的传承中，关于如何以及为何履行这样的仪式，也有大量不同的意见。事实上，迈荼那使整个密教声名狼藉。不过，"密教作为一种下流、羞耻、色情的东西的流行想象，大体上是现代的创造，它是东方主义作者和西方本土改革者妖魔化怛特罗，再加上现代流行想象将密教异域化并炒作的复杂结果"[③]。

不过，我们也应该知道，迈荼那之类的"色情神秘主义"修行

---

① ［法］罗伯特·萨耶著，耿昇译：《印度—西藏的佛教密宗》，中国藏学出版社，2013年，第209页。

② ［德］格奥尔格·福伊尔施泰因著，闻风、朱彩红、黄祺杰译：《瑜伽之书》，海南出版社，2017年，第344页。

③ 本段参见沈卫荣主编：《何谓密教？关于密教的定义、修习、符号和历史的诠释和争论》，中国藏学出版社，2013年，第263—264页。

并不见诸所有的早期怛特罗，而且随着时间的推移，大部分密教教派将这种修行改造成了更为精神化的真言、曼荼罗、仪轨和瑜伽层面上的修行，还有一些教派鉴于性修行几乎能够威胁到一切而贬低甚至严禁此种修行，比如，印度教更重视明妃的图像，而非与明妃发生实际关系。

六、"俱生"与反仪式主义

在密教的修行中，存在着一种"双向运动"："密教尝试扩展我们接触实相的那些神圣时刻，使之进入日常生活，就像密教努力扩展日常生活中的快乐时刻，使之显现其真面目——喜乐。"[1]迈荼那等仪式典型地体现了由凡入圣的进路，而萨哈嘉三摩地（sahaja-samadhi）则代表着反向进路。

什么是萨哈嘉？

萨哈嘉一词的字面意思是"俱生"，指的是经验实在和超验实在同质的事实。这个词意味着"自然"，即对实相的自然接近先于有关实相的干预性思想之建构。萨哈嘉瑜伽师从解脱的观点，即从实相的观点来活。当我们呼吸的时候，是神作为我们在呼吸。当我们爱与恨的时候，是神作为我们在爱恨。然而我们总是在寻找一个"更高的"实相，而这种寻找只会加强我们与实相分离的幻觉……萨哈嘉道路的追随者必须放弃一个精神习惯，即从他的特定"思想布景"的巢穴内部来体验实相。[2]

根据上述解释，萨哈嘉是内在于一切分裂状态（比如苦与乐、爱

---

[1] George Feuerstein, *Tantra: The Path of Ecstasy* (Boston: Shambhala Publications, 1998) , p. 251.

[2] ［德］格奥尔格·福伊尔施泰因著，闻风、朱彩红、黄祺杰译：《瑜伽之书》，海南出版社，2017年，第323—324页。

与恨）中的本然状态，即存在–意识–喜乐。

所以，喜乐绝不仅仅是经验，因为经验来来去去，而作为我们的真实本性的喜乐是稳定的、永恒的。不过，经验能让我们窥见喜乐。南印度室利毗蒂亚传统的重要文本 *Tripura Rahasya* 承认我们至少间歇性地经验到我们与生俱来的喜乐本性，这种间歇性的经验被称为"萨哈嘉三摩地"，此间，真我之光照进意识，带来短暂的喜乐。我们进入"萨哈嘉三摩地"的时刻诸如醒与睡之间的短暂间歇、前一个念头落下与后一个念头生起之间的短暂间歇、恐惧或愤怒的顶点等，只要我们学会捕捉这些时刻。为了让我们明白如何理解和运用这些时刻，*Tripura Rahasya* 讲了一个故事：

赫玛勒卡（Hemalekha）注意到她的丈夫已然达到最高的平静（指进入三摩地），就没有打扰他。一个半小时后，他睁开双眼，看到妻子就在身旁。他渴望再次进入那种状态，就闭上了双眼，此时，赫玛勒卡握住他的双手，温柔地问道："亲爱的，告诉我，闭上眼睛能得到什么，睁开眼睛又会失去什么？我很想听你说说。告诉我闭眼和睁眼发生了什么？"

由于被迫开口回答，他看上去像是喝醉了，勉强说道：

"亲爱的，我已经发现了纯净无染的快乐。我无法在世俗活动中得到任何满足，因为悲伤随着活动的结束而增加。够了！那些活动就如同干瘪的橘子或牛儿不断地反刍，毫无滋味，只有废人才沉迷于它们。可惜啊，那些人直到今天也没有察觉真我是多么喜乐！如同一个人不知道家里地板下埋着财宝而去乞讨，我曾经追逐逐感官享乐，不知道内在于我的无边喜乐之洋。世俗的追逐充满痛苦，享乐转瞬即逝，而我依然昏头昏脑地错把短暂的享乐当成持久的快乐，悲伤常常袭来，我却没有停止追逐享乐。可怜呐！人们都是傻瓜，无法分辨享乐与痛苦。人们追求享乐，却得到痛苦。我受够了带来享乐的世俗活动。

"亲爱的，我求你，让我再次进入真我的平静吧。我怜惜你，尽管你知晓此种境界，却没有身在其中，反而白白地忙碌。"

聪明的赫玛勒卡轻轻一笑，对丈夫说："亲爱的，你还不知道最高的神圣境界哩（它不被二元性染着），达到它的智者超越了二元性，绝无困惑。你的一点儿智慧几乎等于没有智慧，因为你的智慧不是无条件的，而是以闭眼或睁眼为条件。圆满不可能依赖于活动与否、努力与否。如果一种状态受到精神或身体活动的影响，或者受制于眼皮的开合，那它怎么可能是圆满状态？再者，如果这种状态只在人的内部，它怎么可能是圆满的？对于你这糊涂的智慧，我该说什么呢！一个角落里装得下无数个宇宙，认为你那一英寸的眼皮就能让这一切消失，多么荒唐！

"亲爱的，听着，我再给你讲讲。只要结没有解开，你就无法找到喜乐。（由此获得的知识并非有效）结的数量无限，它们由虚妄的束缚制造，而虚妄的束缚无非是对真我无知。结产生错误的观念，其中最主要的结是将身体认同于真我，这种认同产生了连绵不绝的悲喜之流，以生死轮回的形式存在。其次是将世界与真我对立起来的结，真我是意识之境，而现象只是镜像。还有别的结……所以，你的信念'我睁眼就会失去它'或'我认识它'是要被解开的结……你要解开心中根深蒂固的结'我会明白'、'我不是这'、'这不是真我'等。"

"既要弄清你何时转向那未分的、永恒的喜乐真我，也要看到整个宇宙起起落落，映照在真我中。看到你内部和外部的真我，但不要困惑，内部观看的真我就是外部的宇宙真我，因为二者同一。"

听了她的话，丈夫的困惑得以消除，逐渐证到圆满的真我无有内外。[①]

---

① Swami Sri Ramanannanda Saraswathi trans., *Tripura Rahasya: The Secret of the Supreme Goddess* (Bloomington: World Wisdom, Inc., 2002), pp. 6–62.

　　萨哈嘉三摩地是一种"睁开双眼"的喜乐，于轮回中认出涅槃，换言之，萨哈嘉三摩地超越了轮回和涅槃的概念。萨哈嘉瑜伽师谴责宗教形式主义，大力批评学问，"无所否定，无所肯定或领会，因为它绝尤叫能被构想。理智的碎片是被迷惑者的镣铐，那未分的、纯净的则保持自在"[1]。他们的存在就像狂慧的成就者一样，提醒我们不要迷失在分裂的现象世界里，那只不过是真我之境的镜像。

---

　　① 转引自［德］格奥尔格·福伊尔施泰因著，闻风、朱彩红、黄祺杰译：《瑜伽之书》，海南出版社，2017年，第324页。

第八章
印度中世纪的身体瑜伽

••• ─── •••• ─── •••• ─── •••

第一节　哈达瑜伽和金刚身的理想

一、从肉身到金刚身

大约从7世纪到17世纪，出现了一些以"身体修炼"为特色的流派，比如悉达运动和纳达派（Nathism）。尽管这些流派有着诸多取向，但它们都把身体作为解脱的道场。这种对待肉体存在的全新态度是由密教的成就者们开创的。在密教以前的时代，身体通常被视为不洁的东西、灵性的敌人。比如，《弥勒衍拿奥义书》说：

> 尊者！此骨，皮，筋，髓，肉，精，血，涎，泪，涕，粪，溺，风，胆汁，痰液之所聚集，此臭恶无实之身中，有何欲而可乐耶？欲，嗔，贪，畏，忧，嫉，爱别离，怨憎会，饥，渴，老，死，病，患等所袭，与此身中，有何欲而可乐耶？[①]

---

① 徐梵澄译：《五十奥义书》，中国社会科学出版社，1995年，第430页。

上面的引文对待身体的悲观态度在经典中并不少见，《阿耆尼往世书》典型地把身体视为一个"臭皮囊"：

苦行者顶多视身体为一具充气皮囊，被肌肉、肌腱和肉包围，充满臭的尿液、粪便和污垢，驻留疾病和苦难，容易衰老、悲伤和死亡，比草叶上的露珠更短暂，无非是五大元素的产物。[1]

然而，密教把人的身体视为宝贵的解脱载体，《库拉阿那瓦怛特罗》说：

没有身体，人的最高目标如何实现呢？因此，获得身体之后，人应行功德善事。

在840000种具有形体的存在者之中，唯独通过人身才能获得关于实相的知识。[2]

不仅如此，密教的成就者向往转化身体，把肉身变成"金刚身"——一具不由血肉组成，而由不朽的"光"构成的身体。金刚身不再是老病死的牺牲品，而是神的居所，是达成灵性圆满的场所。对于他们，圆满是双重的，既意味着灵性的圆满，也意味着身体的圆满。据说，这样的"光之身"拥有伟大的悉地，包括幻化身体的本领，而悉地在密教经典中是被肯定的。《瑜伽之种》说：

即便是神也不能获得极其强大的瑜伽身体。瑜伽师摆脱身体的束缚，被赋予各种力量，并且是至高无上的。

---

① 转引自［德］格奥尔格·福伊尔施泰因著，闻风、朱彩红、黄祺杰译：《瑜伽之书》，海南出版社，2017年，第360页，脚注1。

② 转引自［德］格奥尔格·福伊尔施泰因著，闻风、朱彩红、黄祺杰译：《瑜伽之书》，海南出版社，2017年，第360页。

瑜伽师的身体就像空，甚至比空更纯。他的身体比最精微之物还要精微，比任何粗糙之物都更粗糙，对于痛苦，比最迟钝的还要迟钝。

瑜伽师之主的身体与其意志相一致。它是自足的、自主的和不朽的。他在三界中的任何地方以游戏来自娱自乐。

瑜伽师具有不可思议的力量。他征服感官，可随心所欲幻化出各种形状，并收回它们。[①]

二、悉达运动

金刚身的理想是悉达运动的核心。这场文化运动兴盛于8世纪到12世纪期间，福伊尔施泰因视之为一个伟大的泛印度综合体——由印度教、佛教、耆那教的灵性教导以及炼丹术和流行巫术组成——在完成过程中的一个重要因素。"悉达"（Siddha）这个称号表示"成就的"或"圆满的"，指的是已经达成圆满的解脱，并拥有悉地的密教成就者。我们也可以把悉达视为灵性上的炼金术士，将不纯之物（人的身心）转变为纯金（不朽的灵性实体）。这种身体修炼是哈达瑜伽的摇篮。

根据福伊尔施泰因的介绍，悉达运动最重要的流派是纳达（Nathas）和马赫须瓦拉（Maheshvaras）的流派。纳达派发源于北印度，特别是孟加拉，马赫须瓦拉派则发源于南印度。佛教的《怛特罗》中提到了一座由84位大悉达组成的众神殿。

南印度的泰米尔传统纪念18位大悉达，其中有的来自中国、斯里兰卡和埃及。数字18和84一样，象征圆满。在18位大悉达列表中，投山仙人（Agastya，阿加斯提耶）和迪卢姆拉是我们熟悉的名字，据说博伽（Bhogar）是随同师父从中国移民来的，但我们无法考证他的

---

① 转引自〔德〕格奥尔格·福伊尔施泰因著，闻风、朱彩红、黄祺杰译：《瑜伽之书》，海南出版社，2017年，第360页。

身份。博伽创作了一部关于昆达里尼瑜伽的重要著作，其中谈道：

> 正当我鄙视身体的时候，
> 我看见了身体里面的神。
> 我意识到身体是神之庙，
> 开始用无限的关怀来保护它。①

悉达运动的南部分支在拒绝仪式主义和其他既定价值观念方面比北部分支更加激进。比如，18位大悉达之一的希瓦瓦其亚（Civavakkiya）在诗歌中批判盲目履行仪式之人为"愚人"，他说绕着不动的石头转圈并献上花环是荒唐的，因为神不在石头里面。福伊尔施泰因认为，他们的批判指向的是无意识的行为，因为就连无意识的虔诚之情也会变成一种毁坏灵魂的"主义"，遮蔽而非揭示超越心意的实在者。的确，任何观念与形式都有可能丧失其原初的意义与活力，堕落成一种遮蔽心灵的僵死的"套路"，所以，希瓦瓦其亚批判的不是仪式本身，而是套路化。

在身体修炼的道路上，另一个大陷阱是追求"技术主义"。那样的人以法术仪式和哈达瑜伽的修习为最终目标，而不追求自我超越和灵性圆满。从心理上分析，追求力量而非自我超越的人"非常容易变得自我膨胀和铁石心肠"，扼杀灵性。更严重的后果在于，印度的心理技术学和现代科学技术一样，是有危险的，最大的危险是让心理技术仅仅为私我目的服务，而抛弃了超越私我和利益他人的至上价值。此处有关"技术主义"的劝告恐怕同样适用于目前的许多瑜伽修习者，可以想象，如果瑜伽单单被简化为身体技术，那么猫天生就是比人更好的瑜伽师。

---

① 转引自［德］格奥尔格·福伊尔施泰因著，闻风、朱彩红、黄祺杰译：《瑜伽之书》，海南出版社，2017年，第361页。

三、哈达瑜伽的创立者

悉达运动构成哈达瑜伽产生的背景。传统上，哈达瑜伽的创始人被认为是鱼帝尊者和牧牛尊者，二人是师徒关系，都出生在孟加拉。我们不知道他们生活的年代，但至少可以推测鱼帝尊者生活在10世纪中叶以前，因为10世纪中叶克什米尔湿婆派（识别派）的成就者阿毗那婆笈多将鱼帝尊者奉为他的古鲁，有些学者认为鱼帝尊者生活在5世纪或6世纪，还有人认为他生活在7世纪。他是纳达派的主要代表，如果不是创始人的话，该派把湿婆称为"阿底纳达"或"原主"——纳达派传承的源头。"纳达"的意思是"主"或"主人"，指既获得解脱又拥有悉地的瑜伽成就者。

人们对鱼帝尊者的称号有着不同的理解。有人说这个称号表明他的职业是渔夫，有人从象征的角度把鱼帝尊者的称号理解为灵性成就的某个层次，密教考拉派经典中的传说提到鱼帝尊者从一条大鱼那里找回了被吞噬的考拉派正典《库拉阿笈摩》，还有传说表明拥有鱼帝尊者称号的人以空动身印掌握了住气和止息心的波动的修习。关于84位大悉达的传记讲述了弥纳尊者（很可能就是鱼帝尊者）如何得道的生动故事：

这位渔夫的大多数时间在孟加拉湾的小船上度过。一天，他钓到一条大鱼，可大鱼拉动鱼线的力气太大，以致他被拉下了水。如同《圣经》故事中的约拿一般，弥纳落入大鱼巨大的胃里，他的善业保护了他。

碰巧那时，湿婆正在传授其神圣配偶乌玛一些秘密教导。乌玛在海底造了一个特殊的结界，这样一来，无人能够探听到他们的对话。很多鱼被这一发光的海下构造所吸引，包括吞下了弥纳的那条"利维坦"，由此，弥纳得以听到湿婆的秘密教导而不被注意到。一度，女神乌玛睡着了。当湿婆问"你在听吗"，鱼肚子里旋即传来"是"的声音。湿婆用他的第三只眼穿过鱼群组成的肉山，看进大鱼的肚子，在那里，他看到了弥纳。他对此发现激动不已："现在我看到我真正的信徒是谁了。"他转向瞌睡的伴侣，说道："我将收他为徒，而不是你。"

弥纳感恩地接受了启示，并在接下来的十二年里——一直在鱼肚子里——一心一意地致力于伟大的湿婆亲自教给他的秘传修习。在此阶段的末尾，另一位渔夫捕获了这头怪物，并劈开了它，于是，弥纳作为完全觉悟的大师现身。[①]

弥纳或鱼帝尊者的主要弟子是牧牛尊者，据说他生活在10世纪晚期至11世纪早期，是觉悟者、行奇迹者，以及具有重大社会影响力的魅力人物。伟大的虔信派诗人伽比尔曾赞美牧牛尊者，并承认自己受惠于他的教导。根据多数传说，牧牛尊者出生在较低的社会阶层（如果不是最低的话），早年便欣然接受苦行生活，终生独身。关于他的身世和能力，有一个不可思议的传说：

一位农妇祈求湿婆赐给她一个儿子。伟大的湿婆被她热烈的祈求所打动，赐予她魔灰服用，这会确保她怀孕。由于无知，农妇将湿婆无价的礼物丢在了一堆粪上。十二年后，鱼帝尊者碰巧听到了湿婆及其神圣伴侣帕尔瓦蒂关于此事的对话，希望看到赐

图42　鱼帝尊者

---

① ［德］格奥尔格·福伊尔施泰因著，闻风、朱彩红、黄祺杰译：《瑜伽之书》，海南出版社，2017年，第363—364页。

给农妇的那个孩子，便去拜访她。农妇怯懦地坦白了发生在湿婆礼物上的事。这位悉达平静地请她再去找这个粪堆，结果，她发现了一位十二岁的男孩，给他起名牧牛尊者（母牛保护者）。

鱼帝尊者收牧牛尊者为徒，不久，弟子的名声便超过了师父。某些故事说牧牛尊者为了古鲁的利益而使用强大的法术力量，比如，根据某个传说，鱼帝尊者去往锡兰，并在那里爱上了皇后。皇后邀他与自己同住皇宫，不久，鱼帝尊者就彻底陷入了宫廷生活。牧牛尊者得知师父的境况后，马上赶去营救。他化作女子，以便能进入后宫遇到师父。幸亏弟子的及时介入，鱼帝尊者才醒悟过来，并在两个儿子的陪伴下回到印度。①

人们常把牧牛尊者单独视为哈达瑜伽的创立者。据说他建立了"裂耳会"：裂耳会的成员拥有嵌着大耳环的裂开的耳垂，据说这种习俗可影响到耳朵上的一条重要的脉，有助于获得某种神秘力量。裂耳会的成员遍布印度，有隐士、僧侣和已婚男女，通常社会地位较低。研究者们说这个组织正处于衰落之中，许多成员由于传说的法术力量以及灵验的咒术而受到人们的鄙视和畏惧，但也有在灵性上和世俗事务上继续指引村民的人。

除了上面谈到的师徒二人，纳达派还有很多杰出的成就者。比如，《哈达瑜伽之光》（1.5—1.8）提到了一些，其中有个名叫维如帕克萨（Virupaksha）的成就者。根据传说：

他出生于提婆波罗王统治期间的孟加拉，早年便进入索玛普利的佛教寺院大学。但在十二年的专注修行之后，灵性上的突破没有发生，感到彻底挫败的他丢弃了念珠。那天夜里，他的本尊金刚亥母出

---

① ［德］格奥尔格·福伊尔施泰因著，闻风、朱彩红、黄祺杰译：《瑜伽之书》，海南出版社，2017年，第364页。

现在他面前，把一串新的念珠送给他当礼物。这件离奇的事极大地激励了他，他又花了十二年时间进行特殊的冥想修习，并获得了渴求的觉悟。觉悟后不久，他便被撞见在他的小屋里享用鸽肉和美酒。于是，他被解除僧职，并被勒令离开寺院。出了寺院大门，他快乐地穿过湖泊，凌波微步般地轻踏一片片荷叶到达对岸。

僧侣们看得目瞪口呆，后悔莫及，恳求他回来，他答应了。当被追问为何杀鸽为餐时，他解释这是一场幻觉，就如万事一般。他打了个响指，鸽子活了过来。这次演示之后，他便永远离开了寺院，闲暇时漫步于乡村。[①]

四、哈达瑜伽的出现

在公元后第一个千年的末尾，一种称为"哈达"的瑜伽方法首次出现在文本资料中。哈达瑜伽的许多原则和修习见于大约11世纪的一本佛教著作*Amrtasiddhi*，但该书和后来的《格兰达本集》一样，没有把它所教导的这种瑜伽称为"哈达"。一个称为哈达的正式体系最初是在《达塔特瑞亚的瑜伽经》（*Dattatreyayogasastra*）中出现的，该书是个毗湿奴派的文本，大约出现在13世纪。[②]

哈达瑜伽的方法来自帕坦伽利瑜伽和密教瑜伽，但也包含着一些别的身体修习，如净化法、非坐式的体式、复杂的调息法和操纵生命能量的身体方法（印）。尽管这些修习最初是在哈达瑜伽文本中被教导的，但它们之中有许多，尤其是体式和印，十分类似于公元前第一个千年后半叶（稍晚于佛陀的年代）最早被谈论的苦行方法。哈达瑜伽和苦行的关系体现在泰米尔语的*Tirumandiram*一书中，该书把哈达

---

①　［德］格奥尔格·福伊尔施泰因著，闻风、朱彩红、黄祺杰译：《瑜伽之书》，海南出版社，2017年，第367—368页。

②　本段以及这一部分的资料来源于James Mallinson, Mark Singleton translated and edited, *Roots of Yoga* (Penguin Classics, 2017)，"Introduction"，pp. XX-XXI.

瑜伽称为tavayoga，而tava是梵文词tapas（苦行）的泰米尔语形式。不过，《瑜伽之根》的编者梅林森和辛格顿认为，哈达瑜伽的方法不像印度苦行者从事的许多苦行那样极端，只有那些可能被更加入世的瑜伽师使用的技巧才被哈达瑜伽文本传授，这或许表明对苦行方法进行改编，使之适用于范围更广的非苦行爱好者——这很有可能是哈达瑜伽文本的创作理由。

在数个世纪里，哈达瑜伽的地位逐渐上升。作为一个正式体系最初出现在《达塔特瑞亚的瑜伽经》中的哈达瑜伽是充当帕坦伽利《瑜伽经》中的瑜伽八支的替代品或增补品传授的。在公元后第二个千年中期的*Yogacintamani*（一本冗长的瑜伽段落手册）中，正统婆罗门学者希瓦南达·萨拉斯瓦蒂（Sivananda Sarasvati）教授了哈达瑜伽的方法，并使之与帕坦伽利《瑜伽经》的方法并行。到了18世纪，哈达瑜伽和帕坦伽利瑜伽被视为是同一的，哈达瑜伽的地位上升至被正统接受，这一点为如下事实所巩固：对《奥义书》文集的编辑（后来被称为《瑜伽奥义书》）大规模地引入了哈达瑜伽文本。哈达瑜伽地位的突显也波及了其他传统，比如，从18世纪开始，耆那教复兴主义者把哈达瑜伽的修习纳入了他们的教导。在现代，哈达瑜伽的技巧（尤其是体式）经历了全球化和现代化的过程，成了瑜伽的名片。

五、哈达瑜伽文献

哈达瑜伽的文献丰富多样。归于牧牛尊者名下的《牧牛尊者指南》（*Goraksha-Paddhati*）①可能是12世纪或13世纪的作品，里面谈到了瑜伽六支——体位、调息、制感、专注、冥想和三摩地，虽然看

---

① 有关哈达瑜伽的文献，较为详细的介绍参见［德］格奥尔格·福伊尔施泰因著，闻风、朱彩红、黄祺杰译：《瑜伽之书》，海南出版社，2017年，第18章第三节"哈达瑜伽文献"，第398—403页。《牧牛尊者指南》的全文翻译见《瑜伽之书》第18章"材料阅读21"，第377—397页。另外，*Roots of Yoga*按照主题全面地收集和整理了哈达瑜伽的文献，并附有资料翻译。

上去很像帕坦伽利的瑜伽八支中的后六支，但作者对它们的解释和帕坦伽利很不同。牧牛尊者的另一重要文本是《悉达悉檀多指南》（*Siddha-Siddhanta-Paddhati*），发展了纳达派的身体哲学。《瑜伽之种》（*Yoga-Bija*）也被归入牧牛尊者名下，该书是女神与至上湿婆之间的一场对话，偏重哲学。以对话形式呈现的《达塔特瑞亚的瑜伽经》创作年代不详，《瑜伽之根》的编者认为它是一本哈达瑜伽早期作品，但福伊尔施泰因视之为晚期作品。在该书中，真言瑜伽被视为低级形式的瑜伽，拉亚瑜伽是让心意完全专注的方法。该书谈论了常规的专注方法或技巧，以及哈达瑜伽八大基本修习：大身印、大收束法、空动身印、收颔收束法、收腹收束法、会阴收束法、逆作身印、金刚力身印。

　　哈达瑜伽的文本中有许多秘传概念。比如，可能创作于13世纪的《喜乐集要》（*Ananda-Samuccaya*）谈论了九个脉轮、脉、十种气等。篇幅短小的《瑜伽的目标》（*Yoga-Vishaya*）涵盖的主题包括九个脉轮、三个结、九个窍等，该书认为调息法的目的是让普拉那刺穿结，以使昆达里尼沿着脊椎轴充分上升。

　　湿婆派追随者斯瓦特玛拉摩的《哈达瑜伽之光》（*Hatha-Yoga-Pradipika*）是哈达瑜伽的经典指南，创作于14世纪中期至15世纪中期。作者将哈达瑜伽解释为通向胜王瑜伽的一种方法，并谈论了瑜伽四支：体位、调息法、身印和收束法、三摩地。《哈达瑜伽之光》的内容也收录在可能创作于17世纪中期的室利尼瓦萨·巴塔（Shrinivasa Bhatta）的《哈达珠链》（*Hatha-Ratna-Avali*）中，该书对哈达瑜伽进行了巧妙的讨论。可能创作于17世纪中期至18世纪中期的《格兰达本集》（*Gheranda-Samhita*）也是最有名的哈达瑜伽著作之一，作者格兰达是毗湿奴派和吠檀多不二论的追随者，把他的瑜伽称为"格达瑜伽"（"格达"指土罐，代表身体）。《湿婆本集》（*Shiva-Samhita*）是继《哈达瑜伽之光》和《格兰达本集》之后最重要的哈达瑜伽指南，其特殊价值在于包含了相当多的哲学问题。该书的创作年代未知，可能是在17世纪后期或18世纪早期，作者是吠檀多不二论和密教的追随者。书中描述了人体的某些秘传结构，讨论了调息法和瑜伽成就的三个层次，收束法和身印，脉轮以及瑜伽的高级阶段，还指出了瑜伽之路上的各种障碍。

第二节　哈达瑜伽的修习

作为密教的一部分，哈达瑜伽的修习虽然参照帕坦伽利的瑜伽八支设计修习框架，但以身体为解脱的道场，并采纳了密教的身体模型。格兰达把人的身体比作尚未烧制的土罐，容易遭受各种痛苦，为了成就瑜伽的最高境界，必须用各种瑜伽修习来"煅烧"这具尚未烧制的身体。只有把身体在瑜伽之火中烧制纯净，吉瓦（个体灵魂）才能获得进入三摩地的能力，并得到解脱。为此，格兰达也把他的瑜伽称为"格达斯塔瑜伽"，意思是"为了寓居在身体里的吉瓦获得解脱的方法"。格兰达这样陈述经由身体获得解脱的哲学：

> 摩耶是这世上最大的束缚原则，私我（ego）是最大的敌人，智慧和瑜伽则是我们最好的朋友和力量。我们的行为（业）是我们生死的根源，身体是执行行动的工具。如果想向身体要自由，就有必要对身体进行适当训练，而这训练只有通过瑜伽才能实现。[1]

在此，我们以《格兰达本集》中的瑜伽七支为例，并融入其他文本的相关讨论来说明哈达瑜伽的修习。[2]

---

[1] ［印］格兰达著，［印］G. S. 萨海注，王志成、灵海译：《格兰达本集》，四川人民出版社，2023年，"导论"。

[2] 《格兰达本集》中的内容参见王志成、灵海译的《格兰达本集》，其他文本的相关讨论主要参照《瑜伽之根》和《哈达瑜伽之光》中的内容。

一、清洁法

《格兰达本集》第一章
讲解了21种清洁法，包括以
下6种主要的清洁法及其分类
和子分类：

净胃法，净肠法，净鼻
法，瑙力法，净目法（凝视
法），净脑法。

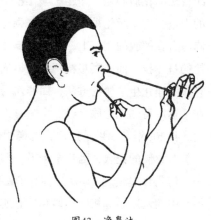

图43　净鼻法

上 述 清 洁 " 六 法 "
（satkarmas）最早的文本依据是《哈达瑜伽之光》（2.22）："这六
种净化法是：上腹腔清洁法（包括布带净胃法和清胃法）、净肠法、
净鼻法、净目法、瑙力法、净脑法。"但"六法"一词早于该文本，
可能指婆罗门教的一套程序，也可能指密教中用来治病或操控他人的
仪式。[1]

后来的文本增加了别的清洁法。比如，《哈达珠链》（1.26）教
导了八种清洁法："八种清洁法称为：净肛门法、瑙力法、布带净胃
法、净鼻法、净肠法、清胃法、净目法、净脑法。"该书的作者室利
尼瓦萨直率地批评斯瓦特玛拉摩没有纳入净肛门法，其操作方法为
"将半指插入直肠，大胆活动，直至肛门扩大"，其作用在于"治疗
肛门的不适、脾脏的疾病和水肿，消除不净，点燃胃火"。室利尼瓦
萨将每种清洁法对应特定脉轮的净化：净肛门法净化底轮，金刚力身
印净化生殖轮，瑙力法净化脐轮，净胃法净化心轮和喉轮，净鼻法和

---

① 　James Mallinson, Mark Singleton translated and edited, *Roots of Yoga*
（Penguin Classics, 2017）, p. 50.

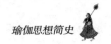

净目法净化眉心轮，净肠法净化整个身体。他说："借助八种清洁法的力量，六个脉轮被完全净化，调息成为可能，一切疾病得以消除，修习者在解脱的正道上，并获得身体健康。"这可能是有关作用于脉轮的身体技巧而非冥想技巧的最早描述。他还谈到了金刚力身印，把它作为净化生殖轮的方法，而非作为瑜伽身印。金刚力身印最初出现在《达塔特瑞亚的瑜伽经》中，有人说这个文本比《哈达瑜伽之光》大约早200年。如果是这样，就说明清洁法的存在早于《哈达瑜伽之光》对它们的记载，因为金刚力身印只能通过瑙力法来达成。

值得注意的是，虽然《哈达瑜伽之光》中的六法和《格兰达本集》中的六法名称相同，但解释有所不同。比如，《格兰达本集》中的净胃法有4种，又细分为12种，这表明了净化法数量的增加，类似于体位数量的增加，但后来的文本中的某些净化法从解剖学的角度来看似乎是不可能操作的。

《哈达瑜伽之光》似乎并不支持每个修习者练习清洁法。那些身体肥胖、体质多黏液的人，在练习经脉净化调息法之前，被要求首先练习六种清洁法，其他人则没有被要求进行此类练习，因为他们的三种体液处于平衡状态（2.21）。该书的瑜伽四支并不包括清洁法。但《格兰达本集》认为对于每个哈达瑜伽的修习者，清洁法都是必不可少的，并将它作为哈达瑜伽的一支。

二、体位法

据《格兰达本集》的说法，体位法的数量是庞大的，"有多少物种，就有多少种体位法。（瑜伽之主）希瓦告诉我们，有840万种体位法。在这840万种体位法中，有84种是重要的。对普通大众来说，这84种体位法中，有32种体位法是吉祥的"。接着，格兰达描述了32种吉祥的体位法的操作方法和功效，它们是：

至善坐、莲花坐、蝴蝶坐（又称为普贤坐）、解脱坐（又称为君

主坐）、金刚坐、吉祥坐、
狮子式、牛面式、英雄式、
弓式、摊尸式、笈多式（至
善坐变体）、鱼式、鱼王
式、牧牛式、背部伸展式、
幻椅式、金刚坐变体（危险
式）、孔雀式、公鸡式、龟
式、仰龟式、蛙式、蛙立
式、树式、金翅鸟式、公牛
式、蝗虫式、海豚式、骆驼
式、眼镜蛇式、瑜伽士式。

图44　莲花坐

印度学者萨海（G. S. Sahay）说，在今天，体位就是瑜伽的同义
词，尽管哈达瑜伽的有关文本接受瑜伽四支、瑜伽六支、瑜伽七支
或八支，但它们都接受体位法是瑜伽中最重要的一支。《牧牛尊者
百论》有2种体位法，《哈达瑜伽之光》有15种体位法，《格兰达本
集》有32种体位法，后期的瑜伽文本谈到了84种体位法，甚至更多。
这也证明随着时间的推移，体位法获得了非常重要的地位。在今天，
如果你去上哈达瑜伽课，通常是从体位法开始的。人们练习体位法有
两个重要目的：保持身体的健康和灵活性，以及有效预防疾病。

但在过去，体位法分为两类，一类是为了调息和冥想而练习的
坐式，另一类则是非坐式的体位法。在早期瑜伽文本中，"体位"
（asana，或体式）一词代表坐法，后来才开始指称各种身体姿势，
甚至重复的身体运动。我们知道，在帕坦伽利的《瑜伽经》中，体位
作为瑜伽八支的第三支，是一种坐法。帕坦伽利没有详述体位法的本
质，只是示意为了练习调息和冥想技巧，瑜伽师的坐法应该安稳自
如。毗耶娑在对《瑜伽经》的注释中命名了12种体位，并加上了"等
等"一词，暗示帕坦伽利熟悉更多的体位。虽然毗耶娑没有描述这12

种体位的操作方法，但后来的复注确认它们都是相对简单的坐法，用来修习随后的五支。不过，帕坦伽利也说："放松身体，冥想无限者，坐法便安稳自如。"（2.47）

特定坐法和瑜伽冥想之间的关联并非帕坦伽利的独创。众多的出土雕像表明用于冥想的坐法，尤其是莲花坐，很早以前就在印度流行。佛教和耆那教的早期文本也教导了一些冥想坐法。公元第一个千年后半叶的许多密教文本中包含的瑜伽教导指导瑜伽师在调息、冥想或念诵真言时采用各种坐法，但总的来说，这些密教文本中教导的体位法数量较少，而且都是比较简单的坐姿，体位法相对而言并不重要，不构成瑜伽的"支"。

在公元第二个千年上半叶出现的梵文哈达瑜伽文本中，我们才发现了有关瑜伽体位法的系统描述，这些体位比更早的文本中描述的坐法更加复杂。在《哈达瑜伽之光》的15种体位中，有8种不是坐法。非坐法的体位法虽是在公元第一个千年的末尾才出现在瑜伽文本中的，但它们已经被印度苦行者使用了至少2500年。比如，据记载，公元前4世纪，亚历山大大帝的随行人员在旁遮普遇见了"十五个以不同体位站立的人，要么裸身坐着，要么裸身躺着。他们保持这些身体姿势直到天黑，才返回城里。最难忍受的是灼热的阳光，除了他们十五个，没人能够毫无痛苦地赤脚行走在中午的土地上"。根据接下来的记载，有两个苦行者来拜访亚历山大，"他们来到亚历山大的桌旁，站着吃饭。随后，他们退到附近的一个地点修行，年长的那个苦行者在地上仰卧，承受着阳光和随后的雨水。另一个苦行者则单腿站立，双手举着一块三肘长的木头。一条腿累了，就换成另一条腿，站了一整天"[①]。我们在佛陀的传记和《摩诃婆罗多》中都能见到类似的苦行例子。当时的婆罗门教正统对这种苦行的态度是矛盾的，

---

① 转引自James Mallinson, Mark Singleton translated and edited, *Roots of Yoga* (Penguin Classics, 2017)，p. 88。

既有赞同，也有谴责，比如，在《薄伽梵歌》（17.5）中，克里希那说："有些人无视经典规定，修炼严酷可怕的苦行，他们虚伪和妄自尊大，充满欲望、激情和暴力。"到公元后第一个千年期间，极端的身体苦行才逐渐被婆罗门传统接受，在《往世书》中，神祇、国王和苦行者都修苦行。这些自我克制的身体苦行被用来应付业的问题：人们认为静止的苦行既能烧掉旧业，又能阻止新业的产生，由此带来解脱。

哈达瑜伽的文本为非苦行之人带来了苦行传统内部发展出来的修行技巧，其中包括非坐法的身体姿势，它们第一次被称为体位法（asanas）。虽然我们不能期待居家的修习者经受苦行者和传说中的神祇、圣人、国王的那些极端的身体苦行，但居家者可以尝试用稀释过的练习来模仿他们。

随着哈达瑜伽文献的发展，体位法从用于冥想、念诵和调息的简单坐法，变成了哈达瑜伽最为重要、复杂、多样化和记载详细的修习方式。在17世纪以来的瑜伽文本中，体位法成为核心关切。大约出现在19世纪早期的*Hathabhyasapaddhati*用三分之二的篇幅描述了112种体位。

体位法的目标是什么？在哈达瑜伽文本于公元后第二个千年初期出现之前，苦行者和瑜伽师练习体位法主要有两个原因，其一是把体位法当作调息、念诵和冥想的稳定基础，其二是把体位法当作消除业和获得力量的手段。这两个原因我们刚才谈到过。随着哈达瑜伽文本的出现，体位法获得了治疗的功效。今天我们所熟悉的复杂的体位序列没有出现在任何前现代的印度文本中，但到了18世纪，印度瑜伽文本开始教导这种重复的身体运动。在有些文本中，身体的强健成为体位法的唯一目标，体位法也是练习六种清洁法的预备。总的来说，体位法的治疗功效是哈达瑜伽的创新。

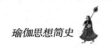
三、身印或契合法

图45 逆作身印

《格兰达本集》第三章描述了以下25种身印的操作方法和功效：

> 大身印（大契合法）、虚空身印、脐锁印（收腹收束法）、喉锁印（收颔收束法）、根锁印（会阴收束法）、大锁印（大收束法）、大穿透法（大击印）、逆舌身印（明空身印或空动身印）、逆作身印（倒箭式身印）、胎藏身印、金刚力身印、萨克提提升印、腹贴脊身印、蛙鸣身印、湿婆身印、五身印、提肛身印、套索身印、鸟啄身印、大象身印、蛇饮身印。

身印构成了哈达瑜伽的重要一支。萨海告诉我们，通过对身印实践技术的正确分析可以发现，要练习身印，就需要练习并运用体位法和住气法，这可能是身印被《哈达瑜伽之光》视为第三支的原因，该书（1.56）说："哈达瑜伽的练习次序是：体位法、住气法、被称为身印的不同类型的技巧、谛听秘音。"然而，《格兰达本集》在描述了净化法和体位法之后，用第三章说明身印，第五章讨论调息法，这表明格兰达在描述身体瑜伽时并不重视实践中的顺序。

关于身印的数量，没有一致的意见，不同瑜伽文本中的身印数量不同。萨海介绍了三种重要看法：

第一，有一组哈达瑜伽文本认为身印有十种，这样的文本包括《哈达瑜伽之光》《哈达珠链》《湿婆本集》，它们描述的十种身印分别是：大身印（大契合法）、大锁印（大收束法）、大穿透法（大击印）、逆作身印（倒箭式身印）、喉锁印（收颔收束法）、脐锁印（收腹收束法）、逆舌身印（明空身印）、根锁印（会阴收束法）、金刚力身印、萨克提提升印。

第二，《牧牛尊者百论》也描述了身印，但没有把身印视为哈达瑜伽的一支。不过，为了唤醒昆达里尼，可练习以下五种重要身印：大身印（大契合法）、脐锁印（收腹收束法）、逆舌身印（明空身印）、喉锁印（收颔收束法）、根锁印（会阴收束法）。此外，该文本还用逆作身印（倒箭式身印）来解释制感。

第三，格兰达提到了25种身印。练习这些身印对于成就瑜伽是十分有益的。

我们在介绍密教的仪式修行时谈论过密教印和瑜伽印（本章称为"身印"）的目的。密教印的出现早于瑜伽印，二者的目的不同，但密教的后期文本挪用了瑜伽印。瑜伽印是一种操纵呼吸和其他生命能量（明点或昆达里尼）的方法，《哈达瑜伽之光》（3.5）说："为了唤醒沉睡在中脉入口处的昆达里尼，要尽一切努力练习各种身印。"在哈达瑜伽文献对身印进行编撰之前，它们就存在于苦行传统中，这一点和体位法相似。在17世纪和18世纪的文本中，身印的数量有显著的增加。

四、制感

制感是帕坦伽利的瑜伽八支中的第五支，哈达瑜伽也谈论制感，但和帕坦伽利的理解未必相同。萨海在对《格兰达本集》（4.1）的注释中列举了制感的五种含义：

《牧牛尊者百论》通过逆作身印（倒箭式身印）解释制感。据说，因为逆作身印，月亮流出的甘露得以避免被太阳吞噬。甘露从被太阳烧灼的危境中摄回。这就是制感。

第二种制感概念非常流行，义为感官从感觉对象中摄回。

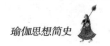

第三种是《瓦希斯塔本集》中的制感。瓦希斯塔描述了分布在脚趾到头顶的18个穴位。吸气后，把气导引到第一个穴位，然后从那里摄回，再导引到上一级的穴位，再摄回，并最终把气导引至第18个穴位。这就是制感。

第四种制感也见于《瓦希斯塔本集》。根据书中所说，把每一个对象视同自己，也称制感。

第五种制感表现为履行（祭祀等）义务。这种义务的履行没有任何外在的对象，而要在心中完成。

《格兰达本集》第四章对格达斯塔瑜伽（身体瑜伽）第四支——制感的描述类似于帕坦伽利的描述，即制感就是感官从对象中摄回："心意无常不定，四处游荡。无论它游到哪里，都要拉它回来，置于自我的驭下。"（4.2）接着，格兰达分别说明了把视觉、听觉、触觉、嗅觉、味觉从其对象中摄回，以便摧毁欲望。相对于有关清洁法、体位法和身印的描述，格兰达对制感的说明比较简单。

尽管如此，我们不能忽略制感的重要性。就像帕坦伽利的八支瑜伽所表明的那样，制感是从外修进入内修的枢纽。鉴于制感的目的是解开感官与其对象的结合，制感是瑜伽的核心。比如，《羯陀瑜伽》（6.10）说："稳稳地控制住心意和感官，就是所谓瑜伽。"

制感和调息紧密相连，有时被划分为调息的一个阶段，而非瑜伽独立的一支，比如在《瓦希斯塔本集》中就是这样，《达塔特瑞亚的瑜伽经》则把制感作为住气的产物。有些密教《怛特罗》描述了一种调息方法：气（或生命能量）在身体内部沿着瑜伽身的中央通道（中脉）移动。在这种调息法的第四阶段，瑜伽师引导气从心脏部位移至肚脐部位，"心意伴随着气下降，由此从感官的影响中撤回"，心意和气被控制在肚脐部位，瑜伽师变得适合于专注。这表明控制呼吸和控制心意密切相关。

五、调息

调息需要谨慎，这一点再怎么强调也不为过。当代成就者巴伽南达告诫我们："调息应在合格导师的指导下进行，并配以有节制的生活。你应当始终保持平静，过有节制的生活。调息会损害大脑，如果犯错的话。我亲眼见过两个练习调息的年轻人，他们生活没有规律，导致了大脑精神错乱。"①

《格兰达本集》中用来讲述调息的章节用了一半的篇幅不厌其烦地交代练习调息的各种条件和注意事项，这表明格兰达深知不恰当调息的危害。格兰达认为，在调息之前，要注意四个方面：地点合适、时间合适、饮食均衡、净化经脉。

关于合适的地点，《格兰达本集》（5.3—5.7）说：

不要在僻远的地方、在森林里、在稠人广众之中练习瑜伽。否则必遭失败。僻远（未知）的地方缺乏安全，森林里缺乏保护（有野兽），稠人广众之中没有秘密和隐私。因此，要避开这些地方。邻人本分、施舍易得、无人打扰的地方，就是好地方。要选择这样的地方搭建小屋，并筑围墙，做好保护。围墙中央须掘梯井、水井或水池。小屋要不高不矮，无蚊虫滋扰。小屋要仔细糊上牛粪，要修得隐秘。如此，便能好好调息。

关于合适的时间，《格兰达本集》（5.8—5.15）说：

不要在初冬、严冬和夏季练习瑜伽。在这几个季节里练习瑜伽，会引发种种疾病。春秋两季是练习瑜伽的季节。在这样的季节练习瑜

---

① ［印］斯瓦米·巴伽南达著，朱彩红译：《瑜伽与冥想的秘密》，四川人民出版社，2020年，第40页。

伽，不仅事半功倍，还不会生病。（传统上，）每季两个月。但从瑜伽练习的实际效果出发，每季应该是四个月。以两个月为一季，则从三月起算，终于（来年）二月；以四个月为一季，则从一月起算，亦终于（来年）二月。（以两个月为一季：）三、四月春季；五、六月夏季；七、八月雨季；九、十月秋季；十一、十二月初冬；（来年）一、二月严冬。（以四个月为一季：）一月至四月，练习效果等同春季。三月至六月，练习效果等同夏季。六月至九月，练习效果等同雨季。八月至十一月，练习效果等同秋季。十月至（来年）一月，练习效果等同初冬（季）。十一月至（来年）二月，练习效果等同严冬（季）。"春秋两季是练习瑜伽的季节"中的"春秋两季"，系就练习效果而言，均应理解为四月之季。

关于均衡的饮食，《格兰达本集》（5.16）说：若饮食不均衡，无论是谁开始练习瑜伽，都会被各种疾病折磨，根本就不能练成瑜伽。格兰达细细罗列了适合瑜伽师食用的各种食物的名称。随后，格兰达说：

食用干净、甘甜、滑润的食物。每次进食，都要留一半的胃容量，还要有取悦神的心态。这就是平衡膳食。胃容量的一半装固体食物，四分之一装汤水，余下四分之一应留空，以使气（自由）流动。适合瑜伽士吃的食物，既要容易消化、可口、滑润、有营养，还要为心意所喜、为习俗所容……每天只吃两顿饭，中午和晚上各一顿。

关于净化经脉，《格兰达本集》（5.33—5.36）说：

以吉祥草、鹿皮、虎皮或厚毯子为席，端坐其上，面朝东方或北方。先行经脉净化，再行调息。哦，仁慈的老师！什么是经脉净化？如何行经脉净化？我希望了解这一切。请您教导我吧。如果经脉里满是杂秽，瓦予就不能顺畅运行，调息如何完成？知识如何可能？因此，要先行经脉净化，再行调息。据说，经脉净化有两种方式：萨马奴和尼马奴。萨马奴经脉净化，借助曼陀罗来完成；尼马奴经脉净化，不借助曼陀罗，而通过身体的净化等方式来完成。

接着，在具体说明了两种净化经脉的方法之后，格兰达才开始讲述调息的操作方法。萨海提醒我们，格兰达没有把净化经脉归在调息的范畴内，因为格兰达说的调息就是住气。在《哈达瑜伽之光》中，经脉净化也非常重要，但被归入了调息的范畴。

《格兰达本集》（5.46）描述的调息或住气法有以下八种：

有八种住气法：联结式住气法、太阳脉贯穿法、乌加依住气法、嘶声住气法、风箱式住气法、嗡声住气法、眩晕住气法、自发式住气法。

调息直接影响生命能量的运作，因而，我们建议读者不要随便练习住气法，而应在合格的导师指导下谨慎地练习。如果仅仅出于身体健康的角度练习调息，可以选择不带住气或屏息的调息方法，那样一般没有害处，可使心意保持平静。具体方法的选择可以参考王志成编著的《调息法70种》。①

《哈达瑜伽之光》也描述了八种住气法，其中的清凉住气法和漂浮住气法在《格兰达本集》中没有提及，《格兰达本集》增加了另外两种，即连结式住气法和自发式住气法。不过，住气法或调息法并不只有八种。在描述嗡声住气法时，格兰达提到了谛听秘音。谛听秘音是《哈达瑜伽之光》的瑜伽四支的第四支，虽然在格兰达这里不是独立的一支，但却是进入三摩地的重要方法。

---

① 王志成编著：《调息法70种》，四川人民出版社，2022年。

从对瑜伽技巧的最早描述开始，调息一直是瑜伽修习的重要组成部分。前面说到，瑜伽的身体练习在今天常被等同于体位法，但在前现代的印度，定义瑜伽身体练习的是调息。《哈达瑜伽之光》（2.75）说练习者通过住气成就哈达瑜伽，许多文本认为调息的功效大到可以达成瑜伽各支，还有文本认为调息直接让瑜伽师得以解脱。

然而，调息不是一条掌握瑜伽的简单道路，实际上，它常被等同于苦行，因为它既困难又危险。湿婆派成就者阿毗那婆笈多甚至认为不应该练习调息，因为调息伤害身体，其弟子倡导了一种更简单的觉悟法，借助的是美德而非调息。拿拉央那坎塔（Narayanakantha）警告我们，过度练习调息可导致腹胀、呼吸滞重、精神错乱和癫痫。

在历史上，调息被当作赎罪或净化的技巧。比如，《法经》和后来论述正法的文本把调息描述为替各种罪行赎罪的方法，兽主派的《兽主经》也是这样看待调息的。调息的赎罪力量和人们对它的如下定义有关：调息是一种产生内部"热量"的苦行方法（可以烧掉恶业）。佛陀在觉悟之前练过调息法，他对此的形容是：就像脑袋被挤压、胃部被刺穿、身体在热炭上炙烤那样痛苦。除了赎罪，"热量"也可带来净化，比如在《法经》中，调息被作为婆罗门日常崇拜中的净化仪式之一。瑜伽文本凸显的是调息的净化作用，而非赎罪作用。尽管调息可通往瑜伽的最高目标，但调息的基本形式是一种预备的净化技巧。因而，在密教文本中，仪式开始之前要先进行三轮调息，以便净化身体。更具体地说，调息可净化经脉，在哈达瑜伽文本中，经脉的净化是简单调息法的主要目标。

一旦经脉得到净化，瑜伽师就获得了练习更加高级的调息技巧的资质。在《达塔特瑞亚的瑜伽经》中，调息法的唯一高级技巧是自发屏息，可产生种种超常力量。在后来的哈达瑜伽文本中，纯粹的住气法（非伴随式住气法）是最终的调息法，但其预备练习（伴随式住气法，因为伴随着吸气和呼气）也得到了很大发展。此外，在许多体系中，调息伴随着内在的念诵。比如，《格兰达本集》对连结式住气法的描述就分为持咒式住气法和非持咒式住气法。萨海告诉我们，调息实践中的种子曼陀罗自古以来就非常流行，除了帕坦伽利的《瑜伽经》和《哈达瑜伽之光》，几乎所有的瑜伽文本描述的调息法中都有种子曼陀罗或唵的运用。

六、冥想

《格兰达本集》描述了三类冥想："冥想法有三种：粗糙冥想、光明冥想和精微冥想。以有形之物为对象的冥想，是粗糙冥想；以光为对象的冥想，是光明冥想；以冥度（明点）形式显化的梵天即至上之神为对象的冥想，是精微冥想。"（6.1）

"粗糙冥想"分为两种。格兰达用冥想珍宝展现了第一种粗糙冥想，根据萨海的分析：

在这一冥想中，冥想的对象，对应四个感官的最佳对象，以及心意能够渴望的任何对象，都在这一冥想中得到了描述。

视觉和心意：宝岛，岛上的沙子都是珍贵的宝石。

嗅觉：美丽芳香的花朵环绕着宝岛。

听觉：嗡嗡的蜜蜂，歌唱的布谷鸟。

触觉：清凉的风从各个方向吹来。

心意：观想如意树。

格兰达没有明确宝座上究竟是哪尊神。他顾及每个人的信仰，不勉强任何人。他还说，要以自己导师（古鲁）传授的方法进行冥想。

格兰达用冥想千瓣莲花展现了第二种粗糙冥想：

冥想千瓣莲花。千瓣莲花之上有朵十二瓣莲花。这十二瓣莲花，洁白且放光，有十二子音。它们是：哈、萨、查姆、玛姆、朗姆、帆姆、罗姆、育姆、翰姆、萨姆、康姆和帕雷姆。十二瓣莲花的中央，有三条线，分别是：阿、卡、达。三条线构成一个三角，三个角分别是：哈、拉、查。三角的中央是唵。冥想秘音和宾度的居所。观想其上有一对美丽的天鹅，还有一双木屐。观想古鲁即摩诃德瓦的神性形象：两臂，三眼，白衣，周身遍施白檀香粉。他戴着白色花环，红色的萨克提女神随侍在侧。

"光明冥想"可让修习者成就瑜伽，觉悟自我。根据格兰达的描述，光明冥想也有两种：

第一，昆达里尼坐落在海底轮，如火焰一样的个体灵魂蜷伏在那里。那里唯有光辉灿烂的梵。冥想这梵光的人，是所有冥想者中最好的。

第二，眉心有唵之光，心上有唵之光。冥想唵之光也是光明冥想。

"精微冥想"涉及昆达里尼的上升。神的恩典唤醒昆达里尼，使之上升，越过眼窝，开始向着胜王之路前进。萨海解释道，这里的"胜王之路"依据《昆达里尼瑜伽奥义书》，指从舌头到梵穴。精微冥想的结果是成就湿婆身印。

这三种冥想有次第之分，"据说，光明冥想胜于粗糙冥想百倍，精微冥想胜于光明冥想十万倍。"（6.21）但我们要从粗糙冥想起步。

七、三摩地

什么是三摩地？《格兰达本集》（7.2）说："把心意从身体中分离，与至上阿特曼合一，这就是三摩地的状态。"臻达三摩地的人从五知根和五作根中解脱出来，明白我是梵，我不是痛苦的经验者，我是存在-意识-喜乐，我永远自由。

格兰达描述了六种三摩地，称之为六种胜王瑜伽：

希瓦身印、嗡声住气法、逆舌身印和母胎身印成就四种三摩地，依次是：冥想三摩地、秘音三摩地、极乐三摩地和消融三摩地。第五种三摩地出于虔信瑜伽。第六种三摩地源于眩晕住气法。（7.5—7.6）

从格兰达对三摩地的描述中，我们可以看出他是毗湿奴派的信徒，"毗湿奴在水中，毗湿奴在大地上，毗湿奴在山顶，毗湿奴在火焰中，毗湿奴周遍整个宇宙"（7.18）；他也是吠檀多不二论者，"这地上走的、空中飞的所有生物，乃至这所有的乔木、灌木、爬藤、禾草、河流、山峰，凡此种种，无论物种，皆是梵。于阿特曼中觉知一切"（7.19）。他的瑜伽通过分辨身体和灵魂来达成，"寓居在身体里的灵魂，是非二元的，是有意识的，是永恒的。知道灵魂不同于身体，就会独立超然，而不再有任何（先前经验对象留下的）印迹。摆脱所有依附，所有对身体、子女、配偶、亲人、金钱的依附，超然于一切束缚之外，即可成就三摩地。"（7.20—7.21）

综上所述，格兰达的瑜伽七支为清洁法（21种）、体位法（32种）、身印（25种）、制感（5种）、调息（11种）、冥想（5种）和三摩地（6种）（共105种），分别带来纯净、力量、稳定、耐心、身轻、觉悟和独存。它们的排列没有特定顺序，每一支都同样重要。

《哈达瑜伽之光》和《格兰达本集》的解脱都涉及昆达里尼的上升和瑜伽身的知识，这让我们想起金刚身的理想："在哈达瑜伽中，人类对永生的愿望与走向解脱的灵性冲动融合在了一起……哈达瑜伽传统拥有一笔巨大的财富，就是关于人类身心潜能的来之不易的信息。"[1]这笔财富能为我们所用。当前，"借助现今的科学概念、方法和手段的现代医学和心理学正在逐渐重新发现瑜伽师在这些世纪里已经谈论过和证明过的一些惊人事实……（也许在未来）对哈达瑜伽，尤其是昆达里尼现象的彻底研究，能够极大地拓展我们对人类身心及其惊人能力的理解"[2]。当然，这需要我们进入一种更高级的意识结构来有效地吸收瑜伽师的所言所行和成就。

---

[1]　［德］格奥尔格·福伊尔施泰因著，闻风、朱彩红、黄祺杰译：《瑜伽之书》，海南出版社，2017年，第376页。

[2]　［德］格奥尔格·福伊尔施泰因著，闻风、朱彩红、黄祺杰译：《瑜伽之书》，海南出版社，2017年，第376页。

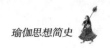
第三节　瑜伽奥义书和幻觉经验

一、哈达瑜伽奥义书

哈达瑜伽的教导也见于一类《奥义书》，我们统称为"哈达瑜伽奥义书"。这些文本出现在密教诞生和崛起的那些世纪里，即公元5—14世纪期间，"正是在此期间，印度诸'精神运动'强烈地探索人体的潜能"①，哈达瑜伽就是这种探索的结果。哈达瑜伽奥义书基于密教的"瑜伽身"模型，发展出了用来唤醒和驾驭昆达里尼，使之上升至顶轮，从而带来解脱的技巧。

《瑜伽真性奥义书》说：

当建一精舍，美丽可悦，门扉细小，绝无孔窦。或以牛粪，或以白垩，善加涂饰，且勤加洁治，使无有臭虫，蚊蚋，蚤虱。每日当以帚劻加净扫，妙香熏之，焚安息香等。（敷其坐处），下藉"孤莎"草，蒙以虎皮，上铺以布。不高不卑，明哲修士遂坐于其上，作莲花式。

端直其身，始则合掌敬礼其所亲爱之护神。于是以右手大指，阻抑右鼻孔，而以左鼻孔缓缓吸气，如其为之安利，遂行止息法（而闭气不吐）。再从右鼻孔呼气而出之，缓缓而不猛速。更以右鼻孔吸气，渐使满腹。又行止息法，如其可能，更自左鼻孔缓缓呼出之。如其以左鼻孔吐气也，如是亦以之吸气。如是循环为之不辍。

倘不徐不疾，以掌膝右转一周，或一弹手指作迸发声，此顷间名曰一节拍。以左鼻孔吸气，缓缓延至十六节拍；其次持满止息，可六十四节拍之久。自右鼻孔吸气，可三十二节拍。更以右鼻孔吸气，

---

①　［德］格奥尔格·福伊尔施泰因著，闻风、朱彩红、黄祺杰译：《瑜伽之书》，海南出版社，2017年，第307页。

以如前。善自平等调制而已。

晨，日午，暮，半夜，行止息法四次；渐次练习至八十次，斯为圆满。

如是修习三月，则身中气脉皆清；时若气脉皆清，则外表有征于修士之身可见。今我将说之无余。

身体轻健也，容色光辉也，中焦火盛也。①

上面有关调息法的准备工作、操作方法和功效的说明，与《格兰达本集》中的叙述类似。

《瑜伽顶奥义书》被认为是最综合的瑜伽奥义书，该书教导读者把智慧和瑜伽结合起来，并反复提醒读者转化身体的重要性，以便让身体成为"湿婆圣殿"。

瑜伽师应当借助瑜伽之火激活由七种成分（即体液，如风、胆汁、血液等）构成的身体。他的疾病全部得到治愈，不管还有多少这样的切口、伤口等。他获得的形体具有至上光明空间的形式。②

《瑜伽顶奥义书》肯定各种悉地，把它们当作灵性造诣的可靠标志，"应把缺乏悉地之人视为被束缚之人"。不过，无论对待悉地的态度如何，解脱才是最终的目标。真言瑜伽也是该书的论题之一，就像其他《瑜伽奥义书》一样，真言被认为有若干精微的维度。

"瑜伽身"的秘密或"精身解剖学"是《哈达瑜伽奥义书》的普遍论题，《瑜伽顶奥义书》说：

---

① 徐梵澄译：《五十奥义书》，中国社会科学出版社，1995年，第892—894页。

② 转引自［德］格奥尔格·福伊尔施泰因著，闻风、朱彩红、黄祺杰译：《瑜伽之书》，海南出版社，2017年，第307—308页。

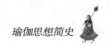
宣说瑜伽顶，一切智卓出，静虑此咒语，肢体无战栗。

结式莲花坐，或余意所适，眼视凝鼻端，手足交敛抑。

意念遍约制，默想存唵声，智者常静虑，太上思神明。

一楗九门关（即一个脊上有九窍），三支柱五神（即三脉五根），智者作观想，如是为人身。

神圣太阳轮，光辉自圆聚，其间明一焰，有如镫中炷。

似此焰光顶，神明大如实。修士习瑜伽，一再破此日。

蛇行上清路，第二中脉门，更破颅顶窍，方知最高尊。

如或因惰、慢，人失修静虑，三时若转此，亦登至上处。

我今已简说，此所系福乐，至上神恩慈，瑜伽得当觉。

千世再转生，无由销罪孽，独以瑜伽见，轮回从此绝。①

上面的引文谈论了如何冥想，昆达里尼如何上升，以及应付退失的对策和最终的解脱。

二、其他瑜伽奥义书

除了《哈达瑜伽奥义书》，还有讨论声音瑜伽、调息法、光幻觉瑜伽等的《奥义书》，西方学者把它们统称为《瑜伽奥义书》。根据福伊尔施泰因在《瑜伽之书》中的介绍，这些文本多半出现在后帕坦伽利时代，由于它们尚未被批判性地编辑或者研究，因而它们的相互关系和年代无法确定。虽然有许多《瑜伽奥义书》吸收了帕坦伽利《瑜伽经》中的修行内容，提出了瑜伽八支或瑜伽六支等，但《瑜伽奥义书》传播的是一种以吠檀多不二论为哲学基础的瑜伽，而且对这些文本的作者和传播者来说，"不二的存在–意识–喜乐是个活生生

---

① 徐梵澄译：《五十奥义书》，中国社会科学出版社，1995年，第880—882页。

的现实，而不仅仅是个抽象的假设或信念"①。

1. 声音瑜伽

《瑜伽奥义书》中有一些"点（bindu）奥义书"谈论了声音瑜伽。什么是点？它似乎是一个设计身心灵三个维度的概念。

> 点是一种状态，力量在其中处于最大的专注之中。当精神意识处于点的状态时，各种精神力量被集聚并高度专注，称为精神的物力论……点是一种自然的、必不可少的状态，与运行中的力量有关。点既存在于精神领域，也存在于物质领域。原子是物质的点，细胞核是原生质细胞的点，三摩地则是心意的点。②

"点"一词没有出现在任何早期《奥义书》中，它似乎是密教的术语，前面在谈论密教的仪式修行时提到了明点。"点奥义书"可能出现在密教鼎盛时期。声音和点有什么关系？我们知道，音节"唵"有四个部分——A，U，M和发音结束后的回响或振动，这种振动被称为点，代表终极实在的未显维度，是显现的振动的来源。

基于此，《仙露点奥义书》区分了"唵"的有声音节修习和无声音节修习，这两种修习被称为唵的可灭方面和不灭方面，后者高于前者。《瑜伽顶奥义书》讨论了声音的若干维度：首先是超越声音的终极实在及其较低的（或显现的）形式（声梵），随后，声音的逐步显现阶段是：

Para（超验的），是"种子"声音或点；

Pashyanti（可见的），是不可闻但可通过瑜伽的内省感知的那个

---

① ［德］格奥尔格·福伊尔施泰因著，闻风、朱彩红、黄祺杰译：《瑜伽之书》，海南出版社，2017年，第291页。

② 转引自［德］格奥尔格·福伊尔施泰因著，闻风、朱彩红、黄祺杰译：《瑜伽之书》，海南出版社，2017年，第292页。

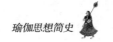

层面的声音；

Madhyama（中等的），可在深度冥想中听到，"如同一声雷鸣"在心中回响；

Vaikhari（刺耳的），是由空气的振动所产生的嗓音。[1]

点奥义书推荐了一些真言，包括盖娅曲和诃萨真言。在《仙露声点奥义书》中，瑜伽六支（制感、冥想、调息、专注、沉思和三摩地）中的调息被定义为一口气念诵盖娅曲三次，这会在意识中引发一种转变，让专注变得越来越强，而这能使瑜伽师在修习专注时沉思真我，让充满欲望的心融入真我。诃萨真言是《诃萨奥义书》的教导核心，该文本建议无法直接沉思真我的人诉诸默念诃萨的技巧，包括有意识地观察呼吸的自发"祈祷"。

《诃萨奥义书》讨论了十种内音："初聆'清尼'，次如'清清尼'，三如铃声，四如螺声，五如弦声，六如钹声，七如管声，八如鼗鼓声，九如大鼓声，十如云雷声。"修习者逐渐通过内音达到梵我合一：

初身"清清尼"，次声身屈曲，三声身欲断，四声头震动。

五声舌生津，六声饮甘露。七声得秘智，八声超言语。

九声身不见，圣慧眼明净。十臻超上梵，梵自我合一。[2]

《声点奥义书》谈到内音可能位于冥想期间的右耳中，通过反复修习，可以变得非常突出，盖过一切外部声音。内音还可以产生其他各种内部声音，类似于海洋、瀑布、定音鼓、铃、长笛等的声音。内音会在修习过程中变得越来越精微，直到心意完全与内音合一，瑜伽师成为肉身脱落的解脱之人。

---

[1] ［德］格奥尔格·福伊尔施泰因著，闻风、朱彩红、黄祺杰译：《瑜伽之书》，海南出版社，2017年，第308页。

[2] 徐梵澄译：《五十奥义书》，中国社会科学出版社，1995年，第918—919页。

2. 光幻觉瑜伽

修行过程中的"神秘经验"可能和声音有关，也常常和光的幻觉有关，那是一种视觉体验。福伊尔施泰因告诉我们：

内光的体验发生在瑜伽师达到灵性成熟点之前，在那时，与超验之光的相遇发生了。对此，唯一可行的反应是舍己。这些称为"光幻觉"的经验可被视为对诸光之光（指终极实在）的伟大经验的彩排。它们可以是极为壮观的内在烟火，尽管它们更经常是对局部化的或有时扩散的无形之光的较为简单的经验……光幻觉的显现只是作为沿途符号才是有意义的。[①]

《曼达拉梵书奥义书》区分了两类光幻觉经验：第一类是感觉范围内的"有形的释放者"，它在于光在双眉之间的空间里（眉间轮）的显现；第二类是"无形的释放者"，它是超验之光本身。该书还谈到了五类光明空间：第一是"深沉的黑暗"，即存在于内部和外部的光明空间，可能对应冥想开始时对"意识空间"的经验；第二是"超越空间"，如时间尽头宇宙毁灭时的大火般明亮；第三是"大空间"，它的光芒无可估量；第四是"太阳空间"；第五是"至上空间"，是遍及一切和不可超越的极乐，其光明不可言喻。这些光明空间是修行过程中的实际经验，不应把它们作为目标本身来追求，而应像《不二陀罗迦奥义书》所说的那样，把它们视为与绝对者合一过程中出现的"征兆"。

终极实在可用内音、内光等非人格的方式经验为"存在-智慧-喜乐"，也可用人格的方式经验为人神关系，这是本书下一章的主题。

[①]　本段和下一段见［德］格奥尔格·福伊尔施泰因著，闻风、朱彩红、黄祺杰译：《瑜伽之书》，海南出版社，2017年，第300页。

第九章
宗派时代的虔信运动与巴克蒂精神

$\bullet\bullet\bullet\bullet\bullet$ —— $\bullet\bullet\bullet$ —— $\bullet\bullet\bullet$ —— $\bullet\bullet\bullet$

  在公元后第二个千年，大约11—17世纪，印度教历史上规模最大的一场改革运动——"虔信运动"（Bhakti Movement，也称为虔信派改革运动）从南至北席卷了整个印度半岛。这是一场什么样的运动？朱明忠在《印度教》一书中总结道：虔信派反对印度教烦琐的祭祀仪式，主张通过对神灵的无限虔诚和信爱（如反复吟唱颂歌、念诵神的名等），就可以获得解脱；虔信运动的参加者包括社会各阶层，如农民、商人、手工业者和服务行业者，主要是广大下层民众和低级种姓者；从改革的内容来看，涉及印度教的教义教规、伦理道德、种姓制度、生活习俗等各个方面——"取而代之是新的神祇、新的宗教态度、新的文化形式和新的生活习俗。经历了这场运动之后，印度教以一种新的面貌出现在世人面前"[①]。

  关于这场运动的渊源，辛加尔（D. P. Singhal）在《印度与世界文明》中说，虔信运动是受伊斯兰教的启迪，还是发展中的印度教思

---

  ① 朱明忠：《印度教》，福建教育出版社，2013年，第86页。

想在中世纪时代的逻辑发展，还存在争议。[①]一方面，虔信运动的领导人的确从伊斯兰教，尤其是苏菲派汲取思想资源。他们和穆斯林一样，更多地宣扬和强调对神的虔诚与爱（如果不是排他性的强调的话），这无疑与强调理性怀疑主义，并以此作为宗教之本质的古代印度教哲学思想形成了鲜明对照。在历史上，伊斯兰教是随着穆斯林入侵者的德里苏丹政权（1206—1526）和莫卧儿王朝（1526—19世纪初）的先后建立进入印度的，它在印度的发展是一个演进的过程，其中，苏菲派对印度教的影响最大。苏菲派反对偶像崇拜和烦琐祭祀、反对种姓歧视，宣扬在神的面前人人平等，这些思想被印度教徒接受，引起了印度教内部的骚动。这种骚动在对神真诚而直接的虔信、在宗教的自由主义中达到顶点。

另一方面，虔信的维度在印度教中并不缺乏。据说，对虔信一词最早的学术用法出现在《白净识者奥义书》中，而在《薄伽梵歌》中，包括虔信之道在内的三条解脱道路得到了强调。但让"巴克蒂"登上印度教的舞台中心的，则是虔信运动。

第一节　古老的五夜派与薄伽梵瑜伽

一、神秘的五夜派

虔信运动让"与神直接交流"的解脱之道或虔信瑜伽成为印度宗派时代的共同特征。福伊尔施泰因认为，宗派时代完成了一个延续两千多年的泛印度"综合"过程，把情感维度纳入到解脱机制当中。至此，人的知、情、意三大心理官能在解脱过程中找到了应有的位置，瑜伽的各个维度得到了开发。

----

① ［印］D. P. 辛加尔著，庄万友等译：《印度与世界文明》（下），商务印书馆，2020年，第225页。

在印度思想史上，五夜派（Pancaratra，潘查茹阿陀）[1]是尝试开启与神的直接交流道路的先驱。根据达斯笈多在《印度哲学史》中的描述，五夜派的学说延续久远且十分古老，与《梨俱吠陀》的《原人歌》有关。在《百道梵书》中，伟大的拿拉央那（Narayana，那罗延）意欲超越其他所有存在者，并与它们合一，他看到了被称为"五夜祭"的祭祀，并利用这种祭祀达成了目的。在后来的文献中，拿拉央那成了至上神，其他所有的神，包括湿婆、梵天、毗湿奴等，皆从属于他。在《摩诃婆罗多》中，拿拉央那被说成是一切之中最伟大的那个。据说，《虔信经》的作者拿拉达（Narada）在异象中见过拿拉央那，后者对他讲述了一番有关创造的启示。

五夜派和吠陀的关系是有争议的，有人说五夜派的文献属于吠陀文献，也有人说二者并非同源。引起争议的一个重要原因是，五夜派的目标和吠陀的目标不同。毗湿奴派的著名导师亚穆纳（Yamuna）认为，五夜派的文本是神为了这样的信徒而创造的：他们无法忍受吠陀文献中描述的烦琐祭仪。同样，福伊尔施泰因明确地把五夜派的兴起归因于反对吠陀宗教的仪式主义。他说，吠陀对神的信仰出现在一个复杂的祭祀宗教背景中，随着时间的推移，吠陀宗教变得越来越世故和苛刻，到梵书时代，要求精确祭祀的仪式主义似乎已经扼杀了虔信的因子，在祭祀活动中，对各种仪式的正确履行和对神的安抚变得比个人对神的虔信更加重要，祭司们更多地被一种职责感，而非一种发自内心的灵性渴求和感恩之情所驱动。在这一背景下，五夜派迎合了那些渴望与神发生个人化的亲密关系的人。他们崇拜婆苏提婆－拿拉央那－毗湿奴，对吠陀众神和正统神学家的非人格的梵不满，无法从婆罗门的祭仪中获得满足，因而他们活跃在古印度社会的边缘。不

---

[1] 本节关于五夜派的叙述主要参考Surendranath Dasgupta, *A History of Indian Philosophy (vol. III)* (Cambridge: Cambridge University Press, 1940), chapter XVI "The Pancaratra", pp. 12–62。

过，达斯笈多认为，五夜派和吠陀之间的这种差异不能证明五夜派和吠陀不同源，也不能证明五夜派的特殊仪式不属于吠陀仪式，并与吠陀仪式相敌对。但事实上，的确有许多学者赞同五夜派文献并非源于吠陀，而是和数论派、瑜伽派的文献一样，是吠陀文献的附加文献。还有学者说五夜派是婆罗门教与民间生殖崇拜习俗相混合而产生的教派。[①]

五夜派文献的主题是圣像崇拜：

五夜派文献的主要话题是指导神庙和神像的建造，描述有关圣像崇拜的各种仪式，以及详细讨论关乎毗湿奴派教徒的职责与宗教修行——比如灌顶、洗礼、保持宗教标记——的仪式。圣像崇拜显然不属于吠陀修行，但有足够的证据表明早在公元前6世纪就流行圣像崇拜。我们很难说明圣像崇拜如何起源，以及源于印度的哪个地方。吠陀群体和圣像崇拜者之间的冲突似乎由来已久，但我们知道甚至在公元前2世纪，薄伽梵崇拜（Bhagavata cult）就十分活跃，不仅流行于印度南部，也流行于印度北部。[②]

从上述引文来看，五夜派隐藏在历史的迷雾中，我们并不清楚它的起源、具体学说和发展史，只能凭借现有文献中的证据去推测它的面貌。在《往世书》和《本集》中，婆罗门教的不同权威在对待五夜派的态度上显得比较极端，我们可以找到强烈的反对者和支持者。比如，《库尔玛往世书》（Kurma purana）说五夜派教徒是罪人，沦为那样的人是因为在前世杀了母牛，还说他们的文献是为了迷惑世人。五夜派遭受谴责的另一原因是接收女性和首陀罗为教徒，为此，《库

---

① 尚会鹏：《印度文化史》（第三版），浙江大学出版社，2016年，第196页。

② Surendranath Dasgupta, *A History of Indian Philosophy (vol. III)* (Cambridge: Cambridge University Press, 1940), pp. 18–19.

尔玛往世书》甚至禁止与五夜派教徒说话，禁止邀请他们参加葬礼。五夜派也有强烈的支持者，见于《摩诃婆罗多》《薄伽梵往世书》《毗湿奴往世书》等文本。《摄量论》（*Pramana-samgraha*）把支持五夜派的《往世书》称为"萨埵性的《往世书》"，并认为支持五夜派的《本集》是这类文献中最好的。

二、五夜派文献中的哲学

五夜派的文献比较庞大，但只有少数著作付梓印刷。福伊尔施泰因似乎把《薄伽梵歌》和《薄伽梵往世书》归入了五夜派文献，并认为这是五夜派所代表的传统亦被称为"薄伽梵主义"（Bhagavatism）的原因。[①]他进一步认为后来的毗湿奴派、湿婆派和性力派所代表的一神论宗教是五夜派发展的结果："主要是由于这一宗教灵性传统（指五夜派）的成功，集中体现为《薄伽梵歌》和《薄伽梵往世书》的大受欢迎，印度教才成了今天的样子：一种由寺庙、圣像和虔诚的崇拜构成的宗教文化。五夜派的传统有时也称为薄伽梵主义，它把虔信的观念与实践引入了觉悟真我这条通常有点枯燥无趣的道路。"[②]但许多学者可能并不赞同他把结论推得这么远，通常，今日印度教的样子被认为是虔信运动的结果，而薄伽梵派被认为是崇拜毗湿奴的另一派别，大约兴盛于4世纪前后。

达斯笈多在收集并研究了五夜派的大量手稿后认为，总的来说，五夜派文献的兴趣在于圣像崇拜，大多数文本充斥着仪式崇拜的细节，在哲学方面无足轻重。在含有哲学思想的少数文本中，最重要的是《阿西布德尼亚本集》（*Ahirbudhnya-samhita*）和《贾亚卡亚本

---

① 福伊尔施泰因说，虽然虔信道路原本和对毗湿奴的崇拜关系最为密切，但虔信一词在学术上被用在了一部献给湿婆的早期经典中，它就是《白净识者奥义书》（6.23）。

② ［德］格奥尔格·福伊尔施泰因著，闻风、朱彩红、黄祺杰译：《瑜伽之书》，海南出版社，2017年，第41页。

集》（*Jayakhya-samhita*），我们在此简单介绍后者的哲学思想。或许值得一提的是，《自在天本集》（*Isvara-samhita*）中有关崇拜的章节散布着一些哲学学说，它们形成了室利毗湿奴派（Srivaisnava）的哲学与宗教之基础。

根据《贾亚卡亚本集》，终极实在（para-tattva）遍在、永恒、自由，是纯意识，但能凭借自身的意志呈现出形式。终极实在居于我们心中，没有三德、没有名字，只有认识它，才能获得拯救。那么，如何认识终极实在？该书说，毗湿奴是我们的目标，但只有通过经典才能接近他，而经典只能由导师来教导，所以，导师是弟子借助经典的教导认识终极实在的首要方法。

接着，《贾亚卡亚本集》讲述了三种创造。第一种创造称为"梵天界"（Brahma-sarga），梵天由毗湿奴创造。该界具有神话色彩，有点像基督教的天使界。第二种创造是数论诸谛的演化，从有三德的本因中演化出了觉等不同的谛。这里的原质诸谛的演化和数论的说法大致相似，但细节上有所不同。原质无知，被作为纯意识的真我（梵）之光照亮，看似有了意识。个体灵魂（jiva）被认为是习气（vasana）和纯意识的结合，这种结合无始有终——为了移除习气，梵散发出某种特殊的力量，这种力量被梵的意志所驱动，在人的小宇宙内部运作，消除业，让个体灵魂的纯意识脱离习气，由此，个体灵魂最终与梵合一。第三种创造为"纯净界"，在此，婆苏提婆生出三个从属者——不破（Acyuta），真实（Satya）和原人（Purusha），三者实质上与婆苏提婆同一，类似于基督教的三位一体。其中，作为"原人"的婆苏提婆充当所有普通神祇的内在控制者，也正是这一形式的婆苏提婆在受到习气束缚的人类内部运作，引导人类走上摆脱束缚之路。婆苏提婆本身是纯粹的喜乐，是众生背后最高的终极实在，是万物的支撑者。

在修行方面，《贾亚卡亚本集》认为，当人借助神的恩典开始明白一切行动及其结果无非是原质三德的活动，他的内在就开始产生灵性追求——追求自己的真实本性，追求烦恼的终结。于是，人开始接近真导师。继而，人为了摆脱无休止的轮回及其痛苦而经受导师给予的各种身体训练，并修习真言，由此，他的心意远离世俗享乐，变得如同秋水或无风之灯一般平静。当纯意识在他心中生起，念头与对象合一，渐渐地，至上知识以及带来"涅槃"的止息在他心中牢牢地确立。这一终极境界不可言喻，无法被逻辑或感官捕捉，只能被觉悟，并用象征的方式谈论。

可以看到，《贾亚卡亚本集》的哲学和《薄伽梵歌》一样，综合了数论、瑜伽、吠檀多和虔信的思想。

三、五夜派文献中的瑜伽

《贾亚卡亚本集》把虔信者称为瑜伽师，并认为有两条达成终极目标的道路：一是通过三摩地，二是通过真言修习，而且后者比前者更有效。在对瑜伽的描述中，该书认为瑜伽师必须是绝对控制感官的人，并对众生没有丝毫厌恶或抵触。他十分谦卑，在僻静之地独坐，为了控制心意而修习调息。这里说的"调息"包括三个过程：制感、专注和冥想。瑜伽也有三种——prakrta，paurusa和aisvarya，但含义并不明晰，有可能是对本因或原人的冥想，或者是对悉地的培养。《贾亚卡亚本集》中谈论了四种体式：Paryamka，Kamala，Bhadra和Svastika。瑜伽的主要目标被认为是控制心意，分为两种：控制由环境引起的心意倾向，以及控制心意本有的倾向。只有增加心意中的萨埵，心意才能得到控制，专注于某个客体。

《贾亚卡亚本集》在另一处把瑜伽分为三种：sakala，niskala和Visnu（或sabda，vyoma和sa-vigraha）。修习第一种瑜伽的瑜伽师让心意专注于神的粗糙形象。渐渐地，在掌握这种专注之后，他开始专注于一个光圈的概念，然后是豌豆大小的光圈，接着是马毛粗细的光圈，再是人的头发粗细的光圈，随后是人的汗毛这么细的光圈。这种修习达到圆满的结果是梵穴（brahma-randhra）的通道向他敞开。在第二种瑜伽中，瑜伽师冥想终极实在，结果是他作为"梵"的真实本性被揭示。第三种瑜伽在于冥想真言，结果同样是觉悟终极实在。瑜伽修习过程的终点是瑜伽师经由梵穴的通道离开身体，与终极实在"婆苏提婆"合一。

《毗湿奴往世书》描述了"薄伽梵瑜伽"，其主要由一个身体控制兼道德控制体系构成，包括控制贪婪、愤怒等激情，养成在僻静之地冥想的习惯，发展出一种信靠神的精神，以及自我批评。通过这些修行，心意变得纯净，不再追逐世俗之物，并在理智上和道德上明白不净不善之物和纯净良善之物的分别，此时，虔信便产生了。通过虔信，人获得自我满足，忠于最高目标，最终获得真知。《毗湿奴往世书》还介绍了调息的过程，并在此过程中讲述了各种冥想方法。调息的目标是与神最终合一，那是解脱的状态。该书对虔信持有的观点表明，虔信一词仅在"倾向于崇拜"这一简单的意义上使用，而让崇拜结出果实的方法则是瑜伽。由此可见，所谓的薄伽梵虔信派受到了瑜伽体系的巨大影响，虔信者也被要求是瑜伽师，因为虔信本身并非获得拯救的充分手段。

《帕拉玛本集》（*Parama-samhita*）第十章以梵天和帕拉玛之间的对话描述了瑜伽修习过程。该书说，通过瑜伽修习获得的知识胜过其他任何种类的知识。这里的"瑜伽"意味着心意与任何特定客体的平静联结，所以，当心意牢牢地专注于行动时，就称为"行动瑜伽"，当心意稳定地专注于知识时，就称为"智慧瑜伽"，而以这两种方式依靠毗湿奴的人最终获得与毗湿奴的至上联结。当行动离开瑜伽智慧，几乎不能带来渴望的结果。行动瑜伽和智慧瑜伽一方面指禁制与劝制的道德规训，另一方面指弃绝与三摩地。我们知道，在《薄伽梵歌》中，行动瑜伽指履行经典规定的种姓职责而不渴望任何行动结果，但在此，行动瑜伽指禁制和劝制，包括誓戒、禁食、布施，很有可能还包括各种自制的美德。弃绝指这样的智慧：让感官停止追逐各自的客体。三摩地指这样的智慧：让心意稳定地专注于至上主毗湿奴。当感官通过弃绝得到控制，心意不得不稳定地专注于至上主，这称为"瑜伽"。通过不间断地修习，随着弃绝变得稳定，习气或者本能和欲望就会逐渐消退。

《帕拉玛本集》还提出了修习瑜伽的条件。瑜伽师不应诉诸激烈的方式，而应缓慢地、温和地进行自我控制，以便借助一个长期的过程让心意完全受控。在食物和其他必需品方面，瑜伽师应注意卫生，以保持身体健康。他应选择一个僻静之处修习瑜伽，远离各种分心。瑜伽师无论如何也不应沉溺于任何让身体痛苦的修习。他应进一步认为他依赖于神，出生、活着和死亡并不属于他。由此，纯净的虔信将在他的心中生起。此外，他还应训练自己思考尚未享受过的诱人经验的害处，从而打消对这种经验的依附。

《阿西布德尼亚本集》中提到了各种体式，认为它们对瑜伽师的健康有益，但除非瑜伽师转向瑜伽的灵性方面，否则体式没有进一步的用处。瑜伽被定义为低级灵魂与高级灵魂的合一。该书还谈论了脉的净化，以及瑜伽八支——禁制、劝制、体式、调息、制感、专注、冥想、三摩地，但在对每一支的解释上和帕坦伽利不同。这说明作者熟悉帕坦伽利瑜伽，在他看来，数论之道只能使人间接地认识神，而瑜伽派和吠檀多的道路能让人直接觉悟神。

第二节　阿尔瓦尔的甜蜜之爱

五夜派的圣像崇拜表明，巴克蒂精神在印度传统中有着悠久的历史。到公元后第一个千年后半叶，巴克蒂的精神之火在南印度的阿尔瓦尔派（Alvars）和那衍纳尔派（Nayanars）中燃烧。朱明忠将此二派视为虔信运动的思想源头，他说：

6—7世纪，南方的印度教非常活跃，涌现出许多新的思想流派和学说。当时，在泰米尔地区出现了两个由印度教游方僧诗人组成的派别，开始鼓吹虔信思想。一派名为"阿尔瓦尔派"，信奉毗湿奴大神；另一派名为"那衍纳尔派"，崇拜湿婆大神。两派的成员大多是印度教的行吟游方僧，所谓"行吟"，就是一边走一边唱（唱诗歌、唱故事），这些人都是最虔诚的信徒，离家四处流浪，宣传宗教思想。他们主张，印度教徒不必举行繁琐的祭祀仪式，也不必学习高深莫测的宗教经典，只要从内心里对神虔诚崇拜，就可获得解脱。他们把这种思想用泰米尔语编成诗歌，配成曲调，到处吟唱；在庙会上，还通过各种文艺形式，进行表演，所以虔信的思想在民众中影响很大。这种对神虔诚崇拜的主张，就是后来兴起的虔信派改革运动的思想源头。[1]

　　阿尔瓦尔是南印度的毗湿奴派圣人，共有12位。[2]传统把最早的阿尔瓦尔归于公元前4203年，最晚的归于公元前2706年，但现代研究者认为他们活跃的年代不早于公元后7世纪或8世纪（也有说在6—7世纪），而8世纪正是毗湿奴派运动和商羯罗的不二论运动展开的时期。阿尔瓦尔们出生在马德拉斯的不同地区，属于不同的种姓，包括婆罗门、刹帝利、首陀罗等。关于他们的传统描述来源于不同的"师徒传系"著作，此外，还有描述单个阿尔瓦尔的专著，阿尔瓦尔的作品集，以及散布在马德拉斯的铭文碑刻上的证言。

　　"阿尔瓦尔"的意思是对神有深刻的直觉知识，并沉浸于冥想神的人。最受欢迎的阿尔瓦尔是纳玛尔瓦尔（Namm-arvar），约

---

①　朱明忠：《印度教》，福建教育出版社，2013年，第78页。

②　其中最早的4位是Saroyogin（即Poygaiy-arvar），Putayogin（即Bhutatt-arvar），Mahadyogin（即Pey-arvar）和Bhaktisara（即Tiru-marisai Piran），中间的5位是Sathakopa（即Namm-arvar），Madhura-kaviy-arvar，Kula-sekhara Perumal，Visnucittan（即Periy-arvar）和Goda（Andal），最后3位是Bhaktanghrirenu（即Tondar-adi-podiy-arvar），Yogivaha（即Tiru-pan-arvar）和Parakala（即Tiru-mangaiy-arvar）。

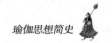

翰·鲍克（John Bowker）在《神之简史：人类对终极真理的探寻》中讲述了他的故事：

> 大约在8世纪，一个名叫马兰（Maran）的小男孩儿出生在南印度的提鲁库鲁尔。有关的故事说，他的父母看到他身上有些不寻常的东西，就把他领到当地的神庙里，奉献给毗湿奴大神。这个孩子被安置在寺庙庭院里的一棵罗望子树下（罗望子树为毗湿奴的坐骑大蛇"舍沙"的化身），他在这里保持冥想和出神状态，一直持续了16年。当马杜拉卡维（Madurakavi，后来成为他的弟子）向他提出问题时，他才被唤醒。马杜拉卡维的问题是"一个幼小的东西出生在无生命的事物中间，他吃什么，躺在什么地方呢？"马兰回答说："他吃这些无生命的东西，也躺在它们之上。"
>
> 从那一刻起，马兰醒了，并开始创作诗歌，他的诗歌后来变成了"泰米尔吠陀"。①

纳玛尔瓦尔的主要理想是通过人与神（purusottama）的联结来征服所谓的"人性"（manhood），他把自己想象成女子，渴望并全然依赖她的爱人——神。这种渴望使他在一朵蓝莲花中见到神，在所有地点见到神：

> 所有地点宛如巨大的莲池，
> 在辽阔的青山上熠熠生辉。
> 于我而言，这莲池不过是
> 他美丽的眼。大地之主啊，
> 咆哮的海洋是他的白腰带。

---

① ［英］约翰·鲍克著，高师宁等译：《神之简史：人类对终极真理的探寻》，生活·读书·新知三联书店，2007年，第98页。

这黑皮肤的主，天界之主，
亦是众多良善灵魂的主人。
他是我的主，他是我的主！①

类似地，库拉塞卡拉（Kula-sekhara）写道：

我和这个世界并不亲近，
它把非真的生活当作真。
"唯有你燃烧我的激情！"
我哭喊着，"我只渴望你！"

我和这个世界并不亲近，
尽管纤腰女孩随处可见。
但我怀着爱与欢乐渴望
那唯一的主，我哭喊着：
"我只渴望你，我的主！"

另一位阿尔瓦尔毗湿奴其坦（Visnucittan）把自己想象成克里希那的养母雅首达（Yasoda），并描述了婴儿克里希那躺在地上，呼唤天上月亮的情景：

他在地上翻滚，弄得额头的宝石晃来晃去，腰带叮铃作响。哦，满月啊，看着我儿哥文达的游戏，假如你有眼睛，就隐身于云中吧！
我的爱子，甘露一般珍贵，乃是我的福分。他在呼唤你，用他的小手指着你！哦，满月啊，假如你想和这黑皮肤的小婴儿游戏，就不

---

① 此处和下面的四首颂歌转引自Surendranath Dasgupta, *A History of Indian Philosophy (vol.III)* (Cambridge : Cambridge University Press, 1952) , pp. 75-79。

要藏身云中，高高兴兴地露脸吧！

哥文达阿查亚（Govindacharyar）在描述纳玛尔瓦尔等人的虔信之基本特征时说，在纳玛尔瓦尔看来，当一个人被巴克蒂的狂喜征服，并臣服于神时，就很容易获得真理。纳玛尔瓦尔认为神的恩典是确保拯救的唯一方法。我们无须付出努力，只要臣服于神，而神在不断地尝试让我们爱他：

> 只要听到喜乐之神的名字，
> 我的双眼便立刻充满泪水。
> 我自问："这是怎么了？"
> 多么令人惊奇啊！
> 圆满者选择了我，
> 日夜与我亲密结合，
> 而从不让我"孤单"。

在他的诗中，甚至连神的自由都受到了慈悲的束缚："哦，慈悲，你剥夺了神的公正意志之自由。我安全地躲在慈悲之翼下，神的意志再也不能将他自己和我分开，因为如果他那样做，我还将呼喊。我是胜者，因为除非他否定自己的慈悲，才能获得意志之自由。"纳玛尔瓦尔用泰米尔术语来表达这种人神之爱——Tuvalil或Ninru kumirume，意思是一股不断旋转的爱之情感，就像钻头，越钻越深，绝不散去。这种爱是沉默的，因为它不可名状：

> 她日夜不休不眠，
> 眼里充满了泪水。
> 莲花般的双眼啊！
> 她哭泣、她震颤：
> "啊！我怎能忍受

没有你。”她心灵悸动，
感到整个世界都是神。

我们应该把这些诗歌理解为本质上是一种信仰的语言，而非思辨的语言。

阿尔瓦尔常常将他们对神的爱描述为三个阶段：忆念、出神和唤醒。“忆念”指思念神在过去赐给灵魂的所有狂喜。“出神”指忆念时感受到的晕眩与忧伤，意识到那种狂喜现在不复存在。“唤醒”是出神状态中的突然清醒，具有一种谵妄性，可能由于快速进入昏迷（death-coma）而致死。

达斯笈多指出，阿尔瓦尔的虔信诗歌表明他们对传说中克里希那的生活了如指掌。他们内心对神怀有的情感主要有以下几种类型：父母之爱（就像母亲对儿子的爱），伙伴之爱，仆人对主人的爱，儿子对父亲或创造者的

图46　克里希那与拉达

爱，以及女子对情人的爱。在一些阿尔瓦尔那里，最后一种“情人之爱”最为重要，他们的灵性经验显示出对神兼爱人的强烈渴望。在他们的爱之表述中，我们可以追溯高迪亚派所强调的情色渴望的大多数病理症状。不过，阿尔瓦尔主要强调的是神超然的美与魅力，以及扮演拉达（克里希那的女性爱人角色）的虔信者怀有的热烈渴望。在纳玛尔瓦尔那里，这种热烈渴望有时以相思病的病理症状来表达，比如派人传信，整夜盼神来临，或者被神拥抱的销魂之乐。他也描述了神

为其爱人阿尔瓦尔的美与魅力而着迷，并给予爱的回报。在表述中，他大量引入克里希那生活中的人物角色和光辉片段。他还描述了至高的狂喜状态，此间，他进入半昏迷或完全昏迷，间或醒来，陷入渴望之中。

对于阿尔瓦尔，解脱意味着迷失的灵魂找到神，而非脱离轮回之苦。神的恩典被认为是自发的，不依赖于虔信者的任何努力或功德。人所要做的就是忆念神，不是为了报酬，而是纯粹为了神。

啊，我的神，你的辉煌无限，
我在你的恩泽中成长并死去，
请不要改变这个，我恳求你！
我不愿脱离再生，
我也不想成为你在天堂中的仆人，
我唯一希望的，
就是永远不要忘记你。①

第三节 那衍纳尔的谦卑之爱

据约翰·鲍克说，6至8世纪，一些行吟游方僧漫游南印度，参拜各地供奉湿婆的神庙和神龛。在参拜时，他们也鼓励别人和他们一起吟唱他们用泰米尔语创作的各种赞美和崇敬神的颂歌。在这些行吟游方僧中，最重要的三位是卡姆潘塔尔（Campantar）、阿帕尔（Appar）和坎塔拉尔（Cuntarar），被尊称为"最早三圣贤"。后来，9世纪的曼尼卡瓦萨卡（Manikkavacakar）加入进来，形成了"四圣贤"。四圣贤及其追随者共63人，被称为"那衍纳尔派"，该

---

① ［英］约翰·鲍克著，高师宁等译：《神之简史：人类对终极真理的探寻》，生活·读书·新知三联书店，2007年，第99页。

词的意思是"领袖"。①

关于那衍纳尔派，福伊尔施泰因的说法有所不同。他认为那衍纳尔派生活在6至10世纪期间，有33位。他们的圣洁和灵性英雄主义至今仍在特定的节日受到人们的纪念，而他们的传奇人生故事保存在11世纪塞其拉（Cekkilar）的《佩里亚往世书》（*Peria-Puranam*）中。该书描述的那衍纳尔的形象和阿尔瓦尔十分接近：崇拜神圣的主，只求成为虔信者，永远全神贯注地冥想主。关于"四圣贤"，福伊尔施泰因列举的名字是阿帕尔、桑班达（Sambandhar）、桑达拉（Sundarar）和曼尼卡瓦萨卡。②

尽管那衍纳尔派在不同作者的描述中并不一致，但他们对湿婆的虔信却是一致的。鲍克告诉我们，"最早三圣贤"的796首颂诗汇集成七本诗集，名为《神圣的传统》，它们就像阿尔瓦尔派的颂诗一样，被尊崇为"泰米尔吠陀"。这些颂诗是湿婆崇拜的基础，受到湿婆派中的不同支派的高度评价，也受到了毗湿奴派的好评。

传说"最早三圣贤"共参拜了274座神庙，他们把参拜神庙的仪式和密教仪式都视为个人表达虔信的方式。在造像中，阿帕尔的典型形象是手里拿着一把农夫的锄头，正在清除神庙周围的杂草和灌木，据说这象征着他渴望打开通往湿婆的道路：

> 我们一起来敬拜吧！
> 将芬芳的鲜花洒在神的面前，
> 神的腰间环绕着一条
> 戴头巾的蛇。一起来敬拜吧！
> 从来不到湿婆庙里走走的人，

① 参见［英］约翰·鲍克著，高师宁等译：《神之简史：人类对终极真理的探寻》，生活·读书·新知三联书店，2007年，第110页。

② 参见［德］格奥尔格·福伊尔施泰因著，闻风、朱彩红、黄祺杰译：《瑜伽之书》，海南出版社，2017年，第260页。

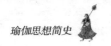

他的身体有何用处？

敬拜仪式上向神献花了没有？

人的身体有何价值？ ①

据说阿帕尔生活在7世纪，原本出生于耆那教世家，后来改信了湿婆。根据一个动人的故事：

阿帕尔把自己视为湿婆的谦卑仆人，他摒弃常规的宗教活动，比如苦行或研习经典，而是教导对湿婆深刻的爱足以实现自由和长久的幸福。他的启示在他生活过的耆那教团体中引起了巨大的敌意。据说他被带到甘吉布勒姆的耆那教统治者古纳巴拉面前，这位统治者要求他宣布放弃新信仰，被他拒绝了。于是，古纳巴拉将他扔进一个石灰窑里，但这名圣人借助不断地念诵真言活了下来。即使毒药、疯象和溺水都不能终结他的生命，最终，古纳巴拉因羞愧而认输，成为阿帕尔的弟子。②

那衍纳尔献给湿婆的颂诗如同祭祀中的花环，也是供品的一部分：

鲜花可以制成装饰品，

金子也可制成装饰品；

但是，我们在阿鲁尔的神，

渴望得到这样一件装饰品

——一颗质朴的心，

① ［英］约翰·鲍克著，高师宁等译：《神之简史：人类对终极真理的探寻》，生活·读书·新知三联书店，2007年，第110页。

② ［德］格奥尔格·福伊尔施泰因著，闻风、朱彩红、黄祺杰译：《瑜伽之书》，海南出版社，2017年，第260页。

就让我们以泰米尔颂诗

为装饰品，奉献给他吧！①

除了充当供品，这些颂诗和神庙中的神像一样，能够帮助虔信者直接看到湿婆，或者冥想湿婆——"听到这些颂诗，他们的心儿都化了"。这说明那衍纳尔的颂诗是个体虔信者与湿婆之间的爱的直接表达，灵活而热烈，不同于套路化的仪式颂诗。

湿婆不是遥不可及的国王，

他来到我们中间，

用不同的韵律吟唱颂歌，

并全力引领我们。

他把眼睛里的箭射向我们，

说着激起我们情感的话语，

巧妙地诱惑我们，

使我们爱上了他。

这头戴骷髅的神，

骑着敏捷的公牛，

穿着兽皮，周身

涂着白灰，戴着圣线。

快来呀，来看这位大神！

当他在众人面前现身，

这位阿马图尔的国王

---

① 这首和下一首颂诗见［英］约翰·鲍克著，高师宁等译：《神之简史：人类对终极真理的探寻》，生活·读书·新知三联书店，2007年，第111页。引文略有改动。

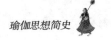

的确是个漂亮的男子。

爱是感情的回归，我的心
已被这位漂亮的大神融化，
从他的头发上流淌下恒河……
他比成熟的水果和甘蔗还要甜蜜，
比头戴鲜花的可爱女子还要甜蜜，
比统治辽阔领土的人儿还要甜蜜。
对于能够看见他的人，
他就是伊塔伊马鲁图之王。

曼尼卡瓦萨卡献给湿婆的颂诗更加狂热，表达了无法自拔的狂喜之情。即便不是虔信者，也能感受到他的情感之力度：

当不朽的爱融化我的骨骼，
我哭了。
我一再地呐喊，
声音盖过汹涌海洋的浪涛。
我变得混乱，
我跌倒，
我翻滚，
我哀号——
狂迷如疯子，
沉醉似醉汉。
那些听到的人啊，
感到困惑，
感到诧异。
我无法控制自己，

疯狂得如同一头

无法驾驭的发情大象。[①]

　　这种"疯狂的爱"非亲身经验很难理解，它也出现在亚伯拉罕献祭儿子以撒的《圣经》故事中。当然，那衍纳尔的故事中也不乏"爱的献祭"，比如，坎那帕尔的故事令人印象深刻：

　　坎那帕尔是个低种姓的猎人，因此他向湿婆大神奉献供品时，并不完全符合祭仪的规则。相反，他把（仪式上禁止的）野花和碎肉——任何能够找到的东西当作供品。有一天，看管神庙的婆罗门突然震惊地发现湿婆神像的面容被污染了，按他的看法，神像肯定是被坎那帕尔送来的东西给玷污了。这位婆罗门马上清洗了神像，并举行了正规的仪式。然而，就在当天夜里，湿婆大神出现在这位婆罗门的梦中，并对他说：

　　"那件使你担忧的事情，对我来说，却是十分珍贵的。那个做这件事的人是个森林里的粗人，他不知道吠陀和湿婆派的经典，也不了解祭祀仪式。但是，他不考虑自己，只想着他所做的事的目的和意义。他粗壮而笨拙的身体充满着对我的爱，他唯一的知识就是对我的认识。他奉献的食物在你看来可能是污染，但却是一种纯粹的爱。他对我的敬爱是完完全全的。明天，我将让你看到这种爱的证据。来吧，明天来看！"

　　第二天，婆罗门来到庙里，看到坎那帕尔也来了。这时，湿婆让自己神像的右眼滴出鲜血，坎那帕尔毫不犹豫地拔出箭来，用箭挖出自己的右眼，将它放到神像的右眼上，神像眼睛的鲜血马上止住了。这还不足以证明坎那帕尔对神的忠诚吗？湿婆接着让神像的左眼也流

---

　　① ［德］格奥尔格·福伊尔施泰因著，闻风、朱彩红、黄祺杰译：《瑜伽之书》，海南出版社，2017年，第261—262页。

出鲜血来，坎那帕尔也准备再一次做同样的事情——此时，湿婆阻止了坎那帕尔，因为这位婆罗门现在已经明白什么是真正对神忠诚。[①]

那衍纳尔与湿婆的关系和阿尔瓦尔与毗湿奴的关系一样，有着不同的类型。如果说阿帕尔对湿婆的爱是仆人对主人的爱，此为那衍纳尔的主流情感，那么桑达拉对湿婆的爱则是另一种类型：

桑达拉生活在8世纪早期，他的颂诗的基调明显不同于前辈们和同伴们，因为自认为不是湿婆的仆人，而是湿婆的朋友。由于在颂诗中将湿婆置于无比亲密的位置，他被称为"无耻之徒"。他在颂诗中称湿婆是个疯子，大肆取笑湿婆的奇装异服。他甚至敢于向湿婆的神圣配偶帕尔瓦蒂女神求婚，全善的湿婆同意了这位厚颜的信徒。

后来，桑达拉爱上了一位给寺庙制作花环的名叫桑吉利的漂亮女孩，请求湿婆达成他们的婚姻。这个请求得到了准许，但有个条件：女孩自己规定桑达拉绝不离开她。在与桑吉利结婚几年之后，古怪的桑达拉又渴望和首任妻子帕尔瓦蒂复合。由于打破了誓言，他立刻失明了。于是，他辗转各个寺庙，斥责湿婆用失明来惩罚他。他责骂湿婆剥夺他的视力，自己却有三只眼睛。湿婆同情这个任性的信徒，恢复了他一只眼睛的视力。但桑达拉继续为他的命运伤心，并为自己的不幸而责备湿婆，最终，湿婆甚至治好了他的另一只眼睛。[②]

达斯笈多认为，如果说阿尔瓦尔表明了对神的爱如何能够基于温柔的平等关系，而软化为夫妻之爱的狂喜情感，那么那衍纳尔代表的南部湿婆派（也叫圣典派）主要强调的是神的威严与伟大，以及对神

---

① ［英］约翰·鲍克著，高师宁等译：《神之简史：人类对终极真理的探寻》，生活·读书·新知三联书店，2007年，第112—113页。

② ［德］格奥尔格·福伊尔施泰因著，闻风、朱彩红、黄祺杰译：《瑜伽之书》，海南出版社，2017年，第261页。

的臣服之情。尽管对神的臣服和依赖也占据着阿尔瓦尔的心，但在他们那里融化为甜蜜的激情之爱，而那衍纳尔心中的虔信之火则更多地体现为谦恭服务的精神。福伊尔施泰因认同这种观点，他说，南部湿婆派的圣人是内心的苦行者，在思想上摒弃一切，成为湿婆谦卑的仆人，他们通过自己的爱和谦卑使整个文化变得高贵。

> 我难道不是你的仆人吗？
> 我难道没有祈祷你让我成为你的仆人吗？
> 你的所有仆人都已接近你的足，
> 愿我不用放弃这具有罪的肉身，
> 得以与你面对面，主啊——
> 我害怕不知如何见到你的容颜。[①]

那衍纳尔派和阿尔瓦尔派都将虔信放在最高位置，乃至认为虔信是解脱的唯一要件，所以朱明忠说，这两派都主张不必举行烦琐的祭祀仪式，也无须学习高深玄妙的哲理，只要有一颗虔诚的心，念念不忘对神的热爱，就能得到神的恩典，获得解脱。这两派的主张在后来的虔信运动中发扬光大。

第四节　虔信瑜伽师罗摩奴阇

如前所述，早在公元前，五夜派就点亮了巴克蒂的精神之火，在公元后第一个千年，阿尔瓦尔和那衍纳尔的虔信颂诗让巴克蒂之火燃烧，到了公元后第二个千年，罗摩奴阇的思想使得虔信作为一场运动兴起，巴克蒂之火终成燎原之势，烧遍整个印度。

---

① Surendranath Dasgupta, *A History of Indian Philosophy (vol. III)* (Cambridge: Cambridge University Press, 1952) , p. 84.

一、罗摩奴阇

有关罗摩奴阇的生卒年，达斯笈多和木村泰贤说他生于1017年，活了120岁，但也有学者认为是1077—1137年。[①]罗摩奴阇出生于南印度马德拉斯附近的斯利佩鲁姆普杜尔，其父名为阿修利克夏瓦（Asuri Kesava或Kesava Yajvan），属婆罗门种姓，是一名医师，其母名为坎提玛蒂（Kantimati），是毗湿奴派导师和制限不二论者亚穆纳的弟子摩诃普尔那（Mahapurna）的妹妹。父亲是罗摩奴阇的启蒙老师，教幼小的儿子学习梵文和多拉威达语的《吠陀》。父逝之后，他随母搬迁，成为舅舅摩诃普尔那的弟子，此前曾师从商羯罗派学者耶陀婆般迦叶（Yadavaprakasa）。罗摩奴阇无疑是个优秀的学习者和专注的研究者，据孙晶的描述，"他刻苦学习《奥义书》以及史诗《罗摩衍那》和《摩诃婆罗多》，又接受了诸种传承；他又是室利兰伽地方著名的制限不二论者亚穆纳的同道，亚穆纳在临终时立下遗嘱，指定他为继承者"[②]，木村泰贤也提到，"（罗摩奴阇）经过种种苦学，终于确定诸《奥义书》、诸传承教、《往世书》、史诗、怛特罗教等之根底皆应一致，因此对商羯罗之主义产生不满。他曾经结过婚，由于挂虑拖累其宣扬宗教，故不久之后，出家并进入第四期之云游期（或遁世期），为人为神尽其力"[③]。阿尔瓦尔对罗摩奴阇有着显著的影响。

罗摩奴阇不单单是思想家，更是活动的宗教家。他创立了"室利毗湿奴派"，一个贯彻他的博爱宽容精神的宗教改革派别，接受妇人

① 有关罗摩奴阇的生卒年的讨论，参见孙晶：《印度吠檀多哲学史》（上卷），中国社会科学出版社，2013年，第305页。

② 孙晶：《印度吠檀多哲学史》（上卷），中国社会科学出版社，2013年，第305页。

③ ［日］木村泰贤著，释依观译：《梵我思辨》，台湾商务印书馆，2016年，第357页。

和首陀罗为教徒，因而教团逐渐兴盛，尤其在印度南方"占有相当势力"。据说罗摩奴阇去世时，"四民哀悼"。

木村泰贤将罗摩奴阇的学统追溯到五夜派。前面说过，五夜派认为梵即人格神毗湿奴，并以毗湿奴的别名拿拉央那或婆苏提婆为终极实在，另外吸收数论派和瑜伽派的思想，形成了一个综合的思想传统。薄伽梵派即是在此基础上发展起来的，与五夜派一脉相承。木村泰贤概括道："此派系以信仰主义为中心，广含诸家思想。"以这个传统为根基的罗摩奴阇的思想也具有综合特色，总的来说，他综合了虔信派、吠檀多、数论派和瑜伽派的思想。他的代表作有《吉祥注》（对《梵经》的注释）、《薄伽梵歌注》、《吠陀旨要》、《吠檀多明灯》等。

二、宇宙的创造

关于罗摩奴阇的宇宙论，"一言以蔽之，罗摩奴阇是以有神论的方式组织数论"[①]。我们知道，数论是二元论的学说，整个存在最终被还原为原质和原人，唯一的原质是宇宙的质料和演化的本因，众多的原人是如如不动的纯意识。原人与原质结合导致原质三德失衡，开始了宇宙的演化。有情众生乃是原人与原质的和合之物，解脱意味着原人与原质分离，复归独存状态。罗摩奴阇在原质和原人之上增加了"梵"，用来统摄二者。由此，万有之本体是唯一的梵——毗湿奴，具有无量之力用与妙德。原人和原质乃是梵的身体或样式。由于梵是实有，因而原质和原人也是实有，也就是说，世界和有情都是实有。可见，罗摩奴阇反对商羯罗的"摩耶论"以及上梵与下梵的区分。

在印度思想中，宇宙的创造与消融是以循环时间观为背景的，罗摩奴阇继承了这一传统观点。在宇宙消融的阶段，作为梵之身体的原

---

①　[日]木村泰贤著，释依观译：《梵我思辨》，台湾商务印书馆，2016年，第364页。这一部分接下来的内容也以此书的论述为重要参照。

人和原质依据"因中有果论"的逻辑潜在于梵中，与梵毫无分别，套用木村泰贤的说法，"此时无名无色，无一切差别相，只有本体之一神"——此为罗摩奴阇所称的"梵之因态"。在宇宙创造之初，"此梵（或毗湿奴神）依自我之意志力开展自身时，作为神之身体的原质成为现实之世界以及有情之身体；作为神之身体的原人成为有情之灵魂；梵本身种种权现，分身成为世界及有情之内在支配者"①。也就是说，梵以三个面相创造宇宙：

作为梵之部分身体的原质演化成为世界和众生的身体；

作为梵之另一部分身体的原人成为众生的灵魂；

梵本身分身成为世界和众生的内在控制者。

罗摩奴阇把宇宙创造的阶段称为"梵之果态"。我们用下图简略地展示罗摩奴阇的宇宙论：

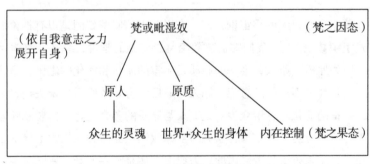

图47　罗摩奴阇的宇宙论

关于梵从因态移至果态的原因，罗摩奴阇说，"神一方面对于个人精神（原人）所具有的前劫之业给予赏罚，另一方面依无限慈悲给予个我解脱的机会，亦即调和劫灭说、业论与神慈悲说"②。

① ［日］木村泰贤著，释依观译：《梵我思辨》，台湾商务印书馆，2016年，第364页。

② ［日］木村泰贤著，释依观译：《梵我思辨》，台湾商务印书馆，2016年，第364页。

为什么罗摩奴阇的思想被称为"制限不二论"？他在《吉祥注》
中说：

永远包含在梵之中的样式只有两类：有情与非有情。[①]

对此，孙晶分析道：梵中包含着物质的世界（"非有情"）和非
物质的个体灵魂（"有情"），这使得梵与二者的关系成了全体与部
分的关系；以这种逻辑来看梵与个我的关系，实际上就是把梵看作被
限定者，这是"制限不二论"的核心观点。

三、神是什么

罗摩奴阇对神的论述丰富而复杂。在梵之因态，即宇宙消融阶
段，神是唯一，具有无量妙德。在梵之果态，为了支配世界和众生，
以及拯救众生，神化现各种相，木村泰贤将它们概括为以下五相：

精微相。神作为梵或婆苏提婆而维持其本体，是创造、支配和消
融万有的终极实在。

内在控制者。作为世界之精神，支配世界；就个人而言，作为内
藏之阿特曼，支配各个有情。

四分身。这是利用五夜派的教导而提出的，五夜派依据克里希那
的传说，立克里希那为婆苏提婆，此婆苏提婆与克里希那的兄弟商卡
夏那（Samkarsana）、儿子普拉迪亚姆纳（Pradyamna）和外甥阿尼
鲁达（Aniruddha）为毗湿奴的四个分身。

权现或力量的显现（Vibhava）。神权现于世间拯救众生，《摩
诃婆罗多》中的克里希那和《罗摩衍那》中的罗摩就是神的权现。

偶像。安置于殿堂或寺庙的木像、石像之类，因众生崇拜，神让

---

①　转引自孙晶：《印度吠檀多哲学史》（上卷），中国社会科学出版社，
2013年，第313页。

它们显灵。①

可见，罗摩奴阇的思想之包容性也体现在他对神的看法上，可谓"从哲学的原理乃至俗信皆摄取于一神之下"，既能迎合学者，又能迎合大众，体现出他既是思想家又是宗教活动家的双重身份。

四、因虔信得解脱

前面谈到，罗摩奴阇的宇宙论综合了虔信派和数论派的理论。数论派的解脱需要生起分辨智，让原人与原质分离，而对于罗摩奴阇，因为梵或毗湿奴是终极实在，所以解脱意味着复归于梵。梵和原人是什么关系？前面说过，原人是"梵的身体（或样式）"，这意味着原人不等于梵，因为原人没有创造和支配世界的力量，但原人是梵的一部分，本具有梵性。那么，原人如何陷入了轮回之境？数论说是因为原人与原质的结合，罗摩奴阇说是因为无明，即原人因业而陷入生死轮转。如何消除业？数论说要依靠分辨智达到自我觉悟，罗摩奴阇则说要依靠虔信，正如《薄伽梵歌》（11.53，11.54）所言：

甚至通过研习吠陀、苦行、布施或祭祀，也无法看见你刚才看见的我的这一四臂形象。阿周那啊，只有通过始终不渝的虔信，才能看见我的这一形象，才能认识我的本质，才能抵达我。②

无论是在《薄伽梵歌》还是在阿尔瓦尔和那衍纳尔的颂诗中，虔信都意味着虔信者与神的相互吸引、相互靠近：一是虔信者对神的爱，一是神对虔信者的恩典。罗摩奴阇继承了这一思路，不过他指出，虔信之根本并不像传统的婆罗门教认为的那样，在于人崇拜神的

① 以上五相见［日］木村泰贤著，释依观译：《梵我思辨》，台湾商务印书馆，2016年，第365页。
② ［印］毗耶婆著，［美］罗摩南达·普拉萨德英译并注释，王志成、灵海汉译：《薄伽梵歌》，四川人民出版社，2015年，第233—234页。

各种努力，而是在于神这一方："神在本质上就有一种慈悲博爱之心，一种想把人从苦难中拯救出来的愿望。换言之，神愿意接近人，接受人的崇拜，并根据人崇拜的程度而赐予人各种恩典，使人获得欢乐和幸福。正因为神具有这种愿望，人才能接近神、崇拜神。"①

罗摩奴阇说的虔信不仅是情感，而且是智慧。孙晶认为，罗摩奴阇的虔信思想可分为两个层次：

> 首先，虔信区别于一般的信仰崇拜。虔信实际上不单单是对神的情感，而且是对神的高层次的认知，或者叫做"知"，因为在高层次的虔信中，不光是对神产生情感，还是具备知识智慧，通过对神的冥思和体味而产生出深刻的认识。其次，虔信不是外在的形式，而是内在的精神和态度。罗摩奴阇认为，真正对神的献身不在于肉体形式，或者禁欲苦行等，而在于发自内心的一种精神趋向……虔信是一种特殊的爱，爱又是一种特殊的知。罗摩奴阇认为，虔信的高级阶段是对神发自内心的不可遏制的热爱与渴望，它使灵魂得到净化，使自己被神选中，从而获得解脱。②

在罗摩奴阇这里，虔信也是一条源源不断的内在河流，一种持续不断的皈依（upasana）。他强调导师的作用，强调愿力和知识的获得，因为虔信的每一阶段都包含着自我提升与意识转化。

虔信瑜伽如何修习？罗摩奴阇在《吉祥注》中列举了以下七种令神喜悦的方法：

分辨（viveka），取净食，避不净食；
离欲（vimoksa），离贪嗔痴；

---

① 朱明忠：《印度教》，福建教育出版社，2013年，第82页。
② 孙晶：《印度吠檀多哲学史》（上卷），中国社会科学出版社，2013年，第320页。

修习或精进（abhyasa）；

行动或作业（kriya），履行四种姓之职责，尤其是祭祀；

善根（kalyana），正直、慈善、布施；

不怯（anavasada），勇猛精进；

不放逸（anuddharsa），到达寂静等。[①]

他推荐了以下五种崇拜神的方法：

亲近（abhigamana），亲近神之殿堂；

执取（upadana），持香和花等；

奉献（jya），奉献香和花等；

研习（svadhyaya），研习拿拉央那之名号、真言、颂歌等；

禅定（yoga），观想神。

这些方法的根本目标在于将身心全然交托给神，借此获得神的恩典，消除无明之业种，恢复自由的本性。罗摩奴阇谈论的解脱和数论的独存不同，套用木村泰贤的说法，在罗摩奴阇那里，解脱之后，个我仍然存在于神之中，能得无限妙乐与无限自由。孙晶也说，罗摩奴阇认为解脱不是自我的消失，而是从有限的束缚中摆脱出来，因为自我的消失实际上是对真我的一种破坏；而且一个实体（原人或个我）不可能消失于另一实体（梵）之中，因为依据制限不二论，个我和梵是不一不异的关系，都是实有。解脱了的个我和梵一样，是圆满的；二者的差别在于，个我以原子大小的样式存在着，而梵是遍在的，再者，解脱了的个我仍然能够进入单个身体之中，感受由神创造的杂多世界。

五、罗摩奴阇与虔信运动的兴起

罗摩奴阇是杰出的思想家和宗教家，"若将之视为思想家，也

---

① 以上七种令神喜悦的方法和以下五种崇拜方法见［日］木村泰贤著，释依观译：《梵我思辨》，台湾商务印书馆，2016年，第367—368页。

有不劣于商羯罗的大规模组织，其议论之精锐超乎商羯罗，完全具备优秀大哲学者之资格。作为实际的宗教家，其事业之影响固然毋庸赘述"①。

对于虔信运动的兴起，罗摩奴阇的贡献是巨大的。朱明忠说，罗摩奴阇不仅从理论上为虔信运动奠定了基础，而且在实践上创立了改革教派，确立了新的敬神方法，改变了印度教原来的崇拜模式。福伊尔施泰因评价道："他所做的工作是，使得超个人的神圣存在者与吠檀多不二论的教导在逻辑上融贯。他成功地把北部与南部的毗湿奴传统整合起来，由此大大增强了对毗湿奴的宗教崇拜，并为中世纪的'虔信之道'铺平了道路……在罗摩奴阇看来，虔信不仅仅是解脱的方法，而且是一切灵性努力的目标。"②在此，我们从以下三个方面说明罗摩奴阇对虔信运动的重要贡献。

首先，在哲学上，罗摩奴阇把吠檀多哲学中的"梵"与人们虔信的人格神"毗湿奴"等同起来，并建立了一个完整的理论体系。这种把神与梵等同的理论，正符合虔信派改革的需要，使得虔信运动有了坚实的哲学基础，从"一个群众性的狂热崇拜思潮成为有理论、有指导方针的思想运动"③。

其次，罗摩奴阇立足于大众的需求，主张神是至高无上、公正慈悲的，在神面前人人平等，不分种姓高低，"因为种姓制只不过表明了人在社会中的身份和肉体的不同而已，种姓的差别并不与灵魂的性质发生关系"④。他强调任何人只要虔信和崇拜毗湿奴，就能得到

---

① ［日］木村泰贤著，释依观译：《梵我思辨》，台湾商务印书馆，2016年，第358页。

② ［德］格奥尔格·福伊尔施泰因著，闻风、朱彩红、黄祺杰译：《瑜伽之书》，海南出版社，2017年，第42页。

③ 孙晶：《印度吠檀多哲学史》（上卷），中国社会科学出版社，2013年，第322页。

④ 孙晶：《印度吠檀多哲学史》（上卷），中国社会科学出版社，2013年，第321页。

解脱，这"打破了印度教只允许高级种姓接近神，而不允许低级种姓和贱民进入神庙崇拜神的传统戒律"[1]，为大众开启了解脱的道路，大大激发了下层民众参与虔信派改革的热情。不仅如此，他亲自创立了"室利毗湿奴派"，发扬平等博爱的精神，接受妇女和低种姓者入教，让大众得以实际地参与改革运动。

最后，罗摩奴阇不像商羯罗那样对现实生活抱着否定的态度，而是肯定现实生活。比如，在人生四行期的问题上，商羯罗主张从梵行期直接进入遁世期，越过现实与人生，罗摩奴阇则反对这一点，主张要依次经过梵行期、居家期和林栖期，最后成为云游仙人。正如朱明忠所言，这表明他承认现实家庭生活的意义，并主张对人生全部意义的实现。实际上，他本人也曾短暂地经历过婚姻生活。

虔信道路在修习者的出身、生活方式、出世与入世等方面，并无特殊要求。事实上，正如阿尔瓦尔等的例子所表明的，世俗之爱——无论是亲情、友情还是爱情——都被用来宣扬对神的爱。此外，虔信瑜伽的弃绝和行动瑜伽的弃绝一样，在根本上是内心的弃绝。虔信瑜伽师表面上看来或许和俗人差不多，却是内心的解脱者。

第五节　形形色色的虔信表达式

在《中世纪印度教虔信派》一文中，伦敦大学历史学家J. T. F. 乔登斯说，中世纪（13—17世纪）的印度教经历了如此重大的变革，以致人们一直把它与西方基督教的宗教改革运动相提并论。在虔信运动中，宗教关注的中心从与众神和多神教相联系的各种崇拜仪式，转移到一神及其化身，尤其是克里希那和罗摩身上。在宗教的态度上，深情而热烈的巴克蒂取代了从事祭仪和沉思的旧方式，新的神秘主义取代了先前的哲学形态。在宗教的表达上，人们献给神的虔信颂歌创造

---

① 朱明忠：《印度教》，福建教育出版社，2013年，第82页。

出了一种新的大众化的文化形式——吉尔丹。

这场运动不仅把旧的神祇、旧的宗教态度和旧的文化形式弃置一边，而且把梵语送回到梵学家的记忆里，送回到寺庙的里间内室之中。在印度近代方言文学发展的最初几个世纪里，它们全都是由虔信运动带来的，因而实质上是大众文学。虽然种姓制度没有被推翻，但婆罗门在精神上的部分权威转移给了圣人和导师们，他们编写的颂歌和传记很快成了新的经典。总的来说，新的虔诚宗教没有破坏印度教的社会框架，但培养起了在虔信的神面前友爱与平等的思想。

一、虔信运动概况

如前所述，在南印度泰米尔地区的阿尔瓦尔派和那衍纳尔派的颂诗里，有对巴克蒂信仰最早的清晰表述，这种表述注重情感、充满激情、出神入化，而且常用性爱意象来渲染。这些颂诗被誉为"泰米尔吠陀"。随后，毗湿奴派的婆罗门学者将巴克蒂精神注入了《薄伽梵往世书》（9世纪或10世纪），这部梵文巨著很快成为全印度毗湿奴派的主要经典，将虔信思想带到了北方平原。（该书后来有了许许多多的方言译本，非常普及并且影响巨大。）

与《往世书》传统的发展并行的是，在湿婆派和毗湿奴派的伟大神学家与哲学家的活动中，巴克蒂的影响日益增长。他们组成宗教团体，追随他们的僧众又把他们的说教传播到印度各地。在这些神学家与哲学家中，最早和最伟大的是毗湿奴派的导师罗摩奴阇，其后继者有摩陀婆、宁巴卡、伐拉巴（Vallabha）等。在湿婆派中，林伽派影响了北印度的几位圣人。

在较晚的时期，尤其是在孟加拉地区，有另一批宗派成员影响了虔信派的改革，其中主要包括佛教的悉达、俱生乘（萨哈嘉）的修行者和纳达派瑜伽师，他们都掌握密教的基本修行法。他们主要是讲孟加拉语的毗湿奴派信徒，也有一些是受到这方面影响的讲印地语的圣人，如伽比尔（Kabir）。[1]

这些是影响虔信派改革的重要力量和要素。关于虔信运动的发展状况，朱明忠在《印度教》一书中大致作了梳理：

（虔信派改革）首先从南印度发展到北印度，然后扩展到西北部的马哈拉施特拉和旁遮普，最后蔓延到东北部的孟加拉、奥利萨等地。从时间上看，从11世纪一直延续到17世纪，大约经历了六七百年。可以说，这是印度教历史上时间最长、范围最广的一场改革运动。在这场运动中，印度各地涌现出许多著名的改革家和改革派别，这些改革派别分布在不同的地区，使用不同的地方语言，具有不同的特点。[2]

接下来，我们参考他的梳理，列举印度各地信奉毗湿奴和湿婆的重要改革派别与人物。改革的浪潮首先从南方兴起，最早的改革派别是11世纪罗摩奴阇创立的"室利毗湿奴派"，该派把毗湿奴及其神圣配偶拉克希米奉为主神，尤其崇拜毗湿奴的化身——罗摩。大约13世纪，南印度的迈索尔地区成立了"摩陀婆派"，其创始人为吠檀多二元论哲学家摩陀婆，该派奉毗湿奴的化身克里希那为主神，严格履行宗教道德。12世纪末13世纪初，南印度讲卡纳达语的地区出现了信仰湿婆的"林伽派"或"勇者湿婆派"，顾名思义，该派把湿婆神的标志——林伽奉为主神。林伽派涉及湿婆传统的左派修行，这一修行路数也见于兽主派、持颅骨者、黑脸派、艾古里派等派别中，我们稍后讨论。

在南方的影响下，北方的虔信运动也兴盛起来。14世纪，在北

---

① 以上三段说明参见A. L. 巴沙姆主编，闵光沛、陶笑虹、庄万友等译：《印度文化史》，商务印书馆，1997年，第390—392页。

② 朱明忠：《印度教》，福建教育出版社，2013年，第83页。

方讲印地语的广大地区出现了"罗摩派",其创始人为罗摩奴阇的第五代传人罗摩南达(Ramananda)。该派废除烦琐祭仪,反对种姓歧视,后来发展成印度教信徒最多、影响最大的一个派别。这和16世纪著名的印地语诗人杜尔西达斯(Tulsidas)加入罗摩派有关,他的长篇叙事诗《罗摩功行录》广受民众欢迎。北方的虔信派诗圣除了杜尔西达斯,还有伽比尔、米拉拜(Mira Bai)、苏尔达斯(Surdas)等。15世纪末,北印度出现了一个与伊斯兰教思想结合的改革派别"伽比尔派",其创始人伽比尔把吠檀多不二论与苏菲派的一神论相结合,认为终极实在可称为梵、罗摩,也可称为安拉、胡达等,只有虔信之道才能与神沟通。他主张印度教徒和穆斯林在兄弟情谊中团结起来,和睦相处。此外,北方的湿婆崇拜在虔信运动兴盛之前就已发展出了三个哲学体系,即克拉玛体系、特利卡体系和识别派,都是在公元后第一个千年的后半段发展起来的。

16世纪,西北印度的虔信运动发展起来。哲学家伐拉巴在古吉拉特和马哈拉施特拉地区创立了崇拜克里希那的"伐拉巴派",把哥文达(少年克里希那)及其情人拉达奉为主神,反对禁欲和苦行,主张通过欢乐和幸福的生活崇拜神。在伐拉巴之前,马哈拉施特拉地区还出了智天(Jnanadeva,13世纪)、图卡拉马(Tukarama,16世纪)和罗摩达萨(Ramadasa, 17世纪)等伟大的虔信派圣人。

东北印度的虔信运动也兴起于16世纪,在孟加拉和奥利萨地区出现了崇拜克里希那的"柴坦尼亚派",倡导者为柴坦尼亚(Caitanya)。该派崇拜的也是克里希那和拉达,把他们的爱情视为神人之爱。该派的敬神方式既简单又热烈,"信徒们一边高唱赞美克里希那的颂歌,一边敲锣打鼓、疯狂跳舞,力求在狂热的气氛中激起对神的挚爱"[①]。孟加拉出了很多虔信者,中世纪有胜天(Jayadeva)、坎迪达斯(Candidas)等吟游诗人;继柴坦尼亚之

---

① 朱明忠:《印度教》,福建教育出版社,2013年,第85页。

后，有1965年在美国创立了克里希那意识运动的帕布帕德（Shrila Prabhupada）及其弟子句瓦明（Jiva Gosvamin），他们和摩陀婆、柴坦尼亚一样属于孟加拉的高迪亚传承，据说该传承可以追溯到吠陀时代早期；现代孟加拉还出了追随前辈足迹的"包尔"（Bauls），这个词的意思是"疯子"，据福伊尔施泰因说，包尔的唯一关切是内心以神的临在为乐，表面上则通过歌舞证明他们的虔诚。在印度甚至有一群穆斯林包尔。

除了上述派别，还有许多小的改革派别，它们合力让巴克蒂的理想照耀全印度。实际上，无论是在虔信运动之前还是之后，巴克蒂的精神始终鼓舞着不同的群体与个体，在他们中间有修行者、黑巫师、哲学家、诗人等等，其虔信的表达式形形色色，引人入胜。

二、湿婆的追随者：左和右

1. 左派修行者

在关于密教的章节中，我们提到过左派修行者令人震惊的修行方式，这种"社会体制之外"的修行方式同样见于湿婆的追随者当中。福伊尔施泰因在描述湿婆的左派追随者时感叹道，印度以在宗教问题上的格外宽容而著称，地球上没有哪个文化像印度教这样在宗教实践和观念中产生了如此众多的变化。紧接着，他提醒西方人："当我们对印度教中的宗教热情与灵性渴望的某些表达式斜眼相看时，我们必须记住，我们的眼光已被我们自己高度世俗化的现代文明中强有力的偏见所染着。"[1]如果我们对接下来描述的虔信瑜伽师的生活与思想感到"奇异"、"怪诞"乃至震惊、恐惧，那就表明福伊尔施泰因的上述提醒可能同样适用于我们。

---

[1] ［德］格奥尔格·福伊尔施泰因著，闻风、朱彩红、黄祺杰译，《瑜伽之书》，海南出版社，2017年，第243页。

早在2世纪就由拉库丽夏（Lakulisha）创立的兽主派"极力主张用怪诞的行为来震惊公众，比如胡言乱语，发出鼻息声，模仿跛行，假装手脚震颤，说傻话，以及在妇女面前做出性爱手势"[①]。据说这些恶作剧的初步目的在于招致公众的谴责，以考验修行者的谦卑和自我超越的能力。更为深远的高尚目的则是通过招致他人的非难而吸收他人的恶业，同时将自己的善业传给他人，以此推动他人走向善恶的整体超越。

如果说兽主派的恶作剧只是让他们显得怪诞，那么持颅骨者（Kapalikas，也称为Mahavratins）的如下神秘风俗则使他们显得恐怖：随身携带一个人类颅骨，将其作为仪式工具和饮食器皿。福伊尔施泰因说，早在公元前的著作中就已提到了持颅骨者，但似乎直到公元后第一个千年中期，这个派别才在印度南部出现。到14世纪，该派已基本绝迹。根据典籍的记载，该派出了一些恶棍和疯子，比如，7世纪著名诗人檀丁（Dantin）的《十王子传》中记载了这样一个故事：

曼特罗笈多（Mantragupta，十王子之一）无意中听到一对夫妻抱怨不得不常为师父做家务，以致留给彼此的时间所剩无几。这对夫妻将他们的古鲁称作"黑色巫师"，这个词的字面意思是"烧焦的成就者"。这个王子极为好奇，便暗中跟随他们到了他们师父的住处。很快，曼特罗笈多就发现这名"成就者"坐在一堆火上，身上粘着灰，戴着一串骨项链，相貌相当骇人。接着，王子听到这个巫师严厉喝令倒霉的事奉者们溜进宫殿绑架公主，他们也确实这么做了。王子则继续躲着。然后，他看到巫师挥剑要将公主斩杀，便及时跃身一

---

① ［德］格奥尔格·福伊尔施泰因著，闻风、朱彩红、黄祺杰译：《瑜伽之书》，海南出版社，2017年，第243页。

跳，夺下长剑，砍下了巫师的头。①

　　当然，持颅骨者中也有名副其实的成就者。该派成员崇拜湿婆的恐怖相之一——派拉瓦（Bhairava），他们的所有仪式，包括五M仪式和人祭，都旨在与神沟通，借此获得悉地和解脱。不过，福伊尔施泰因认为，必须把该派的人祭之类的可怕修行视为道德上和瑜伽上的一种倒退，因为《奥义书》的圣人就已经认识到献祭是弃绝私我的问题，而不是宰杀动物或谋杀人类。

　　持颅骨者被艾古里派（Aghori）取代，后者崇拜湿婆的另一恐怖相——艾古拉（aghora），并遵循激烈的习俗：居住在火葬场或垃圾堆，如同饮水一样欣然喝着烈酒或尿液，以吃肉和食尸来打破所有社会陈规。"他们力求以自己的生活方式废除一切人为制度"，福伊尔施泰因说。现代艾古里大师维玛拉南达（Vimalananda，1983年仙逝）有言："不是我癫狂就是世人癫狂，没有第二条路。"他的弟子道出了师父的极端修行方法之真义：

　　艾古里不是放纵，而是从黑暗到光明、从有限的个体人格的浑浊向绝对者的澄明的强力转化。一旦抵达绝对者，弃绝就会消失，因为接下来就没什么可放弃了。艾古里是如此深入黑暗，深入一切凡人无法想象的事物，以至于他能迎来光明。②

　　这段评论适用于所有极端修行方式的最终指向，体现了"物极必反"的智慧。毕竟，从解脱的角度来说，重要的不是手段，而是最终实现的目标。极端的方式就像修行中的猛药，风险和收益都是巨大

---

　　①　［德］格奥尔格·福伊尔施泰因著，闻风、朱彩红、黄祺杰译：《瑜伽之书》，海南出版社，2017年，第245页。

　　②　［德］格奥尔格·福伊尔施泰因著，闻风、朱彩红、黄祺杰译：《瑜伽之书》，海南出版社，2017年，第247页。

的，对修行者的资质要求也很高，就像福伊尔施泰因说的，艾古里的生活方式需要罕有的刚毅和特定程度的弃绝，而这对多数人来说绝非正常之事。

林伽派的六阶瑜伽值得一提。该派崇拜湿婆的象征符号林伽，据说，他们将一微型石质林伽置于一小盒中，系在项链上随身携带。该派起源于12世纪，创建者为巴萨瓦（Basava，1106—1167），但教徒们认为其信仰可追溯到久远的过去。他们的六阶瑜伽为；

巴克蒂（爱的奉献）。它在神庙或家庭的仪式崇拜中得以表达；

摩诃萨（"伟大的主"）。这是控制思想的阶段，极其考验人；

慈悲。在这个阶段，信徒意识到神在万物中并通过万物来活动；

普拉那－林伽（生命神迹）。在这个阶段，信徒确信神恩，并开始体验到自己身心圣殿中的神；

沙拉纳（寻求庇护）。这是信徒成为"神的愚人"的阶段，他虽不再认同于身心，但也没有完全与神合一；他渴慕湿婆，如同女子思念出门在外的爱人；

图48 林伽崇拜

艾克亚（与神合一）。至此，形式上的崇拜结束，因为信徒已经成为神；朝圣者抵达终点，发现自己从未与神分离。①

---

① ［德］格奥尔格·福伊尔施泰因著，闻风、朱彩红、黄祺杰译：《瑜伽之书》，海南出版社，2017年，第247页。

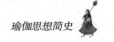

2. 北部崇拜者的哲学体系

据说，北印度湿婆崇拜的最早形式之一是盛行于7世纪克什米尔的克拉玛体系（Krama），该体系由两个分支组成，一支尊奉湿婆为终极实在，另一支则崇拜卡利女神。克拉玛体系的修行方法和帕坦伽利的瑜伽大致相同，但禁制、劝制和体式没有被列为独立的"支"，而推理被算作独立的一支。

克什米尔湿婆崇拜的第二个哲学体系是特利卡体系（Trika，三元），承认至上神的三相：湿婆（阳性极），萨克缇（阴性极）和娜拉（追求解脱的有限人格）。特利卡体系为后来的克什米尔湿婆派奠定了基础，该派的重要经典是9世纪的成就者瓦苏笈多（Vasugupta）"发现"的《湿婆经》和《斯潘达经》。"斯潘达"（Spanda）的意思是"振动"，指终极实在自身的一种瞬时振动——湿婆意识的狂喜悸动或"湿婆之舞"。这种动态形象和古典瑜伽对原人的静态诠释形成了鲜明对照，表达了湿婆瑜伽的成就者体验到的觉悟。

北部湿婆崇拜的第三个哲学体系是识别派，由瓦苏笈多的弟子索玛南达（Somananda, 9世纪）创立。该派的核心经典是索玛南达的弟子优钵罗（Utpala）的《识别经》，以及阿毗那婆笈多（Abhinava Gupta，10世纪）的多部注释，比如《密教之光》（*Tantra-Aloka*）。传说阿毗那婆笈多的形象极为优雅美丽，全然不同于左派修行者的极端形象，让我们联想到祥瑞的菩萨。根据其弟子的描述：

他的眼睛里闪动着灵性喜乐。他的额头中央用灰烬清晰地画着三条线。他的乌发扎着一束花环。他的胡须细长，他的身体红润。他身着丝绸，雪白如月光。他在金质宝座的软垫上以英雄式安坐。一众弟子陪伴着他，两位女性皈依者信使立于他身旁。①

识别派的修行者熟谙瑜伽，尤其是昆达里尼瑜伽。他们认为解脱是个"识别"或者回忆的问题：我们的真实身份不是有限的身心，而是湿婆的无限实在。识别派大师用来分析存在的36谛，我们在密教的章节谈论过。

克什米尔湿婆派的教导由成就者斯瓦米·拉克什曼殊传给了西方弟子，他于20世纪90年代仙逝。西方人对北部湿婆崇拜的了解也归功于已故的斯瓦米·穆克塔南达（Swami Muktananda）。北部湿婆派在哲学和修行两个方面皆达到了高峰，这样的成就在印度思想史上并不常见。

南部湿婆派也称为圣典派（Shaiva-Siddhanta），该派的哲学不同于北部湿婆派的唯心论或不二论，而是一种制限不二论的形式：湿婆是唯一的实在，但世界并非只是幻相，而是湿婆之力（萨克缇）的产物。不过，在南北湿婆派中，解脱都取决于湿婆的恩典。圣典派有自己的神圣文集"泰米尔吠陀"，其早期成就者有行吟诗人迪卢姆拉（Tirumulai），在公元后第一个千年的后半叶，那衍纳尔唱着湿婆的颂歌，我们之前谈论过。福伊尔施泰因说，南部湿婆派圣人通过自己的爱和谦卑使整个文化变得高贵。

三、毗湿奴的崇拜者：爱的教育

1. "不可救药"的爱

毗湿奴崇拜有着古老的渊源，可以追溯到五夜派和薄伽梵派，在公元后第一个千年后半叶，阿尔瓦尔沉醉于克里希那的温柔甜蜜之

---

①　转引自［德］格奥尔格·福伊尔施泰因著，闻风、朱彩红、黄祺杰译：《瑜伽之书》，海南出版社，2017年，第250页。

爱。在12位阿尔瓦尔中，只有一位女性，名叫安托（Andal）。她在颂诗中描述了陷入绝望爱恋的少女心情："他（克里希那）融化了她的灵魂，使她深受求不得之苦，直到他恩泽于她，让她瞥见他可爱的容颜……她看到克里希那的脸庞，闪耀如同旭日。"①现代瑜伽师室利·罗摩克里希那曾说，我们会为了妻子、儿子泪流满面，但谁会为神泪流满面？或许只有安托这般深爱着神的虔信瑜伽师才能这样允诺：那些冥想她的诗歌的人将治愈内心的痛苦，在神的脚下寻得永恒的安宁。

14世纪的"孟加拉诗歌之父"坎迪达斯对神不可救药的爱是被一个名叫罗米的卑微洗衣妇点燃的。据说他曾在河边看见罗米洗衣服，两人目光相遇，坎迪达斯立刻对少女着了魔，以至于忽略了祭司的职责。为此，他受到了指责，可他置若罔闻，继续公然向她献上情歌。于是，他被逐出当地的寺庙。最终，坎迪达斯的兄弟谈成了一次官方听证会，在听证会上，坎迪达斯被给予机会向公众声明放弃他的痴迷，以使他的愚行得到原谅。罗米听闻此事，也去了听证会。一见到她，坎迪达斯就完全忘了对家人的承诺，双手合十毕恭毕敬地走向罗米……对此，福伊尔施泰因的评论一语中的：坎迪达斯的法官和谩骂者们未能看到的是，对于他，那位少女已然成为神圣母亲的化身，他的爱是对人形女神的爱。乔登斯也为坎迪达斯辩解道：坎迪达斯认为得救的唯一途径是对神的爱，而这种爱应当基于对世间某一特定个人的爱心，但是，尘世之爱又必须加以升华，因而，人们应当选择某个无法接近的个人，比如一个低种姓之人或者已婚妇女，来充当这种爱的对象，于是，洗衣妇罗米成了他追逐的对象：

朋友，我还能对你说什么？

---

① ［德］格奥尔格·福伊尔施泰因著，闻风、朱彩红、黄祺杰译：《瑜伽之书》，海南出版社，2017年，第265页。

爱恋已占据我幼弱的心灵，

你使我失去了家居的宁静。

我将结束今生，投身大海，

渴望转生为克里希那，

而你来生会是拉达。

那时我的爱会将你诱惑，又将你离弃。

当你走到井边，我将手持长笛，

风度翩翩地站立于卡达姆巴统治下的土地。

坎迪达斯说，你，一个纯朴的洗衣妇，

将被我的笛声迷惑。

哦，克里希那！尔后将轮到你，

忍受这爱情苦痛的煎熬。①

坎迪达斯那"着了魔"的爱表明虔信者对神的爱是毫无保留的，正如米拉拜所言：

我扯下整块思想的面纱，

跑呀，逃呀，

直到他的脚下去寻求庇护。②

米拉拜是16世纪拉杰普特族的一位王妃，她抛弃家庭和社会常规，做了唱颂克里希那的游方诗人。根据传说，她在年轻的时候就开始崇拜克里希那，有一天，一名游方僧来到她这里，给她看了一个小

---

① ［澳］A. L. 巴沙姆主编，闵光沛、陶笑虹、庄万友等译：《印度文化史》，商务印书馆，1997年，第399—400页。

② ［英］约翰·鲍克著，高师宁等译：《神之简史：人类对终极真理的探寻》，生活·读书·新知三联书店，2007年，第100页。此处第三行的"他"指神。

小的克里希那的神像，她是如此想念克里希那，以至于游方僧走了之后她不吃不喝。在梦中，游方僧又回来了，并给了她一个克里希那的神像，摸到神像后，她便进入了一种痴迷狂喜的状态。米拉拜结婚后，总是远离丈夫，以致丈夫怀疑她有外遇。一天晚上，丈夫冲进她的房间，想抓到她偷情的证据，却发现她在克里希那的神像前，正沉迷在对克里希那的崇拜中。后来，她离开了家庭，家人派了一位代表到她所在的神庙找她，恳求她回家，被她拒绝了。最后，绝望的家人说，如果她不改变主意，他们就绝食至死。米拉拜不想让他们死，但又不能离开她的神，于是，她面向庙里的大神，拼命地呼喊求救，正是那时，她喊出了这样的诗句："神啊，请你搬走压在你崇拜者身上的重负吧！"（这后来成为甘地在遇到麻烦时经常吟诵的诗句）米拉拜跑向克里希那的神像，神像竟然打开，将她吸了进去。看庙的婆罗门走进神庙后，只在神像周围发现了米拉拜的纱丽。

米拉拜不是神学家，也没有留下大量颂诗，但现存的一些诗作都是"有特色的精品"。乔登斯认为它们具有一种清新的女性气质，一种深沉的哀婉之情，而用来抒发这种情感的，不是刻意的雕琢，而是简朴的抒情手法。她在精神上嫁给了她的神——克里希那。

> 朋友，是在梦境中吾主娶我为妻，
> 门口张灯结彩，他握住了我的手，
> 是在梦境中他娶我为妻，幸福永久。[①]

与稍后将要谈到的《牧童歌》中的神婚场景不同的是，米拉拜描述的神婚中完全没有性爱的成分，也没有情色的意象。

---

① 转引自〔澳〕A. L. 巴沙姆主编，闵光沛、陶笑虹、庄万友等译：《印度文化史》，商务印书馆，1997年，第409页。

2. 与神离合

对于虔信者，与神分离的经验也是可贵的，因为它加深了虔信。米拉拜正是在其离别诗中进入了最高境界，她描述道：

神不在的那个夜晚，

我痛苦到了极点：

何时能再一次升起黎明的曙光？

月光是一种欺骗的烘托，

它并没有使我感到安慰；

如果我睡着了，我会在

与你分离的痛苦的骚动中惊醒：

慈悲的神啊，恩惠的神，

请让我一瞥你的笑颜。[①]

与神离合是12世纪孟加拉诗人胜天（Jayadeva）的《牧童歌》的主题，该诗集由24首颂诗组成，具有强烈的性爱色彩。在讲述克里希那隐而不见的诗歌中，胜天描述了众牧女内心的痛苦和对神归来的渴望——当克里希那不在的时候，拉达"忍受着与神分离的痛苦"。在讲述人神结合的诗歌中，胜天以生动的、肉体接触的形式描述了他们的爱情。福伊尔施泰因说，在性爱的直白方面，《牧童歌》胜过中世纪基督教国家神婚者的文献。不过，我们不应从人类性爱的角度去看待神婚，而应从虔信瑜伽的角度把神婚理解为神人合一的隐喻。诚如约翰·鲍克所言，克里希那与拉达的关系不是二元的，而是相爱中产生的合一，这是梵境。在后世，特别是在柴坦尼亚的教导中，克里希

---

① ［英］约翰·鲍克著，高师宁等译：《神之简史：人类对终极真理的探寻》，生活·读书·新知三联书店，2007年，第100页。

那与拉达的结合代表着梵的内在本性——这种结合是一种无差异的统一。

神人结合不仅可以通过强烈的爱来实现，也可借助强烈的恨来达成——这是10世纪的《薄伽梵往世书》最非凡的教导，福伊尔施泰因称之为"憎恨瑜伽"。根据这种瑜伽，极其憎恨神的人可以像深爱神的人那样迅速觉悟神。拿拉达圣人提到了经由憎恨觉悟神的赛地国王诗舒帕拉（Shishupala）的故事："事实上，诗舒帕拉的憎恨是通过几次化身培养起来的。他曾是魔王金布，因为自己的儿子帕拉达虔信毗湿奴而折磨他，却被化作那罗辛哈（人狮）的神挖出了内脏。还有一次，诗舒帕拉是恶魔罗波那，被罗摩（毗湿奴的一个化身）所杀。"[①]憎恨为何能变成一条通神之路？根据福伊尔施泰因的分析，这是因为灵性过程是一个注意力的问题，我们成为我们所冥想的；诗舒帕拉对毗湿奴心存的强烈憎恨令他不断地想着神，最终靠此念想觉悟。拿拉达也曾说，人应通过友好或敌意、平静或恐惧、爱或执着来与神合一，在神眼里没有任何分别。不过，福伊尔施泰因也提醒我们，这样一种强大的消极情绪要获得解脱的效果，就必须有恰当的业的先决条件，对普通人来说，绝对的恨就像绝对的爱一样，是不可能的。

3. 爱是平等无欺

虔信者所崇拜的神不是吠陀祭司崇拜的天界神祇，而是至上神，宇宙的创造者、维系者和毁灭者。至上神有许多名字——湿婆、萨克缇、毗湿奴、拿拉央那、克里希那、罗摩、安拉、卡利等，但说到底，神是你的真我。

---

① ［德］格奥尔格·福伊尔施泰因著，闻风、朱彩红、黄祺杰译：《瑜伽之书》，海南出版社，2017年，第271页。

他们说，哈里住在东方，

安拉住在西方（麦加）。

在你的心中寻找他吧，

拉希姆－罗摩就住在你的心中。

所有男人和女人，

不是别的，只是你自己的形式：

伽比尔是安拉－罗摩的孩子，

他是我的"古鲁"，

也是我的"皮尔"。①

图49　伽比尔

---

①　转引自［英］约翰·鲍克著，高师宁等译：《神之简史：人类对终极真理的探寻》，生活·读书·新知三联书店，2007年，第121页。这里的"古鲁"是印度教徒对导师的称呼，而"皮尔"是穆斯林对导师的称呼。

这首诗的作者伽比尔是15世纪北印度的一个织布匠，传说他是一名婆罗门寡妇的弃儿，被一对穆斯林夫妇收养。伽比尔早年就钟爱念诵罗摩的圣名，这激怒了他的穆斯林伙伴和印度教同辈，不过，后来他成了宗教宽容的象征。根据某个传说，伽比尔起初是罗摩南达的弟子，后来创造了自己的折中主义理论。乔登斯说，伽比尔受到了毗湿奴派、哈达瑜伽、吠檀多不二论和苏菲派的重大影响，他的诗歌是"人民的诗歌"，并无细腻的艺术加工，具有质朴和口语化的特点，但仍充满浓厚的象征主义色彩，有着抒情诗的巨大魅力。其警句式的短小诗句便于记忆，几乎像杜尔西达斯的诗歌一样，渗透进北印度地区的生活之中。

伽比尔认为，与神结合的道路只有一条，那就是亲身体验巴克蒂，它可以使人看到神的幻象，是神给人的馈赠；人必须通过正义和谦卑、自我克制和爱心，在歌唱吉尔丹中、在沉静默祷中赞颂神，以净化自己的灵魂。跟他的神学理论一样，他对神的看法也是折中主义的，用许多名字称呼神，比如罗摩、哈里、安拉、胡达、无量，甚至空和声量。福伊尔施泰因评论道："伽比尔是对神简单而直接的虔信的生动发言人，他总能成功地指出所有外在的或传统的宗教形式的固有局限。"①在他看来，神是无法定义、不可言喻的，超越教义和教条，但一个人能在自身内部觉悟神，"虽然贝拿勒斯在东方，麦加在西方，但只要你进入自己的心中，就会在那里发现两个神——罗摩和安拉"。

乔登斯把伽比尔称为"改革家"、反偶像崇拜者。他坚持不懈地抨击宗教的各种外部形式：经典、朝圣、仪轨、迷信和偶像。因为神不可被限制，所以虔信者可以直接崇拜神，而无须任何中介、化身、祭仪、祭品和朝圣活动等。

---

① ［德］格奥尔格·福伊尔施泰因著，闻风、朱彩红、黄祺杰译：《瑜伽之书》，海南出版社，2017年，第277页。

朝圣和祭祀是株有毒的爬藤，

已经蔓延到全世界——

伽比尔要从根上将它拔掉，

以防人们饮用它的毒液。①

他还说：

沐浴的圣地只有河水；

我知道它无用，因我曾在河中沐浴。

偶像皆无生息，不能言语；

我知道它无用，因我曾对他高声呼喊。

《往世书》《古兰经》，言辞而已，

掀开帷幕，我才得以领悟。②

除了反对宗教的偶像崇拜，伽比尔还反对社会的偶像崇拜，始终如一地抨击种姓制的非正义，谴责婆罗门的骄横。在他看来，人性就是亲如兄弟，而各色人性只是神性的折射而已。

探问圣者属于什么种姓未免愚蠢；

理发匠寻找过神，洗衣妇和木匠，

甚至鞋匠赖达斯也都求过神，

仙人斯瓦巴查按种姓是个皮匠。

印度教徒和穆斯林同样修成正果，

---

① 转引自［英］约翰·鲍克著，高师宁等译：《神之简史：人类对终极真理的探寻》，生活·读书·新知三联书店，2007年，第120页。

② 转引自［澳］A. L. 巴沙姆主编，闵光沛、陶笑虹、庄万友等译：《印度文化史》，商务印书馆，1997年，第405页。

天国哪有区分的标记？[①]

根据传说，伽比尔死后，印度教徒和穆斯林都声称遗体应归他们所有，此时，伽比尔的鬼魂出现了，叫他们掀开裹尸布，布下只有一堆鲜花。于是，印度教徒拿走了一半鲜花，在贝纳勒斯焚烧，而穆斯林将另一半鲜花埋葬在默克尔。创立锡克教的古鲁那纳克、印度现代诗圣泰戈尔等，皆受益于伽比尔的教导。

除了上述虔信者，印度各地还有许许多多的虔信者用各种方言，如奥里利语、阿萨姆语、克什米尔语、古吉拉特语和马拉亚拉姆语等，创作了虔信主义颂诗。乔登斯说，自11世纪以来，虔信主义在印度的大部分地区使印度教发生了深刻的变革，直到17世纪，虔信主义仍然是印度教中唯一、最重要的势力。只是到了19世纪，西方的影响才再次对印度教提出挑战，激发起另一场复兴运动。

---

① 转引自［澳］A. L. 巴沙姆主编，闵光沛、陶笑虹、庄万友等译：《印度文化史》，商务印书馆，1997年，第405—406页。第三行的"赖达斯"是罗摩南达的弟子，鞋匠出身。

第十章
现代瑜伽百余年

什么是现代瑜伽？它和以前的瑜伽形式的区别是什么？它有什么特征？研究者伊丽莎白·德·米凯利斯（Elizabeth De Michelis）在本世纪初给出了她的回答：

"现代瑜伽"被用作一个专门术语，指某些类型的瑜伽，它们是在过去的150多年间主要通过交互作用发展起来的，交互双方中的一方为对印度宗教感兴趣的西方个体，另一方为一些或多或少西化的印度人。因而，现代瑜伽可被定义为一种嫁接：把一根西方的树枝嫁接到印度的瑜伽之树上。当前正在西方被教导和实践的大多数瑜伽，以及一些当代印度瑜伽，可以划入"现代瑜伽"的范畴。因为现代瑜伽仅有150多年的历史，所以它是瑜伽之树上最幼嫩的树枝，它也似乎是唯一越洋过海，伸展到亚洲以外的大陆上的树枝。"现代"一词似乎准确地描述了现代瑜伽的年龄（出现在现代）和地理文化范围（主要出现在全世界发达国家和城市环境中）。还有，现代瑜伽似乎足够地开放，允许被进一步定义和阐发。①

米凯利斯把两个重要年份作为现代瑜伽的开端：1849年和1896年。在1849年，出现了第一份有记载的确认：一个名叫亨利·大卫·梭罗（Henry David Thoreau）的西方人确认自己是个瑜伽修习者，尽管显得有点勉强。他在写给朋友的信中说："我乐意忠实地修习瑜伽，在某种程度上，我甚至偶尔是个瑜伽师。"②在那个年代，瑜伽还不是一个可供西方人做出的选择，而只是一种现象，被西方人以第三人称进行观察、研究和记述。在梭罗的例子中，瑜伽开始被视为某种西方人可以践行的东西，而不仅仅是某种外在的东西。1896年则是辨喜的《胜王瑜伽》出版的年份，那是塑造现代瑜伽的重要文本。在该书中，辨喜首先回顾了瑜伽的历史、结构、信念与实践，然后把他"改造过"的胜王瑜伽解释成了某种完全不同于古典进路的瑜伽。

1896年之后，现代瑜伽在印度和国外得到了繁荣，到21世纪初，它已经成为一种全球现象。在瑜伽全球化的过程中，现代身体瑜伽（称为MPY，指那些大量强调体位的瑜伽类型，也就是更加"身体化"或体操化的瑜伽类型）突显出来。

第一节　印度民族独立运动中的现代哲学

从现代瑜伽的定义可知其产生的直接原因是西方的影响。乔登斯说，纵观印度数千年历史，最鲜明的对比莫过于18世纪的印度和20世

---

① Elizabeth De Michelis, *A History of Modern Yoga* (London: Continuum, 2004), p. 2.

② 转引自Elizabeth De Michelis, *A History of Modern Yoga* (London: Continuum, 2004), p. 3。

纪的印度了。[①]19世纪是关键的一个世纪，在这个世纪里，印度开始了现代化进程，为宗教、社会、经济、政治和文化领域带来了巨大的转变，远远胜过前面谈论的虔信运动为印度带来的转变。

这种转变的发生涉及许多相互关联的因素，首要的因素是英国殖民统治的全面冲击。印度的近代史和她古老的东方兄弟中国一样，是被殖民入侵的历史。从18世纪中期开始，伴随着英国殖民主义对印度的武装入侵，印度最后一个封建帝国——莫卧儿王朝日趋瓦解，印度逐渐沦为英国的殖民地。[②]按照史学家的观点，从18世纪中期至19世纪末，这一段历史时期构成印度的近代史。事实上，西方殖民者侵入印度并将其变成殖民地，有一个长期的过程。1498年，葡萄牙航海家达·伽马率领船队绕过非洲好望角，第一次到达南印度的卡利库特港，打开了印度封闭的大门。在整个16世纪，葡萄牙人垄断了欧洲与印度的贸易。继葡萄牙人之后，抵达印度的是荷兰人，随后是英国人和法国人，最终胜出的是英国人。

1600年，英国东印度公司成立，享有对印度的贸易垄断权以及宣战、媾和、占领领土等特权。到18世纪中期，英国人排除其他外国势力，完全控制了印度的贸易权，之后，便开始了对印度的武力征服。当时的莫卧儿王朝已经瓦解，印度处于四分五裂的封建割据局面。1757年，为了占领沿海地区，英国东印度公司与孟加拉王公在普拉西进行了一场战争，打败了印度人，占领了孟加拉。随后，英国人不断地对印度发起军事侵略，一直到1849年最后占领西北印度的旁遮普为止，大约花了一百年时间。在这一百年里，英国人一方面进行武力征服，另一方面采取政治阴谋、分化瓦解等手段，逐步占领印度各个地

---

① 关于本节印度教的宗教和社会改革，参见乔登斯：《英属印度的印度教宗教和社会改革》，收录于［澳］A. L. 巴沙姆主编，闵光沛、陶笑虹、庄万友等译：《印度文化史》，商务印书馆，1997年，第537—562页。

② 本段和接下来两段有关印度近代被殖民的历史，参见朱明忠：《印度吠檀多哲学史》（下卷），中国社会科学出版社，2013年，第13—21页。

区，最终使印度完全沦为殖民地。1858年，英国议会通过法案，撤销东印度公司，把印度的国家政权交到了英国女王手中，英国女王也成了印度的女王。早在普拉西战争之后，英国人就开始在印度建立一套殖民统治体制，采用两种统治方式：一是英国人直接军事占领、直接进行统治的地区，叫"英属印度"，包括孟加拉、孟买、马德拉斯管区等；一是英国人采取各种分化瓦解、收买手段征服的地区，由英国人派驻当地的官员进行间接统治，称为"印度土邦"，有几百个，遍布印度各地，大约占印度总面积的2／5。

印度人民在英国殖民者的残酷剥削和疯狂掠夺下，过着极度贫困的生活。在歉收的年景，广大农村遭受严重饥荒，死亡的人数骇人听闻。1825—1850年间，印度发生2次饥荒，有40万人死亡；1850—1875年间，印度发生6次大饥荒，饿死500万人；1875—1900年间，发生18次饥荒，死亡人数高达2600万。城市居民的生活也是极端悲惨，印度总督曾在给伦敦的报告中说："（印度）纺织工人的白骨已经使印度平原变成了白色。"①

除了政治统治和经济掠夺，英国殖民者对印度的文化侵略也不断加强。1813年，英国议会批准了印度基督教工作法案，随后派出大批传教士去往印度。传教士们通过建学校、办报刊、开设医院、创立慈善事业等手段吸引印度群众，大批低种姓的印度教徒改信基督教，大城市中不少崇拜西方文化的知识分子以及在基督教的教会学校学习过的青年人也纷纷改宗。朱明忠指出，在这种情况下，印度教徒感受到的威胁一天天加深，他们在面临亡国危险的同时，也面临着亡种、亡教的可能。

在深重的灾难和生存的危机面前，印度人民逐步觉醒。许多印度人开始认识到，西方人侵略印度的根本原因在于印度自身的衰败和软

① 转引自朱明忠：《印度吠檀多哲学史》（下卷），中国社会科学出版社，2013年，第15页。

弱，要想驱除西方人，就必须振兴印度，改革印度的社会与宗教。改革者们提倡对社会和宗教的行为方式与习俗进行变革，甚至与传统本身决裂。1828年，罗姆·摩罕·罗易（Ram Mohan Roy）首先在加尔各答创立了改革印度教的"梵天斋会"，后来更名为"梵社"，批判印度教的多神论、偶像崇拜、烦琐仪式，以及各种落后习俗，建立会堂，主张信仰唯一的梵，抛弃教义教规和仪式，并提倡妇女解放等。1840年代，诗人泰戈尔的父亲德宾德拉纳特·泰戈尔（Debendranat Tagore）继任梵社领袖，采取了一系列新的改革措施，把梵社运动向前推进了一步，在各地建立了几十个梵社分会。1860年代，梵社内部出现了青年激进派与温和派，导致梵社分裂。激进派否定种姓制度，在信仰上更倾向于基督教，并开办妇女教育、工人教育和各种慈善事业等。在梵社的影响下，1860年代，孟买成立了"祈祷社"，马德拉斯建立了"吠陀社"，它们在宗教与社会改革方面的主张与梵社相似。

1875年，达雅南达·萨拉斯瓦蒂（Dayananda Sarasvati）创立了"雅利安社"，也称"圣社"，成为西北印度宗教改革的一面大旗。与梵社相比，雅利安社更强调复兴古代宗教，提出了"回到吠陀"的口号，强调以古代吠陀的精神来改造今天的印度教。雅利安社具有更强的民族主义倾向，提出了"印度是印度人的印度"的口号，比梵社更重视发动下层群众，因而具有比较广泛的群众基础。另一股更有群众性的改革浪潮是孟加拉的新毗湿奴运动，以班基姆·钱德拉·恰特吉（Bankim Chandra Chatterjee）为代表，他写了许多爱国主义长篇小说，主编杂志，进行广泛的宗教改革宣传，深受民众欢迎。新毗湿奴信仰的基础是爱，包括爱自己、爱家庭、爱祖国、爱人类，其中爱祖国是最重要的义务。班基姆把人道主义和民族主义思想与印度教的虔信结合起来，唤醒民众的爱国之情。

在19世纪创立的宗教改革组织中，后来影响最大的是辨喜在1897年创立的"罗摩克里希那传道会"，以他的师父罗摩克里希那命名。

传道会的宗旨是"为自己得解脱，为世人谋福祉"。它主张宗教平等，为"人类宗教"的理想而努力，还致力于社会服务，如开办学校、建立医院、成立出版社和社会救济中心等。到20世纪，传道会在世界各地建立了许多分支。①

这些改革组织是分散的地方运动，国大党于1885年的成立则标志着印度民族运动由分散走向统一，由地方运动发展成了全国运动。国大党成立之初，其领导权掌握在一批民族主义改良派手中，他们一方面对殖民当局的政治压迫和经济掠夺不满，提出一系列政治和经济的改良要求，另一方面对英国殖民者抱有幻想，试图在英国的保护下发展民族工业，争取民族的平等权利。1890年代，国大党内部出现了激进派，主要代表人物有提拉克（Bal Gangadhar Tilak）、阿罗频多·高士（Aurobindu Ghose）等，他们对殖民当局不抱幻想，要求完全摆脱殖民统治，恢复印度独立，并主张发动广大群众参加反英斗争。20世纪初，激进派说服了温和派，使"印度自治"成为国大党全党的政治纲领。

作为一个整体，改革者为19世纪的印度带来了强有力的冲击。虽然印度教在其历史上不乏改革者，正如乔登斯所言，在一些方面，印度教的本性就是不断地适应和改革，但大体上看，19世纪的改革不同于以往的改革，具有一系列新的特征，其中最重要的特征是与反抗殖民者的政治运动紧密结合，因而试图影响政治权力、行政和立法。这一政治运动很快成为全印度争取民族自治的民族主义运动，改革也就获得了一种民族主义的气息和全印的规模。

进入20世纪，印度人民争取民族独立的运动已经由少数人的狭小范围扩展到了广大的工农民众。1905—1908年，在国大党激进派的领导下，孟加拉人民首先掀起了声势浩大的"反分治"运动，不久扩

---

① 以上有关梵社等宗教改革组织的介绍参见朱明忠：《印度教》，福建教育出版社，2013年，第93—96页。

展到全国，形成了印度第一次民族解放运动的高潮。1920年以后，甘地成为国大党的领袖，他用非暴力主义和"坚持真理"的学说动员和指导广大群众，进一步把民族运动推向高潮。在甘地与尼赫鲁的领导下，印度人民进行了多次非暴力不合作运动、文明不服从运动和其他各种形式的斗争。1945年，第二次世界大战结束，战后，印度人民的反英斗争热情日益高涨。只1945年一年，印度各地工人举行的罢工就有八百多次，参加的人数有七八十万人。1946年2月，孟买爆发了印度海军起义，加尔各答、马德拉斯和卡拉奇等地的印度海军纷纷宣布支持，影响波及整个印度海军，标志着印度民族运动已经扩展到军队，英国殖民统治的大厦已经从根基上发生了动摇。在这种形势下，1947年，英国国会通过了《印度独立法案》，并规定8月15日为移交政权日。从此，印度彻底摆脱英国将近两百年的殖民统治，获得了新生。[①]

印度现代哲学是在民族主义运动的火热背景中发展起来的，因而与民族解放紧密结合，为争取民族独立提供理论依据，充当鼓动和团结民众进行斗争的思想武器。还有一批学院派的哲学家，虽然他们的哲学和民族运动没有直接关联，但他们大多利用西方的理性主义、人道主义和科学精神来革新传统哲学，批判宗教蒙昧主义，鼓励人们尊重人生、重视生命价值，面对现实、积极进取。根据朱明忠的概括，印度现代哲学具有以下五个基本特点。

第一，在复兴古代哲学的基础上，吸收西方先进思想和自然科学的内容，将东西方哲学、唯心主义和唯物主义、宗教和科学融为一体。印度现代哲学家一般从古代文化遗产中寻找自己需要的思想武器。他们挖掘和宣传古代《奥义书》《薄伽梵歌》和吠檀多哲学中的

---

① 本段参见徐远和等主编：《东方哲学史》（现代卷），人民出版社，2010年，第3页；以及朱明忠：《印度吠檀多哲学史》（下卷），中国社会科学出版社，2013年，第95页。

精华，把传统的精神财富视为民族的骄傲和国家的尊严，把复兴古代文化作为表达爱国主义和民族意识的一种重要手段。不过，他们一开始就意识到，以印度古代文化为武器对抗西方文化的侵略，这显然是力不从心的。因而，他们注意学习、研究和吸收欧洲的先进思想，而且在生活经历上，他们中的绝大多数受过西方文化的教育或熏陶。在吸收西方思想的时候，他们不是机械地照搬，而是运用西方哲学的原理和科学方法改造和革新印度传统哲学的内容，使传统思想适应时代的需要。

第二，大多数印度现代哲学家继承了吠檀多不二论哲学的本体论，把梵作为宇宙的本源，并借用现代哲学术语赋予"梵"新的名称和含义，比如阿罗频多称其为"宇宙精神"，泰戈尔称其为"无限人格"或"无限自我"，甘地称其为"真理"等。他们继承传统观点，认为梵虽是绝对的精神，但不是不可知的，而是可以通过直觉证悟。再者，他们基于"梵我同一"的传统思想，认为人与人、人与世界在本质上同一，因而，个人可以超越私我，使自己与他人、社会和谐统一，实现"梵我同一"的最高人生理想境界。我们把他们的思想称为"新吠檀多"。

第三，在认识论上，如前所述，印度现代哲学家既承认感觉经验和理性思维在认识自然中的作用，又宣称人具有一种天赋的认识能力——超理性的直觉，可以证悟梵。换言之，他们认为自然界的真理可以用感觉经验、理性思维或科学方法去认识，而心灵的真理（梵我同一）只能靠直觉去证悟。

第四，在伦理和社会生活方面，印度现代哲学家具有强烈的人文主义和人道主义倾向，主要表现为：针对印度中世纪以神为中心、贬低人的价值的神学蒙昧主义，他们提出了以人为中心、人即是神的思想；针对传统宗教所宣扬的超世论、禁欲主义和悲观厌世思想，他们提倡世俗教育，强调世俗生活和世俗行动的意义，号召人们通过现世的努力获得人生的幸福；针对等级森严的种姓制度、陈腐的宗教仪礼和教规，他们批判种姓歧视，反对寡妇殉夫、多妻、童婚等野蛮习俗，提倡种姓平等和妇女平等，为争取贱民和妇女的合法权利而斗争；针对殖民统治和民族压迫，他们提倡自由、平等、博爱和人道主义精神，宣传独立和自由是每个国家的天然权利，等等。在论述这些新思想时，他们往往借助传统宗教的术语，与神、解脱和梵我同一等观念结合起来，因而这也是对传统宗教思想的更新。

第五，印度现代思想家不再局限于自己的宗派，而是提出了"人类宗教"的思想。早在19世纪中叶，罗摩克里希那就基于自己的亲证，提出各个宗教最终都是为了实现普遍的爱和美好的生活，没有理由彼此冲突和争斗。后来，阿罗频多、甘地、泰戈尔等也提倡普世宗教，主张印度各宗教的信仰者联合起来，共同奋斗。①

在这样的背景中形成的现代瑜伽，从一开始就带有西方文化、现代科学与现代哲学的印迹，并肩负复兴传统的使命。我们将会看到，现代瑜伽的意义超越了个人解脱这一传统目标的范围。正如姚卫群所说："印度近现代著名的思想家一般都很重视瑜伽，但他们所宣传的瑜伽已与印度古代以瑜伽派的理论为主的瑜伽学说有很大差别。印度古代的瑜伽是一种由诸多修持手段组成的追求精神统一或精神控制的方法，而在近代思想家那里，瑜伽的范围则要宽得多。如辨喜的所谓瑜伽实际上指的是他的学说的各个主要方面，包括宗教信仰、伦理道德、哲学学说、身心锻炼等。阿罗频多·高士的瑜伽亦有他自己的特定内容，包括所谓'超心思的瑜伽''充足的瑜伽''整体瑜伽'等，对印度古代的瑜伽做了许多重要的发展。"②这是我们在考察现代瑜伽时应当注意的。

---

① 印度现代哲学的五个基本特点参见徐远和等主编：《东方哲学史》（现代卷），人民出版社，2010年，第5—9页。

② 姚卫群：《婆罗门教》，中国社会科学出版社，2011年，第207页。

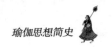

第二节　辨喜的实用吠檀多

如前所述，现代瑜伽是在殖民语境中开启的。一方面，"西方的世俗文明对印度的古老宗教传统造成越来越大的冲击，西式教育连同新技术的引进导致了印度本国价值体系的逐渐衰落"[1]；另一方面，在沦落的背景中，却出现了一场充满希望的灵性复兴——印度思想的东学西渐。荣格曾说，我们从未有过这种想法：当我们正在从外部压倒东方时，东方有可能正在从内部抓牢我们。这是个事实，印度教的现代灵性复兴于历史上首次在印度人中间创造的一种传教意识，以罗摩克里希那的弟子辨喜（也音译成维韦卡南达）于1893年在芝加哥世界宗教议会上用烈火般的发言征服全场为标志。

辨喜在19世纪末登上了世界舞台。[2]在当时的世界，中世纪的信念、价值观和理想正在退却，20世纪及其在科技上的惊人成就和社会政治剧变即将拉开序幕。世界需要一种整合的生活观，能够为现代种种冲突的观念与理想带来全面的和解，能够实现刚刚从多个世纪的迷信与教条主义中解放出来的人类灵魂之抱负。辨喜应运而生。辛加尔评论道："吠檀多哲学注定要成为人类的宗教……辨喜在海外为印度古代文明、为吠檀多哲学、为印度民族再生的权利赢得了大众的认可。由于其人格的冲击力，无论走到哪里——欧洲、中国或埃及，他都会造成一次小小的轰动；在美国，人们称他为'旋风式的印度教徒'。"[3]

---

① ［德］格奥尔格·福伊尔施泰因著，闻风、朱彩红、黄祺杰译：《瑜伽之书》，海南出版社，2017年，第66页。

② 以下对辨喜的介绍出自［印］斯瓦米·巴伽南达著，朱彩红译：《观念的力量》，四川人民出版社，2021年，第125—155页。

③ ［印］D. P. 辛加尔著，庄万友等译：《印度与世界文明》（下册），商务印书馆，2020年，第361页。

一、辨喜其人及其传道

辨喜原名纳伦德拉那特·达塔（Narendra Nath Datta），1863年1月12日出生于加尔各答一个贵族家庭。孩童时，他就对穷人伸出援手，不仅给予穷人食物和金钱，而且会把手里的任何东西给他们。纳伦早慧，在音乐、体育和学习方面十分突出。从加尔各答大学毕业时，他已掌握了不同学科的大量知识，尤其是西方哲学和历史。他天生具备瑜伽士的性情，甚至从童年时就开始修习冥想，有段时间参与了梵社运动。

在青年时期的开端，他不得不面对世上所有的苦涩现实：困苦、挫折、背叛、争讼和引诱。他还不得不经历了一个短暂的不可知论、理智斗争和灵性危机时期。然而，在这些考验和磨难中，他有一个坚强的后盾，一盏指引他的稳定灯火——古鲁室利·罗摩克里希那的慈爱、信任、智慧与力量。纳伦在师父的监督下，花了数年时间进行强度灵性训练。1886年，罗摩克里希那仙逝，他的年轻弟子们正式成为桑耶辛，并形成了一个修道兄弟会，后来以罗摩克里希那修道会著称。

从这里开始，辨喜的生活分为三段。第一段的七年，他是这样度过的：要么进行强度灵性训练，要么作为托钵僧云游全印度。1890年7月，辨喜开始了云游印度之旅——从喜马拉雅山到科摩林角，从古吉拉特到东孟加拉。他和各个社会阶层的人打成一片，有时，他吃鞋匠煮的饭，和清洁工抽一个水烟筒，有时，他住在宫殿里，与卓越的政治家们论道。由此，他目睹了一个鲜活的印度。云游经历给了他有关人们的社会经济状况，以及正在印度社会运作的文化与历史力量的第一手知识。正是在云游期间，他见到了真实的印度、充满矛盾的印度，既有彻底的贫穷，又有最崇高的灵性。他的心为穷人而哭泣，并开始深深地思考：如何让无数被践踏者站起来。很可能是在科摩林角，他找到了答案：他将把西方人所需的印度灵性传播过去，反之，

他将获得西方人的帮助来改善印度穷人的生活。正是怀着这一想法，他于1893年开启了美国之旅。

1893年的芝加哥世界宗教议会是现代世界文化历史的转折点。辨喜的参会及其随后在美国和英国的传道工作，对印度民族的集体意识产生了巨大的影响。正是借助世界宗教议会，世人发现了辨喜，他在会上的发言是他作为一名世界导师的生活之起点。世界宗教议会一结束，他就投入到了传播普世灵性真理的工作当中，时常出差，在将近四年的时间里开设定期课程。虽然他奔赴西方的一个重要原因是为他在印度的工作筹集资金，但他超脱名利的本性阻止了他继续执行这项任务。取而代之，他得到了另一笔财富：一些心灵高尚的西方人的爱与支持，他们要么作为弟子，要么作为钦慕者聚集在他身边。

剩下的五年半形成辨喜生活的第三段。在此期间，他的主要活动是：通过从科伦坡到阿尔莫拉的一系列演讲唤醒印度人的集体意识；在称为贝鲁尔修道院的新址上建立罗摩克里希那修道制度。

图50　辨喜

辨喜犹如大雪崩一般登上世界舞台时，年仅三十岁，随后，他只活了九年。在短暂的一生中，他不知疲倦地工作，为了全人类的福祉，为了在人间传播爱与和谐，为了建立全球理解、合作与和平。连续不断的工作和巨大的理智创造所导致的过劳严重地影响了他的健康，1902年7月4日，他静静地离开了肉身的牢笼。

在研究辨喜的作品时，我们需要记住：他不是一名扶手椅上的哲学家。无论身在东

图51 罗摩克里希那，辨喜的师父

方还是西方，他始终对全人类的普遍问题极其感兴趣，这些问题分为两类：社会经济问题和生存论问题。辨喜是第一位明确这两类问题，并在吠檀多的帮助下提出解决办法的印度精神领袖。

二、对吠檀多的现代诠释

在辨喜之前，吠檀多的教导被局限在印度社会的一个小阶层之中，正是辨喜打破重重障碍，把吠檀多带出了少数特权人士之手，带出了山洞和修道院，让吠檀多对全世界所有人开放。不过，他所诠释的吠檀多不是祭司和梵学家的吠檀多，而是表达普遍真理的吠檀多，它清除了仪式和象征，由罗摩克里希那活出并教导。甚至在《奥义书》中，吠檀多的原理也常常通过印度文化所独有的寓言、神话和象征来表达，但辨喜把吠檀多带出了古老的文化母体，并将它们置于坚实的科学基础之上，从而让它们适应现代语境。

辨喜看到，吠檀多的真理本身包含着巨大的力量，可以转变人，如果将它们应用于现实生活，就能解决人类的大多数问题。应用这些古老的灵性真理来解决现代世界的问题，就是辨喜所称的"实用吠檀多"。实用吠檀多和阿罗频多的整体吠檀多一样，属于"新吠檀多"，即"近现代一批先进的思想家在继承传统吠檀多基本原理的基础上，大量吸收西方哲学的思想和方法而创造出来的一些新型吠檀多哲学"[①]。实用吠檀多的目标不再仅仅是个人的解脱，而是全人类的福祉。它要建立一个理想的社会，人人都能成为古老的《吠陀》中的见者。如何建立这样的社会？实用吠檀多提供了以下原则。

1. 人的神性

最重要的吠檀多真理之一是辨喜所称的"灵魂潜在的神性"。根据吠檀多，我们的真实本性既非身体，也非心意，而是内在的神圣中心——阿特曼，它是宇宙大灵的一部分，而宇宙大灵称为至上阿特曼或梵，俗称神。这意味着，我们的真我是神。然而由于无明，我们不认识自己与生俱来的神性。这就是辨喜为什么把人的灵魂说成具有"潜在的神性"。

依据吠檀多的诊断，人的生活中的所有问题根源于无明。尤其是在现代，生活变得复杂而困难。工业化和城市化扰乱了既定的社会生活样式；家庭关系正在崩溃；经济竞争，无限制地追求享乐，以及大众媒体的影响让我们的生活充满了混乱的活动，心始终不得安宁。这些因素连同其他因素让生活充满压力。神经官能症和各种身心疾病的增长被归因于人们无力应付压力，而这反过来源于真我知识的缺乏。毫无疑问，现代心理学极大地增加了人的自我认识，尤其是对心的无意识部分如何运作的认识，但它尚未解决人的基本问题，没有给人带来持久的平静与满足。为什么？因为现代心理学的自我认识没有触及

---

① 朱明忠：《奥罗宾多》，云南教育出版社，2009年，第29页。

人格的核心。

吠檀多更加深刻，它说，我们所谓的"我"仅仅是假我或私我，其背后是自明的阿特曼（真我）。阿特曼才是一切知识、力量和快乐的源泉，但我们忘了这个事实，在外物中寻求它们。辨喜认为，我们的生活与阿特曼这个光明中心的疏离，正是各种生存论问题和心理问题的原因。我们需要一个脱离私我、脱离烦恼的内在领域，在那里，我们能够理解自己的问题，做出正确的决定，并以勇气和力量应对施加在我们身上的各种压力。为此，我们需要探求和觉悟真我。

要教会你自己，教会每一个人"真我"是什么；要呼唤沉睡的灵魂，看着它如何醒来。当沉睡的灵魂醒来，并开始自觉地行动，力量会有、荣耀会有、善会有、纯净会有，一切卓越之物都会有。（《辨喜全集》第三卷）

2. 宇宙的基本统一性

吠檀多的另一重要原则是宇宙的基本统一性。现代科学已经发现了宇宙在物理层面的统一性——物质与能量的统一。昔日的印度圣人更加深入，发现了宇宙在精神层面和灵性层面的统一性。所有个体自我都是至上真我的一部分，有本《奥义书》明确地说，统一的真我乃是所有的爱（丈夫与妻子、父母与子女等之间）之基础，而二元性乃是所有的恶之原因。辨喜以其独特风格表达了这一观念：

任何走向"一"的东西，皆为真理。爱是真理，而恨是谬误，因为恨走向"多"。正是恨让人们彼此分离，所以，恨是错误的……爱让人们结合，爱走向"一"……因为爱就是存在，就是神本身，这一切都是大爱的显现，都是大爱或多或少的表达。（《辨喜全集》第二卷）

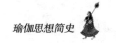

3.伦理道德的基础

辨喜看到，吠檀多的统一性原则——所有个体自我统一于称为"梵"的至上真我——可以单独为爱的伦理生活、社会服务和道德提供一个理性的基础。事实上，它为"爱人如己"提供唯一的根本理由。辨喜追问道："我为什么要爱人如己？"答案是："因为我和邻人在至上真我之中合一。"此外，根据辨喜的观点，对于道德，我们能够给出的唯一定义是：

自私的是不道德的，不自私的是道德的。

进一步说，道德的传统基础已被现代理性思想所侵蚀，不道德、犯罪和其他恶行相应增加。世界需要一个新的道德原则，可以让道德生活变得自然而然，而无需利用武力或强制、恐惧或虚构的信念。基于"灵魂的潜在神性"这一信条，辨喜认为，我们应该有道德地行动，因为我们具有内在的善，不道德的行动则有违我们的真实本性。他尝试发展一个新的伦理体系，建基于我们内在的纯净、自由、不朽以及真我的统一性。他的这一尝试是对道德哲学的重要贡献，如果应用于现实生活，就能开辟一个以爱、平等和服务为基础的社会新秩序。

4. 普世的服务理想

服务的理想在所有宗教中都占据着重要地位，然而，它通常局限于本宗教内部的追随者。辨喜尝试发展普世的服务理想，针对所有人，而不分种族、宗教或教派的差异。普世服务理想最独特的地方在于它的基础——承认人的灵魂具有神性，这意味着服务于人就是服务于人内部的神。"人内部的神"这一表述不是指神坐在人内部，而是指人的真实本性就是神。正如辨喜所言：

我们是神的服务者，神被无知者称为人。

如果你想要善，就把你的礼俗扔到九霄云外吧，崇拜活生生的神，也就是"人神"（Man-God）——穿着人的皮囊的每一存在者。

毫无疑问，印度在很久以前就有关于"人内部的神"和"人的灵魂之神性"的明确的形而上学观念。如果印度的社会生活完全基于吠檀多的格言"一切皆梵"或"世间万物皆在神中"，那么印度将是人间天堂，然而这从未发生。当然，历史上有过实践灵性生活的崇高理想的个体，但在集体层面，灵性生活的崇高真理与洞见还没有变成社会现实。

5. 吠檀多的科学基础

灵魂的神性、宇宙的灵性统一不是想象出来的东西，而是古代圣人通过直接经验发现的。辨喜说，这些真理和科学实验一样，是可重复的经验。正如科学讨论的是物质世界的真理，吠檀多讨论的是灵性世界的真理。科学有个基本原则：一个陈述只有得到证实，才能被认为是真的。可证实性原则也能应用于灵性真理吗？这个问题是由辨喜本人提出的，他说：

宗教是否要通过理性的发现来证明自身？其他学科都是这样证明自身的。我们应用于科学和外部知识的调查方法，是否要应用于宗教学科？在我看来必须这样，而且我认为越快越好。

当辨喜做出上面的陈述时，西方心理学正处于婴儿时期。但如今，在脑电图、生物反馈、PET和创新实验的帮助下，现代心理学家能够证实灵性世界（俗称"超个人"世界，trans personal world）的许多真理。同样，在冥想与内观的帮助下，我们能够体验我们的神性。

现代世界受到卓越的科学家和社会哲学家所开创的思潮的塑造，尽管这些思潮看似多种多样，但它们全部基于唯物论的生活观。传统宗教以其狭隘的神学框架和教条主义的主张，无法迎接现代世界的这些强大思潮提出的挑战。辨喜的伟大成就之一在于迎接现代科学和社会思想提出的挑战，他的办法不是谴责科学或现代社会政治观念，而是首先表明，宗教和科学一样，基于某些普遍而永恒的真理，这些真理可以通过直接经验来检验和证实；其次，他表明，科学和宗教有着同样的终极目标，即找到宇宙的基本统一性。科学与宗教代表的是不同层面或等级的真理，而且——

人不是从错误走向真理，而是从真理攀登到真理，从低级真理攀登到高级真理。

6. 综合瑜伽

灵性真理如何能被直接经验？这一点在古印度得到了彻底研究，若干道路被发现，这些道路称为瑜伽，我们已在本书中描述了各种瑜伽道路。当前，"瑜伽"一词的流行用法是指某些身体姿势或练习，但这还不是瑜伽原本的真义——意识转变。近年来，人们用某些药物引发所谓的"意识状态的改变"，药物滥用已经成为全世界很多地方的一个严重问题。但药物制造的仅仅是幻觉，而不是意识转变。它们只会削弱心意，导致人的堕落，那不是瑜伽。瑜伽基于心意的净化、意志的增强、爱和长期修习。

辨喜把瑜伽主要分为四种：智慧瑜伽、虔信瑜伽、胜王瑜伽、行动瑜伽。每一种瑜伽都代表着一种特定的意识转变方式。在智慧瑜伽中，意识的转变是通过真我知识来实现的；在虔信瑜伽中，意识的转变是通过虔信来实现的；在胜王瑜伽中，是通过冥想来实现的；在行动瑜伽中，则是通过无私行动来实现的。辨喜的著作中有对这些瑜伽的出色描述，实际上，他对每一种瑜伽的样式和应用做了修改，以适应现代追求者的需要。

虽然每一种瑜伽都能独立引领人实现最高目标，但辨喜主张，四种瑜伽的综合才是最理想的灵性训练形式。根据他的观点，每一种瑜伽都代表着人心的一种官能，四种瑜伽的综合乃是心意的全面发展和生命的丰富所必需的，我们已在本书开头谈论过他的综合瑜伽，其渊源在于师父罗摩克里希那对诸宗教的灵性道路的亲证，以及在此基础上提出的诸瑜伽和谐之道。辨喜本人就在生活中达成了一种奇妙的和谐与综合，传记作者罗曼·罗兰（Romain Rolland）写道：

> 辨喜的建设性才能可以概括为两个词：平衡与综合。他接受所有的精神道路，接受全部的四种瑜伽、弃绝与服务、艺术与科学、宗教与行动——从最灵性化的直到最实用的。他所教导的每一条道路固然有其局限性，但他本人已经穿越全部的道路，并接受全部的道路。他犹如驾驭着双轮战车，手里握着四条真理道路的缰绳，同时沿着这四条道路奔向大一。他是人类全部能量的和谐化身。

不可否认，辨喜对直接经验的坚持和对四种瑜伽的阐发，直接或间接地为现代世界信仰的恢复和宗教的复兴做了许多贡献。他为麦克斯·缪勒（Max Muller）和其他东方学家试图发展的比较宗教学奠定了基础，这门学科把对宗教的科学研究作为一条新的学术进路。

7. 取消圣俗之分

对于辨喜，宗教不仅仅是一种特殊类型的活动，比如崇拜、祈祷、冥想等，在一天中的特定时间履行。虽然这些活动是重要的，但宗教涉及一个人的整个生活。他认为，宗教是内在灵魂（阿特曼）之荣耀的展现，每一项有助于展现灵魂的活动都是宗教。科学作为对真理的探求，作为解决人生问题的理性进路，乃是宗教的一个方面，无私行动也是。辨喜尝试在灵性生活与社会生活之间、在超验者与经验者之间架设桥梁。在他那里，神圣与世俗的分别消失了，正如他的弟子所言：

> 所以，没有神圣与世俗之分。劳动就是祈祷，征服就是弃绝，生活本身就是宗教。拥有和坚持就像放弃和回避一样坚定……对于辨喜，研讨会、学习、农家庭院、田野就像修士的单人小室或神庙的大门一样，都是真实而恰当的神人相遇之地。对于他，服务人和崇拜神之间，刚强和信仰之间，公义和灵性之间，没有分别。从某种观点来看，他的所有话语都是对这一核心信念的注解。

然而，我们应该明白，不承认圣俗之分并不意味着取消神圣性或世俗化，不如说，其含义恰恰相反，意味着一切活动的神圣化，人的生活的神圣化，或整个生活的灵性化。

这些构成辨喜的"人类宗教"观念，如此设想的宗教拥有巨大的力量对人类行善。在印度，许多世纪以来，大多数哲学家主要用宗教把世界解释掉，或者用宗教逃离尘世的束缚，然而，辨喜的目标在于用宗教解决人的日常问题。他是印度现代第一位将宗教原则应用于解决民族问题，并让宗教成为改变印度社会的强大工具的伟大思想家。"如果宗教能帮人得解脱，难道就不能帮人解决日常问题吗？"辨喜追问道。这个问题带着迫切性传到我们耳中，与马克思的著名陈述如出一辙："哲学家迄今为止仅仅试图解释世界，而真正的问题在于如何改变世界。"

三、辨喜对现代世界的影响

辨喜的影响从印度扩展到全世界。印度独立之前，几乎所有伟大领袖，包括阿罗频多、诗人泰戈尔、玻色（Netaji Subhas Chandra Bose）、甘地、尼赫鲁（Jawaharlal Nehru），或多或少从辨喜身上汲取了灵感。通过他们，辨喜对现代印度的造就发挥了相当大的影响。

阿罗频多写道：

> 辨喜是个有权柄的人，是人中之狮……我们看到，他的影响仍在发挥着巨大的作用。我们不清楚在哪里，在灵魂所进入的某种尚未成形的事物里，某种狮子般的、伟大的、直觉的、突出的事物里，我们说："看哪，辨喜依然活在母亲和孩子们的灵魂里。"

甘地这样承认辨喜对他的恩情：彻底地通读了他的著作之后，我对祖国的爱增加了千百倍。罗曼·罗兰说：从辨喜的灰烬中，犹如从旧时凤凰的灰烬中，印度的良心重生了。

在世界舞台上，辨喜及其著作引起了人们的广泛兴趣，他的影响迅速传播。实际上，印度思想的西渐在辨喜之前就已开始，印度典籍，尤其是《奥义书》的翻译，影响了一批西方知识分子，包括叔本华、席勒、爱默生、梭罗等。辨喜在美国成名之后，印度思想风靡欧美知识界，瑜伽和新吠檀多在西方扎根。

为他赢得人心的，是他对受苦之人犹如佛陀一般的慈悲。辨喜对全人类的福祉怀有全面的愿景。宗教的统一性、人的统一性、世界的统一性——这是辨喜的三个重要启示。他认为，它们可以通过东西方的相遇，通过东方哲学与西方科学的融合，通过东方的超验智慧与西方的物质繁荣的审慎结合，通过神圣与世俗的整合来实现。他视整个世界为一体，这不是因为他忽视多样性，而是因为他相信"多"中之"一"乃是宇宙的计划。他不仅谈论统一性，而且努力去实现。

我们生活在一个人本主义的时代，把人本身作为一切思想与行动的首要关切和中心。但人对人的非人道，以及人的当前境况——仅仅是工业社会轮子上的一个钝齿——已在相当大的程度上削弱了人的价值，并让生活对无数人来说变得没有意义。辨喜对吠檀多学说的阐述——灵魂具有潜在的神性，生活的目标是借助瑜伽显现这种神性——能够恢复人的尊严与幸福，给人以面对生活问题的力量，并让生活充满意义。

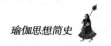

第三节 阿罗频多的整体瑜伽

现代印度"三圣"之一的圣哲阿罗频多（也译作奥罗宾多）所追求的理想境界和辨喜一样，不仅是少数人的解脱，而且是全人类的解脱，也就是人类的完善化和神圣化——"神圣人生"的实现。作为整体瑜伽的倡导者，他们都吸收和改造传统的瑜伽，并将它们协调起来，共同致力于人的身心灵的整体转化。他们都强调整个人生就是瑜伽，把瑜伽修行贯彻到日常生活的所思所行中，让瑜伽日常化和生活化。他们都注重吸收现代西方的哲学与科学成果，把瑜伽现代化。福伊尔施泰因评价道："（阿罗频多的整体瑜伽）证明了始终具有高度适应能力的瑜伽传统为响应变化了的文化环境而做出的持续发展。整体瑜伽是针对我们的现代需求与能力来重新表述瑜伽的最令人钦佩的尝试。"①

一、民族斗士和神圣导师

阿罗频多·高士的成长经历使他成为瑜伽现代化的独特人选。他于1872年8月15日出生于加尔各答北面的科纳达尔镇，他的生日也是印度的"独立建国日"。高士家族是当地的名门望族，属于婆罗门种姓。他的祖父是一位知识渊博的学者，在当地颇有声望；外祖父是印度著名的启蒙思想家和民族主义的先驱，曾加入梵社；父亲则是当地有名的外科医生，在英国获得医学博士学位，深受西方自由思想的熏陶，蔑视和反叛传统；母亲受过良好的教育，具有很高的文学修养，在兰格普尔市居住时被誉为"兰格普尔的玫瑰"。阿罗频多家里有兄妹五个，他排行老三。因为父亲崇尚西方文化，所以阿罗频多自幼就跟随英国保姆说英语，5岁时和两个哥哥到英国人的教会学校读书，7

---

① ［德］格奥尔格·福伊尔施泰因著，闻风、朱彩红、黄祺杰译：《瑜伽之书》，海南出版社，2017年，第56页。

岁随全家移居英国，受到良好的教育，掌握了英语、拉丁文、法语、意大利语、德语和西班牙语，博览群书，对欧洲文学和历史尤其感兴趣。18岁时，阿罗频多进入剑桥大学国王学院的文学系，有位老师这样评价这个印度学生："除了古典文学成绩，他的英国文学知识远远超过了研究生的水平，英文写作水平也大大高于多数英国青年人。"

在剑桥大学学习期间，他开始对政治产生兴趣，偕同一批具有激进思想的印度校友成立了秘密组织"莲花剑社"，主张用暴力革命的手段争取印度的自由，并宣誓为祖国的独立不惜牺牲生命。1893年，在英国旅居了14年的阿罗频多回到祖国，开始了教书和革命的双重工作。他曾担任巴洛达大学的副校长，当时年仅32岁，两年后又为了投身于孟加拉"反分治"运动而辞职。他曾和提拉克一起努力，说服了国大党温和派领导人，使"印度自治"成为国大党乃至整个印度民族的政治纲领。1907年和1908年，他因为参加孟加拉民族运动两次被捕入狱。当时，在英国殖民当局的强力打压下，民族运动陷入低潮，形势急转直下，大部分爱国领袖遭到逮捕，不是被流放就是被关押，他也被视为危险分子，面临着殖民当局的再次搜捕。1910年4月4日，逃离加尔各答的他抵达印度东南海岸的法属殖民地——本地治理，结束了17年的政治斗争生涯。

从1910年抵达本地治理直到1950年在那里病逝，他在人生的后半段过着隐居生活，一方面进行学术研究，创立新学说；另一方面修习瑜伽，创办修道院，培养弟子。从1914年到1922年，他在自己创办的英文杂志《雅利安》月刊上发表了大量学术文章，这八年是他的哲学体系形成的时期。1926年11月24日，阿罗频多修道院正式成立，从这一天起，他隐居起来潜心修道，修道院的一切事务皆托付给院母密娜·阿尔法萨，弟子们尊称她为"神圣母亲"。根据徐梵澄的描述，"他隐居于二楼，除了院母之外，世人皆不得见，学院大小事务皆托于院母。门人弟子若有问题，亦以书信往来。每年四次受谒，访者鱼贯过其前，行礼而退。从此二十余年，足不下楼，直至示寂，入殓归土，方可算下楼了……阿罗频多示寂后，面目红润，焕然如生时，仿佛精神未曾离去"①。

阿罗频多修道院不是有意创立的，而是因为阿罗频多周围聚集的人越来越多，逐步形成的。这批追随者跟着他修习精神进化之路，逐渐形成了一个弟子社团，修道院的正式成立则是后来的事。阿罗频多修道院不是我们想象中的传统修道院：

> 修道院不是宗教组织。这里的人来自各种宗教，还有一些不信教的。这里没有教规教义，也没有宗教的管理体制，只有阿罗频多的教导，只进行一些目的在于扩展自己意识的冥想、禅思之类的心理实践，证悟真理，控制欲望，揭示每个人内在的神圣自我和意识，以实现自然的高等级的进化。②

图52　阿罗频多

在本地治理过着隐居生活的阿罗频多依然关心印度的前途和世界形势，曾在二战爆发后发文批判法西斯主义，并捐款给同盟国的战争基金。印度独立日，他心情激动地发表了《祝词》。在他逝世之后，他所创立的修道院不断扩大，他的著作传播到全世界，对世人产生了较大的影响。

研究者朱明忠把阿罗频多的著作分为四类。第一类是哲学和瑜伽学说著作，包括《神圣人生

① 孙波：《徐梵澄传》，崇文书局，2019年，第213—215页。
② 转引自朱明忠：《奥罗宾多》，云南教育出版社，2009年，第21页。

论》《综合瑜伽》《论瑜伽》《瑜伽的基础》《赫拉克利特》《超心思在世间的显现》等。第二类是历史文化与社会进化理论的著作，包括《社会进化论》《人类统一的理想》《印度文化的基础》《印度的复兴》等。第三类是印度古代经典的翻译与研究著作，包括《薄伽梵歌论》，对《羯陀奥义书》《蛙氏奥义书》等八本《奥义书》的英文翻译，以及对《伊沙奥义书》的翻译和研究等。第四类是诗歌创作与文学评论，其中最有名的诗集是《莎维德丽》，表达了他所信奉的真理，"一种神圣的力量能使人性从黑暗走向光明，从死亡状态上升到永生的境界"。

泰戈尔在1907年写给阿罗频多的诗中说："你那自由的声音是印度灵魂的化身……你是火焰一样的使者，给我们带来了神的光明。"

二、整体吠檀多

1. 宇宙的进化

阿罗频多的解脱道路称为"精神进化论"，也称为"整体吠檀多"。我们要理解他的整体瑜伽，就要先来理解他的整体吠檀多。许多学者认为，整体吠檀多是19世纪中期以来的新吠檀多思潮中最具代表性的一个体系。为什么叫"整体"吠檀多？在阿罗频多看来，古代的各种吠檀多学说在处理梵、我和世界三者的关系上有其缺点和片面性，他创立整体吠檀多是要克服古代学说的缺点，方法是让它们在一个更大的综合知识体中归位：

这种整体知识（即整体吠檀多）承认一切存在观的有效真理在它们各自的领域中是正确的，但整体知识要消除它们的局限性和否定性，协调这些局部的真理，使它们在一个更大的真理中相互和谐。这个更大的真理将使我们存在的一切方面在那唯一遍在的"存在"中圆满实现。[①]

　　整体吠檀多旨在开辟精神进化之路。阿罗频多虽然受到达尔文生物进化论的启发，接受了进化论的思想框架，但认为达尔文学说是不完善的，只解释了"地上存在的""短命的"现象，而没有说明"天上的""永恒的"存在。他的精神进化论则囊括了整个存在，包括地上的和天上的、短命的和永恒的。

　　精神进化论的理论基础是吠檀多的根本原理——一切皆是梵。在传统吠檀多中，梵是唯一的存在，整个宇宙是梵的显现，出自梵，归于梵。在整体吠檀多中，梵是什么？阿罗频多继承了传统吠檀多对梵的两种表述方式——否定法（遮诠法）和肯定法（表诠法）。从否定法的角度，他说："这个唯一者在本性上是无法界说的。如果我们用自己的心思去想象它，就只能借助一个无限系列的概念和经验。最终，我们不得不否定我们最大的概念和最概括的经验，以肯定梵超出一切定义。我们只能借用印度古代见者的表述'不是这，不是这'，除此我们没有任何经验可以限制它，也没有任何概念可以规定它。"[②]从肯定法的角度，阿罗频多对梵的描述有所创新。他既肯定传统吠檀多对梵的表述——"存在·意识·喜乐"，又运用现代哲学的方法和自然科学的成果，对传统表述做了新的解释，提出了新的表述——"纯存在·意识–力·喜乐"。

　　阿罗频多借用19世纪末西方科学中的"唯能论"来解释梵。唯能论认为一切现象，无论是物质还是精神，都可以归结为"能量"或"能量的转换形式"，这类似于密教的"萨克缇"。由于能量超越概念和形式，无限而又无法界定，因而它是一种纯粹的存在，是其他存在物的基础。阿罗频多把"无限能量"视为"纯存在"，后者就是

---

①　朱明忠：《奥罗宾多》，云南教育出版社，2009年，第35页。
②　朱明忠：《奥罗宾多》，云南教育出版社，2009年，第53页。

梵。"纯存在"也是黑格尔逻辑学的第一个范畴。可见，阿罗频多在解释梵时利用了自然科学和西方哲学的成果。其次，作为纯存在的梵也是一种能够创造世界的"有意识的力量"（意识–力），这里的"有意识"指梵具有自己认识自己的先天意识。为什么？因为无意识的盲目力量无法解释世界万物的和谐统一。意识–力有两种状态：一种是静止状态或"点"的状态，即超时空的自我凝聚状态；另一种是运动状态，即在时空中自我扩散的状态，由此，梵将内部所包含的各种潜在形式显现出来，创造世界，这类似于数论哲学的因中有果论。意识–力的运动状态就是"超心思"，我们稍后解释。再次，创造的原因在于梵的喜乐，阿罗频多说："意识存在的绝对性，就是意识存在的无限喜乐，两者只是同一事物的不同名称而已。"这不难理解，因为梵的纯粹存在和无限意识意味着自由，而自由就是喜乐，喜乐的反面则来源于限制。

　　梵是"纯存在·意识–力·喜乐"，其显现分为本体界和现象界：本体界包括梵和超心思，现象界包括心思、生命和物质，合起来构成存在的五个等级。阿罗频多反对商羯罗的"摩耶论"，主张现实世界是真实的存在。正如朱明忠指出的，这是因为他明白如果否定世界的真实性，就等于否定了人存在的价值和生活的意义。阿罗频多感到，印度文化最大的缺陷就在于出世厌世的倾向，而这源于对现实世界的蔑视和否定，所以他反对否定世界的哲学。他批判商羯罗的摩耶论不是真正的吠檀多不二论，因为"真正的不二论应当承认万物皆为唯一的梵，而不是把梵的存在分成两个相互矛盾的实体——永恒的真理和永恒的虚幻、梵与非梵、自我与非我、真实的自我与永恒的非真实的摩耶"[①]。

　　为什么阿罗频多把存在分为上述五个等级？这是他综合印度传统哲学和自然科学的结果。他把世界的一切现象归纳起来分为三大类：

---

① 转引自朱明忠：《奥罗宾多》，云南教育出版社，2009年，第61页。

物质、生命和心思。"物质"指金属、矿物质、原子等一切无生命现象。"生命"指动植物等一切有生命的现象，他说："我们所说的生命，是指我们熟知的宇宙力量的一种特殊的结果。这种宇宙力量只是自我显现于动物和植物之中，而不是显现于金属、石头和气体中；只活动于动物的细胞中，而不是活动于纯物质的原子中。""心思"指人，"凡是能思想，有感情、意志、意识冲动的生命，我们整体上都叫它'心思'"。物质、生命和心思都是同一种能量的产物，是梵的真实显现，而非虚幻显现。

在数论哲学中，原人和原质都是超时空的纯粹存在；要从原质演化出时空中的具体存在，就需要原人和原质结合，从而打破原质三德的平衡，启动演化的过程。阿罗频多面对着同样的问题：作为"纯存在"的梵如何创造出时空世界中的万物？传统吠檀多不二论认为，梵用摩耶之力创造了世界，因而世界本质上是幻。阿罗频多则提出了"超心思"，用来解释超时空的梵如何将自身转化为时空中的万物。什么是超心思？阿罗频多解释道：

> 它是一种超越人的心思，并充当"世界创造者"的活跃的意志或知识原理，是介于自在的"一"与它所流出的"多"之间的中介力量和状态。

从超心思所处的位置来看，它是从超时空世界进入时空世界进行创造的梵，也就是离开自我凝聚的状态而进入自我扩散状态的"意识-力"。所以，超心思的第一个作用是，能把以潜在的形式存在于梵中的世界万物显现出来。朱明忠说：超心思由纯粹单一的意识分化出无数单个的"意识自我"，下降到现象界，显现为万物，换言之，这些意识自我只是披上各种无知的外衣，成为有外壳包裹的"潜在意识"；它们隐藏于万物之中，推动着万物的发展变化。万物由于本性是梵，因而有一种恢复自身本性的倾向，这就是万物向上进化的冲动。超心思可以推动万物复归于梵，这是它的第二个作用。

所以，阿罗频多的宇宙进化包含一个双重过程：梵依靠具有创造能力的超心思的媒介作用下降到现象界，现象界通过超心思的观照作用逐步上升为梵。也就是说，梵通过超心思，经过心思、生命，下降到物质；物质再按照生命、心思、超心思的顺序复归于梵，这就是阿罗频多设计的宇宙进化模式。

2. 人的进化

朱明忠认为，阿罗频多设计宇宙进化模式的根本目的，在于说明达到了心思水平的人仍然是不完善的，必须向更高的精神境界——超心思的水平进化，以便上升到"神圣的存在"。"心思的人"如何向"超心思的人"进化，正是人的进化所要研究的课题。

阿罗频多肯定进化（心思向超心思的复归）是人与生俱来的冲动：

> 人是永远不会休止的，直至他达到最高的善。人是生物中最伟大的，因为他最不容易满足，因为他能感受到各种限制的压力。也许唯有他，能为追求远大的理想而被神圣的癫狂所俘获。[1]

从精神进化论的角度来看，我们在本书中展现的瑜伽历程正是人追求和实现精神进化的历程。但在现实生活中，正如朱明忠所言，人虽然感受到光明、自由、永生的无限存在并去追求之，但又受到实际生活中的死亡、痛苦、罪恶和各种限制的困扰，从而处于一种自相矛盾的心态中。这种矛盾从何而来？它来自"一种被歪曲和分裂的意识"，这是心思本身的有限性造成的：心思是一种不完善的意识，缺乏整体和统一的观念，其主要功能是把整体分割为无数的部分，再加

---

[1]　转引自朱明忠：《奥罗宾多》，云南教育出版社，2009年，第75页。

以分析，由此产生一系列的二元对立——生与死、乐与苦、善与恶、全部与部分等。

心思的有限性又从何而来？根据阿罗频多的进一步分析，它来自私我的限制，私我即人的表面肉体和生命所产生的自私自利的欲望，是"错误、忧愁、苦难、死亡和罪恶等反面观念产生的决定因素"。在此，朱明忠指出，虽然把人世间的痛苦与罪恶的根源归于受自私欲望所束缚的心思，这是印度传统哲学的一贯主张，但阿罗频多没有全盘否定心思，而是对心思采取基本肯定的态度，承认心思是宇宙进化过程的一个中间环节，在一定范围内是有效的，并在本质上追求更高的意识境界。阿罗频多对心思的基本态度不是断灭之，而是改造和升华之。

改造和升华心思，进入超心思的动力来自何处？根据阿罗频多的说法，人的存在分为两个层次——表面的存在和内部的存在，前者是刚才谈到的"私我"，后者是"生命我"——居于人内部的梵，相当于原人或阿特曼。生命我是如如不动的，不参与人的生命活动，只通过"心灵"来显现自身。心灵是生命我在人体活动中的代理者，起着联结生命我与私我的媒介作用。因而，在阿罗频多那里，生命我和心灵合起来成为人与生俱来的真实本性，亦静亦动。从大小宇宙同构的角度分析，人这个小宇宙中的生命我相当于大宇宙中的梵，心灵相当于超心思。从心思向超心思的进化就在于，通过瑜伽修行使心灵的作用充分发挥出来，使之主导人的全部存在——这样的人被阿罗频多称为"超人"。

需要强调的是，"超人"并不仅仅是实现自我解脱的人。阿罗频多心怀大乘佛教"菩萨"普度众生的理想，他的超人就是菩萨：

超人用他的无限意识和力量去照亮一切堕落的自我。他们把无明从人类中驱赶走，使众生超心思化。正如一个火把点燃另一个火把，另一个火把再去点燃第三个火把，超心思作为照明的火炬和火焰般的意识，能够点燃一切灵魂，使他们在大火中燃烧。超人的超心思意识要扫除一切人的无明，把知识、力量、意识、真理和欢乐带给他们。①

三、整体瑜伽

1. 整体瑜伽的目标：个人和集体的圆满

阿罗频多的整体瑜伽服务于心思向超心思的进化，把凡人转化为超人。如果说整体吠檀多是他的思想的理论方面，那么整体瑜伽就是他的思想的实践方面。

印度历史上有各种形式的瑜伽，阿罗频多认为，每一种瑜伽形式只能调动人的某一种能力来充当超越的工具，因而被工具的特性所限定："哈达瑜伽之程序，是心理和生理的；胜王瑜伽的程序，是心思的和心灵的；知识之道，是精神的和认识的；虔信之道，是精神的，情感的，爱美的；行动之道，是精神的，以行动为动力的。"②但人的进化是整体的转化，只靠一种瑜伽形式是不够的，只有把各种瑜伽形式综合起来，调动人的一切潜能，才能实现人的整体转化。所以，他把各种瑜伽综合起来，取长补短。他说：

智识的、意志的、伦理的、情感的、爱美的、体育的训练和改进，一切皆有好处，但究竟皆是一恒常的圆圈旋绕，没有任何最后极度的或照明的目标，除非它们达到一点，于时能启对"精神"的权能和当体，容纳其直接作用。这直接作用导致整个有体之转化，于我们

---

① 转引自朱明忠：《奥罗宾多》，云南教育出版社，2009年，第86页。
② ［印］室利·阿罗频多著，徐梵澄译：《瑜伽箴言》，华东师范大学出版社，2005年，第3页。

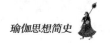

的真实圆成为不可少的条件。①

显然，比起传统的瑜伽形式，整体瑜伽的目的"必然更完整、更概括，包纳了一个更大的自我圆成之冲动的那些元素或那些倾向，并加以和谐化，或毋宁是加以统一；为了成就这，整体瑜伽必须摄持一真理，该真理广于寻常宗教原则，高于尘世原则"②。

除了个人的自我圆满，整体瑜伽也指向人类的集体圆满："我们的瑜伽的目标，是把超心思的意识带到尘世间，让它定居在这里，按照超心思意识的原则创造一个新的人类，来指导个人和集体的内部与外部的生活。"③换言之，整体瑜伽的目标是成就神圣人生。

2. 整体瑜伽的修习：在心中树立一警卫

整体瑜伽和密教瑜伽一样，建立在"轮回即涅槃"的基础上，主张以圣化俗，而不是以圣灭俗。套用阿罗频多的说法：

接受凡人生活，而且与神圣本体自加结合，致使整个生命觉识其神圣渊泉，且在知识、意志、感觉、诸识和身体的每个作为中，感到其神圣发端的冲动力。整体瑜伽不弃去世俗目标中之菁华，却将其扩大，发现于今从之隐障了的更真更大的意义，且生活于其中。④

朱明忠在比较整体瑜伽和传统瑜伽的基础上，归纳了整体瑜伽的

---

① ［印］室利·阿罗频多著，徐梵澄译：《瑜伽箴言》，华东师范大学出版社，2005年，第11页。

② ［印］室利·阿罗频多著，徐梵澄译：《瑜伽箴言》，华东师范大学出版社，2005年，第10页。

③ 转引自朱明忠：《奥罗宾多》，云南教育出版社，2009年，第100页。

④ ［印］室利·阿罗频多著，徐梵澄译：《瑜伽箴言》，华东师范大学出版社，2005年，第14页。

几个特点。

第一，整体瑜伽认为人的身体、生命和心思与内在的心灵不是对立的，不主张弃绝身体、生命和心思，而强调这三者的整体上升和超心思意识的下降，并通过上升和下降的双重过程促成人的整体转化。

第二，整体瑜伽不像帕坦伽利的瑜伽那样主张断灭意识活动，而是主张在清醒意识状态下，人就可以与"神圣者"结合。

第三，阿罗频多的整体瑜伽和辨喜的综合瑜伽一样，强调瑜伽即人生。为了实现人的整体完善，应当把人生的一切行为和体验都作为达到完善的手段。

因此，整体瑜伽并不强调某一特殊功能的训练，也就是说，整体瑜伽不强调体位和调息的训练，不要求遵守特殊的仪式，也不主张念诵咒语或祷文。它只是一种进行精神转化的内部瑜伽，强调克服私心杂念，以促进心思、生命和身体的整体转化。这是一种渗入人的全部存在和整个生活的修行方式。在阿罗频多修道院生活多年的徐梵澄先生写道：

在阿罗频多修道院，空气就不同了。（这里笼罩着一种氛围，弥漫着一种气息，清新，疏朗，启明，鲜健，犹如一座有别于地上任何处的新村）这里没有佛堂，没有神像，没有十字架，没有法服，没有袈裟，没有任何仪法，没有戒律，无所谓的清规。曾经有弟子问室利·阿罗频多：我们应当守些什么规律？答复："这里没有什么规律。你只须在心中树立

图53　徐梵澄在印度

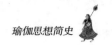

一警卫，凡有什么情命欲念（自私欲望）要进来了，驱遣它。"——所共同信仰的是"神圣者"，如此而已。①

在阿罗频多修道院中，整体瑜伽的修习者按照自己的需求和喜好自由地生活与修习，"有人愿意静坐内省，有人喜欢散步，有人喜欢听音乐，各从所好，从不勉强"。由于修习者把全部精神修习贯彻于日常生活每一个或大或小的行动之中，因而整体瑜伽使瑜伽脱离了宗教的轨道，真正生活化和日常化了。

四、瑜伽之城：阿罗维尔

阿罗频多的理想正在世上某个地方付诸实践，这个地方叫"阿罗维尔"（Aurovill），是阿罗频多的名字"auro"和法语词村庄"vill"的合成词，也译作"阿罗频多新城"。

阿罗维尔位于本地治理城北10公里处的平原上，东临孟加拉海，西面是几个小湖泊。整个城市呈圆形，直径2.4公里。它是阿罗频多修道院发展的结果，随着修道院成员的不断增加，院母密娜早在20世纪30年代便设想建立一座超越国家和民族的国际城市，以容纳来自世界各地的精神追求者。但直到20世纪60年代中期，阿罗频多去世十余年之后，她才得以与法国建筑师罗格·安格合作，制定出这座城市的建设方案，并将它命名为阿罗维尔，以纪念阿罗频多。1968年2月28日，院母亲自为阿罗维尔举行奠基典礼。参加典礼的各界代表约八千人，来自世界124个国家和地区，以及印度的23个邦。奠基仪式上的场景让我们想起诺亚建方舟的故事：每个国家或地区派一对青年男女，手持本国或本地的旗帜，捧着从自己国家带来的一把泥土，投放到一个两米高的大理石缸中。这个石缸象征着人类的统一，意味着阿罗维尔的根基连接着世界的每一个地方。

---

① 孙波：《徐梵澄传》，崇文书局，2019年，第223页。

为了实践阿罗频多的"人类统一"学说，阿罗维尔的神圣宗旨为：

阿罗维尔要成为一座国际城市，
在这里一切国家的男女，皆能生活在和平、进步与和谐之中，
超越一切信仰、一切政治、一切民族。
阿罗维尔的目标是要实现人类的统一。[①]

阿罗维尔代表着阿罗频多的理想，也代表着全人类的古老理想——大同世界。在今天，它的存在和发展意味着瑜伽之光不仅照耀印度，而且照耀全人类。

第四节　艾扬格的现代身体瑜伽

除了以辨喜和阿罗频多为代表的新吠檀多思想家的综合瑜伽，塑造现代瑜伽的还有以B. K. S. 艾扬格等人为代表的现代身体瑜伽师，他们或许可以被视为印度智慧的第二拨传教士。实际上，目前全世界大部分瑜伽修习者对瑜伽的认知更多地来源于艾扬格等人在西方所做的工作——推广现代身体瑜伽。

2003年，牛津英文词典收录了"Iyengar"（艾扬格）词条：

Iyengar：哈达瑜伽的一种，强调正确调整身体的位置，并使用绳子、木砖和各种辅具来帮助身体做到正确的姿势。此词源自B. K. S. Iyengar这个人名。Iyengar生于1918年，是印度的瑜伽老师，他研发

---

① 转引自朱明忠：《奥罗宾多》，云南教育出版社，2009年，第147页。

出了这种瑜伽学习的方法。①

　　艾扬格的《瑜伽之树》的中译者余丽娜评论道："艾扬格了不起的地方在于：他不仅用瑜伽探索了自己的身体和灵魂，还提出了一套实际可行的方法、语言，让一般人也能登堂入室。"②

一、从病弱小童到瑜伽大师

　　1918年，艾扬格出生在印度贝鲁尔一个婆罗门家庭，九岁丧父，家道清贫。他成长在印度独立运动的民族主义氛围中，虽然从未涉足政治，但认同现代新印度的价值观念，尤其是在社会和伦理方面。不过，在宗教方面，他忠于自己出生在其中的教派——南印度的毗湿奴派。

　　艾扬格早年便开始在姐夫克里希那玛查雅（T. Krishnamacharya）的指导下练习瑜伽。克里希那玛查雅生于1888年，是个颇有造诣的学者，掌握许多印度古典学科，包括梵文、因明学、仪式学、律法和医学的基本原理，精通印度哲学，以多种语言写作，其家族是9世纪著名的瑜伽师纳达穆尼（Nathamuni）的后裔。不过，对克里希那玛查雅影响最深的是自1915年起在喜马拉雅山区靠近西藏的玛旁雍错湖跟随室利·摩罗穆罕·布拉玛查利（Ramamohan Brahmachari）学习的七年。拜师学习期间，他熟读帕坦伽利的《瑜伽经》，研究体式和调息，学习瑜伽疗法。据他本人宣称，他掌握了三千个体式，并发展出了他的非凡技能中的一些，比如停止脉搏。作为多年教导的交换，摩罗穆罕要求这名忠诚的弟子回到家乡传授瑜伽，并组建家庭。1931年，迈索尔王公邀请克里希那玛查雅到梵文学校任职，在接下来的二十年里，

　　① 转引自［印］B. K. S. 艾扬格著，余丽娜译：《瑜伽之树》，当代中国出版社，2011年，"译序"第4页。
　　② ［印］B. K. S. 艾扬格著，余丽娜译：《瑜伽之树》，当代中国出版社，2011年，"译序"第4页。本节主要以该书为参考。

王公帮助他在整个印度弘扬瑜伽，并把宫殿的体育馆作为他的瑜伽学校。在此期间，他发展了现在所称的阿斯汤加连接体式，并训练了许多出色的弟子。

艾扬格就是克里希那玛查雅的弟子之一。1934年，克里希那玛查雅要远游，就请了16岁的小舅子艾扬格来陪伴太太。一段时日之后，姐夫回家，见艾扬格体弱多病，就将他留下，到瑜伽学校锻炼。艾扬格自己证实："出生伊始，我就被感冒和接踵而至的疟疾、伤寒与肺结核缠身，为了让我健康，作为我的姐夫与古鲁的克里希那玛查雅带我进入瑜伽世界。"[1]这是艾扬格生命的转折点。不过，艾扬格和姐夫的相处看似并不愉快，克里希那玛查雅可能是个极其严厉的老师，起初，他几乎不想费心教导艾杨格，因为他觉得这个僵硬而多病的少年不会在瑜伽方面取得任何成就。然而，因为一个特殊的机缘，克里希那玛查雅开始传授艾扬格一系列困难体式，而艾杨格勤奋练习，在瑜伽学校表演的那一天超常发挥，让克里希那玛查雅对他刮目相看。此后，克里希那玛查雅开始认真地指导他的这位坚定的弟子。艾扬格进步飞速，开始在瑜伽学校协助教学，并陪伴克里希那玛查雅进行巡回表演。

尽管二人的师徒关系仅仅维持了两三年，艾扬格本人在谈到这段短暂的时光时也并不满意，"虽然我多次请教他关于瑜伽精微方面的问题，但他回避或无视我的问询"，然而米凯利斯认为，"这是关键的形成期，在此期间，艾扬格作为弟子不仅通过直接接受教导来学习，而且更重要的是通过与克里希那玛查雅同住所获得的榜样、观察和经验来学习"[2]。

1937年，年纪轻轻的艾扬格在达尔瓦和普纳开始了独自教学的生

---

① ［印］B. K. S. 艾扬格著，王东旭译：《瑜伽经的核心》，海南出版社，2017年，"自序"第vii页。

② Elizabeth De Michelis, *A History of Modern Yoga* (London: Contimuun, 2004), p. 196.

涯。在刚开始的几年里，一切都很艰难：

> 当我独自无助地踏上此路时，我不得不背负起习练、教学和探
> 索瑜伽真理的重担。我有一个很大的不利条件，因为赤贫，我在身体
> 健康与精神成长两方面都有障碍。寻求普纳学者们的帮助对我来说是
> 不可能的，因为我听不懂一句本地话，也无人可求。我赚到的工资只
> 能保障我的基本需求，因此我买不起任何书籍来学习。还有，根据合
> 同，我的课程每天都排得满满的。然而，我已接受古鲁的命令来达尔
> 瓦和普纳教学，瑜伽也变得对我的生存至关重要。我经常练习体式到
> 筋疲力尽，为下一天的教学做好准备。我开始前往普纳图书馆，它免
> 费向大众开放。只要条件允许，我就坐在里面学习几小时，但这里实
> 用的书非常稀少。由于在这方面没有任何知识背景，我发现掌握书中
> 的内容非常困难。我受的教育太匮乏了，而这些书的语言表达过于学
> 术化，超越了我那未开化的、粗钝的、浮躁不安的心意与智性所能理
> 解的范围。①

在这样的条件下，艾扬格继续着他的瑜伽探索之旅。有时候，坚
持是至关重要的，因为它将受苦转变为财富，就像艾扬格本人说的，
"这份强加于我的工作最终证明是神赐的机遇"，"尽管遇到所有这
些挫折，但如今回首往事，我感到这是我的幸运"。

随着弟子的逐渐增多，艾扬格修改并调整了体式，用来满足他
们的要求。艾扬格对革新毫不犹豫，他基本上放弃了克里希那玛查雅
的联结体式练习方法。取而代之，他不断研究内部正位的性质，在发
展每一个姿势时，思考身体每一部分（甚至包括皮肤）的作用。由于
许多不够格做克里希那玛查雅学生的年轻人来艾扬格这里寻求指导，

---

① ［印］B. K. S. 艾扬格著，王东旭译：《瑜伽经的核心》，海南出版社，
2017年，"自序"第VIII—IX页。本段涉及的年份在不同的资料中略有出入。

他学会了使用辅助工具来帮助他们。再者，由于他的一些学生有病在身，他开始把体式发展成一种治疗练习，设计特定的治疗方案。此外，艾扬格开始把身体视为神庙，把体式视为祈祷。

到1947年，"十年磨一剑"的艾扬格已经成为受人尊敬的瑜伽老师。值得一提的是，在此期间，在戈克豪尔（V. B. Gokhale）医生的支持和影响下，他开始利用西方医学来解释和传播他的瑜伽。他开设了一些定期瑜伽课程，提供私教，还为一些重要专家机构的成员进行瑜伽示范。到1953年，他的学生名单中已经包括克里希那穆提（J. Krishnamurti）、"伟大的耆那教古鲁"室利·巴德兰卡吉·马哈拉吉（Shri Badrankarji Maharaj）、小提琴家梅纽因（Yehudi Menuhin）等名人。1954年和1956年，梅纽因先后两次邀请艾扬格到欧洲为他本人和几位知名音乐家授课，艾扬格的名声逐渐在伦敦的艺术界传开。1960年，梅纽因邀请艾扬格在伦敦进行了几场非常成功的瑜伽教学演讲，吸引了几位全心追求瑜伽练习的年轻人。次年，他们开始每周定期聚会，照着艾扬格教授的方法一起练习，这形成了英国艾扬格瑜伽练习者的第一批固定核心成员。此后，这个团体逐渐扩大，艾扬格每年都会去英国教学，他教出的学生也开始教学。

1966年，艾扬格的《瑜伽之光》[1]出版，立刻成为畅销书，并成为全世界现代瑜伽圈里的体式练习标准参考书。就练习的角度而言，该书成为杰作有两方面原因：第一，给出了完善的、逐步进行的自助型指导；第二，作者精通习练、教学和体式疗法，这体现为书中的大量照片、指导和练习计划，以及条件清晰的治疗方案。在制度和教学层面，《瑜伽之光》不仅是艾扬格学派发展的里程碑，而且是整个现代身体瑜伽发展的里程碑。此时的艾扬格在英国的声势"如长虹当空"。1967年，他成为英国官方训练瑜伽老师，1969年，瑜伽正式进

---

[1] 该书的中文版为［印］B. K. S. 艾扬格著，王晋燕译：《瑜伽之光》，当代中国出版社，2017年。

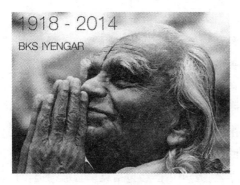

图54 艾扬格

入英国成人教育系统。

1973年，妻子拉曼曼妮（Ramamani）离世，瑜伽成为艾扬格生活的唯一中心。两年后，拉曼曼妮艾扬格纪念瑜伽学院（RIMYI）在普纳成立，供世界各地的学生前来学习与练习。从20世纪70年代开始，艾扬格瑜伽在美国扎根，并在几十年里结出了硕果。2004年，美国《时代周刊》评选艾扬格为"世界最具影响力的100人"："正是由于艾扬格不遗余力的教授和推广，才使得瑜伽成为风靡全球的健身运动"。2012年，经艾扬格授权，中国的艾扬格瑜伽学院在广州成立，迄今，其校友已遍布全球十多个国家。

二、什么是瑜伽修行？

尽管艾扬格本人的激情在于体式的习练与教学，但艾扬格瑜伽绝不仅仅局限于体位法。

在艾扬格那里，瑜伽有身、心、灵三个层面。他强调，"我把瑜伽解释为身与心以及心与灵的结合"，"虽然西方人经常认为瑜伽仅止于生理层次，但其实瑜伽涵盖了身与心、心与灵的层次。这门科学把心从身体的束缚中解放出来，迈向灵魂。当心和灵结合，灵魂就获得自由，从此处在平和、幸福的状态。笼中之鸟不能飞翔，一旦笼子打开，小鸟飞出樊笼，它就自由了。同样，当心从身体的束缚中解放出来，栖息在灵魂之中，人就自由了"①。

---

① ［印］B. K. S. 艾扬格著，余丽娜译：《瑜伽之树》，当代中国出版社，2011年，第2、5页。

艾扬格和辨喜、阿罗频多一样，主张瑜伽修行不能脱离日常生活。他认为修行者必须圆融处世，把生活的种种处境转变为成长的助力，而不是毁坏成长。这也是生活教给他的功课。不过，他喜欢用简朴轻松的例子来说明深刻沉重的道理，这也表明瑜伽修行已经彻底渗透他的整个生活与人格，而此种说理方式未必没有哲学体系那么有力。我们可以想象他用诙谐的语调说："环境似乎经常不利于个人的生活，但是尽管有人逛妓院，我就不能端端正正过日子吗？或者朋友请我喝酒，如果我说'不，我没兴趣'，他们会嘲笑，所以我说'好啊，我去，给我果汁，你们喝酒'，这样有何不妥？这表示我了解他们，我与他们同行，但不同调。我出入自如，这就是平衡。如果我们能这样处世，就是修行。"

在他那里，瑜伽是"修身、齐家、治国、平天下"的利器。"瑜伽初始是个人的成长，但是通过个人的成长，社会、群体就会进步。"艾扬格并不反对印度传统的出家修行，但更赞同入世之道。他告诉我们：

早期有很多人劝我做个苦行僧，我说"不要，我要结婚，我要看看这个世界的挣扎、流变，我要修行"，所以现在的我是个身经百战的战士。我有六个孩子，照样修习瑜伽，没有回避该负的责任。我亲眼见证了人生，却没有陷入其中。我现在在这里，讲课、帮助别人，但可以在瞬间完全超脱这一切。这就是瑜伽赋予我的，所以我很感恩这门永恒的艺术、不朽的学问。

如果我是苦行僧，我可能会说："你们都要做苦行僧，放弃家庭生活，专心求道。"苦行僧不了解在家人的生活，所以他很容易说："离开你的家庭，离婚吧，跟我来修行。"当今有很多人投入瑜伽修行而忘了对孩子、配偶的责任。这不是瑜伽修行者的态度，而是狂热者的态度。古印度的瑜伽修行者是在家人，在亲人、子女围绕的家居生活中修行到瑜伽的极致。我自己是个有家室的人，我的看法是，你怎么可以抛弃家庭责任？你必须找出自己的局限。瑜伽的教导是：首先明白自己的局限，然后从局限处修行。这样，即使你有十个、十五个孩子，都不会成为你灵性发展的障碍。[①]

艾扬格的终极关怀并非居家修行和个人福报，而是为人类谋福祉。他认为死亡对瑜伽修行者来说并不重要，瑜伽师不在意死期，也不在意死后去往何处，他只关心生命——如何利用自己的生命为人类谋福祉。在人生中经历各种痛苦，并学会离苦之后，瑜伽师修得慈悲，帮助世人，同时保持自身的纯净与神圣。除此之外，瑜伽修行者别无所求。

我们知道，艾扬格忠于家族的信仰，是毗湿奴派教徒。他如何看待信仰和瑜伽修行的关系？

有时世人会问我："练瑜伽的人需不需要信神？"我的回答很简单："假如你不信神，那么你相信自己的存在吗？由于你相信自己的存在，所以你想要提升自己，改善自己的生命。那就这样去做吧，或许这会引领你见到更高的光明。所以，你不需要信神，但是你需要信你自己。"你存在着，这件事本身就是信心。[②]

可以看到，对于上述重要问题，包括瑜伽修行的身、心、灵合一，瑜伽就是整个日常生活，瑜伽修行的目标是为人类谋福祉，艾扬格不是通过精深的哲学思考和体系建构来阐发，而是用日常生活的经验来说明。他经验的深度就是他理解的深度，而他理解的深度就是他言说的分寸。这种真实本身就是瑜伽修行的重要特征。

---

① ［印］B. K. S. 艾扬格著，余丽娜译：《瑜伽之树》，当代中国出版社，2011年，第2、27—28、30页。

② ［印］B. K. S. 艾扬格著，余丽娜译：《瑜伽之树》，当代中国出版社，2011年，第37—38页。

此外，他的经历和修行观体现出了他的思想中的新吠檀多主义要素，比如对合一的追求，入世的取向，瑜伽的世俗化与生活化，以及谋求全人类之善的胸怀。

三、体式如何通往觉知？

艾扬格的练习和教学方法塑造了现代世界的瑜伽练习模式。他使用人体结构学、生理学的语言来描述体式的身体动作，这些用语不是基于看得见的外在身体，而是源于身体的内在经验。余丽娜概括了艾扬格瑜伽的三个特征：

第一，正位（alignment）：把身体的结构依据重力调整到对的位置，是身体达到对称、平衡、能量贯通的关键，也是艾扬格的重要教学原理。艾扬格说："练习体式要有一些常识：肌肉要和骨骼正位，器官要和联结组织正位，身体内部要和身体外部正位，身体后部要和身体前部正位……"

第二，艾扬格开创了使用各种辅助工具来练习的方法，以便提升练习的品质。现在全世界都能见到他研发的辅具，瑜伽教室提供辅具逐渐成为趋势。

第三，艾扬格在身体治疗方面下了很大功夫，成功地用瑜伽体式治疗了许多疾病，纾解病患的痛苦，把瑜伽练习带向了新的层面。瑜伽疗法的实例引起了西方科学界和医学界的关注，使得西方科学界逐渐认可瑜伽，进而推动大众接受瑜伽，引发了瑜伽习练风潮。[1]

这是人们所熟悉的单纯就体式而论的"艾扬格瑜伽"的风格。然而，很多人可能并不熟悉体式在艾扬格本人那里的全部意义，他曾说："或许很多人认为体式是身体的训练，如果你不明了体式的深度而说出这样的话，那么你早已错失了瑜伽的恩典。我有意深入探究体

---

[1]　以上三个特征见［印］B. K. S. 艾扬格著，余丽娜译：《瑜伽之树》，当代中国出版社，2011年，"译序"第5—6页。

式的各个层面，因为西方人普遍只把体式看成身体层面的练习。"

艾扬格将体式练习由浅入深分为五个阶段：尝试作用、认知作用、心的作用、反思作用和完整的觉知。第一阶段仅仅涉及最直接层面的生理作用，因为我们在初学体式时，只是摸到皮毛，做出来的姿势都是表面的。正是在这个"尝试作用"的阶段，我们心中生出了学瑜伽的想法和愿望，想努力尝试。进入第二阶段，当我们做出各种姿势时，皮肤、眼睛、耳朵、鼻子、舌头等知根会在突然间感知到身体（粗身或肉身）发生的变化——这称为"认知作用"，也就是知根认出了身体的动作。第三阶段是沟通、交流的阶段，这时，心观察到知根的认知作用和身体的尝试作用的合一，从而达到了体式中的"心的作用"。也就是说，在这个阶段，心加入了体式练习，确切地觉知此刻正在发生的事；心犹如身体动作与知根之间的桥梁，让智性或意念渗入身体的各个部分——从肌肉纤维、组织、细胞直到皮肤表层的毛细孔。随着心加入练习，一个新的念头会产生："这种前所未有的感觉是什么？"我们努力用"心"来分辨。这表明我们进入了第四阶段，有分辨能力的心观察、分析身体的前面、后面、内部、外表的感受，这称为"反思作用"。最后，尝试作用、认知作用、心的作用和反思作用聚合成一个完整的觉知，练习本身贯通身体各个层面，从最深层的真我到皮肤表层，从皮肤表层到最深层的真我，此时，体式就成了瑜伽的灵修。①

所以，体式对艾扬格而言是一种修行方法，引领人依次调动粗身、知根、心、智性的作用，直到形成"一个完整的觉知"。在这种觉知中，各个部分的作用消融为一个不可分的整体，这是一种神秘的整合状态。艾扬格依据帕坦伽利《瑜伽经》的"瑜伽八支"，把体式让我们进入的这种整合状态或"觉知"称为冥想：

————————

① 本段讲述的体式练习的五个阶段参见［印］B. K. S. 艾扬格著，余丽娜译：《瑜伽之树》，当代中国出版社，2011年，第48—49页。

　　练习体式有两条路径：一条是向外表达或展现之路，它把真我带往身体、带往皮肤的毛细孔、带往身体的外层；另一条是向内直觉或洞察之路，它利用身体的各个作具觉悟真我。这两条路径结合起来就是身与灵、灵与身的神圣结合，这就是冥想。①

　　冥想是整合——把人分裂的部分重新变成一体。当你说你的身不同于心、心不同于灵时，你已经把自己分裂了。②

　　然而，通过体式达到整合远远不是艾扬格瑜伽的终点，毋宁说是艾扬格瑜伽的更高起点。何以言之？因为艾扬格要求练习者在日常生活中保持体式带来的觉知。他说：

　　我们通过瑜伽练习获得觉知。你若是在日常生活中无法保持那个觉知，就表示你内部有障碍。（你应该自问）觉知是怎样消失的？若无乌云阻挡，我们就能清清楚楚地看见太阳。唯有乌云在上，我们才看不见太阳。那么觉知是什么？它是闪耀的智性之光。除非有什么阻挡，否则它怎会改变？除非念头生起，否则觉知怎会减弱？③

　　艾扬格和任何瑜伽修行者一样，强调实修的"功夫"或知行合一，因为瑜伽的果实不是想象出来的，而是经由诚实的亲证才能获得的。他告诫练习者："心里不要想着自己有什么特殊的东西要秀给别人。今天你把种子埋在土里，然后说十天之内我要看到果子，可能吗？时候到了，自然会有果子，不是吗？到了这棵树该结果子的时候，果子就结

---

　　①　［印］B. K. S. 艾扬格著，余丽娜译：《瑜伽之树》，当代中国出版社，2011年，第66页。

　　②　［印］B. K. S. 艾扬格著，余丽娜译：《瑜伽之树》，当代中国出版社，2011年，第140页。

　　③　［印］B. K. S. 艾扬格著，余丽娜译：《瑜伽之树》，当代中国出版社，2011年，第142页。

出来了。即便你不停地念'我要果子，我要果子'，果子也不会提早结出。但就在你以为这棵树根本不会结果时，果子突然结出了。果子必须自然而然地结出，没有办法造作。所以，老实练习吧。有成果也罢，没成果也罢，你就持续练习吧。"这就是坚持的价值，在人们普遍追求速成套路的今天，艾扬格教给我们的功课弥足珍贵。

艾扬格已经证明，持续的体式练习通往觉知。觉知不仅具有针对身、心、灵的瑜伽治疗功效，而且通往瑜伽的终极目标——自由。艾扬格本人对终极目标的谈论体现在他对帕坦伽利《瑜伽经》的诠释[①]中，不过，他把自己的诠释定位为一种尝试或探索。他说："我既不是梵文学者，也不是哲学家，我只是个热情学习瑜伽将近八十年的人，我全然投入瑜伽修习之中，探索它的深度，以求领会瑜伽知识海洋的壮阔与美丽，领悟灵魂的智慧。"那么，他的探索抵达了何种境地？用他自己的话来说："我长久而虔诚的修习不仅烧毁了各种身体与精神障碍，而且让我在面对各种障碍的过程中点燃了瑜伽智慧的火焰。"[②]

第五节　瑜伽的"大流散"

"大流散"（diaspora）是《瑜伽之根》在谈论现代瑜伽状况时的用词，该词的希伯来原文是galut，指被迫离开故土，出走他乡，在此指现代瑜伽的全球化。在过去的百余年里，瑜伽一直在印度内外以新的重要方式发展着，以回应全球化和现代化的进程。印度传统的瑜伽修习形式，尤其是哈达瑜伽，在与外来观念、外来实践的相遇中经历了间或激进的转变和适应，"大流散"的瑜伽已经在全世界许多地

---

① 艾扬格对帕坦伽利《瑜伽经》的诠释形成了两本著作：《帕坦伽利〈瑜伽经〉之光》和《瑜伽经的核心》。它们都有中译本。

② ［印］B. K. S. 艾扬格著，王东旭译：《瑜伽经的核心》，海南出版社，2017年，"自序"第VII页。

方展现出了自己的生命。

正如本书所呈现的，适应与变易始终是瑜伽的历史特征。随着相互竞争和并存的理论与修习彼此影响，有些修习消失，而有些修习获得了新的复杂形式，比如体位法在17世纪和18世纪的激增，瑜伽身体的概念在数世纪中的复杂发展。在现代，瑜伽的适应与变易过程依然持续着，而且，借助旅游、出版、摄影以及晚近的因特网，一系列全新的观点以指数方式递增，它们在国家与文化内部传播的速度也以指数方式递增。现代的、全球化的瑜伽以其和传统瑜伽的种种复杂而递归的关系存在着。再者，在全球化背景中，人们以本文化内部的概念和修习为类比来理解瑜伽。例如，在过去的一个世纪里，瑜伽被设想为心理治疗、哲学、催眠疗法（催眠术）、黑巫术、脊椎按摩疗法、萨满教、体育运动，等等。在今日世界对瑜伽的理解与修习上，这些类比起到了深刻的转化作用。[①]

从整个瑜伽思想史来看，我们目前所处的阶段——现代瑜伽似乎是个过渡阶段。现代瑜伽看上去像是一场新的探索，正在经历着种种发展和变化，尚未定型。目前能够看到的发展方向是创造性的综合。瑜伽要在现时代扎根和发展，就要针对现时代人在身、心、灵方面的各种需要和问题，提供多样而具体的满足和解决办法。正如现代瑜伽师辨喜和阿罗频多向我们表明的，这要求一种创造性的综合，即综合瑜伽思想史上的理论和修习方法，为个人和群体提供量身定制的、次第分明的系统方案。借用中国瑜伽学者王志成的思路，瑜伽要成为一种生命管理学。

一、中国瑜伽行业现状

中国瑜伽行业近年来已经形成。2017年，该行业的第一份《中国

---

① 以上内容参见James Mallinson and Mark Singleton translated and edited, *Roots of Yoga* (Penguin Classics, 2017) , pp. XXI-XXII.

瑜伽业发展报告（2016—2017）》出版，标志着瑜伽行业的发展在中国走向规范化。接下来，我们主要根据这份权威的《报告》来简要说明中国瑜伽的现状。

当前，中国瑜伽行业的着眼点在于"健康中国"的战略，这意味着瑜伽要为全民健康做出贡献，要进一步提升瑜伽在"健康中国"建设中的作用。《报告》指出，我们目前所处的阶段仍是"在发展中规范"，而非"在规范中发展"，而后者才是我们的努力方向；发展的思路应是"内发式发展和外发式发展和谐统一的过程，是一个由内及外的'文化重构'过程。内发式发展是人们传播印度瑜伽文化的过程，是指瑜伽文化不只是模仿现代体育文化，而是立足于印度瑜伽的传统，谋求与自身社会条件相适应的瑜伽文化发展路线。外发式发展则表现在中国对瑜伽文化的'输血'和'嵌入'"①。这条发展思路立足于我们自身的传统和社会条件，视自身需要来吸收印度瑜伽的思想与实践，发展中国瑜伽，以丰富整个瑜伽传统，类似于历史上中国佛教的发展思路。

中国瑜伽的现状不容乐观，《报告》说："由于商业因素的过分介入，长期缺乏正念力量，出现了鱼龙混杂的情况。"瑜伽在中国的普及需要规范化，在此过程中，应该注意两点，"第一就是非宗教化，第二就是不涉入政治"②。瑜伽总的来说应是一种个人的追求，其中，体位法、冥想法、呼吸法和瑜伽饮食文化比较容易在中国适应，一定程度上也实现了适应。《报告》认为，中国瑜伽的发展目前要解决的问题有五个。第一是翻译问题，我们需要中文版的瑜伽经典。"瑜伽文库"目前在做这项工作，但瑜伽翻译的人才仍是稀缺的。第二是吸收问题，要吸收印度瑜伽和西方瑜伽两个系统。第三是

① 张永健、徐华锋、朱泰余主编：《中国瑜伽业发展报告（2016—2017）》，社会科学文献出版社，2017年，第45页。

② 张永健、徐华锋、朱泰余主编：《中国瑜伽业发展报告（2016—2017）》，社会科学文献出版社，2017年，第46页。

结合问题，要把瑜伽的理论与实践完美结合，塑造真正的瑜伽人。第四是创新问题，吸收是为了创新，我们需要不断地探索中国瑜伽的新形式、新样态。把瑜伽和中医、太极结合起来，就属于这类努力。第五是素质问题，这对瑜伽人、瑜伽观等提出了要求。①

在发展的途径与方法方面，《报告》指出，目前的途径主要有五条：第一，通过佛教方式进行传播，因为二者同出于印度，有诸多相似之处；第二，瑜伽的传播方式呈多样化，主要利用音像、书籍、期刊等方式进行宣传；第三，经由网络媒体进行推广；第四，结合健身俱乐部、瑜伽馆的开展深入人心；第五，融入中国文化形成特色。此外，在多样化发展的基础上，还要强调专业化发展，体现为瑜伽教练培训、瑜伽学习内容和瑜伽文化研究的专业化。②

总的来说，中国瑜伽目前还处于起步阶段，有很长的路要走。根据历史经验，瑜伽要在中国扎根并实现长远的发展，经典的翻译、传播和研究是基础工作，目前，王志成主编的"瑜伽文库"及其掌舵的苏磨教育平台正在致力于这项事业。此外，以陈思领导的艾扬格瑜伽学院为代表的瑜伽训练与修习场所正从追求身心健康平衡的层面走向思想与灵性探求的层面。瑜伽在为身、心、灵服务方面已经显现出了巨大的优势。我们欣喜地看到，中国正浮现出一批新的追求者，他们往往具有经济基础，受过良好教育，事业有成、生活顺利，但他们并不止步于此，而是转向瑜伽经典的研习，试图通过瑜伽追求个人精神的提升，甚至生命的圆满。他们是瑜伽传统的灵性追求者在当代的新形态，可能预示着中国瑜伽的一股新的力量和潮流。

瑜伽在中国的发展，我们可以拭目以待；另一方面，正因中国瑜伽是个新生的婴儿，我们可以积极参与其中，创造自己的历史。

---

① 要解决的五个问题参见张永健、徐华锋、朱泰余主编：《中国瑜伽业发展报告（2016—2017）》，社会科学文献出版社，2017年，第47—49页。

② 这五条途径参见张永健等主编：《中国瑜伽业发展报告（2016—2017）》，社会科学文献出版社，2017年，第70—73页。

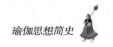

二、未来：走向新的意识结构？

瑞士文化哲学家让·盖伯赛（Jean Gebser）考察了整个人类文明史，并在此基础上指出，人类已经经历了四种意识结构或认知方式。福伊尔施泰因结合瑜伽的发展，将这四种意识结构概括如下：

古代意识（archaic consciousness）：它是最早、最简单的可识别的认知方式，拥有程度最小的自我意识，几乎还完全是本能的。从历史的角度来看，它是南方古猿和能人的时期。在今天，这种意识也展现在我们身上，比如朝向自我超越的冲动。它还体现在某些类型的出神经验中，甚至体现在由精神药物引发的特殊意识状态中，在那些时刻，主体与客体之间的障碍被暂时撤销了。

巫术意识（magical consciousness）：它从古代意识中浮现出来，仍然是前自我的，带着一种扩散意识。它依据同一性原则运作，就像类比思维体现出来的那样，类比思维是一种直觉的（用荣格的话说是"原型的"）反应，它把表面上不连贯的元素结合成一个整体。这种类型的意识也许是150多万年前的直立人的特征。今天，当我们入迷时，或者对某人某事感同身受时，它仍然在我们身上起着作用。它在不同处境中消极地展示着，比如盲目恋爱，或在众人催眠般的影响下暂时丧失判断。巫术意识也强烈地存在于瑜伽的那些涉及极度向内专注，导致失去身体意识的方面。当然，它也是所有形式的交感巫术的认知基础，交感巫术是某些瑜伽道路的要素，尤其是那些强调悉地的密教流派。

神话意识（mythical consciousness）：它代表一种程度更加明显的自我意识，相当于而不是等同于儿童的自我意识。在此，思维是依据极性（porality）原则，而不是依据巫术的同一性原则或精神的二元性原则运作的。它以象征而非运算、神话而非假设、情感或直觉而非抽象的方式展开。尼安德特人和克鲁马努人可能主要体现的是神话意识。就像其他意识结构一样，它在今天依然起着作用，它在许许多多的神圣传统，包括瑜伽的创造中曾是最重要的因素。当我们闭上双眼，沉浸于头脑的意象之中，或者当我们赋予内心深处的想法以诗性表达时，我们就启动了神话意识。在瑜伽的大多数传统进路中，神话成分是很强的，我们可以在"神话瑜伽"的标签下把它们归位一组；它们与更加综合的取向，比如阿罗频多的综合瑜伽相反。神话瑜伽遵循垂直主义的要求"进入，上去，出来"。

精神意识（mental consciousness）：这种认知方式是理性精神的领域，依据二元性（不是这样就是那样）的原则运作。在这里，自我意识是强烈的，世界在经验中分裂为主体与客体。自欧洲启蒙运动以来，这种思想方式统治着我们的生活，事实上已经成为一种破坏性的力量。在今天，原本平衡的精神意识已经退化成了盖伯赛所称的"理性模式"。①

在《永恒的本源》等作品中，盖伯赛主张，我们今天正在见证第五种意识结构的出现，他称之为"整体意识"（integral consciousness）。根据福伊尔施泰因的分析，这种新的意识结构是被夸大了的理性模式（"精神意识"的一种退化）之片面性的解毒剂；整体意识是内在地超越自我的，它向盖伯赛所称的"本源"（存在之根基）敞开。这与阿罗频多的哲学有着明显的相似性，事实上，盖伯赛本人承认自己站在阿罗频多的灵性引力场中。

据此，福伊尔施泰因认为，摆在我面前的任务是"帮助这一正在浮现出来的整体意识在我们中间、在作为整体的人类文明中生效"，因为"只有通过这种方式，我们才有望恢复各种意识结构之间的平衡，并使每种意识结构根据其内在的价值表达自身"，而"瑜伽传统

---

① ［德］格奥尔格·福伊尔施泰因著，闻风、朱彩红、黄祺杰译：《瑜伽之书》，海南出版社，2017年，第94—95页。

和其他灵性传统包含着许多要素，如果把这些要素明智而审慎地运用于我们的当代处境，则能大大推进这一整体化的艰巨任务"。具有整体意识的人就是阿罗频多所说的"超人"，这是整体瑜伽要培养的理想人格。

盖伯赛的主张并非毫无根据。从20世纪开始，我们见证了全球灵性运动的发展。在这场运动中，瑜伽扮演的角色是将传统的宗教外壳丢弃，留下引领人实现超越、抵达自由的道路与技巧。比如，"冥想"在今天已经成为许多人生活的一部分，越来越多的人致力于生命意义的探求。从意识结构的角度，我们可以推测，或许正是寻求整体意识结构的努力让"西方神秘学"（Western esotericism）在20世纪90年代迅速发展起来，这一学科关注"自启蒙运动以来未成为主流、因而被边缘化为"被拒知识"的那些世界观、修习和认知方式"①，也就是关注除了"精神意识"之外的其余三种意识结构。《西方神秘学指津》的作者乌特·哈内赫拉夫（Wouter J. Hanegraaff）指出："'西方神秘学'数十年来一直是宗教学术研究探讨的事项，在其他人文学科中也正在吸引越来越多的关注。之所以有这种发展，是因为人们越来越意识到，我们思考西方文化及其历史的传统方式可能一直忽视了某种重要的东西。我们正式的欧美文化身份除了一些众所周知的支柱，即犹太教和基督教的标准宗教传统、理性哲学和现代科学，似乎还存在着另一个维度，对此我们知之甚少。"②

也许被现代人普遍遗忘的"另一个维度"一直存在于瑜伽传统中。如果我们成功地进入整体意识结构，就能实现辨喜构想的未来——"见者们在大街小巷穿行"。

---

① ［荷］乌特·哈内赫拉夫著，张卜天译：《西方神秘学指津》，商务印书馆，2021年，"前言"第I页。

② ［荷］乌特·哈内赫拉夫著，张卜天译：《西方神秘学指津》，商务印书馆，2021年，第1页。

后 记

几年前，苏磨教育的菊三宝老师敦促我录制"瑜伽简史"的线上课程，因为我参与翻译了德国印度学家格奥尔格·福伊尔施泰因的《瑜伽之书》，一本系统讲述瑜伽思想史的大部头权威著作。在我的师弟小白（周祥杰）的辅助下，我完成了菊老师布置的作业，但心里并不满意，因为我几乎是忠实地复述了那部译著的核心内容，缺乏自己的见解。后来，"瑜伽文库"的责任编辑何朝霞老师看到了我的那门线上课程，认为"文库"需要纳入该主题的著作，就把这项任务交给了我，于是我着手编书。

事实证明，这项任务并不简单，好比让牛犊去面对老虎。我碰到的第一个难题是资料的匮乏，除了《瑜伽之书》，没有专门论述瑜伽历史的其他中文资料。不过，幸运的是，我找到了日本学者木村泰贤和高楠顺次郎研究印度宗教哲学史的两本著作，涉及的是吠陀文献中的宗教哲学和古印度六派正统哲学。我还找到了不少涉及我的各个具体论题的可靠专著、译著和论文。比如，关于印度河文明的研究，《众神降临之前：在沉默中重现的印度河文明》一书做了详细的讨论，关于怛特罗的哲学与修习，《何谓密教？关于密教的定义、修习、符号和历史的诠释和争论》是一本可信的论文集，关于阿罗频多的思想，朱明忠的《奥罗宾多》做了清晰的说明。在收集和研读资料的过程中，我发现"瑜伽文库"中的许多作品对我十分有用，还有，前人对印度哲学和瑜伽的研究增强了我编书的信心。在一年半的时间里，我像蚂蚁一样逐步收集和研读这些资料，然后像蜘蛛一样逐步织网，把我理解得充分或不充分的资

料用某个框架组织起来。实际上，我十分享受这个琐碎的过程，因为它要求简朴和诚实。

我面临的第二个难题是写作框架问题。我发现自己无法跳出福伊尔施泰因撰写瑜伽思想史的整体框架，只能在相关的论题和细节上做出自己的努力，也就是在继承他的理论之基础上力求在一些细节上超越他。所以，读者可以看到，我在很多地方赞同他，在有些地方找到与他不同的观点，并尝试给出更加中正、平和的讨论。纵观全书，"古典瑜伽与数论哲学"部分是我自己的翻译和研究成果，其论述比较全面、细致。关于怛特罗的瑜伽世界、巴克蒂精神和现代瑜伽，我把自己的一些研究心得融入写作中。在给出某些论断时，比如密教印和哈达瑜伽印的差异，我参考了更加可信的国际前沿研究，比如《瑜伽之根》基于对大量哈达瑜伽文本的研究得出的一系列结论。

编完这本书，我发现自己已经偏离了何老师原本的期待。她希望看到的是一本生动有趣，适合大多数读者，充满旺盛生命力的瑜伽简史，而我交给出版社的是一本学术著作，带有这类著作的缺点：因为过于追求准确性而显得复杂有余、生动不够，对很多读者来说显得艰涩。我对自己有点失望，因为我的哲学背景总是不知不觉地发挥强大的作用，把我变成学究，还因为我们目前对瑜伽思想史的研究的确不足以让我写出深入浅出的瑜伽历史书。

具体审校这本书的是四川人民出版社的蒋科兰老师和她的同事，她们以巨大的耐心读完本书，给了我非常宝贵的修改意见。然而，我的修改能力十分有限，又是她们以巨大的包容允许我尽可能保留原本的想法。她们让我感受到的不仅是编辑的专业水准，而且是她们的美德。

我的恩师王志成为本书作了推荐序，这可能算是他的序中篇幅比较长的了，比他的很多序足足长了一倍多，因为我们有二十年的师生情，当然，这个归因是玩笑了。我希望此生我们还有一百年的师生情，这在老天爷看来也是玩笑了，但我是认真的。

感谢我的师妹刘健叶校读本书。感谢我的学生王芳琦、赵玉凤、郑彩霞、谢一上、杨云泽、熊美雯等认领本书不同的章节，做了认真的校对。感谢我的先生朱承志和儿子朱立安自始至终支持我的工作，做我坚强的后盾。感谢所有热爱印度文化和瑜伽的朋友，是你们让这本书的写作具有意义。另外，本书的图片要么从网上查找，要么出自别的相关著作，部分图片无法直接联系到作者，如有所涉图片相关著作权人知悉后，请联系我们以便支付版权费用，在此一并感谢！本书仍有诸多不足，我已尽力，请读者批评指正！希望再过一些年，我能写出大家满意的、活泼美妙的瑜伽历史书。

朱彩红

2023年8月29日